关于出版的 思考与再思考

杨牧之／著

人民出版社

中　编

目　录

上　编

下　编

前　言

想来想去我把这本书定名为"关于出版的思考与再思考"。"思考"是指我参加出版工作以来写的一些有关出版工作的文章。"再思考"则是这两年对过去文章，即当年"思考"的新的认识。"再思考"都放在一篇文章的前面，几百字，一两千字，谈谈我今天的认识，以"按语"的形式出现。

我一生只做了这一件事，当编辑、搞出版。倏忽间四五十年过去，自问之，整天想的是出版，干的是出版，高兴的是出版，焦急的是出版，希望能多编几本好书，将来高尚的人们回忆起我们会充满敬意。从1967年到中华书局做编辑（本来1966年大学毕业，因为"文化大革命"的缘故，1967年才分配），参加出版工作，至今辗转了四个单位：中华书局（20年）、新闻出版署（总署，17年）、中国出版集团（7年）、中国大百科全书（到现在已有3年），不论是当编辑、搞管理，还是从事经营，总之都是做出版工作。

几十年来，写过一些文章。今天，这些文章已都是旧文、都是历史了。承蒙人民出版社厚爱，让我编辑成册，是我的光荣。我想，我总得特别用心，尽量有点创造，以求对读者有所帮助。我就在我认为是记述重大事件的文章前加上"按语"：讲文章背景，讲今天我怎么看，这就是"再思考"吧，容或对大家有些参考价值。

书中每篇文章前的"按语"，多为就事论事，这里，我借用"前言"这块版面，总的谈谈我怎样认识今天的出版改革。我思考很久了，也和一些朋友讨论过，切磋过。党的十一届三中全会以来，特别是最近十多年来，出版业进步很大。从出版业观念的转变，到出版体制和机制的巨大变革，极大地解放和发展了出版生产力，中国出版业正经历着广泛而深刻的变化，值得认真回顾和总结。

对于中国出版业的改革，我把我的观点概括为这样几点：第一，中国出版业必须改革，否则我们没有办法大步前进。我们已经落后于国际出版大的潮流，我们必须赶上去，超过去。只有深化改革，我们出版业才能为建设社会主义先进文化作出我们应作的贡献。第二，怎样改革？有三点应该首先明确：一要转为企业；二是文化企业；三是中国的文化企业。第三，按市场经济规律办事，实事求是，多加实验，不要自己给自己设定框框，也不要自以为是，实践是检验真理的唯一标准。第四，是否出版了好的出版物。这是检验改革成功与否最重要的标准。没有好书，没有好书的持续出版，赚一百个亿也不算成功。

"要转为企业"。原来我们的出版社是事业性质。在计划经济体制下，全国各地一个样：每个省（直辖市）都有一批同样的出版社：人民、文学、少儿、美术、科技或古籍、音乐等等，北京、上海是这样，新疆、青海、宁夏也是这样。也就是大家比方的，没有金矿，也要有个黄金加工厂。出版社赚了钱上交国家，赔了钱也没大关系，工资照发。这是由出版社的国有事业性质决定的。转为企业就得自负盈亏、自主经营、自我发展了。

所谓"文化企业"。"文化"是讲"内容"的，就是这两年大家说的"内容产业"。这个内容是以马克思主义为指导的，是坚持社会主义先进文化前进方向的。"文化企业"不是生产暖水瓶、自行车的工厂，只要质量合格，生产得越多越好。出版单位的产品是有"精神"的，是有"灵魂"的，这就要求产品的内容高尚、健康、有益，讲究建设核心价值体系，这很要"文化企业"的"技术员和工人们"下些工夫、动些脑筋。而且，它还很有特殊性。有的出版物确实有价值，有一定的认识价值，有特别的保存价值，或者对特定人的参考价值，此类东西可以出，但也并不是越多越好。这个道理搞出版的人都懂。再一点，"内容"的增长是有其特定规律的，它是累积的、渐进的，很难"跨越式发展"。我们见哪个作家一出道就打造出《红楼梦》、《静静的顿河》？见哪个学者几个月、一二年就完成其学术思想、构建出学术体系来？作家、学者出不来东西，出版社怎能做无米之炊？不弄明白这一点，一着急就去与金融、房地产搭钩，冒个险、投个机，也可能"跨越式"了，但那也只是赚几个投机的钱罢了，何况十有八九你也做不过房地产商。

"中国的文化企业"。中国有13亿人口，中国有五千年历史的文化积淀，中国几百年来积贫积弱，中华民族有千百年来孔孟之道的深刻影响，中国有社会主义先进文化的要求，要符合中国社会的审美要求、道德取向、民族特色，讲求核心价值体系和政治方向。

"企业"是什么？企业要"追求利润最大化"，企业要"自主经营"。企业只要不违背宪法，不违背出版法（现在还只是"出版管理条例"），不偷税漏税，就很难再管它什么。中国的文化企业，完全照这两条做得到吗？我们能公开提倡出版社"追求利润最大化"吗？我们要坚持社会效益放在首位，坚持社会效益和经济效益的有机统一。哪家出版社敢于说我又没犯法，谁也别干涉我，我要"自主经营、自我发展"？而且，一家出版社出了格调低下的书怎么办？格调低下的书你可以要求它不要出，但要求是要求，犯法是犯法。格调低下被人瞧不起，但并不触犯法律。偏有一些人喜欢，他要买，怎么办？何况上了市就要听"股东"的，股东就有发言权，决定权，股东要求多赚钱，到那时又怎么办？我还听说，有的上市公司，经营很困难，国家每年要给它补贴支撑着前行。这家出版公司何以到了这种地步，要不要认真总结一下？

又要叫企业，甚至得上市，又不能"追求利润最大化"，不能真正做到"自主经营"，我总在想，这不是矛盾吗？

很多人说，如果真的建立现代企业制度，就应该放开审批制改为注册、登记制，任它在市场上打拼，"自主经营、自我发展、自负盈亏"。两个法管着，一宪法（当然还有出版行业的法规），二国税法。违背宪法及有关出版法规的政治要求，就撤社长职务；偷税漏税就罚它个倾家荡产，直至破产，让它没法子再办下去。至于出什么，不出什么，什么多了，什么少了，让市场去调剂。白菜种多了，烂在地里，明年就少种了。种少后白菜又贵了，后年就会聪明地调剂好——这才是企业。有人会担心，都自主经营了，有些国家需要的出版物出不来怎么办？我想，请尽管放心，我们的编辑有很高的政治觉悟。党和国家利益永远是第一位；再者，国家需要的书，一定有市场，为什么不出？至于形式主义、假大空的东西，出少了，不出了，不是最好吗？而且，我们还可设一个"国家印务中心"，国家急需的东西请国家印务中心承印。

这样放开我们做得到吗？如果一时乱了套，能承受吗？有实施的气魄，暂时出了问题，各方都能够承受，就去做。如果一时做不到，就不要一刀切、一窝蜂，可以先试点，试试，总结一下再推广。分阶段，分步骤，分类型实施，让出版社改革逐渐取得成果，让改革方案逐渐完善，让舆论逐渐适应。

党的十七届六中全会决定指出：要科学界定文化单位的性质和功能，区别对待、分类指导，循序渐进、逐步推开。"区别"、"分类"、"渐进"、"逐步"这些用词都是十分谨慎，十分讲究的。所以，我们不能要求齐步走，要求都要"转企"、"集团化"、"上市"，弄不好或者会流于形式，或者会挫伤大家改革的积极性。

有些事光有良好的愿望不行，在贯彻的过程中一时真的做不到。比如，成立集团不能捆绑，很对，但我看至今没有一家做到了，甚至经济企业也做不到。因为资产所有权是国家的，进不进集团我都不会破产，不下命令"捆"我，谁愿意被人捆绑、被人兼并，做二把手呢？何况，现在的出版社大体上还是属于垄断行业，还不许随便成立，垄断之下岂有竞争，靠卖书号也能混下去。

又比如，既然是企业、上市公司，最终得落实到营业额、利润指标上，要看股票的行市，出好书就落到第二位了。因为大部分图书都属薄利多销，畅销书一年能有几本呢？出书赚不了大钱，就去做金融、房地产，经营其他产品，甚至投资煤炭产业，好书就出不来了。三十几万种近四十万种，能给读者留下深刻印象，放在书架上常读常新的作品能有多少？百分之十？千分之十？

上述的议论可能不失偏颇，但这是我长期思考的问题，我看也是很多同行议论的问题，写出来，供大家讨论。

谨以此文作为本书的"按语"，放在书前。

杨牧之

2012 年 7 月 4 日初稿，7 月 30 日五稿改定，北京

上　编

　　这一部分主要是我在新闻出版署（总署）做出版管理的工作记录。包括两个方面：一是我的编辑出版理念和追求，如编辑出版工作是一门艺术，要追求精品、要创新、要继承弘扬民族精神，要"咬文嚼字"讲求质量，要做到读者要的书书店里都能找到，要面向世界面向未来等方面的问题与思考。二是我对当时新闻出版署（总署）出版方面一些重要工作的建议和意见，也包括对一些重要工作的实施体验。比如社会主义初级阶段出版工作的特点和问题、国家出版规划的制定与实施、审读工作的重点和意义、图书选题总量、结构的宏观调控、"国家图书奖"的设立和导向作用、出版工作如何支持"西部开发"政策、发行改革构想以及出版集团公司的试点工作等等。我的想法很不成熟，但涉及的多是那个时期比较重要的问题，对今天了解那一段出版工作历史也许有帮助。

"我们的事业并不显赫一时"

——谈精品图书与精品战略

（1997 年 11 月 12 日）

按语：我把这篇文章作为本书的第一篇，是有所考虑的。文章中我从两个方面界定了"精品"的意义。从国家层面来说，"精品反映一个国家的文化水平、代表着一个国家文化发展的方向"；从编辑个人或一家出版社来说，"精品意识，就是战略意识，体现了对事业的追求和奋斗"。从这两段话可以看出来，我是把打造精品看做一个编辑、一家出版社的追求和奋斗目标的。

我感到，目前对"精品"的概念并不很清晰。有的人说，"精品"高不可攀；有的人说，什么精品，我们社出的书都是精品！还有的人说，这事与我无关，绞尽脑汁，费那么大劲，那么长时间，我不用干别的了。

这篇文章，最早发表于1997 年的《出版科学》杂志，后来《光明日报》和《新华文摘》都转载了，我当然感到光荣。但从那时我就认为，这主要不是我的文章写得好，而是我用了马克思的一句话作为标题。马克思鼓励人们为一个伟大的目标去奋斗。他启迪人们不要为眼前的"一点点自私而可怜的欢乐"所迷惑。

欢送石宗源署长赴贵州荣任新职。右起：龙新民、桂晓风、石宗源、于友先、宋木文、杜导正、刘杲、杨牧之。

前人为我们创造了多少震撼心灵的巨制，创造了多少让我们愉悦享受的杰作，我们要无愧于前人，像前人那样，造福于后代。

"树立精品意识，实施精品战略"，这个口号在出版界已经深入人心。每个出版社都在热烈地谈论精品计划，不少出版社在报刊上大力宣传自己出了多少精品。这都说明了出版工作形势很好。"实施精品战略"已经为出版界广泛接受。但是，什么叫"精品"？我们心目中的图书"精品"，是否就是精品？我感到，在今天，在出版界为了提高图书质量，大力实施精品战略的时候，有必要就这个问题进行讨论。

一、精品图书的最基本标准

在出版论坛上，被普遍认同的观点就是对优秀作品的共识。这个观点认为：优秀作品是一个国家、一个民族时代精神的集中体现；在整个精神产品的创作和生产过程中，具有重要的示范和影响作用。

这个观点有两层意思，一是从内容上看，优秀作品应该反映一个国家、一个民族的时代精神；二是从客观效果来看，优秀作品的创作和生产过程，应该对整个精神产品的创作和生产产生榜样作用。

党的十四届六中全会《关于加强社会主义精神文明建设若干重要问题的决议》在提出要"树立精品意识，实施精品战略"之后，指出：要努力创作出一批思想性、艺术性统一，具有强烈吸引力、感染力，深受广大群众欢迎的优秀作品，带动社会主义文艺事业的全面繁荣。

这段话主要也有两层意思，一是优秀作品应该思想性、艺术性统一，具有强烈感染力；二是这样的优秀作品能带动社会主义文艺事业的繁荣。

从上述两段话我们可以概括出这样几点：优秀作品，从内容上，它应该反映时代精神，思想性、艺术性统一，有强烈的感染力并深受群众欢迎；从效果来看，它们是榜样，可以起带动作用。精品的涌现，可以带动文化的繁荣和发展。

从字面上看，"精品"无疑地比"优秀"更进一层。精品都应该是优秀的，但优秀的并不一定都是精品。在这里，我之所以把"精品图书"与"优秀图书"分开来说，我是希望，我们的图书都是优秀图书；同时期盼着，在这大量的优秀图书中能够产生一批精品，代表我们的民族，光彩我们的时代。

二、精品应该超越时代，具有传承性

从上述的分析中我们是否可以这样认为：

精品反映一个国家的文化水平，代表着一个国家文化发展的方向；

精品意识，就是战略意识，体现了对事业的追求和奋斗；

精品的本质是创造，是创新与突破，精品应该是前所未有。

大量的优秀图书、精品图书必将使社会主义文化群星灿烂，精彩纷呈；而典范的精品，应该是超越时代的。著名的奥地利作家卡夫卡说过："古籍之所以经久不衰，是因为具有传承性。今日美丽绽放，明日就荒唐滑稽。那就是经典名著和普通读物的区别。"这话说得颇为形象。像司马迁的《史记》、曹雪芹的《红楼梦》、达·芬奇的《蒙娜丽莎》、斯特劳斯的《蓝色多瑙河》、唐诗、宋词、元曲，这些伟大的作品，都具有传承性。它们不但属于它那个时代，还属于今天，还必将属于未来。不同时代，不同层次的人们都对它们爱不释手，反复欣赏，心灵震撼。它的原因在哪里？我想，超越时代，能够打动不同时代的读者，就一定得抓住不同时代人们相通的东西。这相通的东西就是人类共同追求的灵魂的真、善、美。只有抓住这些东西，这样的作品才会生命不竭、魅力永驻。这样的作品才可能成为人类文化史上的坐标。

正因为如此，精品拒绝急功近利。精品常常经过十几年、甚至几十年的打磨，需要一如既往的执著精神。马克思的《资本论》，从1843年写到1883年，整整40年。它以大量的确凿的材料，论述了资本主义社会经济的运行规律，揭示了它的内部矛盾，无可辩驳地论证了资本主义的必然灭亡和共产主义的必然胜利。米开朗基罗，这位意大利文艺复兴时期的巨匠，为了创作出超越前人的作品，整整4年，不出工作的教堂。人们说，上帝工作6天，第7天休息，而米开朗基罗永远没有第7天。他89岁了，还在创作新作品，而且充满自信地预言：新的艺术观念即将诞生。司马迁的《史记》用了19年，徐弘祖的《徐霞客游记》用了34年，李时珍的《本草纲目》用了27年，曹雪芹倾其一生心血，只写了一部《红楼梦》。

精品拒绝哗众取宠、人为包装，它是真实的、质朴的，表里如一的。

精品拒绝人为的炒作，哄抬造势，它需要实事求是，脚踏实地的认真精神。

市场经济有利于人们开阔眼界，活跃思想，增长才干，开拓创新；但市场经济也给买空卖空、以无作有的人提供了机会和市场。有的人以金钱开道，雇请刀手，妙笔生花，在多家报刊、电视台上大肆宣传；有的人低级趣味，哗众取宠，迎合低层次读者的需要；有的人不懂装懂认为这就是为工农兵服务，这就叫通俗文化，不懂什么叫"高雅"，什么叫"恶俗"，把标准搞乱了套。

三、应该纠正的三个片面认识

在抓优秀作品、抓精品图书的过程中，有一些片面的认识应该引起我们的高度重视，否则就会影响我们实施精品战略，影响出版事业的繁荣。

一些人认为，既然是优秀图书，一定得大部头，小册子拿不出手。有这种认识的同志，必然忽视通俗读物的出版。这种认识忽视了一个大的事实，即我们的国情。我国有 12 亿人口，其中中等和中等以上文化水平的人有 8 亿多。这 8 个多亿，正是我们最大数量的读者，如果我们不能提供适合他们的理解能力、接受能力、审美能力的作品，出版工作为人民服务、为社会主义服务就是一句空话。另外，如果我们拿不出一大批广大读者喜闻乐见的通俗读物，坏书就不会被赶出市场。所以，从这个角度说，通俗普及读物的出版还关系到"扫黄打非"能否进行到底的大问题。有的人认为通俗普及读物、小册子是"小儿科"，上不了大场面。这更是一种片面认识。须知《诗经》、《唐诗三百首》、《古文观止》等等，在当时都是通俗读物，至今经过了几百年、上千年，仍被我们奉为最好的读本。

出版雅俗共赏的通俗读物的意义远远超出它的外在形式。20 世纪 50 年代吕叔湘、朱德熙先生合著的《语法修辞讲话》在《人民日报》连载，培养了一代人语法修辞的能力；朱自清先生的《经典常谈》、王力先生的《诗词格律》，多少人把它们奉为教科书；艾思奇先生的《大众哲学》，成为无数革命者学习马克思主义哲学的向导；

奥尔巴赫的《原子时代的遗传学》、爱因斯坦的《物理学的进化》等科普名著，引导无数青少年走入科学的殿堂。一个出版单位能出版一本、两本这样水平的通俗普及读物，真可谓"功德无量"了！

重要的不是数量有多大，重要的是品质有多高。写"白日依山尽，黄河入海流。欲穷千里目，更上一层楼"的唐代大诗人王之涣，在《全唐诗》里只有六篇作品。北宋诗人潘大临的"满城风雨近重阳"，只有这么一句诗留了下来，由于气氛的烘托与人物心境的融合之佳，让人过目不忘。须知，中外闻名的《道德经》，只有5000言，横亘古今的《论语》也不过16000字。

只重视形式，忽视内容，这也是当前出版界抓精品图书中一种很不好的倾向。一本装帧精美的少儿图书，里面只有十面、八面内容，每面上一幅插图、几十个字，定价二三十元；一大套一大套的丛书，里面无非是把别人已经出过的书汇在一起，再抄一遍，定价几百元、上千元……

中小学老师们批评说："精美的形式，苍白的内容，昂贵的定价，对少年儿童心灵有影响。"影响是什么？我想，孩子们一定会想，大人们做事难道能够这样华而不实、表里不一吗？

还有一种不好的倾向，一些人看到优秀图书可以获奖、受表彰、上电视，于是只抓"获奖书"，忽视整体水平的提高。他们把图书分作"获奖书"、"赚钱书"两类。在"获奖书"上下大力气，不惜工本，设计精美，装帧考究，座谈会、发布会、公关活动频频。而对"赚钱书"则尽量减少成本，字号要小，尽量省纸，装帧设计要简单，特别是一些人为了扩大发行，在内容上打擦边球，黄的不成就淡黄；黑的不成，就"内幕"加"小道"。这样做就从根本上违背了抓精品的本来目的。精品就是典型，抓典型是为了带动一般，抓精品是为了促进全面繁荣，否则"一花独放"就失去了抓精品的意义。我们要通过抓一部精品书发展到抓一批精品书，形成精品群；以精品群树立自己出版社的形象，形成出版社的风格和品牌。概括起来应该是这样一条路子：精品——精品群——风格和品牌。当一家出版社最终形成了自己的风格和品牌的时候，这家出版社就成功了。

改革开放以来，中国出版业发生了令人瞩目的变化，"阶段性转移"的战略思想，把中国出版业引向抓质量、抓精品的高潮，面对累累硕果，我想起马克思在《青年在选择职业时的考虑》一文中说过的一段十分感人的话。他说："我们的事业并不显赫一时，而将永远存在，高尚的人们将在我们的墓前洒下热泪。"这是多么崇高的精神！抓精品图书是促进文化事业的繁荣，我们切不要只求显赫一时。真正的精品将永远存在。

创新的激情源自远大的抱负

——在首届"香山论坛"上的致辞

（2006 年 9 月 12 日）

按语：这篇文章是我在"香山论坛"上的致辞。"香山论坛"是中国出版集团成立初期做的一件大事，目的是请出版界的同事朋友，一起探讨出版业的重大问题，集思广益，共同前进。

集团的领导同志一致认为，那时出版界的一个重大问题是平庸重复的选题太多，缺乏创新，缺乏高质量、高品位的新书。所以，决定这第一次"香山论坛"的主题是"图书选题创新"。

毛泽东曾经说过：不如马克思，不是马克思主义；等于马克思，不是马克思主义；只有超过马克思，才是马克思主义。这话先是由当时的湖北省委书记王任重讲出来的。"文化大革命"中王任重受到红卫兵批判，说他篡改毛主席讲话。毛主席怎么会说超过马克思呢？"文化大革命"后，王任重写文章阐述这段话的意思。他说，这个观点是正确的。它的核心是要前进，要发展，要创新。

我至今仍然认为，出版社、出版集团主要是出书的，赚钱不是目的。赚了钱也还是为了多出好书，多出优秀的出版物。所以，选题的创新永远是繁荣出版的一个关键问题。

今天，我们在杏林山庄聚会，就图书选题创新进行研讨、交流。我代表中国出版集团，对各位的莅临，表示热烈的欢迎和真挚的感谢。

这次论坛的主题是探讨图书选题创新。这是我们征求了各方面的意见确定的。

从大的方面来说，我们的探讨和实践，是建设创新型国家的需要。党的十六大以来，强调科学发展观，把增强自主创新能力确定为国家的发展战略，并且把这一思想写进了国家的"十一五"发展规划。

作为义化产业的出版业，当然要响应这一号召。从出版业本身来说，研讨选题创新，也是出版业谋求科学发展的需要。出版大崩溃是危言耸听，但不好不坏、又多又快，必将导致图书质量的下降，确是

2002年7月4日，部分省市新闻出版局原图书处处长聚会北京。第一排左起：陈纪宁、武学斌、杨牧之、黄日星、朱赛玉。第二排左起：骆丹、殷爱萍、阎晓宏（时任总署图书司司长）、王成法、樊希安、马元春。

左一为吉林省长春市新闻出版局局长赵瑞勤，中为吉林大学文学院院长、教授郝长海。

一种必然。从编辑个人来说，创新应是一个真正编辑的信条。创新的激情源自于远大的抱负、成功的欲望、浓烈的兴趣和执著的追求。所以，有高尚职业道德的编辑，蔑视"重复抄袭"，拒绝平庸低俗，不屑于"人云亦云"，决心追求新境界、新梦想。正因为如此，以"选题创新"为主题举办这次论坛，是大家的共识。

在论坛开幕之际，我想先表达几个意思。

首先，出版业的根基在于出版，在于出好书。出版业不同于其他的行业，是一个更有文化的产业；它要为当前服务，更要为民族的长远服务；它要为繁荣中国文化服务，更要为发展世界文化作出贡献。这个服务、这个贡献，主要是靠出好书。所以，出版业无论经历怎样的改革，出版社和编辑，说到底，就是要出好书。没有好书，没有好书的不断涌现，你就是赚到了100个亿也没有尽到责任，你就是把你的发展方案描绘得多么瑰丽辉煌，也没有完成作为出版社、出版人的使命。而出好书，首先要有好选题。

其次，我国出版业近些年的状况令人深思：消除泡沫化，出版好书，到了很关键的时候。这些年来，有两个方面的情况不容乐观。一是图书品种大幅攀升，销售量大幅下降。从图书品种来说，1985 年到 2005 年这 20 年间，品种从 4.6 万种增加到 22 万多种，增加了 3.78 倍。总印数却在 1985 年的 61 亿册基础上，仅仅增加了 3 亿册，为 64.66 亿册，20 年间仅仅增长了 6%。相应之下，平均单品种的印量 1985 年是 13 万册，2005 年是 2.9 万册，单品种印量下降了约 78%。这还只是印量。如果算上当前 30% 的退货率、剔除 2005 年文化教育类（含教辅读物）图书的销量 47.54 亿册，以及 500 多亿元的库存量，估计单品种图书的平均销售量不到 2000 册。总量激增，"广种薄收"的状况非常严重。二是选题重复，跟风炒作，缺乏"营养"的图书太多，有价值的图书太少。按照 2005 年的出书品种来算，每

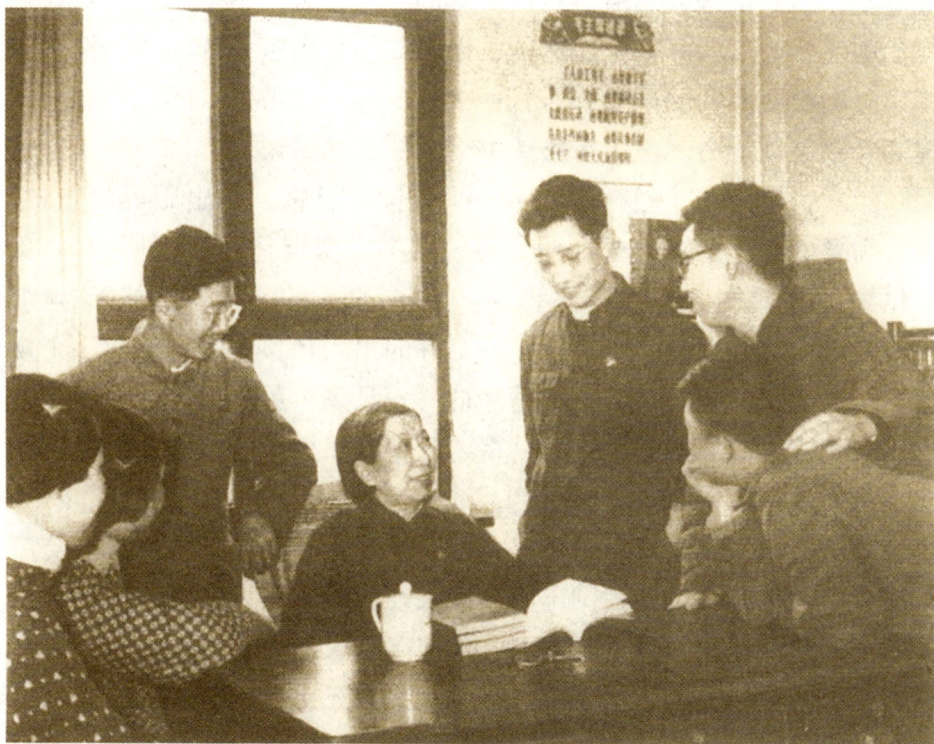

1968 年，为注释毛泽东诗词访问李淑一同志。左起：任雪芳、曾贻芳、陈宏天、李淑一、杨牧之、严绍璗、崔文印。

天出版的图书品种就有 600 多种。与此相对，国民阅读率却持续走低。根据调查，中国人的图书阅读率只有 51%，有日常阅读习惯的仅占 5%。为什么读者不读书呢？有的人认为，现在接受信息的渠道太多；有的人认为，生活节奏快，工作压力大，没时间读书。但这些原因只是一个方面。路透社有个报道，说中国现在城市街角的报刊亭里，满是"时尚"、"男人健康"之类充满明星照片和漂亮模特的时尚杂志、时尚图书，中国图书出版界把"报刊亭风格"当做了风向标。《新周刊》曾经做过一个"无书可读"的专题报告，认为中国图书业正在成为最功利也是最无序的行业，其中所裹挟着的泥沙太多，令读者在变身为消费者的同时，更沦为弱智的阿斗。这种说法可能言过其实，但其中是否有值得我们深思的观点，偏激中是否也有合理的方面呢？阅读率下降不是偶然的，也不仅仅是出版业的问题。但阅读率下降与出版界的跟风炒作、快餐文化、重复出版绝对脱不了干系。提高选题策划能力，出版优秀图书到了关键的时候。

第三，提高选题创新的能力，是向读者负责，是出版界的自救。读者需要好的图书。历史证明，好的图书，特别是那些经典的图书，提供给人们知识，提高人的精神境界，激励人的一生，超越于时代，常读常新，总是为读者所需要。一个好的出版社，总是有这样一个规律：一大批好书——精品——精品群——品牌、风格。当一个出版社形成品牌、形成自己的风格时，多半已得到了读者的认同，多半已能够立足产业和社会。

第四，举办这次论坛，也是搭建一个平台，加强业界同人的交流与沟通。在座各位，是我国出版界活跃在出版编辑一线的、成就突出的专家，尤其是在选题创新方面，作出了引人注目的贡献。今天有幸请到各位，对中国出版集团来说，是一次向兄弟出版集团、出版社借鉴和学习的机会。对各位来说，通过大家的交流，思想碰撞，启发智慧，为全国出版业的科学发展、协作共进，尽到出版人的责任。

早晨，我和几位早起的朋友登山，看到眼前景致，想到唐朝诗人

2006 年 9 月，在第一届"香山论坛"开幕式上致辞。

孟浩然的一首诗："故人具鸡黍，邀我至田家。绿树村边合，青山郭外斜。开轩面场圃，把酒话桑麻。"诗中所反映出的那种温馨、愉快、恬淡，令人向往。杏林山庄正是这样一个绿树相合、青山远在的环境，我们在这个氛围中论说出版，"把酒"话创新，也希望大家有一个愉快、恬淡的心境，克服浮躁和急功近利。我们不追求个人的名利，只为中国出版业的繁荣。

祝论坛圆满成功。

国家首次大型重点图书出版计划缘起和设计

——国家"八五"重点图书选题、出版计划述评

（1992 年 6 月）

　　按语：国家"八五"重点图书选题、出版计划是新中国成立以来，由国家新闻出版管理机关领导制定的第一个大型的综合性的国家规划。

　　新闻出版署对此项工作十分重视，展开了大量的调查研究工作，又请了各方面的专家来论证。

　　在研究启动这项工作时，有的同志认为难度太大，不易搞好；有的同志认为过去只搞过专科性的，没搞过综合性的，缺乏经验；也有的同志说，文学作品怎样搞规划啊？但在署领导的大力支持下，署里的有关司局通力协作，与 50 多个学术、科研、教学、出版单位的 180 多位专家、学者共同努力，经过近一年的反复讨论，第一个国家级大型综合性规划制定出来了。

　　这项工作产生了明显的效果，第一是保证重点项目按时保质地完成。重点就是国家经济建设、文化建设的迫切需要，是导向。第二，由于国家行政管理机关抓全国规划，省新闻出版局必然会抓省的规划，出版社一定要研究制定自己社的规划，这就形成了自下而上，制定出版规划抓重点图书的热潮。当新闻出版署汇总大家的意见，起草了国

家的规划后，再下发征求各方意见，实际上又是自上而下贯彻党和国家方针政策的活动。整个出版界上下一齐规划，就保证了规划的坚实基础，保证了出版的导向，保证了规划的实现率。第三，在国家规划的带动下，出版的规模得到了合理的调控，出版的质量有了坚实的基础。同时，围绕着规划的实施，也带动了出版队伍的建设和人才的培训。

这是一件值得记住和总结的出版大事。

《中国出版年鉴（1990—1991）》按语：由新闻出版署主持制定的"八五"国家重点图书选题、出版计划于1991年底完成，这是建国以来首次编制的一项促进出版繁荣的大型基础工程。

编制国家"八五"（1991—1995年）重点图书出版规划，是为了贯彻中央提出的"一手抓整顿，一手抓繁荣"的要求，争取"八五"期间我国出版事业健康、稳定、持续、协调地发展，使出版工作更好地为建设有中国特色的社会主义服务。这项计划的制定带动了各省、各出版单位对重点图书的规划工作，形成了上上下下抓重点、抓精品图书的好形势。

列入国家"八五"重点书规划的图书共1169种（含12816卷、册），其中学术研究著作396种，占33.9%，这个比例大大高于历年出版学术著作占总品种6%的比例。

新闻出版署决定今后每年检查一次重点书规划的完成情况，同时从实际出发，对此项计划进行必要的调整、补充，力求使国家"八五"重点书出版规划更加符合国情民意，为争取新的出版繁荣打下扎实的基础。（这个按语是《中国出版年鉴》刊出时所加）

一、国家"八五"重点图书选题、出版计划的概况

1. 制定"八五"计划的意义，指导思想和原则

全国出版社经过整顿，进一步端正了社会主义出版方向。目前正

根据中央提出的"一手抓整顿，一手抓繁荣"的要求，在继续深入进行整顿工作的同时，调动各方面的积极性，把工作的重心和主要精力放在繁荣出版、多出好书上面。在新的形势下，按照中共中央《关于制定国民经济和社会发展十年规划和"八五"计划的建议》的要求，制定好1991—1995年国家重点图书选题、出版计划（以下简称"'八五'计划"），对于进一步巩固"扫黄"和整顿的成果，对于使我国的出版事业在"八五"期间以至更长的时期里能够有计划地健康、稳定、持续、协调地发展，取得新的更大的繁荣，为社会主义精神文明建设和物质文明建设作出新的贡献，具有十分重大的意义。为了将这一设想付诸实施，新闻出版署于1990年9月发出《关于编制1991—1995年重点图书选题、出版计划的通知》。

《通知》提出制定"八五"计划，必须遵循党的十一届三中全会以来的路线、方针、政策，坚持"一个中心，两个基本点"，坚持为人民服务、为社会主义服务的方向；坚持四项基本原则，反对资产阶级自由化；坚持百花齐放、百家争鸣、古为今用、洋为中用的方针；坚定不移地把社会效益放在首位。

同时，要求根据中共中央《关于制定国民经济和社会发展十年规划和"八五"计划的建议》精神，结合出版事业发展的实际，要把宣传马克思列宁主义、毛泽东思想，传播、积累科技和文化知识，丰富和提高人民的精神文化生活作为制定"八五"计划的基本原则。在选题的选择、讨论、制定过程中，要把当前需要与长远需要结合起来，一方面紧密结合当前社会主义建设的需要，另一方面要兼顾长远需要，注意文化积累。当前，尤其要大力出版围绕小平同志建设有中国特色社会主义理论，围绕建设社会主义市场经济体制，围绕爱国主义教育的图书。同时，要加强高质量的健康的普及读物的比重；加强面向农村、面向农民的各类选题；扶持那些扬长避短，突出本专业、本地区、本民族特点的选题。

2. "八五"计划的制定过程

"八五"计划的制定过程，贯彻了群众路线精神。主要经过了三个阶段：

第一阶段，出版社经过调研、论证，报出自己的计划。《通知》发出后，立刻得到有关部门和全国出版社的重视和响应。各出版社在认真学习、领会《通知》精神的基础上，根据本地区、本部门、本行业总体事业发展的要求，结合本社的发展方向、特点和条件，调动和联系广大著译者和科研单位，深入调查研究，从而形成了一批有倾向性的选题，然后召开多种形式的研讨会、论证会，经过选择、比较，形成各社和各部委、各省的重点书目。再经过这些部委、省新闻出版局筛选，向新闻出版署报送，总计有 1 万多种。

第二阶段，新闻出版署经过初步论证形成计划初稿。新闻出版署在审定计划过程中，采取了"专家与群众相结合"的办法。从 1991 年 3 月起，新闻出版署图书管理司集中主要业务人员对上报的重要选题进行了认真的审读和研讨，并吸收有经验的出版专家协助审读。经过一个月的反复审读、讨论、筛选，选出 1200 余种选题，形成了"八五"计划"初稿"。

第三阶段，新闻出版署将计划"初稿"进行广泛的论证。初稿形成后，新闻出版署又邀请中央文献研究室、中央党史研究室、中国科学院、中国社科院、中国科协、军事科学院、国防科委、北京大学、清华大学等 50 多个学术、科研、教学、出版单位的 180 多位专家、学者对"八五"出版计划初稿进行了学术论证。在论证会上，专家、学者的意见不仅对出版事业的长期发展有巨大的推动作用，而且对我国的科学文化事业的发展以至两个文明建设，都具有重要的促进作用。专家、学者们对"初稿"中的 1200 种选题进行了认真、具体的分析，并提出了大量有价值的意见，特别是对"初稿"中的不足，提出了许多富有建设性的修改意见。这对保证"八五"选题计划的先进性、科学性、可行性，起到了重要作用。

之后，新闻出版署又根据《通知》的具体要求，并结合专家、学者的意见，再次对"八五"计划"初稿"进行了调整、修改和充实，形成了1030种选题的"八五"计划。

邓小平同志南巡谈话发表后，根据改革开放的深入发展，以及制定《计划》时的条件和不足，按照新闻出版署党组的指示，又对"八五"重点图书选题出版计划书目进行了补充修订。补充修订过程中，撤销了13种选题，增补了152种选题，总数由1030种增为1169种（12816卷、册）。

3. "八五"计划的基本结构和比例

"八五"计划列入的1169种（丛书、套书算1种）选题中，学术研究著作396种，占总数的33.9%。"八五"计划共分4大类：科学技术类、社会科学类、文学艺术类、专题类。

科学技术类列入110家出版社的359种（2208卷、册）选题，占全部选题的30.7%，其中包括理科、高技术、工科、农林科、医科5部分。

社会科学类列入126家出版社的345种（3846卷、册）选题，占全部选题的29.5%，主要包括马列主义、毛泽东著作，党史、党建及科学社会主义，政治思想教育，以及哲学、经济、历史、法律、军事、宗教、社会科学总论等。

文学艺术类列入106家出版社的262种（3846卷、册）选题，占全部选题的22.4%，包括中国文学、外国文学、美术、摄影、音乐、旅游等。

专题类列入95家出版社的203种（2916卷、册）选题，占全部选题的17.4%，包括少儿、古籍、民族、教育4个专题。

从对上述选题结构和比例的分析来看，"八五"计划基本体现了《通知》强调的优化选题、合理结构、突出重点、兼顾全面、保证质量的思想。把"八五"计划分成4大类是比较科学的，同时兼顾到了出版的特点。各分支学科的选题分布也比较合理，符合这些学科的实际发展情况。在保证质量的前提下，突出重点，显示了"八五"计划的导向作用。比如科学技术类，为适应科学技术现代化的急需，将高科技作为一个主要部分提出，其选题数量占科技类选题的15.4%，比例较高；社会科学类，有两个突出：一个是宣传马列主义、毛泽东思想、党史、党建、政治思想教育的选题突出，占社科类选题的21.7%；另一个是经济方面的选题突出，占社科类选题的20.3%，体现了出版工作的社会主义方向和努力为"以经济建设为中心"的目的服务的态度；文学艺术类，重视了对中华民族文化遗产的挖掘、整理，同时对现、当代的文艺作品和理论也给予了充分的关注。此外，根据出版事业发展的特点，结合社会各方面的要求，在选题调配上兼顾了读者多方面、多层次的需要，注意了品种、形式的多样化。

二、国家"八五"重点图书选题、出版计划的特点

1. 积极宣传和传播马克思列宁主义、毛泽东思想，是出版战线的一项十分重要的工作。过去的10年里，这方面已取得了显著成绩，"八五"计划中又有了进一步加强，相当一批整理、翻译、研究质量高的宣传马列主义、毛泽东思想的选题列入计划。

（1）新版马克思、恩格斯、列宁、毛泽东和中央领导人的著作将在"八五"期间陆续出版。

继1991年60卷的中文第2版《列宁全集》出齐后，人民出版社将安排出版《马克思恩格斯全集》中文第2版，全集共60卷，"八五"期间计划出10—15卷，仍由中央编译局编译。

由中央文献编委会编辑的《毛泽东选集》（1—4卷）第2版，已于1991年由人民出版社出版。由民族语文编译局根据《毛泽东选集》第2版重新校订的蒙、藏、维、哈、朝五种民族文版的《毛泽东选集》，也列入了"八五"计划，将由民族出版社出版。

《毛泽东军事文集》，汇集了毛泽东同志各个时期有关军事的论述和文章，集中反映了毛泽东同志的革命军事思想。此书将由军事科学出版社出版。

《刘少奇论党的建设》一书，全面介绍刘少奇同志关于党的建设的思想。此书将由中央文献出版社出版。

《邓小平文选（1983—1990）》（中央文献研究室编），反映了邓小平同志将马克思主义的普遍真理同中国的具体实际相结合，创造性地提出走建设有中国特色社会主义道路的思想。此书由人民出版社出版。

薄一波同志撰写的《若干重大决策与事件的回顾》（上、下卷），通过总结、分析历史经验，充分证明了中国共产党和老一辈革命家在一些重大决策和历史事件中所发挥的重要决定作用，对于人们正确地认识我国和我党的发展历史，具有重要价值。上卷已于 1991 年 5 月出版。下卷将在"八五"期间出版。

（2）研究马克思列宁主义、毛泽东思想的著作，正向新的深度和广度拓展。

人民出版社的《马列著作导读丛书》，其中有《共产党宣言》导读、《哥达纲领批判》导读、《反杜林论》导读等。

有 3 套专题研究丛书值得重视：河南人民出版社的《马克思主义研究丛书》、山东人民出版社的《毛泽东思想研究丛书》、湖南文艺出版社的《当代马克思主义文艺理论研究系列》。

2. 联系实际，为建设有中国特色社会主义服务。这类选题在计划中占有相当大的比重。

（1）加强了探讨和研究建设有中国特色社会主义重大理论问题和实际问题的选题。

中央党校出版社安排了邢贲思主编的《建设有中国特色的社会主义理论研究丛书》，共 8 种。通过比较研究，分析当今资本主义的新变化以及社会主义面临的问题和特点，从不同方面阐明了建设有中国特色的社会主义的必要性和可能性。

刘国光主编的《十二年改革的回顾》由中国社会科学出版社出版，通过回顾经济战线改革开放的历史，总结经验教训，对经济改革中的一些重大理论问题进行深入研究。

中国计划出版社的《中国新的运行机制——论计划经济与市场调节相结合》，由中国计划学会编著，对我国经济改革中所遇到的重大理论问题进行了探讨。

社会科学文献出版社的《政治体制改革与法制建设》，着重探讨在新形势下，政治体制改革与法制建设的关系。

针对我国改革开放以来遇到的一些突出的经济、社会问题进行系统调查研究，并探讨一些解决办法，这是上海人民出版社的《当代中国社会调查研究书系》（7 种）的突出特点。如《中国雇工问题调查》、《中国失业问题调查》、《中国城市土地地租问题》、《中国西部地区人口与经济》、《城市社会生活、环境与素质》、《江南农村文化变迁》、《江苏农村非农化发展研究》。

随着改革开放的不断深化，经济特区的发展问题也更引人注目。为此，鹭江出版社组织了一套《特区经济丛书》，共 30 卷。

（2）结合改革开放和经济建设的实际需要，安排了一批紧密结合实际工作的图书。

由国家体改委编的《企业管理现代化百项创新成果学习指南系列》（10 种）（中国经济出版社），目的在于推动、普及我国先进企业管理的现代化方法，从整体上提高我国企业的现代化管理水平。

中信出版社利用自己的优势，组织了《利用外资丛书》（6 种），专门研究、介绍发展合资企业的有关法律、经验和利用外资的各种需要注意的问题。同类型的选题还有法律出版社的《对华投资指南》。

贵州人民出版社的《国际经济惯例丛书》（40 种），分门别类地介绍在国际经济活动中的各种惯例及各国的有关法律、法规。如

《金融国际惯例和法规》、《外国市场国际惯例》、《贸易国际惯例》等。这样系统地介绍在国内尚属首次，为国内企业打入国际市场，参与国际竞争提供了有价值的参考资料。

（3）加强法制建设，是建设有中国特色的社会主义的一个重要保证。"八五"是全国的"二五"普法时期，抓好普法图书的出版工作不可忽视。人民法院出版社的《中华人民共和国基本法律诠释》列了9种选题，对基本法律作出权威的阐释。中国检察出版社则从法制建设的实际应用出发，安排了《刑事犯罪案例丛书》共23种。

3. 把政治思想教育图书摆在重要位置上，以适应社会主义精神文明和物质文明建设的需要。

（1）建党70周年，全国有多种有相当水平的党史、党建类图书陆续出版。

中央党史研究室编、人民出版社出版的《中国共产党历史（1921—1949年）》和《中国共产党历史（1949—1991年）》全面、系统地反映了中国共产党自1921年建立以来的历史。此书由中央审定，是党史方面的权威著作。

此外，《中国共产党的七十年》（中共党校出版社）、《中国共产党70年回顾》（人民日报出版社）、《中国共产党军队政治工作七十年史》（解放军出版社）、《中国共产党廉政建设史》（甘肃人民出版社），以及大型画册《中国共产党的七十年》（中央党史出版社）等，都是有影响的著作。

（2）对青少年进行集体主义、爱国主义、社会主义思想教育和共产主义理想教育的选题得到了加强。

重庆出版社的《中国共产党与中国社会主义丛书》，通过典型材料和解答现实生活中提出的问题，向广大读者特别是青年，进行了比较全面、系统的社会主义和爱国主义教育。

中国连环画出版社的《伟大的祖国画库》、人民美术出版社和中国画报出版社的《20世纪的中国》（历史图集）、河北美术出版社的

《中华文明系列画册》、文物出版社的《转变中的近代中国》（历史图集）等，利用图片、连环画，形象地向人们讲解中国的历史发展、灿烂的中华文明成就、伟大祖国的风貌。

（3）大力宣传老一辈无产阶级革命家的丰功伟绩和高尚品德，对于培养有理想、有道德、有文化、有纪律的社会主义新人意义重大。在"八五"计划中，由邓力群同志主编的《老一辈无产阶级革命家风范丛书》（人民出版社）引人注目。第一批9种选题，分别介绍毛泽东、周恩来、刘少奇、朱德、任弼时、邓小平、陈云、彭德怀、陈毅的事迹。

解放军文艺出版社的《将帅文学丛书》已出版多种，引起很大反响，"八五"期间还将出版《陈毅文学传记》、《李贞将军传》、《聂荣臻文学传记》、《刘伯承泸州起义》等。

（4）加强对青少年进行思想道德修养教育十分重要。"八五"计划中这类选题分量较重，其中有《少年思想通讯》（中国少年儿童出版社）、《青少年德育文库》（未来出版社）、《中华国魂》（江苏少儿出版社）等。

4. 注意选题的系统性和总结性，眼光放得更远，以求"传诸后世"。系统化的丛书和总结性的套书，品种约占半数以上。

（1）以各种丛书、系列书为骨干，构成了"八五"中国文学图书出版的总体布局。人民文学出版社的5套丛书，从古至今，形成系列《新注古代文学名家集》，是一套诗文集，收录中国文学史上某一时期或某一流派代表作家和重要作家的诗文，为学习和研究中国文学史提供了一套较系统的重要读本。此套书已连续出版了多年，1992—1994年将陆续出版《孟郊诗集校注》、《司马相如集校注》、《贾谊集校注》等。《中国古典文学读本丛书》则主要是供中等文化水平的读者阅读的一套优秀的古典文学作品的选注本，精选、新注是它的特点，"八五"期间将出6种。现代文学丛书有《中国大作家选集系列》和《中国现代长篇小说丛书》。前者选入的是中国现代文学杰出作家的主要作品，力求反映这些作家的艺术成就和艺术风格，列入系列的有22位作家，计划"八五"出齐；后者汇集从"五四"到建国前的著名长篇小说，基本展现了现代长篇小说创作的主要成就。《中国当代作家选集丛书》选收新中国成立以来在文学创作上作出重要成绩的作家的代表作（包括中、短篇小说，诗歌，散文，报告文学，儿童文学作品等），每人一集，拟出50集。这套书同前面的《中国大作家选集系列》相衔接，以构成反映自"五四"以来新文学发展轨迹的系列丛书。《台湾当代名家作品精选集》系由台湾著名作家郭枫主编，系统展示台湾当代文坛代表作丛书，共25种。《中国古典文学基本丛书》（中华书局）和《中国古典文学丛书》（上海古籍出版社）均是已经形成一定出版规模的丛书，在作品选择、整理校注、编辑水平方面都堪称上乘，在"八五"期间将继续出版。中华书局的《古本小说丛刊》以版本价值高形成特色。上海古籍出版社的《古本小说集成》则以收入作品的种类齐备为特色。这两套大型古本小说丛书在学术界颇受重视，都将在"八五"期间出齐。

（2）外国文学选题的规划首先强调选择优秀图书，同时注意系统化。"八五"计划中的外国文学选题正朝着这个方向发展。人民文学出版社和上海译文出版社联合出版的《外国文学名著丛书》、《20世纪外国文学丛书》、《外国文艺理论丛书》，在选题、翻译、编校以及系统化方面都达到了国内一流水平。这三套书已经出版过半，"八五"期间将全部出齐。近年来，一批地方文艺出版社在出版外国文学上作出了努力，在"八五"计划中有新进展。8套外国文学作品丛书各有特点：重庆出版社依靠专家对世界反法西斯作品进行系统规划，形成一个完整的具有特殊意义的《世界反法西斯优秀文学作品书系》，共40卷，2000万字，1993—1994年将全部出齐。此外，在规划中既考虑到了对大国的介绍，也充分注意了对拉丁美洲和东方国家文学的介绍。如漓江出版社和安徽文艺出版社的《法国20世纪文学丛书》，安徽文艺出版社的《20世纪意大利文学丛书》，海峡文艺出版社等的《日本文学流派代表作丛书》，云南人民出版社的《拉丁美洲文学丛书》，北岳文艺出版社的《东方文学丛书》等在"八五"期间形成较大的规模。

（3）安排了一批总结性的选题，即对某一学科、某一门类的研究成果、作品资料等进行总结，力求完整地加以展示，这是带有重要文化积累意义的工作。

哲学社会科学方面：如《中共地方党史全书》，将全国各省区市的权威性党史资料完整地汇集成书；《汉译世界学术名著丛书》（商务印书馆）是世界社会科学学术名著的总结性规划；《新编诸子集成》和《中国兵书集成》是古籍挖掘整理方面的两部重要"全书"。

文学艺术方面：人民文学出版社的《世界文库》是在 40 年的积累基础上，经过认真筛选、周密规划形成的我国第一套真正的具有世界意义的文库，整个文库共收中外古今文学作品 244 种、323 册，其中中国古典文学 49 种、现代文学 11 种，外国文学 184 种。"八五"期间先出版 40 种，1045 万字。此外，还有中外作家全集 8 种：《李白全集编年校注》、《杜甫全集校注》、《郭沫若全集》、《茅盾全集》、《巴金全集》、《巴尔扎克全集》、《歌德全集》、《易卜生全集》。花城出版社的《世界诗库》是计划中分量很重、文学价值很高的世界诗库。这个选题计划特别注意加强系统性，沿着世界诗歌发展的脉络，进行全面、科学、系统的规划，改变过去外国诗歌译介的零散状况。

北京出版社的《京剧大典》、北京工艺美术出版社的《中国工艺美术百科全书》等都是带有总结意义的艺术类套书。

5. 努力为科研服务。对已列入国家自然科学、社会科学、文化艺术等科研规划中的项目，积极组织安排出版，并且在制定"八五"计划时，予以优先考虑。

（1）根据国家科委的国家"863"办公室有关发展生物技术、自动化技术、航天技术、激光技术、信息技术、新材料技术、能源技术和超导技术的规划，安排了一系列相关的高技术选题。如《生物技术基础理论与研究技术丛书》、《控制科学和工程丛书》、《载人航天技术丛书》、《强激光技术及其应用丛书》、《人工智能应用技术丛书》、《材料科学及测试技术丛书》等。此外，列入国家"八五"测绘规划的《中华人民共和国国家地图集》（5 卷）也列入"八五"计划。

（2）属于国家社会科学研究项目的有 8 种：《鲁迅大辞典》（人民文学出版社、四川文艺出版社）、《中国古代文学通史》、《外国文学名著丛书》、《外国文艺理论丛书》、《当代社会科学前沿问题研究丛书》（7 种）、《国共关系史》、《马克思主义哲学原理的发展和体系研究》等项目。

（3）属于艺术学科研究项目的有 9 种：《中国美术分类全集》，是在吸收《中国美术全集》的编辑出版经验的基础上，进行更全面系统地规划，全集包括绘画、雕塑、工艺美术、建筑艺术和书法篆刻 5 个方面，下分 19 个类，外加民间美术、现代美术，总共 21 个分类，全集约 400 册，由全国 29 家美术出版社出版。由王朝闻主编的《中国美术史》（齐鲁书社、明天出版社）以大量史料为依据，全面展示中国美术上自原始社会、下迄当代的发展面貌，全面体现国内外对中国美术史研究的学术成果，共 15 卷，500 万字，3000 页图版。还有作为十大文艺集成志书的《中国戏曲志》、《中国戏曲音乐集成》、《中国曲艺志》、《中国民族民间器乐曲集成》、《中国民间歌曲集成》、《中国民间故事集成》、《中国歌谣集成》、《中国谚语集成》、《中国民族民间舞蹈集成》、《中国曲艺音乐集成》以及《中国新文艺大系》、《中国音乐文物大系》。

6. 学术著作在"八五"计划中占有突出的地位，体现了国家的重视。为了缓解学术著作出版困难的局面，各出版社都尽量集中人力和财力，把学术著作作为主要的方面考虑。

（1）学术著作的系统化出版，是"八五"计划中学术著作选题的一个特点。主要包括 4 大类：

自然科学工程技术方面：《基础医学大系》、《中国农业》、《工程力学丛书》、《现代理论物理学丛书》、《遗传育种学丛书》等。

社会科学方面：人民出版社的《经济理论丛书》、《人民代表大会制度丛书》（7 卷）、任继愈主编的《中国佛教丛书》（8 卷，中国社会科学出版社）、《当代经济学文库》（25 种，三联书店上海分店）、《中国文化史丛书》（商务印书馆）等。

文学艺术方面：《中国文学研究丛书》（安徽教育出版社）、《中华文艺理论大成》（花城出版社）、《中国古代文学流派研究大系》（辽宁大学出版社）、《20 世纪欧美文论丛书》（百花洲文艺出版社等）、《当代西方著名文艺理论家自选丛书》（四川文艺出版社）等。美术丛书有研究美术家的《美术家研究丛书》（人民美术出版社）和《20 世纪中国画家研究丛书》（杨柳青画社），有基础理论的《美术学文库系列丛书》（黑龙江美术出版社）、《中国书学丛书》（河南美术出版社）等。

（2）"八五"计划中安排了一批在各学科发展上处于国际国内领先水平的选题。

例如，由王元主编的《纯粹数学与应用数学丛书》，作者均为我国著名数学家，集中反映我国各数学分支学科的优秀研究成果，其中许多已达到国际先进水平。

冯康主编的《计算方法丛书》，介绍自冯康等 20 世纪 60 年代创立有限元方法后，我国科学家在计算数学领域取得的一系列具有国际水平的成果。

戴乾圜撰写的《双区理论——环境中化学致癌剂的结构——活性关系和致癌机理》，论述环境致癌物。作者提出的定量计算公式与大量事实相符，尤其是作者提出的双区理论，为攻克癌症和开发新型防癌药物创造了条件，提供了理论依据，在国际上产生了极大影响。

由著名小麦学专家金善宝主编的《中国小麦学》，回顾和总结了我国 40 多年来小麦科技进展、育种和栽培方面的成就，以及国内外在这个领域的最新资料，是具有国家级水平的专著。

7. 一批填补空白的选题列入"八五"计划，对学术研究、文化积累都具有十分重要的意义。

为扭转"敦煌在中国，敦煌学研究在国外"的状况，广大敦煌研究工作者经过辛勤努力，使我国敦煌学的研究水平在近 10 年里有长足进展，取得了许多有分量有价值的研究成果，其中有些项目填补了我国甚至国际敦煌学研究的空白。"八五"计划中文物出版社的《敦煌石窟全集》100 卷，堪称集大成之作，力求对敦煌遗产进行完整的展现，对全面地了解、研究敦煌，对于永久地保存敦煌遗产都具有不可估量的价值。《敦煌石窟代表窟选集》（30—40 卷，江苏美术出版社）、《敦煌石窟研究丛书》（30 册，甘肃人民出版社）、《敦煌书法选萃》（30 册，甘肃人民美术出版社）则是对敦煌艺术作品进行精选形成的中型套书，亦有很高的艺术价值和收藏价值。

中国的民间美术历史悠久，作品丰富多彩，在世界艺术宝库中占有重要地位。但由于保留难，搜集难，整理出版使之传之永久则更难，因此，一直没有系统地出版过。列入"八五"计划的山东友谊出版社和山东教育出版社的《中国民间美术全集》补上了这一不足，对于弘扬民族文化很有意义。

向读者全面、系统地介绍具有神奇色彩的西藏艺术成就的《西藏艺术全集》（北京出版社和西藏人民出版社），规模之大，在国内甚至世界无疑是第一部。解放区文学是中国现代文学史上的光辉一页，产生了许多优秀作品，对以后的革命文学影响巨大，多少年来一直未能很好地整理出版。重庆出版社的《中国解放区文学书系》（10 卷，1200 万字），弥补了这一缺憾。

此外，填补空白的选题还有华夏出版社的《中国手语系列读物》（10 种），科学出版社的《中国自然资源丛书》、《中国动物志》、《中国植物志》、《中国古生物志》等，译林出版社的《追忆似水年华》、《尤利西斯》，花城出版社的《海外华人文学大系》，辽宁人民出版社的《萨满教文化研究丛书》，农村读物出版社的《中国农民通史》等。

8. 注意选题的地方特色、行业特色、民族特色，形成自己的出书特点，为本地区、本行业及少数民族服务。

（1）相当一批地方出版社根据自身的优势和特殊条件，立足于本地，注意发掘本地区的文化资源，从而规划出一些有价值的选题，逐渐确立了自己独有的特色。广东省的三家出版社根据各自的分工，组织了3套书：广东人民出版社的《岭南文库》，分历史沿革、经济发展、社会文化、自然资源、人物业绩5个部分，共300种选题；花城出版社的《近代岭南文学名家书系》，收入苏曼殊、梁启超、黄遵宪等9人的文集；岭南美术出版社的《岭南画派名家荟萃》，汇集了高剑父、关山月、黎雄才、越少昂等10人的作品。具有地方特色的选题，主要有3大类：一类是反映本地区的社会发展历史的，如北京出版社的《北京历史地图集》、内蒙古大学出版社的《内蒙古通史》、南海出版公司的《海南史论丛书》、山西人民出版社的《太行革命根据地革命史料丛书》、重庆出版社的《中共重庆地方党大事记》等；一类是经济方面的，研究本地区的经济改革和生产建设，如内蒙古人民出版社的《内蒙古经济发展与改革研究丛书》（29种）、上海社科院出版社的《长江浦东开发与长江三角洲协调发展》、广东人民出版社的《广东改革开放研究丛书》（10种）等；一类是文化方面的，如北京出版社的《北京古代艺术全集》（24卷，分雕刻、绘画、书法、建筑、民间习俗、说唱艺术6大类）、安徽美术出版社的《中国徽州艺术丛书》、辽宁美术出版社的《东北地区民族、民间美术研究总集》（15—20卷）、山东文艺出版社的《山东地方戏曲音乐研究丛书》（13种）等。这些选题对研究当地的社会发展、经济建设和文化遗产，有其特殊的价值。

（2）注意抓一些直接反映行业事业发展，为本行业、本部门工作服务的选题。主要包括三个方面：一是总结行业和部门历史沿革的，如世界知识出版社的《中华人民共和国外交史》（外交部编）、金盾出版社的《军事后勤历史丛书》（39 种）、中国社会出版社的《中国民政发展史》（民政部编）等；二是指导行业工作的教程、管理用书，如新华出版社的《新闻工作教程》（9 卷）、中国计划出版社的《中国计划管理》、中国审计出版社的《审计法律基础》、金城出版社的《保密工作概论》等；三是研究与本行业相关学科、介绍行业知识的图书，如法律出版社的《中国法学百科全书》、中国物资出版社的《物资流通大辞典》、华夏出版社的《中国残疾人事业丛书》等。

（3）民族地区的出版社和民族专业出版社积极整理和发掘少数民族历史、语言、文化方面的图书，形成民族特色。

民族出版社的《中国蒙古族百科全书》，系国内唯一的少数民族文字的"百科全书"；《十二木卡姆新编》，是国内外享有盛誉的维吾尔族大型古典套曲的新编本，具有很高的收藏和研究价值。

内蒙古人民出版社的《蒙古族古典文学丛书》，收入的都是一些有代表性、有影响的作品。

中国民族摄影艺术出版社的《中国少数民族文化画集》丛书，共 34 种；四川民族出版社的《藏传历算学百科全书》，收集了迄今为止所有的藏传历算学资料，包括藏传历算学的起源、发展、现状、流派及特点、代表人物、基础理论等。

语言工具书有四川民族出版社的《彝族大辞典》、广西民族出版社的《壮语词典》、东北朝鲜民族教育出版社的《朝鲜语成语词典》。

9. 努力弘扬中华民族优秀的传统文化，古籍的整理出版受到前所未有的重视。"八五"期间，古籍整理出版工作展现出全面发展的局面，一批规模浩大的重点工程经过几年甚至 10 多年的收集、整理、编辑准备工作将陆续出版或出齐。

（1）新中国成立以来，尤其是近 10 年，文学古籍的整理出版一直是我国古籍整理出版工作的重要方面。其中文学总集的整理出版在某种程度上代表了文学古籍乃至整个古籍整理出版工作的总体水平。

这次计划中列入了 10 多种文学总集选题，从中可以看出广大古籍整理工作者多少年来默默无闻、辛勤工作所形成的硕果，也可以感受到有关出版社的胆识和魄力。

诗：已经出版了《诗经》、《楚辞》、《先秦汉魏晋南北朝诗》、《全唐诗》、《全唐诗外编》、《宋诗钞》。延续下来列入"八五"计划的有《全唐五代诗》、《全宋诗》、《全元诗》、《全明诗》。至此，除了没有列入规划的《全清诗》，则清代以前的诗总集就全部出齐了。

词：已经出版了《全唐五代词》、《全宋词》、《全金元词》。列入"八五"计划的有《全明词》和《全清词》（中华书局）。由唐代到清代近 1300 年来这个特殊文体的作品，在"八五"期间将全部出齐。此外，中华书局将重新整理出版《全唐五代词》，也列入了计划。还有黄山书社的《历代词纪事·会评》（6 卷，380 万字）。

文：在已经出版的《全上古三代秦汉三国六朝文》、《全唐文》、《全辽文》的基础上，"八五"计划列入了《新编全唐五代文》（陕西人民出版社）、《全宋文》（巴蜀书社）、《全元文》（北京师范大学出版社）。

曲：已出版了《全元散曲》、《全清散曲》，"八五"计划列入了《全明散曲》（齐鲁书社）。

赋：湖南文艺出版社安排了《历代辞赋总汇》。

戏曲：除继续整理出版的《古本戏曲丛刊》（中华书局）外，"八五"计划列入了人民文学出版社的《全元戏曲》。

小说类的丛书、套书列入"八五"计划的有 8 套：中华书局的《古本小说丛刊》、上海古籍出版社的《古本小说集成》、人民文学出版社的《蒙古车王府曲本》、江苏古籍出版社的《中国话本小说大系》、巴蜀书社的《明代小说辑刊》、黄山书社的《清代笔记小说类编》、百花洲文艺出版社的《中国近代小说大系》、上海书店的《中国近代文学大系》等。再加上已经出齐或正在出版的《中国小说史料丛书》、《中国古代小说丛书》、《明末清初小说丛刊》、《晚清民国小说研究资料丛书》、《中国神怪小说大系》，这样中国小说从古代文言小说到近代白话小说，一贯而下，都做了系统的整理出版。

（2）加强了对历史、哲学、语言等古籍整理项目的规划，开始改变了以往偏重于文学类古籍的整理出版，使古籍整理出版的总体布局在"八五"期间更趋合理、全面。

历史类古籍已经整理出版了三大体系：纪传体的《二十四史》、《清史稿》；编年体的《资治通鉴》、《续资治通鉴》、《明通鉴》；纪事本末体的《左传纪事本末》、《通鉴纪事本末》、《宋史纪事本末》、《辽史纪事本末》、《元史纪事本末》、《明史纪事本末》。列入"八五"计划的选题主要是基本古籍、史地类古籍、文物类古籍、地方志等。在计划中，近代史典籍的整理出版，体现了多侧面的特点。

哲学古籍主要是继续近 10 年中间已经开始出版的一些大型的基本古籍，如《中华大藏经》（汉文版），新编诸子集成，理学丛书，佛、道典籍，中国兵书集成等。此外还有一些个人的文集，以及一些古籍整理研究、工具书、知识普及类选题。

地方古籍的整理在"八五"计划中也占有明显的地位。

三、从申报的"八五"选题和出版计划中反映出的问题与不足

在阅读各个出版社通过本部委或省新闻出版局报送新闻出版署的 1 万多种重点选题时，我们感到由于指导思想方面的问题，以及调查研究不够、论证不充分等原因，反映出当前选题计划中一些值得注意的问题和不足：

1. 丛书、套书等大型选题重复现象严重。有些出版社确定选题前缺少周密的调查研究和论证评估，再加上出版社之间缺乏信息交流，闭门造车，知道重复撞车以后，生米也快煮成了熟饭，既不愿撤下来，也不愿合起来，形成一种尴尬的局面。而且重复的选题许多都

是较大规模的项目，造成了不必要的人力、物力、财力和材料的浪费。重复的选题尤以文学、艺术、古籍三大类为突出。

有关敦煌的大型艺术画册有4套，规模分别是10卷、30卷、40卷、100卷，其中相当多的作品重复。大型书法全集、大全有3套，规模分别是30卷、40卷、100卷。中国现当代画家作品集丛书有4套，有些名画家的作品几乎每套丛书都要收入，而所选的作品也差不多，选题作品都重复。已有了出版多年的《获诺贝尔文学奖作家丛书》，影响较好，另一出版社再搞一套《八十年代诺贝尔文学奖丛书》，不仅重复，而且价值不大。

关于老一辈无产阶级革命家的丛书，是一项很严肃的工作，为保证社会效果，对选题质量和编写质量要求很高。有4家出版社报了5套丛书，与其这样重复，效果又未必很好，不如集中力量搞出一套具有权威性、水平更高的丛书。党史、党建类图书，重复相当多，其中有些质量好，也有一些基本上是资料的堆积，你编他也编，用的都是相同的资料，或者是某个人、某个部门同时分别为几家出版社编，所用资料和编写角度相差不大。此外还有关于研究介绍台湾的丛书、套书也有重复。

《全唐五代诗》有两家出版社分别出版，虽略有不同，但选材基本是重复的。还有，一个时期以来，出现了"儒学热"，出版社便纷纷抢着出版，有的一个省就编了好几套，从弘扬民族文化的角度考虑，也应有个合理安排。

2. 面向农村、服务农村的图书数量还太少，品种也不够丰富。虽然列入规划的有10余种，选题质量也不错，如四川的《农村文库》、农村读物出版社的《农家万事通》、济南出版社的《中国农村百页丛书》、江苏人民出版社的《江南农村发展研究丛书》等。但与根据中央关于十年规划和"八五"计划的建议中有关发展农业的要求和当前广大农民对适合农村生产建设、文化生活的优秀图书的迫切需求，还有很大差距，应采取有效的措施，加强这方面图书的出版。

3. 贪大求全、名不符实的风气，在申报的选题中显得十分突出。

据统计，在申报的选题中叫"全集"、"大全"、"大系"、"集成"等名称的选题超过 100 种。追求选题的系统性、完整性、全面性是提高出版水平的重要方面。但是，如果条件不成熟，仓促上马，原本想创牌子，结果只会是砸了自己的牌子。有一家出版社报的"文库"，规模有几百卷，数千万字，计划 5 年出版。出版社的愿望很好，但能否落实，令人担忧。

另外，在少儿图书方面也存在贪大求全的倾向。有的一部书规模达几十卷，也许有一定的价值，但脱离开中国的实际，忽视少儿读物的特殊读者对象，就影响了社会效益的发挥，不仅给父母增加了过重的经济负担，也增加了少年儿童读者的精神负担。

4. 规划中普及性、通俗化的选题不多。虽然也有一些好的选题，如漓江出版社的《世界文学史话》（10 册）、贵州人民出版社的《中国文史名著全译丛书》、辽宁人民出版社的《彩色全本中国历史》，以及《画说世界五千年》等，但从数量众多的读者的需求和在规划中所占的比重看，实在太少。这大概也有认识上的问题。有些出版社可能认为，要想列入"八五"计划，一定是些大的、全的项目，普及、通俗的不能登"大雅之堂"，这种认识是片面的。如何弥补这一不足，还需要出版社和出版管理部门在这方面多投入一些精力，像抓菜篮子工程那样，精心组织一批既具有普及性、通俗性，又有高水平、高质量的选题。

此外，对于文学创作的出版在计划中显得比较薄弱，有些自然科学、社会科学科研成果还未能在各出版社的规划中得到反映，职业教育的图书尚嫌不足，等等，均需努力解决。

四、对实施国家"八五"重点图书选题、出版计划的几点建议

"八五"计划是今后 5 年内出版事业发展的一项宏伟工程。制

定计划难，保证质量，按计划落实、完成更不容易。因此，我们认为有必要对"八五"计划的实施形成一些基本的认识，以利于全国的有关部门和出版社把这项工作抓紧、抓好。

1. 要进一步提高对"八五"计划重要意义的认识。新闻出版署和各省、自治区、直辖市的新闻出版局以及各出版社的上级主管部门，要把"八五"计划的实施，当做"八五"期间本地区、本部门、本行业的一项重要工作来抓，要纳入领导班子的议事日程，要提出实施要求，要定期督促、检查落实的情况，对实施中出现的问题、困难和要求，要认真地加以指导、解决。新闻出版署每年要检查一次进度和完成情况。

2. 各承担"八五"计划的出版社，要把实施"八五"计划当做本社今后一个较长时期的主要工作来安排，要尽快制定周密的切实可行的实施计划，包括编、印、发、宣传等各个环节，以及人、财、物等的保证，要落实责任编辑、确定出版时间、抓住质量环节。出版社的领导要亲自挂帅，负责计划的实施。

3. "八五"计划是一项宏伟的工程，代表了我们国家一个时期的出版水平，也代表了出版社的水平。因此，对承担了"八五"重点图书选题的编辑人员以及其他有关的出版业务人员的政治思想素质和业务水平要求很高。加强有关编辑、出版业务人员的政治思想教育，利用各种条件，对有关编辑、出版业务人员进行一些必要的、有针对性的培训工作十分重要，使编辑、出版人员通过承担这项有意义的工作，能够进一步提高思想和业务水平。

4. 完成"八五"计划，经济是基础。目前，在我国的整体经济实力还不很强大的情况下，出版社也面临着各种各样的经济困难。要完成1000多种的"八五"计划，难度相当大。如何克服这一困难？我们认为：一方面，要抓管理，向管理要效益，要对那些价值不大、经济效益又不佳的选题尽量压缩，以集中有限的资金出好重点选题。另一方面，出版社的上级主管部门和各级政府财政部门要把国家

在湖南长沙观看唐浩明先生有关曾国藩著作。右三为唐浩明，左二为张光华。

"八五"重点图书选题、出版计划作为第八个五年计划时期我国经济和社会发展的一个重要工程考虑，纳入各级政府的财政预算，拨出专款，支持这项宏伟工程的完成。此外，还可以想办法，争取社会各方面的经济支持。

5. 已经确定下来的"八五"计划，有重要的意义和重大的价值，但也不可避免地存在着一些不完善的地方，这也正是需要出版管理部门和出版社继续努力，总结经验，不断加强的方面。因此，在保证"八五"计划顺利完成的同时，出版管理部门特别是新闻出版署有关管理部门要根据今后更长时期出版事业发展的目标，结合我国科技、社科、文化等科研事业的发展要求，编制"八五"计划的"补编"。出版社也要注意不断挖掘新的有价值的选题，进行调整和补充；同时，还要做好其他方面图书的出版工作。

对出版形势的看法和出版改革的意见

（1993 年 3 月）

按语：这篇文章是我根据工作的体会提出的评价出版形势的六个要素。这六个要素是：一、出版工作的指导思想；二、全国所出图书的质量和整体结构；三、出版社的发展规划、结构和布局；四、编印发供诸环节是否协调；五、发行的覆盖面、读者购书的满足率；六、出版队伍素质。

此外，还特别强调：出版体制要改革、出版社是企业、图书是商品、专业分工应该逐渐放开、出版工作要依法管理，应该加快制定出版法。

在邓小平同志南巡讲话和党的十四大精神鼓舞下，出版改革已经进入一个新的发展阶段。出版界的同志大胆探索，积极思考，思想十分活跃。这种思想的活跃反映出各地出版工作的活跃，预示着出版工作很快就将出现一个大的发展和突破。为了推动出版改革的顺利发展，出版界的领导正在组织进行广泛、深入的调查研究。此文就我所了解的情况，谈谈我对当前出版形势的看法和出版改革的意见。

一

我们现在面临着新中国成立以来最好的时机。这种好形势给出版改革打下了基础、提供了条件。

对当前出版形势怎么看，特别是图书出版的形势怎么看，现在有各种各样的议论。有的同志说："现在的出版问题很多，你看不是无书不出错嘛！还出了一些大而不当、形式主义的书。"有的同志说："出版界改革的步伐太慢。"更多的同志则认为："出版界这两年变化很大，进步很明显，出了很多好书。"各种各样的看法和议论，表示同志们关心出版工作，要求把出版工作搞上去，更好地为经济建设这个中心服务。对出版工作的形势到底怎样看，我想，衡量出版形势有这样几个主要条件：第一，出版工作的指导思想怎样，端正不端正，很端正还是一般端正，还是问题很严重，这是一个重要标尺；第二，出版社出版的图书整体结构怎么样，所展示出来的整体面貌如何，质量如何；第三，出版社的发展、规模、结构、布局怎样；第四，从整个出版来说，编、印、发、供几个环节的关系怎样，是协调还是不协调；第五，图书发行的覆盖面怎样，发行量如何，读者购书的满足率达到什么程度；第六，出版队伍建设情况怎样，人员是否经过普遍培训，队伍结构是否合理，队伍素质是否高。要估计出版形势到底好与不好，我认为这六个条件是必不可少的。

先谈出版工作的指导思想。从图书司的位置看我们520家出版社的状况，看这些出版社是不是遵循了为人民服务、为社会主义服务的方针，是不是坚持这个方针。这是几个条件中最重要的一个条件。这两年变化显著，是没有人能够否定的。对这一变化应给予充分的肯定，比如在1989年之前，有几十家出版社出版了不好的书，观点错误的书、反动的书、色情的书、淫秽的书，那是一种什么局面，大家都是很清楚的。北京一家出版社出了一套名为"山南海北"丛书，其中一本书名叫《妓女培训班》，一本叫《幼童面首》。这是些什么货色？真是肉欲横流。反映的是什么精神状态？反映什么出版方针？经过 1989、1990 年整顿之后，新闻出版署开了多次工作会议，人民出版社的工作会议、外国文学出版的工作会议、古籍出版的工作会议、大学出版社工作会议等等，很多出版社回顾了前几年的工作情况。比如在贵阳召开的人民出版社工作会议，社长、总编辑们非常深刻地总结了这几年人民出版社的经验和教训。他们认为这些问题归到一点，主要是人民出版社的意识淡漠了。从某种程度上讲有的人民社放弃了宣传马列主义、毛泽东思想这个阵地。总结是深刻的。又比如少儿出版社，少儿读物是我们引为骄傲的一块净土，这么多年来没有出版过一本坏书。但就是这样一块净土，大家在总结时认识到，前几年的出版状况和整个社会是一致的，那就是忽视思想教育工作。第一次全国少儿图书评奖过程中，各社所报上来的图书反映出了全国少儿图书的状况。对少年儿童进行品德教育的书，如遵守纪律、尊敬父母、尊敬老师等图书仅占整个少儿图书的 1%，而大量的是智力教育、智力开发的图书。都想使自己的孩子成为陈景润那样的攻克哥德巴赫猜想的科学家，都想使子女成为天才、神童，对于品德教育却很忽视。经过总结，大家认识到，即使是少儿图书，在指导思想上，在为什么人服务这一点上，仍然存在不少问题。而这两年情况怎样？这两年变化很大，这是应该肯定的。我们也允许出一些西方的反动的书，这只是作为我们的参考读物，比如有的书，攻击社会主义，攻击马克思主义，我们出版了，控制在一定范围内发行，供一定的领导人员和科研人员使用，效果是好的。最近两年来，为改革开放服务，为经济建设服务，为党的方针政策服务，出了很多好书，反映了在出版指导思想上的变化，应该予以充分肯定。

第二，出版社的整体结构以及出版的图书所展示的整体面貌。

从 1979 年 12 月长沙会议起，出版事业发生了巨大的变化。这次会议尽管没有明确提出"出版改革"的口号，但是它实际上是出版改革的起点。在这次会议上，将过去规定的地方出版社实行地方化、通俗化、群众化的方针，改为"立足本省、面向全国"的方针，这就大大拓宽了地方出版社的出书领域，解放了生产力。为适应这一变化，地方的综合出版社逐步分为专业出版社。随后几年，全国出版事业突飞猛进。1980 年 4 月中宣部批转了国家出版局制定的《出版社工作暂行条例》，明确了出版工作的基本方针是为人民服务，为社会主义服务；出版工作的基本任务是：宣传马列主义、毛泽东思想，传播和积累科学技术文化知识，丰富人民的精神文化生活。从此以后，出版事业走上了迅速发展的大道。

截止到 1992 年底，我们共有出版社 520 家，其中北京就有出版社 183 家，因为多属于中央各个部委，所以人们一般称为中央出版社。地方有 229 家，另外大学有出版社 93 家，军队有 15 家。如果再细分一下，按学科分类统计：社会科学出版社 181 家，科技出版社 146 家，文艺出版社 33 家，教育出版社 33 家，美术出版社 38 家，民族出版社 32 家，少儿出版社 27 家，古籍出版社 17 家，地图出版社 9 家，外文出版社 2 家，音乐出版社 2 家。大学出版社 93 家，以理工类居多。用《关于当前出版社改革的若干意见》所概括的，叫做"地区分布相当普遍，专业门类大体齐全，出版社布局的主体大体完成"。近年来图书出版面貌改变很大，大家感到很自豪，出版界安排一个项目，无论规模多大，只要需要，说多长时间搞出来就可以多长时间搞出来，说什么样的质量就可以达到什么样的质量。事实也正是如此。很多重大工程、重点项目，引起中外的瞩目。从图书的结构来看，1991 年科技图书总计出书 18000 种，比 1979 年图书的总品种还多。学术著作 1979 年出书 417 种，1988 年达到 2822 种，近两年，每年出书 3000 种以上。这是一大进步，很不简单。因为大部分学术著作是要赔钱的，没有点觉悟，没有为人民服务的精神，是做不到的。同时，没有一定的经济实力也是做不到的。所以从出版社的布局和数量来看，从图书展示的整体面貌来看，是取得了很大进步，取得显著成绩的。

第三，编辑、印刷、发行、供应，这几个环节是否相对协调。这几个环节，客观上存在很多矛盾。编出来的书，不一定及时印出来，印出来的书又不一定都能及时送到读者手中。这几个环节是否协调，很能说明出版状况。正如有的同志所说："判断一个国家一个地区的出版事业是否处于繁荣兴盛状态，不仅要直观出版规模、出书种数、发行码洋这些可供参考的指标，更要透过表象，在较深的层次上研究构成出版事业的各个不同环节是否处于相对协调状态，能否为出版繁荣提供物质的、技术的以及人才资源方面的保证。"

这些年，出版界在这几个环节上做了很大的努力，千方百计地保证重点图书的出版，保证重点图书的供应，进步显著。有的同志说，这些年图书"热点"不断，一会儿一个热潮，不正常，说明缺乏计划性和宏观调控能力。对这个问题，我的看法不同。我认为图书市场不断出现"热点"是正常的，"热点"也就是某类图书出版高潮，研究"热点"能够给我们很多启发。可以总结出一些经验。一个"热"的出现，必然有它的道理；一个"热"的消亡也必然有它的规律。恐怕不能简单地说出现什么"热"有什么不对，应该具体分析。但"热"到一定的量开始转化的时候，就应该特别地注意了。比如前几年的人体摄影画册热，一出就是八九十种，最后卖不出去。书摊上说，看一次五角钱。书摊上把裸体照片一张张串起来，挂在树上，作为广告。到这种地步，就发生质的变化了，我们就应该认真地总结总结了。究竟为什么这么出，究竟给读者一些什么。1992 年底又来了一次人体摄影热，有的画面形象格调低下，有的就是色情形象，很短时间出了 20 多种，这很令人思考和总结。

最后一点，从管理水平上来衡量，经过这些年的整顿，我们的法规在不断健全，我们出版秩序开始走上正轨，宏观调控能力不断加强。新闻出版署、局，已经形成了一个全国新闻出版管理的网络，用自己的工作树立了威信。

　　从上述几个方面来看，我们出版工作的主流是前进的，成绩是显著的。这是在党的十一届三中全会的精神指引下，在"一个中心，两个基本点"的基本路线的指引下，坚持出版改革所取得的进步。另一方面，也正是在上述的几个方面，我们还存在着不少问题，有些问题还很严重。比如在图书结构方面，不加分析地追求热点，盲目地上选题，通俗文艺和一般性的文化读物很多，而对于当前我们所急需的，比如说邓小平同志提出的建设有中国特色的社会主义这个理论问题进行研究的图书，对十一届三中全会以来改革开放实践中的总结性的图书，对在这样一个时期里出现的新情况和新问题研究的图书，无论从数量上看还是从质量上看，都远远不能满足需要。特别是前几年，在我们出版社的一些同志头脑中，以经济建设为中心这样一个意识还远远没有达到党和国家的要求。另外在效益方面，也存在很大矛盾，有的好书没有市场，印数上不去。好书为什么没有市场，为什么在效益方面产生这么大的反差？在发行方面，很多事例令人思考。我们的图书一去征订只有几百本，上千本就不错了。比如《无极之路》，新华书店征订时只有四五百册，可是此书总计发行达10万册。发行10万册的书，而我们的征订只有那么一点点，是不是很令人思考呢？比如说书市，广州书市，包括不久前闭幕的成都书市、北京书市，为什么一搞书市就"盛况空前"，堆积如山的书，不到几天全能卖光，而一征订的时候，就上不来数，这又是什么问题？从图书的平均印数来看，整体上呈下降趋势。我们把1979年至1991年的书籍的平均印数做了一个统计，1979年时平均印数11.59万，1980年12万，1981年15万，1982年12万，1985年10万，1986年降到5万，1991年平均到4.5万，从1986年以后直线下降，1991年图书平均印数只达到1979年的39.09%，而图书的种数1991年是1979年的626.01%。总印数1991年是1979年的244.46%，平均印数只及1979年的39.09%。这个趋势，品种、印数大量增加，而平均印数直线下降，很值得我们思考。是不是说明了"少进勤添"已成了发展趋势？

是不是说明了出版社调整经营和生产机构已经迫在眉睫？

另外，管理方面也存在许多问题，比如很多同志反映的卖书号问题，不是一个省、一个市、一个出版社，而是很多出版社，不少的省。书号代表什么？书号代表着出版社，是出版社的权力的象征，是党和国家给出版社的一个大权。卖书号就是卖权力，是卖这个大权。在整顿出版社之前，卖书号的教训极为深刻，大部分的坏书都是卖书号卖出来的。有一家出版社出版一本书叫《江湖浪子》。书出版之后，书名是原来的书名，书稿内容却被个体书商全部换过，变成了一本淫秽书。这类例子太多了。卖书号必然导致平庸书增加，大量的平庸书又使我们图书的整体质量下降。这些都说明了，我们在取得进步、取得显著成绩、不断前进的形势下，仍然存在不少问题，有的问题还相当严重。解决这些问题没有别的办法，只有一条，只有遵循党的一个中心两个基本点的基本路线，深化出版改革。

二

出版工作如何坚持以经济建设为中心，怎样服从、服务于这个中心，这是出版工作改革前进的根本点。党中央指示我们，在党和国家的全部工作中，只有经济建设这一个中心，不能偏离这个中心，不能搞多中心。并明确指出："宣传思想工作各部门要抓住这个中心不放。"

为什么要这样提？我认为这是有十分深刻的历史原因和现实意义的。从历史上说，以经济建设为中心，是对以阶级斗争为纲的一个拨乱反正。长期以来，我们的各项工作是以阶级斗争为纲，叫做年年讲，月月讲，天天讲。以阶级斗争为纲的结果怎么样呢？这是大家有目共睹的。所以邓小平同志提出以经济建设为中心，这是与"左"和右斗争的结果，也是我们社会主义中国43年经验的总结。可以这样说，以经济建设为中心，是新中国成立以来，通过一系列巨大成功和严重挫折总结出来的最为宝贵、最值得珍视的历史经验。

在当前的形势下，邓小平同志讲，抓住时机，发展自己，关键是发展经济。现在，周边一些国家和地区，经济发展比我们快，如果我们不发展或发展得太慢，老百姓一比较就有问题了。而实践证明，从"六四"以后，我们国家比较稳定，就是因为改革开放，就是因为经济发展，人民生活得到了改善。所以这一条，是至关重要的。偏离这一条，就要错过时机，我们国家就没有前途。这是我们国家、我们民族的大业，共同的目标。既然如此，我们出版工作当然要紧紧抓住经济建设为中心这一条，安排我们的计划、处理我们的选题。各类图书都应该积极自觉地从各自所拥有的特殊角度，以独特的手段，加强读者对经济活动的关注，向读者渗透经济建设意识，帮助人们树立适应经济建设、改革开放的新思想、新观点。

我们特别要加强科技图书的出版。"科学技术是第一生产力。"恩格斯说，在马克思看来，科学是一种在历史上起推动作用的革命力量。科学技术在当前，在历史上，对经济建设，对国家的地位，对政治都有重大的决定作用。

回顾历史有很多值得借鉴的东西。在第一次产业革命的时候，产业革命的发源地英国，由于科学技术产生了一种新的运转方式和物质力量，大大促进了生产力的发展。英国的生产力一下子提高了20倍。它的工业产值独占世界总产值的39%，煤和铁的产量占世界的50%，外贸的总产值是全世界的32%，商船的总吨位是美国、德国、荷兰、俄国四国的总和，其原因，就是英国的科学技术支撑了英国在世界上的地位。当时英国占有世界上30%的重要的科学发现，占有世界57%的工业发明，所以科学技术对经济，对政治，对国家地位，都是至为重要的。有的学者还讲到这样一个观点：经济、科学发展的形态，带来相应的战争形态。科学技术与战争的关系是十分密切的。这种观点认为第一次战争的浪潮是农业社会、手工业社会的产物。那时的战争是刀枪的近身厮杀。第二次战争浪潮出现了革命性的转变。工业上出现大规模生产线，在战争中，也相应地成为大规模的死亡生产线。第二次世界大战有 1500 万士兵和几乎两倍的平民被杀。而海湾战争，是战争的第三次浪潮，是一场高科技的大战，是电脑战，是高速度、高精度的战争，在这样的战争中武力变成了智能的延伸，而不是拳头的延伸。可以这样讲，在今天这样的一种背景下，在这样的国际形势下，一个国家的安全很大程度上维系在这个国家的工业技术和生产力水平上。我们又怎能不重视、不抓紧这个生命攸关的大事呢？最近这几年，我们出了一些好的科技图书，具有国际水平的，有些已经超过国际水平。比如湖南出版的《水稻育种栽培学》，这本书总结了水稻育种栽培方面的最先进经验。这个经验，使几亿亩的土地获得了增产，被世界称为绿色革命。这样的书水平如何？还有一本书《锑》。这是一本不厚的书，但在国际冶炼方面却被视为经典之作。锑的开采和冶炼在中国是很先进的，这本书探讨和研究了锑的开采冶炼最新的经验。还有《随机服务系统》，讲计算机的，日本运筹协会主席到中国讲学，看到这本书后表示自己不必再讲了，说他讲的水平没有达到这本书的水平。还有很多了不起的科技图书。科技图书达到这样的水平，很使我们骄傲，很使中国人感到扬眉吐气。我们在紧紧抓住经济建设这个中心的过程中间，要狠抓科技图书的出版。

这里还应该强调的一点是，要全面理解以经济建设为中心。出版工作以经济建设为中心，要坚持出版工作为人民服务，为社会主义服务的方向；坚持百花齐放，百家争鸣的方针。以经济建设为中心，并不是只出经济建设方面的图书，对读者来说，要全面提高素质，包括提高政治方面、文化方面素质，提高知识水平，同时也包括提高审美水平和得到健康的娱乐。所有这些方面的图书都是需要的。在当前，特别要出好面向实际的图书，出好研究贯彻执行党的"一个中心，两个基本点"的基本路线过程中新情况新问题的图书。比如要特别重视对当代资本主义以及西方各种流派和理论思潮的研究的图书，从理论上指导人们大胆地吸收和借鉴世界各国先进的经营方式和先进的管理方法。在文艺方面，对文艺的功能要全面地理解，它不仅有教育的作用，还有娱乐的作用、审美的作用、认识的作用，所以要充分认识文艺的多层次性和多样性。我们提倡创作出版政治思想有益、群众喜闻乐见的作品，也不反对政治思想上无害、艺术上较好、群众喜闻乐见的作品。

总之，我们要围绕经济建设、改革开放拓宽选题，提高出版质量，多出好书。

三

我们处于一个非常有利的时机，我们有了以经济建设为中心这样一个正确的、符合实际的方针，我们应该抓住时机，大胆改革，解放生产力，以便尽快发展生产力。

出版体制怎样改革？我想，我们首先应该肯定的是必须要改。因为出版部门作为上层建筑的一个领域，必须适应经济基础的需要。经济体制改革的目标是建立和完善社会主义市场经济体制，出版部门当然也应当进行相应的体制改革和政策调整。其次是怎样改。改的出发点，应该承认两点：（一）图书是商品；（二）生产图书的出版社是国民经济的一个产业部门。从这两点出发，我们说，出版体制改革的目标必定是建立适应社会主义市场经济体制的出版体制。下面，我从出版社性质、图书的概念、专业分工、依法管理等四个方面谈谈我的看法。

出版社是企业。既然出版社是从事生产或服务性活动、独立核算的经济单位，既然它主要的经营方式是买进卖出，进行交换，当然它是一种企业。

这个问题在新中国成立初期似乎并不存在分歧。1949 年 9 月，解放后首次召开的全国性的出版会议——"全国新华书店出版会议"曾经颁布了《关于统一全国新华书店的决定》。《决定》说："全国新华书店必须迅速走向统一、集中，加强专业化、企业化，以担任国家的出版任务，发展人民的出版事业。"1950年3月，国家出版总署公布这一文件时，在《通知》中指出："全国新华书店已规定为国营之出版企业。"随后，《人民日报》发表社论《出版会议的收获》，指出："这次会议的成绩首先是确定了全国新华书店的统一集中、加强企业化经营的方针和具体办法。"（上述文件引自王仿子同志《出版社是企业，又不同于工业企业》一文）后来，由于种种原因企业单位变成了事业单位，又由于种种原因而保留着企业管理的办法，形成了目前这种事业单位企业管理的经营形式，许多弊病便由此而生。

改革出版体制首先必须由此入手，明确出版社是企业单位，明确出版社按企业的规范进行经营。当然，一刀切不行，也不能要求一道命令明早便全改过来。由社会主义计划经济向社会主义市场经济的过渡要有一个过程，要分步骤。第一步，要求出版社进一步转换经营机制，进一步完成出版单位由生产型向生产经营型的转变；第二步，在这个基础上，不断加强出版社企业管理的分量，大力提高企业管理水平，积累转换的条件；第三步，具备条件的出版社，可以由事业单位转为企业。

图书是商品。按政治经济学的定义来说商品就是为交换而生产的劳动产品，具有使用价值和价值两个因素。从这个定义出发，图书毫无疑问是商品。最近一些年来，大家对图书从本质上说是商品没有太大争论了，所不同的是不少同志认为不能简单地称图书是商品，他们认为那样容易混淆为一般的桌椅板凳，应该称图书是文化商品，是特殊商品。这个提法应该说是符合图书的特殊性的。但我们细想想，又有什么商品不具有特殊性呢？暖水瓶可以使开水保暖，保暖便是其特殊性。如果它不能保暖，它无疑便是一个水瓶、水罐或者水桶；能保暖，所以它才叫暖水瓶。图书的特殊性，在于它有内容，表达一定的思想感情，能对读者起到审美、鉴赏、娱乐、教育和宣传作用。一些同志担心把图书简单地说成商品，与一般的衣食住行所用的商品等同起来，容易忽视图书对人们精神方面的影响和作用，进而忽视图书的思想内容。这个用心是很好的，但它与对一种事物的科学定义是两码事。

正因为图书有其特殊性，正因为图书的内容所表达的思想是更为重要的，所以对图书好坏的标准，也就是质量检查标准，第一位的应该从其"特殊性"方面去制定，而主要不是图书印刷的美观与否，耐用不耐用，设计是否合理等方面去考虑。

因为图书是商品，它就要走向市场，参与市场竞争。

因为图书是商品，在流通中它就受制于商品价值规律，否则其流通必定是盲目的、适得其反的。错误的、落后的、重复没有新意的图书都将受到市场的惩罚。

因为图书是商品，倘若不尊重市场规律，生产愈多，积压愈多，社会效益又何从谈起？

专业分工应该逐步放开。既然出版社是企业，既然图书是商品，出版社的专业分工便应该放开，否则竞争便不是公平的、合理的。现在有的出版社个人利润年平均高达十多万元，有的只有五六千元甚至更少。其根本原因主要不是经营有道，而是"家庭出身"好。在计划经济条件下面，在国家保证铁饭碗的情况下面，此点人们多不在意，也不计较。但在市场经济条件下面，专业分工标志对某种专业图书的出版垄断，别人当然不甘心长此下去。因此打破专业分工便成为一些出版社十分强烈的要求。对这个问题，我有三点看法：

第一，出版社按专业分工出书，是一定历史条件下形成的，它对于调整、完善图书结构，提高图书质量，有着重要作用。今天，在建立社会主义市场经济体制的过程中，仍然应该看到出版社按专业分工出书的必要性。

第二，随着改革的深化和社会主义市场经济体制的建立，行政划分的专业分工也日渐显露出其束缚出版社适应市场能力的弱点和局限，专业分工势必要作适当调整。1992 年 7 月新闻出版署发出的

《关于调整科技出版社出书范围的通知》，规定科技出版社"立足本专业，面向大科技"，便是为了适应科技出版社深入改革，扩大自主权，面向市场的需要。其他出版社的专业分工也应该逐步作适当调整，允许根据市场的需要及本身具备的编辑实力，出版相关相近专业的图书。

第三，专业分工应该是通过竞争形成的。在竞争中形成本社图书的风格和特色，在竞争中形成自己的优势，在竞争中形成出版社在某一类或某几类图书出版的垄断，得到读者的承认，使读者要买某类书就去某家出版社，这时，形成的专业分工才是真正的分工，谁也争不去的分工，其他出版社不得不服气的分工。但这是一个奋斗目标，实现这一目标要有一个较长过程，当前还是应该遵守按专业分工出书的原则，在保证专业分工为主的情况下，在自己所具备的编辑实力允许的情况下，可以出版与自己出版社专业分工相关相近的图书。

出版工作要依法管理。在逐步建立适应社会主义市场经济体制的过程中，出版单位作为市场竞争法人实体的自主权必将逐步扩大。图书选题权、图书定价权、工资奖金分配权、人事权、外贸权等等，凡属国家法令规定属于出版社行使的职权，应由其负责行使，这就使出版社更加自主和灵活。如何保证出版工作健康发展，如何保证图书质量符合社会主义物质文明和精神文明建设的要求，主要应该依靠法律、法规和规章制度，而不能像过去那样过多地行政干预。1991 年 6 月我们已经开始实施《中华人民共和国著作权法》，1992 年 7 月和 11 月，我国先后加入伯尔尼公约、世界版权公约和音像制品公约，我们还应该加快制定出版法。加强法制建设，依法办事，应该是出版改革十分重要的一环。政府的职能，主要应放在统筹规划、掌握政策、信息引导、组织协调、提供服务和检查监督上。

上面，我们探讨了出版工作的形势和适应社会主义市场经济体制下的出版改革。我们要遵照党的"一个中心，两个基本点"的基本路线，不断探讨，努力将出版改革进行下去。但另一方面，我们应该

2006 年，访问黄永玉先生，听取有关出版改革工作的意见。

看到社会主义计划经济体制向社会主义市场经济体制的转化必然有个过程，不可能一蹴而就。这个过程是艰难的，有时甚至是痛苦的，我们应该有这个思想准备。我们要不断地总结经验，实践—认识—再实践—再认识，一个适应社会主义市场经济体制、符合社会主义精神文明需要的出版体制一定会建立起来。

1994年全国图书选题评析

（1994年1月）

按语：党中央对于促进出版工作的繁荣发展一向十分重视。先是提出"一手抓管理，一手抓繁荣"的要求，接下来又提出"坚持方向，依法管理，深化改革，促进繁荣"的16字方针，核心都是讲加强管理，深化改革，实现繁荣。

如何在图书出版上"加强管理"？署图书司开始对全国出版社重点图书选题进行审读。了解一年图书出版计划的总量，了解这个总量的结构比例，分析选题内容涉及的政策问题，从中把握新的一年选题的特点和趋势、问题和不足，提出出版管理方面的建议。

这个做法得到中央领导的充分肯定，直接批示将"1994年全国图书选题评析"在报纸上公开发表。不久，《人民日报》、《光明日报》、《新闻出版报》便全文发表了这篇文章。

文章是我写的，但工作是图书司全体同志做的。这样做的另一个目的，也是为了给各省新闻出版局做个样子，大家一起加强管理，促进繁荣。

图书选题计划的制定对图书的出版至关重要。一般来讲，"调整图书结构"首先就要调整好选题的结构，"控制图书品种"首先就要控制图书选题的品种，"提高图书质量"首先就要优化选题。当然，选题并不就是图书，但从对图书选题计划的分析中，我们能够直接看到，新的一年图书出版的总量，各类图书的结构比例，以及图书出版的主要趋势和应该注意的问题。可以说，年度选题计划，是全年出版的"雏形"和"缩影"，从中可以检验一个出版社的设计能力和出版水平。

新闻出版署图书管理司对全国 450 家出版社 1994 年的图书选题进行了系统的审读。审读工作的指导思想是"一个指针，四项任务"。即以邓小平同志建设有中国特色的社会主义理论为根本指针，以江泽民同志要求的"以科学的理论武装人，以正确的舆论引导人，以高尚的精神塑造人，以优秀的作品鼓舞人"为主要任务。大力贯彻新闻出版署党组提出的新闻出版工作要"从总量增长为主要特征的阶段向以优质高效为主要特征的阶段转移"这样一个要求，着眼于为改革开放服务、为经济建设服务，着眼于高扬我们时代的主旋律。

下面，是我们对 1994 年图书选题的概括和分析。

一、总量分析

我们总计审读了 450 家出版社计 59784 种选题，平均每家约 133 种。如果以这个平均数计算，将未报来的 100 家出版社的选题，计 13000 多种统计在内的话，1994 年全国出版社的选题，合计约 73000 种。就一般而言，出版社每年增补的选题约占初报选题总量的 25% 左右。也就是说，1994 年的选题预计是 73000 种再加上它的 25%，约计 90000 种左右，会比 1993 年的出书总量（97000 种）有所下降。

当然，不能一概说选题减少了，图书品种减少了就好，但从当前出版社的实际情况来讲，由于人员素质、经济实力、印刷发行条件等方面的限制，控制或适量减少图书品种总量，是保证图书质量，提高效益，促进繁荣的必要手段。

就 1994 年选题来看，在总的减少、下降的趋势中，各社的情况也有所不同。一些老社、出版条件好的地区的出版社，选题控制得反而紧，如军队 17 家出版社共报选题 2266 种，比 1993 年降低 16.3%；浙江省局直属社共报选题 828 种，平均下降 4%；广东省局 16 家出版社共报选题 1795 种，也比去年有所下降；上海市 33 家出版社，品种总量继续控制在零增长。相反，出版条件不那么好的，特别是一些新建社，选题品种却猛增，如：有一家新建社，各方面条件都不算强，三四十人却安排了 338 种选题。这实在是多了。

1994 年四川各出版社选题有很大改进。全省 20 家出版社，共报来 2476 种选题，平均每家 124 种，在全国的平均线以下。但重点书却有 526 种，占 21.2%。总量控制，重点书增多，这是很好的现象。当前保证图书质量，首先从总量控制下手，是一个较为现实的手段和措施。没有这第一步，保证图书质量就会成为一句空谈。

二、结构分析

从 1994 年的图书选题结构情况看，各学科分类比例大致平衡，选题结构比较合理，已审读的 59784 种选题的分类情况大致如下：

科技类选题 18857 种，占选题总数的 31.5%；

社科类选题 19336 种，占选题总数的 32.3%；

文艺类选题 8760 种，占选题总数的 14.6%；

教育类选题 9251 种，占选题总数的 15.5%；

少儿类选题 3580 种，占选题总数的 6%。

从门类最大的社科类和科技类选题情况看：在社科类选题中，数量最大的是经济类和法律类选题。这是正常的，因为这两类图书为现实和实践的服务更直接，已成为社科类选题和图书的两大支柱。科技类选题一般占全部选题的四分之一到三分之一，数量越来越大，适合以经济建设为中心、科技是第一生产力的要求。科技类图书中又以应用技术类选题为最多，一般要占科技类选题的 30% 以上。文学类选题的结构情况是：30 家文学出版社平均每家选题 116 种，比 1993 年平均 200 种下降 40%，但重点书却有 480 种之多，占全部选题的 13%，比去年的 8% 增加了 5 个百分点。这是个可喜的现象。

在整体结构中，很多出版社重视高品位、高质量的学术著作，这方面的图书占有相当的比例。值得介绍的是浙江几家出版社学术著作所占的比例：浙江人民社占 49%，浙江文艺社占 36%，浙江古籍社占 22%，杭州大学出版社占 71%。这种平均高水平的情况，值得倡导。

出版社按专业分工安排选题是保持合理结构的重要因素。专业分工，对出版社既有约束，又是其优势和长处所在。从 1994 年选题情况看，超分工安排选题的现象大为减少。许多出版社在图书市场的激烈竞争中意识到，要想在图书市场中发挥优势，就要注意扬长避短，并要形成自己的出书风格和特色。这也是从图书出版的实践中总结出来的宝贵经验，如四川省的 7 家大学出版社，今年对选题超分工现象严加控制，教材、学术著作占到 70% 以上，这是一个很大的变化。

但也有的出版社在这方面注意不够。我们对 4 家师范院校出版社的选题进行了分析，发现超分工现象严重。其中一家，大专教材、学术著作选题只占 32%；辅导类读物选题达 47%，幼儿读物选题达 9%。这个结构显然是不合理的，因为大学出版社主要是为教学和科研服务，大专教材、学术著作比例太小，显然是与办社宗旨不相一致的。

从 1994 年的选题结构来看，重版书的比例比 1993 年又有所提高。重版书是反映图书的文化积累价值和图书整体质量水平的一个重要标志。据对部分出版社重版书比例的统计，重版率已达到选题总数的 27%，比去年增加 3%。一批实力雄厚的老字号出版社是重版书的生力军，如：商务、人民文学、人民教育、科学、中少等社的重版率都在 40% 以上。商务印书馆 1994 年安排选题 270 种，其中重版书 142 种，占 53%。上海市 33 家出版社平均重版率在 40% 以上，显示出雄厚的实力。一些地方出版社的重版率也有所提高，如山东科技社重版书达 43.2%。成都地图出版社 1994 年安排选题 74 种，重版书 28 种，占 38%，这对于一个小社来讲是很不简单的。一些年轻的出版社重版率也在提高，如中信社达 35%。但也有不少出版社重版率还不到 10%，有的甚至全是新书，没有能够拿来重版的图书。这一点应引起有关出版社的高度重视。

三、内容分析

如果说以上两方面是对 1994 年选题做的直观分析的话，那对选题素质优劣、品位高低的分析，便是对其内容做出的深入分析。这里，我们重点对社科类选题、文学类选题、少儿类选题和科技类选题做出分析，和大家讨论。

（一）社科类图书选题的特点和存在的问题

特点一：宣传马列主义、毛泽东思想的选题占有十分突出的位置。

继 1992—1993 年出版了新版《列宁全集》（60 卷）、新版《毛泽东选集》（1—4 卷）、《邓小平文选》第 3 卷之后，1994 年这方面又有几个大的工程：《马克思恩格斯全集》（第 2 版），这是经中央批准的又一大工程，计划 15 年出齐，1993 年开始发稿，1994 年计划出版前 3 卷；《列宁全集》（第 2 版），根据新版《列宁全集》重新编辑；《毛泽东文集》经中央批准，系"八五"重点规划选题，1993 年出版了第 1、2 卷，1994 年出版第 3、4 卷，计划 1995 年全部出齐；重编再版《邓小平文选》第 1、2 卷。

特点二：关于建设中国特色的社会主义理论方面的选题，有大的拓展，选题多而不乱，注重质量和效果。

特点三：经济类和法律类图书选题已成为社科类图书选题的两个支柱。1994年的这两大类选题贴近现实，实用性和可操作性如《实用期货贸易手册》、《中国大陆涉台法律》、《市场经济实用法律法规快通丛书》等。

特点四：有关集体主义、爱国主义和社会主义教育方面的选题大大增多和优化。

除了上述特点，1994年社科类图书选题也有几个特别值得注意的问题。

问题一：特别应该注意以下4类选题：

①关于描写党和国家主要领导人生活和工作情况的图书选题。

1993年有关这类图书出版的教训不少，也出了一些歪曲、丑化党和国家领导人形象的图书，应该吸取教训。这类书并不是不许出，而是有分工，还要履行报批手续，要经有关权威部门审定书稿内容，这既是对读者负责，也是为作者和出版社负责。

②有关民族宗教问题的选题。

这类图书涉及民族政策，很敏感，处理不当，容易引起不良后果，1989年的《性风俗》，1993年的《脑筋急转弯》，都引起很大的风波，今后对这类选题应该十分慎重。

要遵守《关于对涉及伊斯兰教的出版物加强管理的通知》的有关规定。

③有关在军事、外交方面可能泄露国家秘密的图书选题。有关方面很快会下发《关于加强军事题材出版物出版管理的规定》，请大家严格执行。

④有关"文化大革命"的图书选题。

去年这方面图书出了一些问题，诸如《"文革"酷刑录》、《"文革"死亡档案》等书，效果不好，应该吸取教训。应该肯定的是，任何历史都是可以而且应该研究的，但"文革"这段历史，背景特殊，时间距离又近，许多当事人都还健在，写得不好容易导致翻旧账，引起矛盾，甚至会干扰以经济建设为中心。因此，从有利于动员和团结全国人民集中精力进行经济建设这样一个高度来说，我们应该根据中央有关团结一致向前看、历史问题宜粗不宜细的精神，高度负责地、十分慎重地对待有关"文化大革命"图书的出版。当然确有研究价值的书稿，经过有关部门的审批，还是可以出的，但那种专以记录"奇闻逸事"为能事的东西，就不要出了。希望我们出版社的领导能对下面的编辑同志多做解释，晓以利害。

问题二：有关政治生活中容易导致不稳定问题的图书选题，如物价、工资、工厂停工停产等方面的图书要慎之又慎。时刻注意主观动机与客观效果的统一问题。另外，对政治生活的猜测，将道听途说的材料演义成一本书，此类做法都是很不严肃的，出版社的总编辑，应该特别注意审读把关。

问题三：宣扬封建迷信的图书选题。

读者对这类图书意见很大。对这类书我们有过明文规定，任何出版社也不能出版宣扬封建迷信的图书。但去年以来，这类书的出版又有新花样。主要有三个特点：

①这些书一般都打着研究"神秘文化"的招牌，声言是"探讨人类尚不能认识的问题"，似乎肩负着历史的重任。这些书多冠以"神秘文化研究"、"神秘文化"书系等名目，号称是"人相学"、"神秘文化探源"。

②这类书多半前有"前言"，后有"后记"。"前言"大讲批判封建文化，批判伪科学，劝读者一定区分精华糟粕，切勿上当；"后记"多半讲提供这些材料目的是供大家批判，编者水平所限，研究不够，希望大家运用马克思主义理论作武器，批判继承。正文中则不厌其烦地注解占梦、看风水、算命、看相的方法，整个一个大兜售、大甩卖。

③这类书多半是买卖书号或以协作出版为名行买卖书号之实。这类书大多印数多，质量差，定价高，发害民财。

问题四：重复、追逐热点选题的现象仍比较严重。

热点一是股票、期货方面的书，1993年已出了200多种，今年仍安排了不少。

热点二是大型古文今译，吃老祖宗的饭，几十个人半年、一年就编译出上百万、上千万字的东西，质量很难保证。

热点三是中小学生的教参、教辅图书，许多出版社超分工的都是这类图书，给中小学生及家长造成很大的负担。

热点四是生活类用书，这方面的书安排得太多，而且内容大多重复，造成浪费。

（二）文学类图书选题的特点及趋势

1994年文学类图书选题有许多可喜之处。第一个可喜的现象是：当代长篇小说的选题有突出的增长。多年来，长篇小说的创作比较寂寞，好的长篇小说不多，令人交口称赞的就更少。今年这方面的图书可望有所突破。从选题上看有这样几个特点：

1. 量多

30家文艺类出版社报来的长篇小说选题有600多种，占整个文学类选题的18%，比1993年增加了10%。如人民文学出版社有16种，上海文艺出版社18种，海峡文艺出版社23种，中青社"90年代长篇系列"有分量的选题达几十种。长篇小说选题数量的增多，说明文学图书的出版迈上了一个新的台阶，开始建设富有时代气息的新的文学大厦。

2. 作者阵容强大

如谌容（《人过中年》）、张炜（《你在高原》）、韦君宜（《露沙啊，路在哪里》）、魏巍（《心程》）、周而复（《雾重庆》）、黎汝清（《故园暮色》）等等。这些作者都是久负盛名，颇有功力的。

这就给小说创作的质量提供了坚实的基础。

3. 从内容方面看，多为严肃的纯文学作品，与去年的陕西流派所谓"秦军东征"大不相同。这说明文艺图书出版的品位在逐步提高

第二个值得高兴的现象是：港台的通俗小说、浅层次的武侠小说选题大大减少。

通俗文艺作品各文艺社报来的选题仅 100 种左右，而其中大陆版的通俗文艺作品又比港台的多。

出版社将注意力由港台通俗作家身上转移到大陆作家身上来是明智之举。因为，无论从人数、作品分量和著作权方面来衡量，都是后者占有明显优势。如：山东文艺社"新潮女性系列"安排了山东籍女作家郑建华的女性系列通俗小说 5 种；长江文艺社安排了两套通俗小说系列，每套 7 种；江苏文艺社也在开始培养自己的所谓"言情小说"作家，都表现出文艺出版社在培养自己的出版风格，培养自己的作者队伍。这种主动精神和战略眼光是应该肯定的。

文学图书选题值得注意的问题：

1. 翻译作品数量急剧下降

新中国成立以来，文学翻译工作成绩斐然，国外文学名著几乎都及时地翻译过来了，但这两年来翻译作品数量骤减，这既不利于中国文学的发展，不利于借鉴外国好的文学成果，也不利于改革开放，不利于深入了解世界的发展与变化。这一点我们应予以特别的关注。在所报来的文学类选题中，外国当代文艺作品的选题不到 100 个，有的文艺社过去以出版翻译作品著称，今年也只安排了几种选题，如有一个较有影响的地方文艺社，1993 年外国文学选题 60 余种，今年仅有 6 种，照这样下去势必导致图书结构的失调。

当然这里有一个重要原因就是中国加入了国际版权公约后，翻译出版国外作品要受著作权法的约束，要保护著作权人，也就是要签约、要给人家版税。但从大局出发，从长远出发，还是要计划好、安

排好，避免几年后出版断档和空白。

与外国当代文学作品减少相映衬的，是近两年出版出现了一股名著热。原因在于翻译出版名著不需要付版税，同时，读者的眼光高了，愿意买名著，有阅读价值，也有保存价值。出版社充分看到了这一点。然而，名著的大量重复翻译出版，会造成很大的浪费。如《红与黑》已有 13 个译本，《呼啸山庄》和《简·爱》也有六七个译本，它们在质量上不见得超过傅雷、杨绛等名家的译作。出了一个本子又一个本子，有人认为这是出版社"跑马圈地"。这样做恐怕不是明智之举。

2. 小说创作中的性事描写过多过热

我们不是一概反对性事描写，问题在于怎样写，写到什么程度。有的书中根本无需写什么性事，作者却着力渲染，显然是另有所图。

3. "明清艳情小说"热

所谓"艳情小说"即夹杂有色情描写的古小说。这类书在清代即曾被查禁。新中国成立后，出版管理部门对此类书一直持严肃慎重的态度，但 1993 年，几家出版社不经报批，安排了此类选题多种，而且都以"足本"、"全本"自称。这类书中有许多露骨的性描写，对读者特别是对青少年读者身心健康不利。新闻出版署去年发了一个文件，规定了这类图书的出版要专题报批，并且开列了书目，一定要切实执行。

4. 港台图书的选题仍需要履行报批手续

一些出版社采取"先斩后奏"的做法，不利于图书出版的管理工作。今后此类选题仍旧要实行专题报批、严格审核的制度。

（三）少儿类图书选题的优势及其不足

少儿读物是我国出版界成绩比较突出的一块，近几年进步尤其明显。1994 年少儿出版社的选题计划，内容丰富，颇成气候。从整体规划上看，少儿社选题可谓琳琅满目，各有千秋，真可谓"小读者，大世界"。从选题分布来看，各社多能根据自身的特点，进行规划。选题多的高达 700 多种（含重版书），少的只有 30 余种。已报选题的出版社有 25 家，共申报选题约 3000 多种，平均每个社的选题约 120 种。其中重点图书约 250 种，占整个选题的 8.3%。

综观这些少儿选题，有以下几个特点：

1. 丛书、套书蔚为壮观

1994 年少儿图书选题，几乎每个少儿出版社都安排了大部头的丛书、套书。这些选题既有系统，又有针对性，尤其是少儿百科方面的套书、丛书较多，而儿童文学、低幼读物，也多是以丛书、套书的形式出现。这类图书选题约占整个选题的 40%，如果算教材、课本类图书，便可达到 90% 以上。如：上海少儿出版社共报选题 239 种，其中丛书、套书 40 余种（套），每种（套）图书多至 12 册（卷），少的也有 4 册（卷），从中可见出版社对选题的全面考虑和设计。例如《幼儿十万个为什么》（1—12 卷），《365 夜的故事》（1—12 册），《1—3 岁娃娃益智故事》（1—4 卷），《少年现代科学丛书》（6 册）等等。这些属于知识结构类套书、丛书，从低幼到少儿，方方面面都有所照顾，可以看出少儿出版社对选题的规划和设计已趋向系统化、科学化。

2. 文化积累性图书仍占较大比例

这一类选题，在整个少儿图书选题中约占 85%。除了上述的套书、丛书多是文化积累方面的选题外，还有相当比例的课本、教材和辅助读物。除此之外，则有 10% 的选题属于创作类。如：明天出版社，除了文学创作类图书外，多属于文化积累类图书选题。如《中国民族丛书》、《古希腊神话选粹》、《锦囊妙书》、《奥秘丛书》等等。这些图书将人类文化从某种角度给予概括总结，表现形式深入浅出，很受家长、教师的欢迎。这类图书在 1994 年的少儿选题中很是醒目。

3. 重版书比例较大，选题趋向成熟

少儿图书选题中，约有 30% 以上是重版书。有的出版社甚至达到 50% 以上。如：明天出版社 1994 年少儿选题有 699 种，其中再版图书达 383 种，再版率高达 54%，是少儿出版社选题再版率最高的出版社之一。这说明少儿图书的选题较为扎实，有生命力，适合图书市场的广泛需求，呈现出一种趋向成熟化的态势。

当然，尽管少儿图书选题比较丰富，有它的优势，但不可否认，也还存在一些薄弱环节和不足地方。大约有以下几点应该特别引起注意：

（1）文学创作的选题仍是薄弱环节。文学创作方面的选题是少儿出版社的一个薄弱环节，当代题材的儿童文学创作更少，应该集中研究，进行攻关。否则，照这样发展下去，儿童文学的图书出版比例就会失调，图书结构也会倾斜，不利于图书出版的繁荣和发展。

（2）知识读物中的科学幻想作品少。知识读物中优秀的科学文艺作品少，科学幻想作品更少。这不能适应四化的需要。"科技是第一生产力"，让孩子们张开科学幻想的翅膀奋力飞翔，对于培养一代新人大有好处。

（3）大部头"套书"、"豪华本"丛书太多。少儿出版社由于资金雄厚，敢于投资，所以，少儿图书越来越豪华，越来越高档，套书、丛书大量增加。书漂亮、美观、成套、成系统，让人高兴，但从小读者的角度考虑，少儿图书还是应该"小"一点、"薄"一点、实用一点。第一，让孩子们拿得动；第二，使孩子们买得起，父母掏腰包时不必考虑半天，斗争半天，才下决心；第三，孩子们看一会儿就可以看完。

（4）少儿图书"成人化"现象仍很突出。从以往的少儿图书中发现，少儿图书"成人化"现象比较严重。有些书的读者对象并非是少年儿童，而是有钱又有闲的成人。1994 年少儿选题中，"成人化"现象仍旧存在，集中表现在一些古文今译、依据名著编绘的套

书选题中。这些图书出版后，不见得有很多读者，即便买来作为礼物送给少年儿童，他们多半将之束之高阁，并不真读。少儿出版社应该时刻提醒自己，少儿图书的读者应是求知欲旺盛、理解能力有限、购买依靠父母的少年儿童。

（四）科技类图书选题的状况和建议

科技类图书的出版是图书出版中十分重要的一个方面。我们审读了 91 家科技出版社的选题，总计 18857 种，占所有图书选题的31.5%，平均每社选题有 207 种，超过了全国出版社平均数。

科技图书出版形势非常好。党中央明确提出我们的一切工作要以经济建设为中心，各行各业都要抓住这个中心不放，服务于、服从于这个中心，邓小平同志关于"科学技术是第一生产力"的论述，给科技出版工作以巨大的推动，国际国内形势、高科技在军事上的应用，给人以震撼，让人深思。这些强大的动力，使全国科技出版社奋发图强，决心多出好书。适应这种形势，新闻出版署及时提出科技出版社要"立足本专业，面向大科技"的要求。这一重大决策，大大解放了科技出版的生产力。1994 年科技图书选题正是在这样一个大的背景下产生的，带有明显的时代特点，主要表现在三个方面：

1. 促进科学技术的应用推广，促进科学技术直接为经济建设服务的图书占主要部分。配合"科技攻关计划"、"星火计划"等较大规模的国家科技活动，大批不同层次的应用技术图书选题列选。

2. 高科技著作依然是科技出版社的重点图书，在出版的资金、质量和时间上都予以保证。高层次的科技著作出版难是科技出版界的一个突出问题。几年来，陆续有 20 余家科技出版基金相继建立，为缓解高层次的科技著作出版难起到了重大作用。今年将要出版的高层次科技著作约有900 余种，其中有100 余种由基金资助。

3. 科技出版社执行立足本专业，面向大科技的政策后，大大拓宽了选题思路。围绕本专业分工，开拓相关相近的选题，眼界更宽，系统化更强。

此外，纵观整个选题，我们建议科技出版社在如下三个方面要引起注意：

1. 生活类图书选题安排过多，热度不退，应该注意调控。如室内装修、时装、菜谱、美容美发、健美、长寿等等，这类图书社会需求量大，但是重复出版，炒来炒去，不但造成浪费，还会影响重点图书的出版。从图书的结构看，我国高水平的科技学术著作偏少，只占科技图书总量的10%左右，而生活类用书却不少于20%。相比较，美国生活类图书只占5%，英国占6%。结构上的差异，说明我国科技图书的整体学术水平亟待提高。

2. 翻译图书品种继续下降，近年来尤其明显。前几年，科技方面的翻译著作一般占科技图书年度出书总量的20%—30%，1994年下降到5%左右，形势严峻。我国的科技水平在很多方面还是落后的，通过翻译国外的科技著作，引进国外最新科研成果，洋为中用，十分必要。科技出版社应该从大局着眼，尽量调剂资金，努力改变这种状况。

3. 科技出版社执行"立足本专业，面向大科技"的政策，首先要牢牢把握住"立足本专业"。如果忽视了这一点，本专业分工图书不占主体，出版社就会失去个性和特色，失去竞争能力。

总览1994年图书出版选题，令人振奋，令人高兴，但其中仍然不乏引人警惕注意之点。各出版社应该不断研究新情况、新问题，优化选题，调整结构，在图书内容方面，要大力弘扬时代主旋律，宣传建设有中国特色社会主义的理论和党的基本路线，宣传爱国主义、集体主义和社会主义，宣传人民群众从事改革和现代化建设的创造精神，宣传中华民族的传统美德，为我们伟大祖国的宏伟事业，做出我们应做的贡献。

关于国家图书奖的构想和实践

（1994 年 2 月）

按语：1992 年下半年，经过近三年的研讨和努力，设立国家图书奖的方案终于在新闻出版署党组会上通过了，接下来又以新闻出版署的名义颁发了《国家图书奖评奖办法》。在下发的《国家图书奖评奖办法》的"通知"中，明确说明，设立国家图书奖是"为促进社会主义出版事业的发展，鼓励和表彰优秀图书的出版"。

当时，我们都感到出版管理如果只是管、卡，这不许那不许，是远远不够的，还要树立榜样，让人家知道怎样做，什么样是好的。

我们当时考虑，要搞就要高标准，定名为"国家图书奖"，就是中国最高级别的图书奖项，就是要评出中国最好的书，以国家名义表彰。出版社出版的书，评委会评出来的书，要代表国家，有国家水平。

另外，要把精神表扬与物质鼓励相结合。不但要给作者、还要给责任编辑（包括美编、校对等）以物质奖励。当时初步定的标准是作者奖励 10000 元，责任编辑奖励 6000 元，如果每届评 30 个左右，就需要 50 万元左右，再加上评委费，及场租、会务费、评委住宿、饮食等费用，没有一二百万元是办不下来的。在那个时期，这笔钱是很大的一个数字。这件为难事，多亏了当时的署计财司的负责同志，他们上上下下，请示申诉，得到了财政部的理解，这笔钱国家财政做出了支持。

万事俱备，1993 年大家兴致勃勃地开始了第一届国家图书奖的评选工作。评选结果公布后引起了巨大的轰动。

第一届国家图书奖已经评完，颁奖大会也已于 1994 年 1 月 30 日在人民大会堂隆重举行。人大副委员长卢嘉锡、政协副主席雷洁琼、中宣部常务副部长徐惟诚、新闻出版署署长于友先等参加了颁奖会，中国当代著名学者季羡林、王朝闻、卢良恕、任继愈、邢贲思、叶至善等光临并为获奖者颁奖，获奖出版社的主管部门领导，包括部长、副部长 20 余人，原新闻出版署副署长刘杲主持会议，新闻出版署党组成员全体到会，可谓盛况空前。

经过这一次实践，我们再回过头来探讨关于国家图书奖的构想，一定会有新的思考和发现。我作为首届国家图书奖评委会秘书长，愿就评奖实践作出探讨。

新闻界的空前评介

一次图书评奖，能调动各种传媒工具为之宣传，为之评介，实属空前。先让我们将颁奖之后各种报纸、电台、电视台的评介报道的题目做一个介绍：

《人民日报》："群星灿烂，美不胜收——第一届国家图书奖评选揭晓"；

《光明日报》："第一届国家图书奖揭晓"，并配有"短评"说："众所瞩目的首届国家图书奖评选结果已经揭晓。这不仅是我国文化出版界的盛事，也是广大读者为之庆贺的一件大事。"

《文汇报》于 1 月 18 日和 22 日破例地作了两次报道，大题目是：

"广大读者和出版界人士盛赞首届国家图书奖"。小题目是："获奖135 种图书选自 50 多万种图书，在学术上是高质量的。"并说：这次评奖可称得上是我国有史以来最具规模的一次图书评奖活动。一些读者看了获奖名单后说，我国终于有了一项权威性的图书评奖。

《新闻出版报》1 月 18 日全文刊登了获奖书目。1 月 30 日颁奖会后，在头版头条套红大书"首届国家图书奖颁奖"。

《中国青年报》在 2 月 13 日二版头条发表专文，题目是："中国有了国家图书奖"。

《文汇读书周报》发表近 2000 字的专文《群星灿烂，美不胜收》予以评论，还利用半版的位置刊发了获奖图书名单。

此外，中央电视台、中央电台作了专题报道，《文艺报》、《人民日报海外版》、《北京日报》等多家报纸都以十分显著的位置作了报道。

各种新闻媒介这样热情，这样慷慨，令人感动。究其原因，难道仅仅因为它是国家举办的图书评奖吗？

第一个目的：评出好书

新闻出版署 1992 年 10 月《关于下发〈国家图书奖评奖办法〉的通知》中说："为促进社会主义出版事业的发展，鼓励和表彰优秀图书的出版，特设立国家图书奖。"30 多个字，概括和凝聚了出版界同行的许多思考和期望。设立国家图书奖，一为评出好书，以国家的名义予以表彰。这就告诉编辑和出版社，出什么样的书是好书，希望多出什么样的书。这也就是评奖的导向作用。二是为全国的图书评奖工作起一个带头作用、规范作用。目前的图书评奖活动实在太多。当然，有很多评奖活动搞得好，评得严肃认真，但也有不少评奖活动搞得不好，有的甚至把内容有问题的图书也评上奖。这就让人怀疑：评奖的导向究竟是什么。设立国家图书奖，也有树一个样板，进而整顿图书评奖的目的。

今天，当奖状已经颁完，奖杯已陈列在获奖出版社的社史陈列室中的时候，我们回头总结一下，这两个目的是否实现了呢？

先看第一个目的：评出好书，评出导向。

要评价这个问题，要看三个因素。

第一点是评奖的广泛性。

要从全国出版社所出图书中找出几本好书来并不难，关键是要把全国的出版社都动员起来，挑选好书，送书参评。第一届国家图书奖参加评选的图书出版时间是从 1980 年到 1992 年年底，总计 13 年；这期间全国共出版新书 50 余万种，共有 400 家出版社（占全国出版社总数的 76.5%）报来 1105 种参评图书。评委经过初审，从中选出 189 种作为初评入选图书。随后，经过广泛征求意见和充分讨论，又从 189 种中评选出 135 种作为获奖图书。可以这样说，这 135 种图书是从 50 万种图书中评选出来的。应该毫无愧色地说，这次评奖图书基础雄厚，来源广泛，覆盖了 13 年间全国出版社出版的全部新书。

第二点是获奖图书的导向作用。

评奖要评出好书，以引导出版界向这些好书学习。什么是好书？在今天，好书就要为经济建设服务、为改革开放服务、为建设有中国特色的社会主义服务。

综观获第一届国家图书奖的 135 种图书，贯穿了这样一条"导向"主线：举凡我国改革开放在政治、经济、法律、文化、民族、宗教等方方面面的重大问题，这些图书都有较为深入系统的论述和探讨。如刘国光主编的《中国经济体制改革的模式研究》一书，对我国市场取向的经济体制改革作了系统的、深入的、科学的分析，对我国的经济体制改革起了重要的促进作用。《孙冶方选集》是"中国当代经济学家文丛"之一种。孙冶方是我国学术界倡导经济体制改革的先驱者，他的论著是在当时历史条件下所达到的最高学术水平。他的学术观点对我国的改革理论和改革实践，都起了重要的推动作用。

1999 年 9 月，第四届国家图书奖复评评委与工作人员合影。

此外，费孝通先生的《行行重行行——乡镇发展论述》、李江帆的《第三产业经济学》、黄硕风的《综合国力论》、韩德培的《国际私法》、王家福的《中国民法学·民法债权》等都是直接为改革开放服务、为经济建设服务的好书。

第三点是获奖图书的高质量、高水平和巨大贡献。

按《国家图书奖评奖办法》"质量优秀，贡献突出"的规定，要具备下述 5 个条件之一：1. 对于中华民族的科学文化的发展有重要的贡献的；2. 对于宣传马克思主义及党和国家的重大方针政策有重要贡献的；3. 对于国民经济、国防建设有重要贡献的；4. 对于出版事业的发展有重要贡献的；5. 有重要思想价值、科学价值、文化艺术价值或在思想界、学术界及社会上产生重大影响的。如《中国美术全集》（古代部分），共 60 卷，是我国迄今为止最全面、最系统、具有较高学术水平的大型图集。到现在为止，已先后出版了大陆版、台湾版，还出版了部分英、法文版，在海内外产生了巨大影响。《甲骨文合集》费时 30 年，共收甲骨 41956 片，为现有最全的甲骨资料总集，具有较为严密的科学体系和实用价值，是研究中国古史重要的参考资料。《中国大百科全书》是中国第一部综合性现代百科全书，编纂出版历时 15 年，集中了全国 2.2 万名专家学者参加编纂，选收条目 7.7 万余条，涵盖了整个人类的知识和历史，记述了现代科学文化的发展和成就。它的出版，对于中华民族的科学文化的发展有重大贡献，在国内外产生了重大影响。再如《乾隆版大藏经》、《中国历史地图集》、《杂交水稻育种栽培学》、《实用儿科学》、《工程控制论》、《汉语大字典》、《汉语大词典》、《西藏简明通史》等等，真是"群星灿烂，美不胜收"。

好书评出来了，表彰、奖励了出版社、编辑和作者，但更为重要的是，通过评奖提出了一个要求，这就是：图书出版最重要的是把握政治方向，努力提高文化品位，努力提高图书质量。获奖的出版社已经开始为第二届评奖作准备，这次没有获奖的出版社憋足了劲，一定要在下一次评奖榜上有名。

从这个结果我们可以说，国家图书奖的导向作用实现了。

第二个目的：作出表率

一般来说，图书评奖只有一个目的，就是评出好书来。但在今天的形势下，新闻出版署设立国家图书奖还有另外一个目的，就是期望通过这次评奖为全国的图书评奖做个表率，进而整顿和规范全国的图书评奖工作。

第一届国家图书奖评选工作是在十分严肃、认真的情况下有步骤、有计划地进行的。第一阶段是确定参评资格。去年 3 月，新闻出版署发出评奖工作通知。各出版社经反复筛选、评议，提出参评名单，并经两名以上专家推荐，上报国家图书奖评奖办公室。不少地方出版社的参评图书是经过省一级评选后确定下来的。评奖办公室对参评图书逐一进行了资格审查，看是否符合评奖所要求的出书年限，看是否有明显的质量问题及其他方面突出的问题。第二阶段是按 9 个门类分送 9 个评委会初评。评委在认真阅读参评图书资料、审读参评图书的基础上，经过充分讨论，以无记名投票方式确定本门类初评入选图书。第三阶段是评奖办公室将初评入选的图书在《光明日报》、《新闻

任继愈先生在审阅国家图书奖入选图书。

出版报》上加以公布，广泛征求对初评入选图书的意见。在半个多月的时间里，评奖办公室共收到几百名读者的来信和电话，其中包括台湾和香港的读者。在此基础上进入第四阶段，即复评阶段。评委们经过充分讨论，以无记名投票的方式表决，最后选出 135 种获奖图书。

这个过程应该肯定的有这样五点：

第一，充分宣传，周密准备，调动尽可能多的出版社参加评奖。

第二，评委的高水平和严肃认真的态度。70 余位评委全是学术界、出版界、教育界的著名专家学者。他们把对文化出版事业的责任心与个人名誉（评的不好会丢了个人的名誉）结合在一起，一丝不苟，兢兢业业，认真比较，反复磋商。

第三，四个阶段，层层把关，每一阶段有每一阶段的责任制。

第四，初评之后，公诸报端，向全社会读者征求意见。这个办法是《文汇读书周报》读者进的言。意见很好，效果明显。

第五，复评定案前充分讨论、反复研究，尤其要认真对待社会的反映和意见，然后无记名投票，产生获奖图书。

由此，我们想到社会上名目繁多的图书评奖活动。这些评奖活动，多数是好的和比较好的，但有一些现象值得注意，这就是：

1. 搞评奖是为了总结工作的需要，所以这些出版社很在乎中奖率。如果一本书获了奖，下一次再有评奖活动，无论档次多高，也不再将这本已获奖的书送去参评。

2. 搞评奖是为了评聘职称、长工资，有关的编辑千方百计送自己责编的书参评，多方找门路甚至请客送礼使自己的书获奖。

3. 搞评奖是为了捞钱，每本书参评费200元、300元不等，200本就收费4万元、6万元之多，再以扶持出版、加强精神文明建设为名四处拉赞助，拉上10万元、8万元，评奖者的"劳务费"就很可观了。

这样搞下来，评奖的结果可想而知了。有的按出钱多少分配获奖名额和等级；有的根本不懂出版工作，无论哪个出版社送评什么书，只要交了一定数额的钱就让它获奖。有一个声势很大的评奖活动，居然将内容有问题的书评上奖，影响很坏。

针对这些情况，结合第一届国家图书奖的评选经验，新闻出版署拟对图书评奖活动进行整顿。设想是：

1. 任何图书评奖活动（出版社内部评奖除外），都要经过出版管理部门批准。

2. 国家级图书评奖，只由新闻出版署主持进行。在国家图书奖之下，设单科图书评奖，如：优秀科技图书奖、优秀少儿图书奖、优秀古籍整理图书奖、优秀文学（中外）图书奖、优秀辞书工具书奖、优秀美术图书奖、优秀哲学社会科学图书奖、优秀民族文版图书奖等。评奖由新闻出版署主办，委托某群众团体、学术团体承办。此8种奖作为国家图书奖的基础，获此8类图书奖一等奖的书，可以直接进入国家图书奖的评选。

3. 跨省、跨行业的图书评奖活动，要经新闻出版署批准，评奖结果要送署备案。

4. 各省、市、自治区级的评奖活动，要经省、市、自治区新闻出版局批准。

再实践的依据

国家图书奖评完之后，我们收到很多朋友、同行、前辈的来信，这些信既给评奖工作以充分肯定，又诚恳地提出建议，希望我们总结经验，不断改进，把第二届国家图书奖评得更好，尤其是著名学者陈原先生、语文专家李行健先生的来信，热情诚恳，感人肺腑。经过我们的消化、理解，我将各位的建议归纳如下，以作为再实践的依据：

一、由于受报送图书数量和办法的影响，不可避免地会有遗珠之憾。为了尽量弥补此类缺欠，参评书的报送推荐单位可以扩大。除出版社外，还可请国家一级和省一级研究所、学会报送推荐专业范围内的图书，写出评语；可请该学科的权威学者推荐图书，写出评语；甚至还可以选定若干大企业、大事业单位的有组织的读者（如读书会）推荐图书。

二、评委提早聘定，评委会提早成立，参评书尽量提前送请评委审阅。评委虽说是专家，却不能认为他们对所有参评书都已过目。送书太晚，便不得不临时翻看，仓促之中难免粗疏。而且，提早聘定，评委平时便可留心其专业范围内的图书。

三、获奖图书的质量是综合质量，任何一个环节出了毛病都会影响获奖。鉴于此，对校对、美编等都应给以适当的奖励，不宜只奖责编，以利于激励和调动大家的积极性。

四、评奖的分类应该再进一步研究，分得更合理些。每类获奖数目先予确定，评定结果只能等于或少于而不得多于此数，宁缺毋滥。荣誉奖应按实际情况来定，有就评，没有就不评。

五、国家图书奖是综合性大奖，下面各单学科评奖应尽快完善。这次科技图书评奖相对来说好评一些，评得也顺利，一个很重要的原因就是新闻出版署早已设立了优秀科技读物奖，每两年评一次，探索出了一套周密的行之有效的办法，对各类科技图书的状况很清楚，这就为国家图书奖打下了坚实的基础。这种办法值得提倡，各大学科都应单独评奖，并在评奖时间上与国家图书奖相协调。

　　好的建议还有很多，我们将一一加以研究，以作为第二届国家图书奖评选工作的依据和参考。我们相信，实践，认识，再实践，再认识，庶几可以符合广大读者、出版工作者的要求。

国家图书奖十年回顾

（2002 年 1 月 10 日）

为促进社会主义出版事业的繁荣和发展，鼓励和表彰优秀图书的出版，经国务院批准，新闻出版署于 1992 年设立了国家图书奖，决定每两年举办一届。该奖分哲学社会科学、文学、艺术、科学技术（含科普读物）、古籍整理、少儿、教育、辞书工具书和民族文版图书等九大门类，设国家图书奖荣誉奖、国家图书奖和国家图书奖提名奖三种奖项。

自 1993 年举办第一届国家图书奖的评选活动以来，至今已成功举办了五届。十年耕耘，硕果累累。五届国家图书奖共评选出获奖图书 614 种，其中荣誉奖 46 种，国家图书奖 175 种，提名奖 393 种。这 614 种获奖图书是 20 多年（第一届参评图书的时限为 1978—1992 年）来我国出版的 100 多万种新书中的优秀代表，是精品中的精品，其中有许多图书都是集国内众多专家学者才得以完成的国家级重点项目，如《中国大百科全书》、《中国美术全集》、《辞源》、《辞海》、《中国军事百科全书》、《中国农业百科全书》、《当代中国丛书》等等。

国家图书奖的设立和五届评奖活动的成功举办，在出版界和学术界引起了强烈反响，对于促进我国的出版繁荣，推进学术发展起到了不可替代的作用。出版单位和专家学者们将获得国家图书奖作为他们努力追求的目标。在这一目标的激励下，他们一同策划选题，严把书稿质量关，确保编辑和出版质量，使一本一本好书得以出版。出版单位和专家学者以获得国家图书奖为至高荣誉。一位大学教授代表获奖作者在最近的一次颁奖大会上曾动情地说："我和我的课题小组为获得国家图书奖整整奋斗了8年，今天终于如愿以偿，我感到无上荣耀和由衷地欣慰。"西北一家出版社的赴京领奖人员在回到当地时曾受到英雄凯旋般的欢迎。现如今，已有越来越多的地方和部门将能否获得、获得多少国家图书奖作为考核出版单位和出版单位主管部门的一项重要标准；出版单位也将是否获得过国家图书奖作为衡量出版单位实施精品战略，评价编辑人员编辑水平的一个硬性指标；越来越多的学术科研单位也将是否获得过国家图书奖作为职称评定的一个重要参考。另外，现在有许多学者将国家图书奖评选活动作为一项研究课题，纷纷发表文章，分析国家图书奖的获奖情况和评奖导向，探讨获奖图书的共性和个性，预测未来评奖趋势等等。对一项评奖活动上升到理论课题加以研究，这在中国出版史上是前所未有的，也充分说明国家图书奖的影响之大，影响之深远。

　　国家图书奖受到出版界和学术界的如此重视，作为国家图书奖的承办者，我们深感欣慰。同时我们也在不断地思考国家图书奖为什么能如此令人瞩目。历经十年风雨，我们认为也应该能够找到问题的答案了，答案就是它的权威性。权威性是任何一项评选活动的基础和生命，没有权威性，一项评选活动就会慢慢失去参与者，最终成为主办者的孤芳自赏。只有具有权威性，才能吸引越来越多的参与者，才会有激烈而公正的竞争，也才会有获奖后的荣誉感，才能成为大家羡慕的对象。那么，国家图书奖的权威性又主要体现在哪里呢？我们认为主要体现在以下几个方面。

一、严格的评选程序

评选程序是否严格，是否科学是衡量一项评选活动是否权威的一个重要标准。国家图书奖要经过五道评选程序：每个出版社从两年内出版的新书中评议推选出 8—10 种参评图书；出版社主管部门组织有关专家学者再从出版社推荐的参评图书中评议推选出参评图书，一般平均每个出版社 3—5 种；专科评奖，如全国优秀科技图书奖、全国优秀少儿图书奖、全国优秀教育图书奖等等，它们均是由我署主办的专科图书评奖，由各专科领域的专家学者组成专科奖评选委员会，评选出专业奖的一、二、三等奖，只有获得一等奖和少量二等奖的图书才能进入国家图书奖的初选入围书目。通过报刊向社会各界公示国家图书奖初评入围名单，倾听社会各界对入围图书的意见和建议，评奖办公室有专人负责接收和整理这些意见和建议，并上交总评委会，供评委们参考。实践证明，这样做不仅有力地促进了国家图书奖的客观公正性，也使国家图书奖有了更为广泛的群众基础，有助于提高国家图书奖的评奖质量。最后一道是复评，这一道程序也严格分成四个步骤：第一步，先由九个分评委会从初评入围书目中推选出获奖候选书目名单；第二步，将此名单提交评委主任会议讨论，确定复评候选名单；第三步，将复评候选名单向全体评委逐一介绍，征求意见，最终确定全部获奖图书的候选书目；第四步，经过全体评委无记名投票表决，评出国家图书奖的荣誉奖、国家奖和提名奖。因此，我们可以说，国家图书奖的获奖图书是经过"过五关斩六将"脱颖而出的，是经得起检验的。

二、权威的评委队伍

每届国家图书奖评委有 60 多人，他们均是某个领域的学术带头人和学术权威。在评奖过程中，他们坚持学术第一，质量第一，客观公正，发扬民主，作风正派，对国家图书奖高度负责，表现出良好的道德素养和很高的专业水平，从而也确保了国家图书奖的权威性。

三、严格的质量要求

国家图书奖在重视图书内容质量的同时，也特别重视图书的编校质量和印装质量。在这方面，我们也有严格的程序确保获奖图书都应该是编校质量合格图书。首先在报送参评图书时我们就要求出版单位要附有编校质量检查表，标明参评图书的差错率，不合格的图书不能参评；其次在向社会公布初评入选书目的同时，我们便着手对入选图书进行质量检查。对于那些经过上述检查为不合格的图书坚决取消其参评资格，五届评奖我们共取消了 20 种经检查编校质量不合格的初评入围图书的参评资格。

四、严格的回避制度

由于评委们均是学术权威，著述很多，因此在参评图书中就有很多书是评委自己写的或主编的。针对这种情况，国家图书奖评委会制定了严格的回避制度，即当评议到哪个评委的图书时，这位评委必须回避；只有他回避了，其他评委才能无所顾忌，充分发表意见，也才确保了对所有参评图书的客观公正。

五、严格控制的获奖数量

本着宁缺毋滥的原则，每届国家图书奖均严格控制获奖数量。国家图书奖正式奖每届都控制在 30 种左右。其中，第四届正逢新中国成立50周年大庆，多评了10种，也只是40种，提名奖每届80种左

2006 年 6 月在南非书展招待会上，与南非版协主席（右一）、法兰克福展会主席（右二）晤谈。

右。如果我们将获奖数量与年出新书品种相比，与参评图书数量相比，就更显得获奖图书的出类拔萃了。由此看来，国家图书奖历届的获奖图书真是百里挑一、万里挑一，是优中选优。

严格的评选程序，具有良好道德修养的权威的评委队伍，严格的质量要求，严格遵守的回避制度以及宁缺毋滥、优中选优的评奖原则，确保了国家图书奖的客观公正，从而也确保了它的权威性。这些都是我们在未来的评奖日子里所应牢记和恪守的评奖原则。只有这样，才能确保国家图书奖评奖活动具有永恒的生命力和凝聚力。

审读是出版管理工作中一项最基础工作

——在全国审读工作会议上的讲话

（1994 年 4 月 14 日）

按语：1992 年前后，图书品种增长很快，出版社从 1979 年的 105 家增加到 540 家，图书品种从 1.7 万种增加到 9.7 万种，与此相关联的是出现了不少有政治问题或涉外问题的图书，给工作带来了很大的麻烦，影响了出版业的形象。新闻出版署提出"阶段性转移"的思路，核心是要从规模和数量的增长转变为质量和效益的增长，关键是质量。

为了抓好图书质量，图书司大抓审读工作，目的有四个：1. 通过审读，了解图书出版的总量、结构和趋势，及时加以调控和引导；2. 通过审读，及时发现好书，好的典型，给予扶持和表彰；3. 通过审读，及时发现新情况、新问题，采取必要的措施适时加强管理；4. 通过审读，将新情况、新问题上下左右及时沟通，起到举一反三的作用。

后来，形成了制度，连续多年，新闻出版署图书司每年召开一次全国出版审读工作会议，沟通情况，交流经验，对于提高图书质量起了很好的作用。

讲三个问题，一、为什么开这次会议，有些什么想法；二、审读工作的作用和意义；三、讲一讲要解决的问题，请大家一起来商量，形成一个带有指导性和便于操作的文件，会后再进一步征求意见。

一、为什么召开这次会议

今年年初，中央召开了宣传思想工作会议，在国内外都有很大影响，这是新中国成立以来召开的第二次这样的全国会议。中央的几位主要领导同志都作了讲话，为全国的宣传思想工作，包括新闻出版工作指明了方向，提出了要求。全国新闻出版局局长会议与这次会议同时召开，于友先同志作了讲话，题目是《坚持方向，深化改革，实现新闻出版工作阶段性转移》。这次会议，这个讲话，我体会最深刻的一点就是提出了"阶段性转移"这样一个口号，这样一个要求。什么叫"阶段性转移"？作为一个口号，虽然只有简单的几个字，但是它的精神是非常清楚的，它所概括的含义是非常丰富的，它所提出的要求是十分深刻的。如果把 1993 年以前作为一个阶段，这个阶段出版事业发展很快，由 1979 年 105 家出版社发展到 540 多家；图书品种从 1.7 万种发展到 9.7 万种；出了很多好书，在世界上有很大影响；在出版方面可以说是个超级大国。但随着速度、规模、数量的增长，也带来了很多问题，如质量问题、效益问题。当然，在前一阶段，每届新闻出版署领导和过去的国家出版局领导都坚定不移地强调要抓质量，抓效益，这是有目共睹的。抓了多少年，强调了多少次，最典型的口号就是"优化选题，调整结构，控制品种，提高质量"。好多年来我们把这四句话作为工作的指导思想，其中的核心就是提高质量。下了很大力气，想了各种办法，但是表现出来的问题，现在看最突出的还是规模和数量的增长。所以这届党组提出来，要从规模和数量的增长转变为质量和效益的增长。这个口号，这样一个要求，得到了中央领导的赞同和批准，也得到了各省、各出版社的拥护。大家齐心协力抓质量，抓效益，促进繁荣。所以，我们这次审读会，首先一点就是为了落实阶段性转移，搞好审读工作，是我们实现阶段性转移的一个重要举措。

审读是出版工作中一项最基础的工作。有人打比方说，审读工作从宏观上讲好像雷达，通过它可以掌握全局的变化；从微观上讲又好像化验室，通过各种各样的分析、研究、综合、比较，可以了解情况，掌握动向，制定政策，指明方向，如果我们离开对出版物的审读，审读工作就会无的放矢，就没有办法提出工作要求。所以，很多同志，很多出版社都特别重视审读工作，认为它像眼睛一样，离开眼睛，没有办法工作，没有办法了解情况，必然陷入瞎指挥。所以要落实阶段性转移任务，首先要抓好审读工作，抓好这项基础性工作。

第二个原因，我们要搞好审读工作，改变前一段出版管理的被动局面。江泽民同志在全国宣传思想工作会议上讲，要有忧患意识。围绕总书记这一讲话精神，报纸上发表了很多文章。前不久，丁关根同志亲自主持了两次新闻出版工作座谈会，新闻出版署党组同志，中宣部有关领导都参加了。这两次会议认真研究书报刊的质量问题，丁关根同志特别提出图书出版管理的被动局面还要下大力气去解决，提出要有紧迫感，要采取有效的措施。关根同志的指示是十分中肯的。

回顾去年图书出版的情况，至今历历在目。年底总结工作时突出的感受是1993年过得非常快，刚开年就结束了。为什么？一件事接一件事，真应了一波未平，一波又起这样一句老话。从年初开始，裸体画册，一下子30多种，铺天盖地上市了。还有的书内容真假难辨，造成极大的被动。去年，本来要开全国图书处长会议，国家图书奖计划在9月份开始搞，10月份要搞完，结果一直到12月30日，才算赶在年内把国家图书奖评完，图书处长会议也没来得及开。工作的被动有许多原因，其中一个重要原因是审读工作被动。很多地方，很多出版社，审读工作还很不理想，有些有问题的选题就是从社长、总编辑手里出去的。而且，许多问题还不是出版管理部门发现的，一直到社会上闹起来了我们才知道。这次要利用这个机会，认真研究怎样变被动为主动，怎样加强审读工作。第一，有问题的选题不让漏出去；第二，万一出了问题要能及时发现；第三，发现问题后能很快解决；第四，举一反三，亡羊补牢，制定政策，尽我们最大可能制止这些问题再次发生。

第三个原因，我们开这次会议，要总结审读工作的经验，把审读工作提高一步。改革开放这么多年来，出版工作发展很快。各省、各出版社都有许多宝贵经验，特别在审读工作上，有的省起步较早，制定了各种制度，有组织机构，有专门人员，并且有资金保证。这些省为我们做出了表率。利用这次会议，听听他们的经验，他们是怎么做的，还存在什么问题。希望大家都讲一讲，有经验介绍经验，有困难讲困难，什么方面有问题，大家共同探讨，把审读工作抓上去，抓好，真正使审读工作起到雷达作用，起到化验室作用。

二、审读工作的作用和意义

什么叫审读工作，通常的意思大家都很清楚。出版工作中，审读的种类很多，一般指出版单位对稿件的研究、筛选、加工和定稿。我们这里所说的审读与一般所说的审读有所不同，我们专指新闻出版管理机关根据自己的职能所进行的审读。它的含义是否可以这样概括：代表国家或一级政府对出版物的社会效果所进行的检查；对出版物是否符合党和国家的路线、方针、政策、法令和法规，是否有利于社会主义物质文明和精神文明建设所作出的有一定权威性的评价。这个权威性怎么理解？那就是它鉴定不能出版就不可以出版，它认为不能发行就不可以发行，不能讨价还价。这种审读不同于学术的、艺术的、编辑技术的，或其他从专业技术角度对出版物进行的研讨和评论，而侧重于政治的、政策的、法律的、道德的角度对出版物质量进行的判断。结合我们的工作实际，还应该把审读工作的外延作一扩大，包括对选题的审读，尤其是对那些需要专题报批的选题的审读。明确了审读工作的含义，才能明确审读工作的目的性，才能抓住重点，做好工作。

我们所说的审读工作的作用大约有四个方面：①通过审读，了解图书出版的总量、结构和趋势，及时加以宏观调控和引导（导向作用）；②通过审读，发现好的典型，给予扶持和表彰（扶持表彰作用）；③通过审读，及时发现情况、问题，采取必要的措施加强管理（管理作用）；④通过审读，将发现的新情况、新问题上下左右及时沟通（沟通出版信息作用）。

（一）导向作用

在社会主义计划经济向社会主义市场经济转变过程中，出版管理工作的一项重大任务就是研究和强化宏观管理的措施。调控什么？引导什么？我看主要有三个方面：①出版总量；②品种结构；③内容趋势和倾向。

十几年来，图书总量净增 8 万多种，与世界、与我们国家自己的过去相比较，增长的速度十分惊人。是快了？是多了？怎么判断？通过审读，分析研究出版总量，结合我们国家的实际情况，我们认为过快、过热了。这个结论就是审读的结果。

什么过快了？什么过热了？是不是自然科学、社会科学、理工农医、天文地理都过快、过热了？所以，要通过审读，对结构进行分析。社会科学、自然科学、工程技术、文学艺术，大体占多大比例？是否合理？自然科学中理、工、农、医配置得怎么样？研究"易经"的书出了七八十种，这种结构能说是合理吗？有人说这可以用市场调节来解决，他出了七八十种，卖不出去，不就完了嘛。但这还不仅是市场调节的问题。我们国家是社会主义市场经济，不是资本主义市场经济，不能盲目增长，任凭市场去驱动。说挂历卖不出去，烂在街上，他自己赔，破产了他自己负责。事情不完全是这样，或是说，还不是这样。我们政府的职能之一就是必须进行宏观调控，尽量避免大的失调。所以要对结构作分析，这也得通过审读来实现。对情况做了全面分析之后，才能得出是否要调整结构的结论。

趋势问题尤为重要，如关于党和国家领导人的图书，1993 年初，中宣部和新闻出版署大张旗鼓地抓，又是发文件，又是重申规定。去年的 5 号文件是经过政治局常委讨论定下来的。中宣部和新闻出版署对这个文件的落实、检查是非常认真、非常重视的，因为当时确实出了不少这方面的坏书，宣扬宿命论、封建迷信，问题很多，不符合事实，而且还有几十个这方面的选题，或者等着批准，或者正在编写，或者正在制作，或者即将出版。当然，其中有很多是好的、比较好的，但是坏书不用多，只要一两本，影响就够恶劣的了。新闻出版工作最根本的任务就是为实现党的总任务、总目标提供精神动力、智力支持、思想保证和良好的舆论环境，可是这些书会起什么作用呢？面对这些问题，出版管理机关和出版社领导就有一个导向问题，要研究这个趋势，及时发现问题。最近看到一份材料，从反面印证了这个问题。这份材料讲：台湾当局过去对台湾出版商出版大陆的政治事件、国家领导人生活、工作情况的书籍管理很严，一律不许出版；现在改变了态度，由原来的禁止、限制，转为利用和支持。为什么会这样呢？因为台湾当局发现，近年来，大陆这一类书籍思想"解放"的程度令人吃惊。不少书籍或透露机要内幕，或暴露内部纷争，或谈论领袖人物的私生活，相当具体。尽管这些内容很多是胡编乱造，捕风捉影，却是他们梦寐以求而不可得的东西。他们还看到，有一些出自于共产党营垒里面的"反水人物"，他们写的东西比台湾自己的宣传作用大得多，可以更能蒙骗和误导台湾民众。台湾当局提出"以彼人之笔，抹彼人之黑"的口号，就是要用"你们自己出的书搞臭你们在台湾人民心中的形象"！所以近年来，台湾方面把这些书拿去翻印了一大批。这就从反面印证了加强审读工作，加强正面引导的意义。

（二）管理作用

一个国家的政府设置和委托有关部门，对新闻出版事业进行必要的管理和监督，这是一种很普遍的现象，没有哪个国家不这样做，只不过目的不同、手段各异。有直接的，有间接的，有行政的，有司法的，有经济的，各种各样的手段。特别是一些老牌的资本主义国家，总结了多年的经验，做得很巧妙。去年到日本访问，问文部省对黄色书籍有什么规定，文部省负责人说他们不管，由警察管，因为黄色书籍不是文化。警察一管，书商就得乖乖地就范。还有经济手段，不说你政治上怎样，但经济上课以罚款，很重。要你出不起，破产，釜底抽薪。有些规定非常具体，如香港、新加坡。图书审读工作全世界哪个国家都这样做，只是做法不一样。所以我们需要认真总结经验，研究方法，改进工作，理直气壮地把这项工作搞好。

我们的图书审读工作从根本上讲是为了人民的利益，为了国家的利益，同时也是为了出版事业的根本利益。所以，我们的审读工作者、审读组织机构、出版管理部门与被审读的出版单位利益是一致的，大家都是为了出好书。审读人是为了发现好书而扶持它，发现坏书解决问题；出版社的目的是为了出好书，也愿意把最好的精神食粮奉献给读者。所以，大家的根本利益是一致的，完全可以共同研究，共同探讨，以保证我们把书出好。这次也请了些出版社的同志来参加讨论，因为书是出版社出的，归根结底，是出版社社长、总编辑把关、掌舵，最了解情况。我们的审读工作主要还得依靠出版社的同志。

从管理的角度讲，图书出版管理些什么？有三个方面，一个是政治原则，一个是社会道德，一个是文化知识。

政治原则，也即通常所说的政治关。要把好政治关，千万不要让坏书漏出去，要坚持政治原则，这是根本的一点。要把好哪些方面的政治关？比较突出的有这样几个方面，这在过去的文件中都有规定：

1. 煽动颠覆人民民主专政和社会主义制度，分裂国家或煽动暴乱的；

2. 煽动反对中国共产党的；

3. 煽动抗拒、破坏宪法和法律实施的；

4. 泄露国家秘密，危害国家安全，损害国家利益的；

5. 煽动民族种族歧视和仇视、破坏民族团结的。

当然还有一些，但这五个方面是比较重要的，应该引起我们高度重视。这五个方面包括了党和国家的方针路线、政策法令这两部分。关于方针路线，大家比较清楚，我不多谈；关于党和国家的政策法令在图书出版方面都有哪些具体规定？这些具体规定需要出版管理工作者，搞审读工作的同志，出版社的社长、总编辑牢记在心的、比较重要的大约有这样几项：

1. 民族政策，去年发了文件，关于涉及伊斯兰教出版物的规定；

2. 宗教政策；

3. 外交政策；

4. 保密问题，譬如关于中共特科，关于军事题材出版物，都有明确规定；

5. 涉及党史上陈独秀、王明、张国焘一类人物图书的规定；

6. 涉及国民党上层人物图书的规定；

7. 关于党和国家领导人的著作出版问题的规定，如谁可以出，谁可以有资格选编，谁可以租型；

8. 关于描写党和国家领导人的工作和生活情况的图书，譬如一些报告文学、纪实文学等；

9. 有关法规汇编编辑出版的规定，如由谁来出，中央的哪些出版社出国家一级的法规汇编，地方的、省里的哪些出版社可以出。专业的、行业的、省里的，各有各的规定；

10. 关于"文化大革命"图书出版的要求。

有关这些方面的出版规定，要求每个图书审读的同志都了然于心，运用自如，否则，审读了半天，从你手里漏出去了，不是白审了吗？这是第一点。

第二点，政策法令会随着环境的变化而不断完善和补充。随着时间的推移，条件的改变，环境的变化，政策法规也会有变化，也会有补充和修改，所以我们从事审读的同志应注意掌握最新的、最近的文件和规定，不要拿十年前的、现在已经改变了的文件照搬照用。

第三点，如果从更高的角度去要求的话，还要注意掌握动向，了解准备制定、准备修订的政策法令。掌握情况，做到心中有数，可以防患于未然。别等到书稿发排了，开始装订了，你才知道有新的规定，那损失不就太大了吗？一方面，新闻出版署要多通气，及时沟通情况；另一方面，我们审读的同志要多注意掌握动向，随时反映问题和意见。

社会道德方面，一定要符合精神文明建设要求。一本好书能给人以力量，给人以鼓舞，激励人向上；决不能污染社会，败坏道德，破坏社会的稳定。社会道德方面，当前有以下几个方面的问题最为突出：

1. 写性的；

2. 宣扬腐朽人生哲学的；

3. 宣扬封建迷信的。

关于写性。可以作这样估计：在正式出版物中间，即国家出版社所出的图书中间，现在已不像前几年那样露骨地宣扬色情淫秽内容了；但在新的形势下，新的条件下，又有抬头，手法更新。现在可以看到一些大16开本的图书，突出的问题如：①所谓社会纪实书籍，印制粗糙，发行量大，专记与性有关联的社会现象，如卖淫、性病、性犯罪、婚变，描写非常具体细致，在揭露、暴露的名义下，展现各种性现象，以迎合一部分人窥探性秘密的心理；②以写性意识为中心的作品，通俗文学中有，纯文学中也有，一般不作直露的性描写，但字里行间弥漫着性心理和性意识；③借宣传性知识，露骨地介绍性技巧、性行为，招引对性有好奇心的读者，尤其是那些对性感到神秘的青少年读者，这些性知识根本谈不上科学性，谈不上对青少年进行性教育，这些书多半是为了赚钱，你抄我，我抄你，拼拼凑凑；④谈论性理论、性道德的图书、文章，其中不少鼓吹试婚制，鼓吹人性的复归，鼓吹冲破性禁锢、性压抑，这些书虽然属于理论性的作品、文章，但教唆作用不亚于色情作品。关于性描写，很多文学作品都有涉及，包括一些名著，关键是怎么描写，写什么。很多中外古典名著对性描写十分慎重，特别谨慎。如《水浒传》，施耐庵非常讨厌淫秽的东西，他写卢俊义的老婆与管家李固有私，怎么写的呢？写卢俊义要外出，让李固先走一天，他第二天再走，"李固去了，娘子看着车仗流泪而入"。金圣叹批了两句话："看他娘子流泪，乃在今日，不在明日，妙极"；"极猥亵的事情写得极大雅，真正妙笔"。《金瓶梅》，最近几年很多出版社要求印，报告上写的各种各样的理由，似乎都很充分，但就是不能再印，因为现在已经有几个版本了，足本已印了2万多部，对于科学研究、教学已完全够用；节本也印了不止10万部，所以不能再批新的版本，一个时期内不能再增加印数了。这就是宏观调控。印这么多《金瓶梅》，原原本本奉献给青少年看，会起什么作用呢？关于《金瓶梅》中的性描写，在当时有它一定的进步作用，对当时明朝上下弥漫着的淫秽之风有它的暴露作用，对于今天也有它的认识作用。但是，古往今来有识之士都认为它的性描写是败笔，是缺憾。关于性描写有这样一些情况，在审读时要特别注意。

　　关于宣扬腐朽的人生哲学。有一本书叫《商场厚黑学》，序言里就讲，进商界要心黑手黑。马无夜草不肥，人无横财不富。教人怎样去"宰"人，怎样施美人计，怎样挖国家的墙角，怎样能偷税漏税成功。美国有一本书叫《自杀指南》，教人怎样自杀，引起一场轩然大波，广大读者也纷纷抗议。还有一个例子，《拍马屁的艺术》教人怎么拍马屁：要说领导好话，当面说，领导很尴尬，要背后说；背后说，领导不知道，不是浪费了吗？要跟领导最亲近的人说，不断地说，早晚有一天会传到领导的耳朵里去，领导就会想，啊呀，这个同志对我太好了，背后都讲我这么多好话；讲送礼，书中说，不要听什么廉政那一套，要照送不误，如果大家都送了，唯独你没送，那不糟了吗？诸如此类，讲了很多条拍马屁的"艺术"。这就是我们社会主义的中国讲究精神文明建设的出版社所出的书吗？作为一个出版同行，为此感到羞愧！

关于封建迷信。目前这类书有这样几个特点：第一，都打着所谓对于人类"尚未认识世界"的科学研究这样一个招牌，即所谓"未来学"，说得冠冕堂皇。第二，这些书都有前言，都有后记，前言里说，这里有封建迷信，有糟粕，要批判继承，大家不要上当，后记讲时间仓促，材料有限，大家多批评。很清楚，我们出版社的同志也知道这些书不好，怕人家批评，怕被抓住罚款，所以"前言"、"后记"有言在先，加上双保险。第三个特点，这些书多半是买卖书号，或者是变相买卖书号，发行量很大，印制粗糙，定价很高。

文化知识方面，比较明确，即在语言文字、编校质量方面提出要求。各省都做了编校质量检查，图书司前不久也做了次检查，随机抽查了23种书，不合格率87%，合格率仅13%；合格的也是在边缘，差一点也不合格。23种书中，没有一本优秀的、良好的，问题相当严重，审读工作要在这方面下点工夫。还有科学知识，有的书胡编乱造，不懂装懂，贻误子孙后代。

（三）扶持表彰作用

通过审读，发现好的典型，给予扶持和表彰。这是审读工作更为重要的目的，从某种角度上说，这是根本的目的；审读出来不好的书，进行管理，甚至制裁，目的是为了保护好书，为好书开辟道路，为好书创造条件。不要认为审读工作就是发现坏书，就是找毛病。审读工作者更重要的任务就是发现出版中的新事物、新成果，扶持新事物，推广新成果，提高图书质量，繁荣出版工作。由于这些年坏书不断出现，处理起来又十万火急，所以减弱了这方面的工作。今后要在这方面多作努力，以正压邪，树立榜样，树立典型。

（四）信息沟通作用

审读工作接触大量的各种各样的信息，除了要发现新情况、掌握信息外，还要善于利用信息，充分发挥信息的作用。各省都有大量的材料，有宏观的、微观的、总量的、结构的、趋势的分析以及具体一类书、一本书的分析，这些都是宝贵的财富。要学会利用这些财富，这些资料、信息会起很大作用。如：1. 了解情况，指导工作；2. 将信息综合、分析、研究后，再反馈给出版单位，帮助它们了解出版业的全局，看清自己的优势与不足，扬长避短；3. 将信息向有关产业、科技部门推荐、介绍，为发展学术理论和经济建设服务。

三、当前审读工作要抓紧解决的问题

审读工作是一项扎扎实实的工作，来不得半点马虎。当前的关键是审读工作，重在落实。这次会议想在下面几个方面听取大家意见，请大家多谈，形成共同的意见，作为我们这次会议的成果。

1. 进一步明确审读工作的指导思想。在宣传思想工作会议上，中央有关领导同志对宣传思想工作，对新闻出版工作提出了很明确的要求，即"一个指针，四项任务"：要以邓小平同志建设有中国特色的社会主义理论为根本指针；以江泽民同志所讲的"以科学的理论武装人，以正确的舆论引导人，以高尚的精神塑造人，以优秀的作品鼓舞人"作为我们的任务。我们要抓导向、抓质量、抓结构、抓效益。具体落实到我们的图书处、审读处、出版社，在审读工作的指导思想上有些什么想法？有些什么认识？

2. 建立审读制度，做到有法可依，有章可循，按程序办事。我们的章法是什么？制度怎么建立？作出什么规定？

3. 建立并完善审读机构，扩大审读力量。有的省有专门的审读机构，有的省没有。没有专门机构的，希望建立；一时没有条件建立的，图书处要把审读工作做好。扩大审读力量，光靠三五人、十几个人，就是几十个人也不一定能够做好这件工作。一本书十万、几十万字，看起来相当吃力，不比看电视、看电影，要依靠更多的力量，特别是离退休的老同志，经验丰富，热爱出版事业，相对来说又有时间。

4. 总结审读工作经验，改进审读方法。北京、天津、上海及其他各省市、自治区，有哪些经验，你们怎么做的，介绍介绍，让大家听一听，学一学。

5. 研究如何提高审读人员的素质。图书出版出了这么多问题，去年我们工作这样被动，最重要的原因就是队伍素质问题。队伍包括两方面内容：一个方面是领导班子，一个方面是编辑队伍。审读工作要依靠审读人员，依靠每一位编辑，每一个人都是审读员。把这支队伍素质提高，做好审读工作。

审读工作从微观上看，好像拿本书看看，提提意见；从宏观上看，绝对不是这么简单。它是我们了解情况制定政策的一个根本依靠。一个懂出版的人，一个从事出版工作有经验的同志，是绝不会放松这一环节的。提得高一点讲，我们只有把审读工作抓住，出版工作才能搞好。

新形势下全国图书审读工作的要点

（2000 年 8 月 24 日）

按语：审读工作确实是一项十分重要的工作，特别是对于出版社的领导和政府管理机关。对于出版社来说，它将决定这部书稿出版与否以及它出版后的质量；对于政府管理机关来说，它将掌握一个时期的出版趋势、动向，甚至于读者需要什么书，市场不能满足需求，而引导出版社去策划和组织。

特别重要的是关于政策的把握。有的人从字里行间看到反党反社会主义，有的人从描写中发现色情，甚至淫秽，这些如果成为结论，就不仅仅是一本书能不能出版的问题了，它关系到作者的命运，作者家庭的命运，甚至作者朋友、周围同事的命运——这就是我们经历过的时代发生的事情。历史的经验告诉我们这是要十分慎重的事情。

我手头有一份材料，是胡乔木同志关于两本书的信，我感到很宝贵，很有启发性，特转抄于下：

关于劳伦斯的"查特莱夫人的情人"一书在西方文艺界评价的历史，请参看最近出版的世界文学名著丛书《儿子与情人》一书的译后记，该书似是外国文学出版社所出。

关于中国的《金瓶梅》，我想看看人民文学出版社所出的删节本

（该本比郑振铎节本删节更多），如还能找到，也可和郑节本作一比较，以便对此节本作出公正的评价和妥善的处理。当然，即使有控制地发行（？）节本，也会为全本推波助澜，这是件难办的事。但是从长远说，这样一部开《红楼梦》先河的文学名著，国外争相翻译，学者争相研讨，出版方面决不能只当作淫书一禁了之，都得想出一个恰当的方针。为此，请设法把两种节本找给我。

这封信让我思考三点：

1. 是胡乔木同志对一本书评价的慎重态度，不轻易作结论；

2. 是他的实事求是精神。他要拿过来比照，他要放在一个历史时期看它的价值，他要对它一分为二，"都得想出一个恰当的方针"；

3. 这封信写于1987年，那时我们还没能完全从上纲上线以求得对一本书政治上的高度认识中解放出来，或者要体现自己的政治、政策觉悟的一点私心。但胡乔木同志却能够头脑清醒，不回避矛盾，而且选择重大问题——《查特莱夫人的情人》、《金瓶梅》二书来评论。今天想想，这是很了不起的。

由此我想到两件事：一件是对一本有关"性发展史"方面图书的评价。那时我在图书司，出版社送来样书，先请分工具体负责这类书的同志看，再另请其他同志看，都认为是"夹杂色情内容图书"，马上起草了审读意见和处理方案。这可是大事，我请了有关社会学专家看，他们说讲性发展史怎么能不谈性呢？我自己又看，我认为是一本好书，通过研究性的历史，研究人类社会如何一步步从原始社会、母系社会、父系社会，以至于封建社会、资本主义社会、社会主义社会发展过来，我认为专家们的意见是对的，并力主允许出版。这个意见得到了领导的支持。这本书得以正常发行。

我还想到一本很著名的小说。在一次会上，有的人说这是一本夹杂色情内容的书，不好，得修改，如出版得删除这些描写。我想起这本书即将出版时的情景：出版社的一位负责同志十分激动地跑来跟我说，这本书写得十分好，甚至可以说是中国的《静静的顿河》。我听后也非常激动。我读过多遍《静静的顿河》，它是我最喜欢的书之一，听到说我们有一本书可以称作"中国的《静静的顿河》"，怎能不激动？真的是这样好的书吗？但我不能不信，跟我说这个意见的是一位很有水平的老编辑，策划过很多好书，写过很多有分量的书评。便说：样书到时，请尽快送一部给我。书出版后我第一时间就拿到了，一口气读完，确实是一部多年难得一见的好书，但说它是中国的《静静的顿河》，我还是觉得不好比。如今，在会议上听到有的同志说它夹杂色情内容，而且不止一个人这么说，便决心谈谈我的意见，替这本书负责。

我认为，这本书中的一些描写，是塑造人物性格的需要，正如《红楼梦》里的"贾宝玉初试云雨情"，正如《水浒传》中关于西门庆、潘金莲的描写一样，谁都不认为是"色情描写"。我的意见得到大家赞成。

所以，审读工作是十分重要的工作，是出版管理的基础性工作。我们既要根据党和国家的法律、政策去审读，又要注意文学作品的特殊性，它的历史环境和社会背景，不可"杯弓蛇影"，也不能"宁左勿右"。色情的、淫秽的东西，我们不能让它毒害青少年；反动的，造谣诽谤的东西，也必须用法律的规定去审判。对党和国家负责，就是对人民负责。对人民负责，也是对党和国家负责。

一、审读工作的基本经验

这次审读工作会议，从 8 月 22 日到今天，开了整整三天。三天会议紧张紧凑，很有成效。大家认真听取了文献研究室、党史研究室、统战部、军科院有关图书审读工作的通报，对我们很有启发。会上上海、山西、四川、河北、湖北、陕西、辽宁等地还就图书审读的经验、做法、存在的问题以及今后的打算做了充分的交流，大会还进行了认真的讨论。同志们感到这次会议非常有必要，会议时间虽然不长，但很有收获。正如开幕式上所讲，这次会议的主要任务是认真贯彻落实江泽民同志"三个代表"重要思想，认真贯彻落实思想政治工作会议精神。这次审读工作会议提出，在审读工作中必须特别注意的四个方面的内容：一、必须牢固树立马克思主义、毛泽东思想和邓小平理论在审读工作中的核心地位，防止思想领域的多元化倾向，防止以任何形式出现的淡化马克思主义指导地位的倾向。二、审读工作必须讲政治。三、树立阵地意识，加强阵地建设。四、审读工作的把关意识。这四个方面都十分重要，是我们做好审读工作的生命线。通过会议的交流和讨论，大家对当前的出版工作和图书审读工作有了新的认识和体会，收获很大。这些收获概括起来主要有几点：

一是通过交流和讨论，通过联系出版工作和审读工作的实际，更深刻地领会了中央思想政治工作会议的精神、江总书记的讲话精神，认识到必须把新闻出版战线的思想和行动统一到这个讲话上来，树立审读工作必须要坚持马克思主义的指导地位这样一个思想，这是当前出版工作的首要任务，关键所在。

二是认清了形势，明确了任务，进一步提高了对审读工作的重要性的认识。所谓认清了形势是认清了我们出版工作和图书审读工作面临的新情况和新形势。我们必须从国内和国际，历史和现实的角度，来分析和研究当前新形势下对出版管理和图书审读工作发生作用的客观环境，总结出版管理和图书审读工作的新规律，探讨新思路、新方法、新手段和新机制。认清了形势才能知己知彼，增加审读工作的针对性和有效性。认清了形势才能真正统一思想，形成共识，明确方向，自觉做好新形势下的图书审读工作。

三是进一步增强了阵地意识，落实了中央对出版工作的要求，唱响主旋律，打好主动仗。江总书记在中央思想政治工作会议的讲话中，明确要求从上到下的一切思想文化阵地，包括新闻、出版、报刊等，都应成为我们宣传科学理论、传播先进文化、塑造美好心灵的阵地。大家在发言和讨论中谈道：如果阵地意识不强，不讲政治、不讲大局、不讲责任，出版工作和审读工作就失去了方向，就会给党和国家造成重大损失。

四是总结了工作，交流了经验，进一步提高了图书审读工作的质量和水平。大家在大会发言和小组讨论中，介绍了各自做好图书审读工作的做法和经验，提出了许多很好的意见和建议，这些经验和建议值得认真研究、总结和推广。这些经验和建议归纳起来，主要有以下几点：

1. 审读工作要重视基本建设，扎扎实实打好基础。基本建设既有制度方面的建设，也有机制方面的建设和队伍方面的建设。制度方面的建设就是要建立和健全书稿的三审三校制度、选题论证制度、备案审核制度等等。在管理方面，上海还建立了通气制度、谈话警告制度，河北制定了《本版图书审读工作办法》，山西修订了《图书审读工作规定》，辽宁等省市结合本地的情况，也制定了图书审读的相应制度和规定。机制方面的建设，主要有激励机制、惩罚机制和约束机制等等。教育部和河北的同志谈到，做好审读工作，首先要明确和强化主办单位的职责，强化出版单位的自律意识，加强自我约束机制的建设。自我约束机制的确是做好审读工作的重要基础，是"内因"方面的基本建设。此外，队伍建设是大家谈得很多的一个问题，各地从编辑人员培养、培训，到审读网络的建设方面都摸索了一套好的做法。

2. 审读工作要善于抓主要矛盾，抓审读重点。大家发言中谈到了这样几个重点：一是重点抓住年度选题计划的审读，其中又要抓住重点图书计划的审读；二是重点抓住专题报批选题和书稿的审读；三是重点抓住有倾向性问题图书的审读；四是抓住重点性、重点编辑室的图书审读，抓好倾向性问题的研讨。

3. 审读工作要建立和健全预防机制，审读把关，"关口"要前移。建立预防机制，做到耳聪目明，才能增强审读的主动性。山东、湖北的同志谈道：只有使审读把关的"关口"前移，从市场动态到思想、学术、文化动态，从作者到选题，提前介入，变事后惩罚为事前预防，这样才能从出版源头上全面提高图书质量。

4. 审读工作更重要的是要抓检查督促、抓落实措施。许多同志谈道：这几年规章制度建立了不少，但有些出版单位仍频频出问题，其中一个重要的原因是制度流于形式，管理部门检查监督不力。为此，四川采取了图书质量追踪检查措施，登记在案，追踪到底，并及时兑现奖惩办法。为了加强检查监督，陕西、广西等地在完善监督机制方面积累了许多经验，提出了许多办法，如随机抽样审读制度，图书出版定期综合分析制度、图书编校、印装质量检查制度、图书市场动态监测制度等等。

5. 要注意改善审读工作的环境，为审读工作创造良好的条件。有的同志谈道：在有的单位审读工作说起来重要，但做起来不重视，没有创造基本的工作条件，导致审读工作落空。陕西、四川在人、财、物等方面，为审读工作积极创造条件。局长、副局长亲自担任"图书审定委员会"主任和副主任，明确责任分工。同时，在审读经费和工作办公用房等方面予以保证。这些措施具体到位，细致周到，使审读工作的开展进一步落在实处。

二、如何认识和把握当前的图书审读工作

近年来，我国图书出版事业发展迅速。至 1999 年底，全国共有出版社 556 家，全国出书 141831 种，其中重版图书 85095 种，新版图书 56736 种，总印数达到 73.16 亿册，每年都出版了一大批为广大读者欢迎的图书，在一定程度上满足了读者和社会的需要。但同时也出现了不少问题，有的出版社甚至出版了社会影响不好的图书和内容有严重问题的图书。这些问题的产生我看关键在审读，如果审读工作做好了，发现了问题，怎么还会出现问题呢？所以关键是审读，审读就是把关。出现问题有两方面的原因：一个是不把关，一个是把不住

关。不把关是放弃阵地。把不住关有两种情况：一个是水平问题，看不出来问题；一个是态度和思想观点问题，因为这些审读的同志，和错误观点认识一致，所以出现坏书，从审读角度来说这是关键。如何认识和把握当前的图书审读工作呢？我想讲这样几个问题，供大家思考。

1. 如何理解审读工作的含义

这个问题我在第一次全国审读工作会议上已经讲过，这次再简单谈谈。

审读工作可能有多种理解。我们在这里所说的审读工作，不同于一般的含义，而是专指新闻出版管理部门根据其管理职能所进行的审读，其含义是：代表国家和一级政府对出版物的社会效益进行检查，对出版物是否符合党和国家的方针、政策、法律、法规，是否有利于社会主义精神文明和物质文明建设等所做出的具有一定权威性的评价。这种评价侧重于从宏观的角度，侧重于检查出版物政治的、思想的、道德的、法律和政策性的内容可能对社会产生的后果和影响。结合我们的工作实际，其外延包括对图书出版选题计划的审读、书稿（画稿）内容的审读和已出版图书的审读。所谓对出版物进行权威性评价，如何理解？那就是经过有关部门的审读和认定，认定不能出版就不可以出版，认定不能发行就不可以发行，不能讨价还价。明确了审读工作的含义，才能了解审读工作的目的，才能抓住重点，做好工作。

2. 如何认识审读工作的作用和重要性

在大家的发言讨论中，都谈到了审读工作的重要性和作用。审读工作的作用，不仅是发现问题、发现错误，这是重要的，另外还有其他的作用。概括起来有以下几个方面：

（1）通过审读可以发现出版工作中带有普遍性和倾向性的问题，这是从审读工作中概括出来的，但它更高更有指导性，所以更加重要，这就可以从方向上加以引导，使出版工作健康发展，这就是导向作用。

（2）通过审读了解了图书选题和图书出版的总量、结构和趋势，我们可以及时加以宏观调控，避免重复出版和资源浪费，实现结构优化，资源配置合理，这就是宏观调整作用。

（3）通过审读，可以发现书稿和图书中存在的具体问题，以便采取必要的措施加以解决，这就是管理作用。

（4）通过审读，可以发现好的典型，给予扶持和表彰，这就是激励作用。

（5）通过审读，将发现的新情况、新问题，向有关方面、有关人员及时通报信息，这就是信息的沟通作用。

3. 近年来审读工作的基本成绩和当前审读工作中存在的问题

近年来，新闻出版署党组把做好图书审读工作作为加强出版管理、提高出版质量的重要手段和基本环节来抓，不断加大工作力度和管理力度。各部门和单位也同样加强了图书审读工作，采取了一系列的措施，使审读工作抓出了一定的成效。

从1994年到2000年，我们连续召开三次审读工作会议，每一次会议，对审读工作都是一次积极的推动。1994年8月，我们在浙江宁波召开了第一次图书审读工作会议。那次会议提出抓好审读工作，实现出版工作阶段性转移的要求。对审读工作的定义、作用、意义，审读工作的基本内容，作了认真研究，统一了认识，明确了任务。会议之后，各地普遍建立了图书审读工作机构，配有专职工作人员负责这项工作，审读经费也有了保障。当年，我们还向全国发出了《加强图书审读工作的通知》，对选题审读和书稿、图书审读提出了具体要求。

1996年9月，我们在安徽合肥召开了第二次全国图书审读工作会议。这次会议，是要总结和交流1994年以后图书审读工作的经验和做法，分析和研究审读工作中的薄弱环节和问题，从管理方面、制度建设方面迈上新的台阶。这次会议之后，新闻出版署在1997年3

月，修改补充了 1992 年颁布的《图书质量管理规定（试行）》，正式颁布了《图书质量管理规定》。1997 年 6 月，我们在认真总结图书质量管理工作经验的基础上，组织各方面的专家讨论，正式以署长令的形式，向社会颁布了《图书质量保障体系》。1997 年 1 月，国务院正式颁布了《出版管理条例》，以法规的形式，对重大选题备案的问题作了明确的规定。随后，我们于 1997 年 10 月，制定了《出版物重大选题备案办法》，该办法将重大选题概括为 15 个方面。1998 年国务院办公厅在《关于进一步加强对有关出版物管理的通知》中，将中共党史、中华人民共和国国史、中国人民解放军军史等问题，以及出版 500 万字以上的大型图书，列入了重大选题备案的范围。1999 年，新闻出版署根据中宣部的指示精神，又制定了《关于加强和改进重大选题备案工作的通知》，提出了月报制度和专人负责制度等措施。

这次会议是第三次全国图书审读工作会议，会议必将进一步推动审读工作的开展。

三、如何进一步做好图书审读工作

在看到审读工作的成绩的同时，又要清醒地认识到，我们的审读工作还有许多问题，还有较大的差距。结合这些问题，我对如何做好审读工作提出以下意见：

1. 要认真分析和研究图书审读工作的环节，积极探索审读工作的规律性

我们通过多年的实践，包括在座各位的实践，总结出图书出版容易出问题的环节主要有 15 个方面：

（1）管理不到位，三审流于形式，有的只有初审，复审、终审跟着签字，有的初审也是走马观花，并不认真。

（2）出版环节失控，没有进行有效的监督。这种书多半是买卖

书号，或以协作出版为名，变相买卖书号，作者或合作的书商找印厂，搞发行。

（3）利用自费出版的名义，逃避三审或放松三审。对自费出版早有明确的规定，自费出版的书必须是非盈利性的学术著作。对非学术著作要求有两点：一是有一定的纪念价值，二是要求内容健康。

（4）对武侠小说审读不到位，认为武侠小说只会有色情淫秽问题，不会有政治问题。

（5）迷信权威，放松把关，认为权威看过了，权威题了词，就放松了警惕。其实，权威也常常相信出版者，他认为你们既然要出版，一定严格审过，他便放心题词。

（6）出版社工作人员内外勾结，欺上瞒下，搞非法出版活动。

（7）不打招呼，一意孤行。有的为了经济利益，有的因为认识错误，不听劝阻，强词夺理。

（8）有禁不止，该报批的不报批。有的属于不学习文件，不了解情况；有的属于明知故犯，为所欲为。

（9）有的出版社领导带头，为了小团体利益，欺上瞒下，失去监督。

（10）引进港台书和国外图书，轻信外商，上当受骗；加上放松审读，忽视国情不同带来的问题。

（11）电脑操作失误，又没有认真核对软片，出现意想不到的错误。

（12）停业整顿的出版社，整顿时就事论事，对出版过的图书不进行全面清理，导致旧问题未了，新问题又生。一般来说，被处以停业整顿的出版社都比较混乱，问题便不可能是一个，不能就事论事，必须全面清理。

（13）有的出版社负责人认为，所出图书中选用的文章早已在报刊刊出了，不必再报了，而实际情况可能报刊出时也没有办备案手续；有的文稿可能报刊刊出时就出了问题，受过处罚，但出书时不知情。

（14）与"工作室"合作的问题。近年来，社会上出现了一批"图书工作室"和"文化公司"。这类"工作室"和"文化公司"的建立往往只需要经过工商注册登记即可，有的甚至根本不办理任何手续。即使办过，一般也没有经营出版活动的范围。它们很多通过与出版单位买卖书号、刊号、版号从事非法经营出版活动。

（15）网上下载的文章结集出版。这种做法极易出现问题，从网上下载时要特别当心。

2. 进一步加强图书审读工作的措施

图书审读工作是出版管理工作的重要环节。为了加强图书审读工作，我们近期又进行了专题研究，拟进一步采取措施，健全有关制度：

（1）队伍组建。要根据当前的形势，调整和充实完善审读队伍，特别要注意审读队伍的"三落实一到位"，即：领导要落实、人员要落实、责任要落实、资金要到位。

（2）要跟大家共同研讨，制定和颁布图书审读工作的规定，使大家有章可循。

（3）编辑"图书审读简报"。"简报"主要登载图书市场发现的问题，一个阶段图书倾向性的问题等。

（4）进一步强化全国图书审读网络功能，形成上下联系。

（5）出版与发行相结合，出版社要搞好出版物与书稿的审核，图书市场要搞好入市前的审读，要把发行审读的队伍统一组织起来，要建立出版和发行的统一审读队伍。

各位代表回去以后，要认真做好这次会议精神的传达工作：一是要将这次会议的精神、会议的要求、会议的交流和讨论情况，及时向各省、市、区新闻出版局党组汇报；二是要组织所属出版单位认真学习和领会这次会议的精神；三是各地要根据这次会议的要求，认真研究和分析所在地区、所属单位图书审读工作的基本情况，找出存在的

1996 年 9 月，第二届全国图书审读工作会议在安徽合肥召开。

问题和差距，关键是要制定和落实进一步加强图书审读工作的措施。

同志们，这次会议经过大家的共同努力，收到了一定的成效，基本达到了预期的目的，让我们共同努力，抓好审读工作，为多出好书努力工作。

"两减两增"说明了什么

（1996 年 1 月）

按语：这是一篇很有意思的文章，记得是代表新闻出版署替新华社写的新闻稿。1995 年，图书总量减少 0.2%，新书品种减少 13.2%，在整个社会大讲数字，大讲 GDP 增长的年月，居然把减少作为一件值得肯定的大事向全国报道，这不是很有意思吗？

今天重读仍然感到在这不长的文章中，蕴含着的分量。

第一，新闻出版署党组坚决纠正规模和数量的过速增长，努力追求优质高效，多出好书。

第二，新闻出版署党组实事求是，不慕虚名的精神。大家不图"显赫一时"，为读者负责，为国家负责。

第三，为了巩固规模数量增长向质量效益增长所作出的努力，新闻出版署又制定了"长远发展规划"、"阶段性转移目标体系"等文件，这些举措让人增长信心，经过踏实工作，真正的出版繁荣一定会到来。

今天（2011 年），我们出版业年出书已达 30 余万种，好的有多少，不好不坏的有多少，坏的有多少，做具体管理工作的同志是否也应该认真分析一下？

全国图书品种和新版书品种过快增长的势头得到控制，重版率和总印数明显上升。

1995 年：阶段性转移初见成效

刚刚公布的 1995 年全国图书出版统计资料表明：去年全国出版图书的总品种为 103630 种，其中新版书为 60575 种，与上年相比，图书总量减少 0.2%，新书品种减少 13.2%，这是 10 年来两项出版指数首次出现负增长。与此形成鲜明对照的是，去年全国重版书品种和总印数涨幅明显，分别为 43055 种和 62.34 亿册，与上年相比，分别增长 26.4 个百分点和 3.8 个百分点。尤其令人欣喜的是，重版书品种已占总出书品种的 41.6%，创下了新中国成立以来重版率的最高纪录。

"两减两增"说明了什么？

20 世纪 80 年代中期至 90 年代初期的 10 年，是我国出版业取得很大发展的时期，其主要特征是规模和数量增长迅速，当然也出版了一大批好书。但是，随着改革的不断深化，以规模数量增长为特征的出版格局已不适应社会主义市场经济条件下出版业自身发展规律的要求。盲目铺摊子，上项目，偏重速度和数量的结果是：资源浪费、质量滑坡、投入多、效益少。正如广大读者反映的"不好不坏，又多又快"。

针对出版业发展面临的新情况、新问题，1994 年年初，新闻出版署党组适时提出了推动出版业从以规模数量增长为主要特征向以优质高效为主要特征的阶段转移的工作思路。其总的要求是：控制总量、优化结构、提高质量、增进效益。这一战略思路提出以后，逐渐在全国出版界达成了共识。

　　为了有效控制总量，新闻出版署和各地出版管理部门采取了对书号使用总量进行宏观调控的措施，并对造成出书品种恶性膨胀的"买卖书号"行为进行了严肃查处。

　　为了优化结构，各出版社在制定出版规划时，强化了以经济建设为中心的意识，增加为经济建设、科技进步、提高人民精神文化生活水平服务的选题，大力压缩平庸选题，同时加强选题论证工作。

　　为了提高质量，新闻出版署和各级主管部门，在采取奖励、建立出版基金等多种措施鼓励和扶持优秀图书的同时，针对近年来社会反映强烈的图书编校质量差的问题，制定了《图书质量管理规定》，并大张旗鼓地在全国范围内进行了4次图书质量大检查，对质量低劣的图书进行了曝光、查处，引起震动，使全行业质量意识普遍提高。

　　经过近两年的阶段性转移的实践，图书出版业质量效益如何呢？

　　了解图书出版业的人都知道，衡量出版业整体质量水平和生产效益高低的重要标志之一，就是重版率。质量是图书的生命。只有真正质量好的书，才会受到读者欢迎，才会有市场，进而可以不断地重版，才会有长久的生命力，经济效益才能像滚雪球一般，不断地得以扩大。好书越来越多，出版业才会更加繁荣。这是推动出版业发展的硬道理。

　　就拿1993年和1995年两年的重版书相比：1993年是30448种，重版率是31.5%；1995年是43055种，重版率是41.6%。两年间重版率增加了10.1个百分点；而两年间重版书品种的涨幅达41.4%。

　　上面几组数字虽然枯燥，但它充分证明，阶段性转移的思路，符合社会主义市场经济条件下出版业发展的内在规律要求，也充分说明，只要措施到位，全国上下形成合力，优质高效之路会越走越宽广。

　　成绩还只是初步的。我们应该看到，我国出版业同发达国家出版业相比，整体实力还有很大差距，经营管理水平和劳动生产率还很低，严格说来，增长方式还属于粗放型范畴，要实现中央提出的

"两个根本性转变"的要求，实现符合社会主义精神文明建设的要求，阶段性转移还任重道远。特别是当前，出版界"治散"、"治滥"的工作尤为艰巨。为巩固和发展已取得的成果，新闻出版署正组织制定《新闻出版事业"九五"计划及 2010 年长远发展规划》、《新闻出版工作阶段性转移的目标体系》和《国家"九五"图书出版重点选题规划》等文件，以使我国出版业到 20 世纪末达到一个前所未有的繁荣局面，建立起有中国特色社会主义的出版体制。

（本文是为新华社写的新闻稿）

制约出版事业发展的问题及对策

（1997 年 3 月）

按语：在我写这篇文章时，出版业有两件大事：1. 1996 年新闻出版署举办了"第一届中国出版成就展"，盛况空前，振奋人心；2. 全国年出书突破 10 万种，在世界名列前茅。但新闻出版署党组是冷静的，党组同志认真分析了这个巨大数字背后的问题。这个分析之后，得出结论：我们出版业整体水平是不高的，我们的发展主要还是靠规模的扩张，而不是靠内涵的发展，所以必须进行改革，实现"两个根本性转变"。

这个分析是从六个方面进行的：①对出书总数的分析，包括再版率的分析。②对生产要素与生产数量的分析。③对图书平均印数的分析。④对发行情况的分析。⑤对出版社管理方法和水平的分析。⑥对进出口比例的分析。

分析使我们冷静，更加坚定地执行从规模数量的增长向质量效益增长的转变。

十四届六中全会决议指出："改革开放和社会主义建设的伟大实践，为文化建设注入新的活力，同时迫切要求文化事业有一个大的提高和发展。"短短的三句话,既为我们指出了发展的背景和条件,又为我们指明了发展的任务和要求。作为从事出版事业的一名工作者,我感到很受鼓舞和激励。

怎样使出版事业有一个大的提高和发展?为此,我们必须找出制约出版事业发展的主要症结。

一、对出版事业发展的回顾与分析
——问题与面临的挑战

党的十一届三中全会以来,出版工作取得了很大的进展。1978年,全国年出书是 12500 种,出版社是 105 家,到 1995 年全国年出书 101381 种,出版社达到 563 家;过去出版的力量主要集中在北京、上海两大基地,而现在江苏、山东、湖南、辽宁、浙江等省,正在成为新的出版基地,有很大的实力,出版社布局更加趋于合理。我们出版了一大批优秀图书,比如说《中国大百科全书》,两万名学者,历时 16 年,努力奋斗,终于完成。它虽然只是一种书,但从出版的角度来说,一个国家高质量的百科全书的出版,既是一个国家科学研究水平的体现,又是一个国家出版水平的体现,这两方面如果达不到相当的高度,百科全书不可能编撰和出版。《汉语大字典》的出版是新中国出版史上一件了不起的大事。原来收汉字最多的字典是日本人编的《大汉和辞典》。后来我们的台湾同胞编出《中文大字典》。《汉语大字典》的出版,超过了前两本书的规模和质量,成为收汉字最多的字典,当然这是很有政治意义的。我们克服了种种困难,搜寻在国外的敦煌文献,出版了《英藏敦煌文献》等多种有关敦煌的图书,扭转了"敦煌在中国,敦煌学在国外"的现象。还有我们自己编的中文版 50 卷《列宁全集》,正在编的新版《马克思恩格斯全集》,标志着我们对马列著作的研究和出版达到了新的水平。为什么这样讲呢?因为中文版《列宁全集》是我们自己根据列宁著作的原文重新编辑。《马克思恩格斯全集》也是把搜集到的马克思、恩格斯各种文字的文稿，由我们自己编辑。还有许多自然科学的著作，诸如《杂交水稻育种栽培学》、《工程控制论》、《中国土壤》、《泌尿外科》、《中国矿床》等等都达到或超过了国际水平，为生产建设、科学研究作出了贡献。

去年10月，新闻出版署举办了"第一届中国出版成就展"，这可以说是对改革开放18年以来出版工作的一个总结。琳琅满目，美不胜收，令人激动，令人振奋。但更令人振奋的是这无数好书背后，中国出版工作者那种拼搏向上的事业心，那种千帆竞发、百舸争流的精神风貌，那种对未来的期望和信心。

我们年出书10万种，如果从绝对数字看，我们从排在世界第十几位之后，而今成为世界第一，确实是值得大家自豪的。但是规模和数量并不是繁荣发展的主要标志，质量和效益才是衡量水平的重要标准。所以，我们透过规模和数量这个表面现象进行深入的分析，就可以看出，隐藏在大数字背后的问题。

第一，对出书总数的分析。日本年出版新书虽然只有4万种，但年再版书却高达20万种，可供书目多达30万种。德国年出版新书虽然只有5万种，但年再版书多达30万种，可供书目达70万种。再版书与可供书的多少，说明了图书质量和市场的供应能力，标志着出版业的总体水平。我国图书再版率1996年达到44%，这是创纪录的数字，但以年出书总数10万种计算，也只有4万多种。我们的可供书恐怕也只有10万余种。

第二，对生产要素与生产数量的分析。从1979年到1995年，出版社由105家增加到563家，增长了436%；而反映生产实物量的总印数不过从135亿印张增加到315.41亿印张，增长134%；总印数从37亿册增加到62.6亿册，只增长69%。生产要素的扩张远远大于生产效率的提高，粗放型增长的特征十分明显。

第三，从图书的平均印数来分析。1985年总共出版图书45603

种，总印数 62 亿册，1995 年总共出版图书 101381 种，总印数 63.22 亿册。10 年间，图书年出版品种增加了 1 倍多，而总印数基本持平，说明图书的平均印数下降了 1 半多。

第四，从发行情况来分析。改革开放以来，各出版社对发行工作都十分重视，自办发行、参加书市、推销员直销，多种手段，不遗余力，而书并没有真正送到读者手中。我们年出书 10 万种，可供书目 10 多万种，一般县级书店平均备货不到 3000 种，省会城市书店大门市，多的备货 3 万种，少的也就 1 万—2 万种，从这些数字可见，绝大多数图书并没有真正进入市场，即不了了之了。

第五，从管理方法和水平上分析。我们许多出版社的经营管理方法还是计划经济那一套。如果说对全国出版改革大的思路，一家出版社很难做主，但在出版社内部，完全可以大胆进行改革。现在我们的出版社编辑人员应有尽有，编辑室的设置小而全，"大锅饭"、平均分配，不称职的人调不走，需要的人进不来，明显带有传统的计划经济的模式。

第六，出口比重低。从版权贸易情况来看，我们买进的版权大大高于售出的版权。前几年改革开放刚刚开始时，国外书商看到中国图书那么多好东西，蜂拥而来，风土民情、世界之最，我们卖出不少，这几年，这些"世界之最"人家买得差不多了，主要是我们买人家的了；我们的图书在世界市场上占的份额很小。

从以上六点我们可以看出，我国出版业整体水平还是不高的，我们的发展还主要是靠出版社总数的增加，也就是靠规模的扩张，而日本、德国等发达资本主义国家的发展主要靠再版书的增加，也就是靠内涵发展。我们的出版业生产要素的数量扩张远远超出生产效率提高的比率，客观上走的是一条高投入、高消耗、低产出、低效益的路。在这样的产业基础上，出版工作中出现了一系列的问题，这些问题处理不当又会产生连锁反应。出版社增加过快，缺少合格的经营管理人才和编辑人才，致使图书的整体质量难以提高，内容有问题的图书不断出现，不少出版社追逐经济效益，抢热门选题，造成品种重复，同样内容的图书几十种、上百种，而相当多的学术著作出版困难；在这种广种薄收、不顾质量的情况下，拜金主义抬头，买卖书号、非法出版屡禁不止，严重地影响了出版业健康有序的发展，严重地影响了图书的质量。从这些情况可以看出，中国出版业面临着严峻的挑战，这些问题如果得不到妥善解决，我们的事业就不能前进和发展。

这严峻的挑战可以概括为三个方面：

第一，从党和国家对出版事业的要求来看：在建设有中国特色社会主义道路的进程中，精神文明建设和物质文明建设对出版业的要求越来越高，六中全会决议讲"迫切要求""有一个大的提高和发展"是十分中肯的，如果不努力提高质量和效益，就难以胜其重任。

第二，从出版社自身发展来看：出版业面向市场以后，如果不走内涵发展的道路，不努力提高质量和效益，就缺少竞争能力，难以生存和发展。

第三，从国际范围的竞争来看：随着对外开放的不断扩大，中国出版物市场不可避免地要成为世界出版物市场的一个有机组成部分，市场就有买有卖，有进有出，所以，中国出版物要走向世界，要和世界名牌出版公司竞争，同时，我们还必须有紧迫感，应该看到我们还不可避免地要在国内市场上同外国的出版公司一比高下。

面临这三大挑战，我们如何加大改革力度，建立适应社会主义市场经济体制，符合社会主义精神文明建设需要，体现出版工作自身发展规律的有中国特色社会主义出版体制，迫在眉睫，不容怠慢。

二、怎样解决存在的问题，促进出版繁荣——努力实现"两个根本性转变"

可以说，今天的出版业是中国出版事业的一个新高峰、一个新时代，但在这样的基础上，怎样再前进，取得更大成果？当前，出版大军摩拳擦掌，各显神通，山雨欲来，中国出版业亟待一个大突破。路子只有一条：努力实现"两个根本性转变"。为此要在如下几方面作出努力。

一是转变观念。观念的转变是第一位的。生产力在发展，社会在变化，跟上发展，跟上变化，才能反映发展，反映变化；才能为发展服务，为变化服务。有哪些观念需要转变？在社会主义市场经济条件下，有许许多多新的东西，新的变化，需要我们去认识，去思考。第一个大的变化，就是经济体制的转变。

这种改变就使一些人产生了不稳定感，比如，市场变化多端，让人感到有很大风险。再比如，合同制、聘用制等办法的实行，干不好就可能被辞退，不需要的人就要下岗，铁饭碗端不成了，个人对前途的把握不大了。确如人们所说，随着经济体制的转变，有些以前重要的事、部门今天变得不重要了，有些以前不重要的事、部门今天变得重要了。这就是经济体制转变带来的变化，没有这样的变化，就没有那么多的困难和苦恼了。因此说，经济体制转变，人的观念需要改变。对出版工作者来说，跟上这个变化，我们才能了解读者想什么，社会需要什么，才能按照变化，改革我们的经营管理办法，策划出符合新时代需要的选题，出好书。

第二个变化是经营方式的转变，由粗放型向集约型转变。要走高效、优质、低耗的路，过去那种"大拨轰"、"大锅饭"不行了。由于技术进步，高科技的迅速发展，机器跟不上，没人买；人跟不上，被淘汰；国家跟不上，被打败。在这种形势下，观念不变化不行，还是"人海战术"，还是扩大规模，盲目上项目、铺摊子，必然落后，被淘汰。

第三，由于生产力水平的提高，人们的物质生活水平也在不断提高，人们的观念因此也会发生变化。在这方面少年儿童的表现最明显。比如，现在的孩子对《高玉宝》一书的内容就不理解。周扒皮为什么学鸡叫，用闹钟不就行了吗？长工为什么一定给周扒皮干活？

吃不饱饭，吃肯德基、麦当劳嘛！30 多年前，跳迪斯科被称为扭摆舞，是腐朽的西方文化，今天一些退休的老同志跳得很欢，还有大秧歌，敲锣打鼓，为了健身。三年困难时期，买肉要肥的，现在吃野菜、粗粮成为时尚。这种生活质量提高的状况，也带来了人的思想观念的变化。生产力发展了，社会面临着许多新问题、新挑战，集中表现在人口、环境和资源三方面。现在，全世界都认为这是三大难题。我们在三大难题上做什么工作？不是说要开阔视野，开拓选题吗？美国有一个连续剧，叫《星际旅行》，共 300 集，每一集的开头都有一句话："太空，这是我们最后的边疆！"这就是对国民特别是青少年进行教育，培养太空意识，开拓意识。我们所面临的人口问题、环境问题、资源问题并不比西方一些发达的资本主义国家小，我们出版工作应该在这方面作出我们的贡献。围绕这些变化，产生许多新的问题。我们应该跟上变化，正确地认识这些变化，要通过出版物给人们以正确的导向。这也要求我们要转变观念。

二是制定战略。规模、数量增长过快，总量过多，结构失衡，重复建设，忽视质量，所以，我们要牢牢把握"努力实现从扩大规模数量为主向提高质量效益为主的转变"这一思想。实现出版产业的经济增长方式从粗放型向集约型的转变，是实现这一思想的重要步骤。出版产业应该说受计划经济的影响是很重的，就拿图书生产来讲，1995 年全国销售图书的流转额为 350 亿元，其中仍然是按严格的政策性产品来计划价格、计划调拨、计划供应的中小学教材的总流转额为 112 亿元，占图书销售总流转额近三分之一。像出版这样计划产品占有较大比重的行业，在国民经济的总体格局中已经不多了。由于国家实行的是出版权专有政策，专有所带来的利润在很大程度上掩盖了不少出版单位经营的低水平。而且，其他行业的资本为寻求平均利润率正在向出版业流动和转移。买卖书号、以"协作"为名行买书号之实、党政工青妇出书又卖书，盗版、盗印等等都属于追求超平均利润一类。我们曾经并仍然继续在下大力气控制书号、下大力气打击买卖书号、下大力气惩处违背专题报批规定的出版社以及严重超专业分工现象。几年来，在出版界同志们的共同努力下，取得了很显著的效果。

1995 年，我们的图书总品种数，经过十几年的快速增长，第一次得到遏制，取得了"两减两增"的可喜成果。即图书总数下降了2.4%，新书品种下降了 15.2%；重版书增加了 10 个百分点，重版率达到 41.6%，总印数增加 5.2%。"两减"，说明对规模和数量的控制有了起色，"两增"则标志着出版业质量的提高。1996 年，我们又扩大了战果。根据电讯快报资料统计：1996 年图书总品种数达到113482 种，比 1995 年增长 9.5%，数字是大了，但其中新书增长3.9%，重版书增长 17.4%，重版书增长幅度是新书的 4.5 倍，应该说这个增长是良性的。从图书的初重版结构看，1994 年重版率为32.8%，1995 年为 41.6%，1996 年达到 44.6%，重版率是持续上升的态势，说明各级管理机关和出版社在抓图书选题和质量方面，措施是得力的，效果是明显的。

但是，控制总量，限制品种，还不是根本的、长远的办法，还是治标的权宜之计。如果是好书，多多益善，别说 10 万种，20 万种也没有关系。所以，还是要治本。本，就是出版社，要把出版社办好，这就需要在出版社的改革、发行体制的改革两方面做文章。

我们现在的出版社，规模集中度很低，560 多家出版社，560 多个亲兄弟，个个一般高。在 159 家优秀、良好出版社中，资金在 5000万以上的只有 71 家，而且这 71 家大部分是 5000 万略多，超亿的很少。资金水平低，抗风险能力差，竞争能力有限，工程稍大一点就犹豫不决，不敢冒风险；带着几万、十几万人民币，到国际市场去找机会，有规模、有水平的大项目根本不敢谈。国外大的出版公司，看我们的出版社小本生意，也不愿意积极合作。所以，要营造大企业，要从主要依靠规模的扩大、生产要素的增加，转为对现有生产基础进行改造、扩建、兼并和联合。如果我们也像西方发达国家美国、德国那样，有几个大型的出版企业，出书和码洋占了市场的很大比例，导向问题，管理问题都要好办多了。在这种情况下，图书的数量也会容易掌握。道理很简单，一家增加 10 种，500 家就是 5000 种，几个大公司，一家增加 100 种，也只有几百种。

发行方面，要营造全国统一的大市场，真正的好书到大市场上去比比看，去竞争，去让读者挑选。现在集团林立、省界保护，形同贸易壁垒。一些质量不高的书，因为有省界保护，可以在自己的势力范围内称王称霸。其他省的出版社虽然有同类质量高的书，也很难进入。自己省编的书，质量虽不高，一道命令，也印它几百万，这也是造成重复出版、优不胜劣不汰的原因之一。

出版产业在国际、国内所遇到的现实挑战，明确无误地告诉我们，已不可能再按过去的管理体制和运行机制来迎接挑战了。出路就在于坚持深化出版体制改革，坚持通过阶段性转移实现增长方式的转变，用集约化的经营方式来迎接挑战，用优质高效来迎接挑战。

三是设计规划。规划的作用有两个：一、规划是执行党的方针、任务的计划，出版规划也就是执行党的出版方针、任务的计划。规划制定得好，是保证执行党的方针任务的第一步。二、规划可以保证有计划、有步骤、按需要、保质量地完成工作任务，是解决"调整结构、优化选题、控制品种、提高质量"的有效措施。

今天，制定"'九五'国家重点图书出版规划"，首先要解决好指导思想问题。有的同志认为谈指导思想是老生常谈。事实证明，没有明确的指导思想就弄不明白任务、重点和主攻方向，而指导思想又具体地体现在出版选题的重点上。我们的重点有这样五个方面：

1. 加强、深化、拓展马列主义、毛泽东思想，特别是邓小平建设有中国特色社会主义理论研究的图书；

2. 关于在建设有中国特色社会主义实践中提出的迫切需要解决的现实问题和理论问题的图书；

3. 代表国家水平的、有时代标志的重大骨干工程；

4. 优秀的通俗普及读物；

5. 优秀的长篇小说和少儿读物。

这里着重说一说通俗普及读物。我们现在迫切需要的优秀通俗普及读物主要是两类：一个是文艺和社会科学方面的通俗普及读物，一个是科学技术普及读物。我们国家 12 亿人口，中等文化和中等文化水平以下的读者有七八个亿，如果没有为这七八亿读者提供好的读物，"为人民服务、为社会主义服务"就是一句空话。而没有好的通俗文艺读物，"扫黄打非"也没有办法进行到底。有些同志认为通俗普及读物是小儿科，没水平，其实持这种观点才真是"小儿科""没水平"。古今中外的历史都证明了，能够传之久远的，常常是那些雅俗共赏的通俗读物。比如《诗经》、《唐诗三百首》、《古文观止》、"三言二拍"在当时都是普及读物，《小二黑结婚》、《李有才板话》，现在年纪大一点的，哪个人不知道。艾思奇的《大众哲学》，王力的《诗词格律》，吕叔湘、朱德熙的《语法修辞讲话》，你说是学术著作还是通俗读物？这些书培养了一代人，一代干部，很了不起。如果大家能出版一批雅俗共赏的通俗读物，我们出版社的贡献就大了。另外，科普读物我们现在也特别需要，无论是国内的，还是国外的，只要是优秀的都应该积极引进和出版。为什么要提倡科普？全国科技大会大家有一个共识：科学技术作用的发挥主要靠两条，一条是科技自身的发展水平，一条是科技普及的广度和深度。在面向 21 世纪的国际竞争中，不但表现在人才的竞争，更表现为国民科学文化素质的竞争。道理很简单，森林、土地、资源都是有限的，但掌握了先进科学技术的人的智慧是无限的，能够战胜一切困难。所以，科普读物的出版是非常重要的，这是关系到培养一代人的重要问题，是关系到国家前途和未来的重要问题。

其次，我们的图书要努力做到思想性、艺术性和可读性的高度统一。好书不是书架上的摆设，不是库房里卖不出去的存货。好书要有人买、有人看。为此，要用符合社会发展、时代需要的新观念，努力把我们的图书同这样一个时代结合起来，同当代思想结合起来，同现代科学的进步结合起来。我们要大胆开拓，努力创新，写别人没有写过的内容，用别人没有用过的形式，做别人没有做过的事情，用千变万化的出版物和始终如一的价值取向，反映今天这个五彩缤纷的世界。

四是建设队伍。抓出版繁荣，还必须有一支优秀的队伍。这一点从某种意义上说是最为关键的。从策划选题、编辑加工、印制发行，到修订再版，没有一个环节不是靠人去完成的，只有优秀的队伍才能做出优秀的成绩。十一届三中全会以来，我国出版社增加了4倍多，年出书品种增加了5倍，相比较我们的出版队伍，从规模到素质都跟不上。"十年树木，百年树人"，短短的十几年的时间，怎么可能培养出那么多合格的社长、总编辑、编审、副编审、编辑呢？

上述这个道理已渐渐为大家所认同，关键在于落实。这里，我要突出谈的一点是"把关"问题。我们应该明确一个道理，那就是编辑与作者不同。如果说作者有创作的自由，那么编辑有把关的责任。编辑是代表党和政府掌握出版权力的人。出版社是党和国家的文化宣传舆论阵地，编辑和出版社必须按照党的方针政策决定弃取，这就是把关。现在的问题多出在两个方面，要么"不把关"，要么"把不住关"。"不把关"，因为把关人在思想认识上或潜意识中与错误思想一致或默契，他把关的标准是非颠倒；"把不住关"，这方面的同志多半因为思想理论水平和业务知识所限，根本就发现不了问题，把不住关。

有鉴于此，我们一定要加强编辑队伍建设，对即将从事出版工作的新同志采取持证上岗制，有合格证，才可以做编辑。对已上岗的同志，要进行岗位培训，补课，给他们充电和加油的时间。

三、怎样保证实现"两个根本性转变"——加强管理，优化结构，提高质量

党的十五大提出新闻出版业"要加强管理，优化结构，提高质

量"，这既是党中央对我们提出的要求，是我们今后工作的努力方向，也是实现"两个根本性转变"的必要条件，整个图书出版工作都将围绕这个要求制订计划、开展工作。

第一，提高质量是阶段性转移的核心。当前，抓质量就要认真贯彻《图书质量保障体系》。依据国务院颁布的《出版管理条例》建立、实施和不断完善严格、有效的图书质量保障体系，是实现图书出版从扩大规模数量为主向提高质量效益为主的转变，提高出版整体水平，繁荣出版事业的重要措施。1997 年 6 月 26 日于友先署长以新闻出版署署长令的名义发布了《图书质量保障体系》。

这个"体系"十分重要。它在总结出版界发展经验的基础上，以规章制度的形式对涉及图书质量的各个环节作出规定。其中，有的是对过去好的做法的肯定和恢复，有的是对改革开放 18 年来出版工作经验的总结，有的是对近几年来一些教训的汲取。它是上上下下、反反复复经过三年的讨论、十几次修改而制定出来的。反映了我们今天，20 世纪末，出版工作对保障图书质量的认识和水平。只要大家严格按照"体系"中 5 章 50 条的规定去做，图书质量一定会有较快的提高，出版单位的两个效益也会得到更加有效的保障。

第二，加强管理是深化改革的前提。没有稳定的安全的环境，任何改革都无从谈起。

出版社的同志、省局的同志和署里的同志，大家一起总结和推广了一些管理经验和好的工作方法。从署党组提出阶段性转移的思路以来，我们在加强管理，促进出版事业的繁荣方面作了很大努力和积极探索。

我们确立了出版社年检制度，一年一自检，两年一统检（全国统一检查），及时总结经验教训；

评出良好出版社、优秀出版社，树立典型和榜样；

制定了《图书质量保障体系》，把有关图书出版质量的重要环节加以梳理，立为制度，规范管理；

建立审读制度，组成全国审读网络，把选题审读与成书审读结合起来，及时发现问题、解决问题，努力把问题制止在萌芽状态、成书之前；

进行图书质量检查，三年来，在全国范围内进行了五次大检查，"质量第一"的意识逐渐深入人心；

严肃处理买卖书号事件，把阶段性检查与日常检查结合起来；

设立"国家图书奖"，三届评奖的水平和评委会的工作作风，确立了国家奖的权威地位，确实评出了精品作为导向；

设立了科技出版基金和民族出版基金，对两个重大、相对困难的专业图书的出版予以支持；

继"国家'八五'重点图书出版规划"的胜利完成，又制定了"国家'九五'重点图书出版规划"，体现国家对图书出版趋势、总量、结构、重点的宏观调控和引导；

抓少儿读物"5155 工程"，长篇小说每年 30 种重点选题，"邓小平理论研究书系"，有组织、有力度地攻克重点图书的出版工程；

及时预见热点，加大调控力度，保证重点选题出版，尽早压缩有问题的选题，避免一窝蜂现象，取得了较好效果；

发行方面，实行"书刊征订委托书"制度，对总发行实行严格管理，不给非法出版活动以可乘之机；

实施了"国家常备书目"制度，加强对读者阅读的导向，带动了一般图书的发行；

推出第一批"全国新华书店系统精神文明示范单位"，作为窗口行业，带动全国新华书店的精神文明建设；

整顿压缩二级批发单位，理顺二级批发市场。

更为重要的是，大家在实践中认识到，出版工作千头万绪，但要以《出版管理条例》为依据，树立有法必依，执法必严，执法有序的意识。

这些都是大家共同摸索而初步形成的工作方法，是我们继续前进的有利条件。

第三，优化结构是深化出版体制改革的重点。合理的结构，是一个产业健康发展的前提。中国特色社会主义的出版体制，必须有与之相适应的产业结构、产品结构、分配结构、价格结构和队伍结构。

在计划经济条件下，我国的出版物市场与其他商品市场一样，长期处于卖方市场，出版体制中的结构性矛盾往往被过旺的需求所掩盖。经过十多年的发展，总体上讲，我国出版物的买方市场已经渐渐形成。当卖方市场向买方市场转化以后，虚假的需求逐步消失，结构性的矛盾便显露出来。今天我们比任何时候都清楚地看到，我国出版产业均衡发展、多种媒体综合经营能力弱的产业结构，教材在出版总量和利润中比例过高的产品结构，缺乏有效调控的价格结构，平均主义痕迹较重的分配结构等，已经严重地影响和制约着事业的进步和产业的发展。出版物市场出现的变化为我们进行结构调整提供了比较良好的外部环境。我们必须抓住机遇，深化改革。

出版业的结构调整，出版体制的改革，应从两方面着眼。从大的方面说，是出版业的体制改革；从小的方面说，是出版社内部改革。

1. 关于出版社内部的改革问题

出版体制无论怎样改革，出版社首要的任务是壮大自己，要从出版社内部做起，抓紧和强化出版社内部的改革，也就是提高出版社自身的集约化经营水平，核心是质量和效率。现在，我们的许多出版社经营管理方法还是计划经济那一套。编辑室设置小而全，各类人员应有尽有，"大锅饭"、平均分配，不称职的人调不走，需要的人进不来，明显带有计划经济模式。这种状况，怎么会有好的质量和高的效率？如果说对全国出版业改革的大思路一家出版社很难做主，但在出版社内部，社长是法人，出版社是事业单位企业管理，"自主经营，自负盈亏"，完全可以大胆地进行改革。

从另一方面讲，出版业的"造大船"，不仅仅是社与社之间的兼并、联合一种做法，还有一条路，就是出版社自我发展，积聚实力，发展成一条大船。从我们国家目前改革的实际情况出发，这条路也许是更为实际的一条路。我们考察日本的出版业，由于所有制不同，他们的规模经营更多地是采用"垂直发展"的模式，或者叫"母鸡下蛋"式，基本上是走内涵发展的道路。实际上就是出版社发展自己，增强竞争力。比如讲谈社有38个子公司，小学馆有28个子公司，在规模经营的前提下实行经营多样化，把自己发展成一条大船。这种做法，对我们出版社内部改革可能有借鉴意义。当然，这种经营多样化，主要还应围绕出版，围绕出版业的上游和下游去发展。

出版社内部的改革，关键是要在搞好三项制度改革方面下功夫，即劳动人事制度、工资分配制度、社会保障制度的改革。总之，壮大了自身的实力，无论市场竞争如何激烈，无论兼并、联合怎样发展，自己总会处于强者、有利的地位。

2. 关于出版业的体制改革问题

目前，出版业的同志们正在热烈地探讨建立大型出版产业集团的问题，赞成的、反对的、已经着手做的，正在日夜制订方案的，表达了中国出版工作者发展自己事业，跟上全国形势的急切心情，令人鼓舞，令人振奋。

关于中国出版业的问题，大家议论最集中的主要有如下几点：

第一，走不均衡发展的道路。中国出版业有一个发展的历史，它同全国其他产业一样，是计划经济的产物。由于它有很强的意识形态的属性，所以计划经济的特点更为突出。从地区布局来看，每个省大体上都有那么一套出版社，人民、文艺、美术、少儿、科技、教育、古籍等等，每个部委也都建一个属于自己的出版社。要求平均分配，只好平均分配。平均分配的结果是十分缺少作者、编辑、印刷条件等出版资源的地方，也要与出版资源丰富的省攀比。有的同志说，这是没有金矿却要办黄金加工厂，显然是不符合经济发展规律的。

均衡发展的结果是出版社规模经营小，资本少，560余家出版社，560余个小兄弟，大体一般高。我曾经作过一个统计，在159家优秀、良好出版社中，资金在 5000 万以上的只有 71 家，而且这 71 家大部分是 5000 万略多，超亿的很少。资本少、规模小、集约经营水平低的出版社，竞争能力有限，抗风险能力差，很难发挥导向作用。

第二，实现两个根本性转变，走集约经营的路，其中一个重要内容是建立真正优质高效的出版产业集团。如果说出版社内部改革，一家出版社自身的发展，主要表现为"垂直发展"的特点，建立出版产业集团则是横向的，呈现改组、联合、兼并等特点，扩大规模集中度，实现"体制转轨"和"增长转型"，解决制约出版事业发展的体制问题。

组建大型出版产业集团，主要根据是出版产业发展的需要，谁能建立集团主要看其经济实力和事业发展的要求。事业发展到一定规模，具有了相当的实力，不突破现有形式，便会制约发展了，管理部门应支持它的积极要求，帮助它发展和前进。如果某一出版社不具备这个实力，也没有这样的要求，一定要它做，会事与愿违。

组建大型出版产业集团，不要一刀切、一窝蜂，一说造大船，一律求大。从国际国内的经验来看，应该说，一个国家，大、中、小出版社都是需要的。既不能齐步走，也不能一般高。大有大的优势，小有小的长处。小船进不了大海，大船也驶不进河湾。但当前，从出版业的实际情况来看，要加强组建大型出版产业集团的工作。

第三，要从实际出发，大胆探索，大胆实践。只要符合"三个有利于"都可以探索。正如十五大报告所讲，一切反映社会化生产规律的经营方式和组织形式都可以大胆利用。要努力寻找能够极大促进生产力发展的公有制实现形式。

当然，出版工作一向属于事业单位，叫"事业单位，企业管理"，与单纯的企业是不同的。所以，一方面我们要积极借鉴经济领域改革的成功经验，另一方面必须充分考虑出版业自身的意识形态的工作特点。

1999 年 2 月，出席上海世纪出版集团成立大会，并代表新闻出版署表示祝贺。

　　春风化雨。当前中国的出版业正面临一个十分有利的机遇，全国改革的浪潮推动我们前进。遵循十五大的精神，高举邓小平理论的伟大旗帜，我们一定会为建设有中国特色社会主义文化作出更大的贡献。

图书发行体制改革的历史回顾和改革的设想

——在 1998 年全国新闻出版局长会议上的发言（部分）

（1998 年 1 月）

　　按语：从 20 世纪 80 年代以来，各地发行业的同志、上上下下的有关领导，为发行业的改革做了大量工作。先是"一主三多一少"，强调放开搞活，大力拓宽了发行渠道；第二步是"三放一联"，重点是转换机制；第三步是提出建立"统一、开放、竞争、有序"的图书大市场的思路。实际上这个思路已经透露出发行改革的大前景：既不是一家独尊，垄断天下，也不是诸侯混战，地方割据，要形成几家大的发行集团，展开有序竞争，最后达到跨地区、跨行业、跨所有制，辐射全国的局面。那时的设想是东、西、南、北、中（北京）各有一个大的发行公司，形成一个大的网络。网络形成后，鼓励他们竞争，优胜劣汰。

　　当时已认识到由于体制、机制存在的欠缺和桎梏，我国发行业存在的几大问题：市场分割，地区封锁，贸易壁垒呈蔓延态势；产业均衡布局，小而全，违背产业发展规律；对教材依赖过大；发行业科技含量较低……如今，14 年过去了，这些问题今天解决得怎么样？这是需要我们认真思考并大胆探索的。

一、历史回顾

我国以新华书店为主要力量的图书发行事业，经过半个多世纪的艰苦创业，建立了一支很好的队伍和遍布城乡的图书发行网络，为出版事业的繁荣与发展作出了重大的贡献。但是我国的图书发行体制是在计划经济体制的大背景下建立起来的。当时的图书发行由国有书店单一的经济成分、单一的流通渠道、单一的包销形式独家经营，在建立社会主义市场经济体制的进程中，使图书流通业的进一步发展遇到很大困难，与人民群众日益增长的文化需求不相适应。党的十一届三中全会以后，特别是党的改革开放政策激活了我们的思路，引发我们对图书发行工作现状和困境作深入的分析与思考，使我们比较清楚地认识到当时的图书发行体制与市场经济之间的矛盾所在。从宏观范围来讲，主要存在四个方面的矛盾：一是分散与单一的矛盾，即分散的市场（新华书店三分之二分布在农村基层）与单一的流通渠道的矛盾（即由一店包销的流通渠道）；二是自主与集权的矛盾，即企业自主经营与权力集中在管理部门的矛盾；三是开放与封闭的矛盾，即开放的政策、开放的市场与单一的经济成分、单一的购销形式的矛盾；四是竞争与垄断的矛盾，即商品竞争的客观规律与垄断式的独家经营方式之间的矛盾。这些矛盾使出版发行业缺少竞争与活力，而发行环节处在瓶颈状态，成为出版业改革的关键部位。在这种形势下，出版行业同志形成共识：推动出版工作的整体改革，促进出版业的繁荣和发展，发行（流通环节）改革是关键，应该成为出版改革的突破口。

15 年来，图书发行体制改革走过了不断探索和逐步深化的历程，大体上分为三个阶段。

第一阶段，转型转轨，拓宽渠道，打破僵持局面。

1982 年召开的全国图书发行体制改革座谈会，标志着我国发行体制改革的开始。这次会议，提出了"一主三多一少"的改革目标。

2003 年出席在德国法兰克福召开的国际书商联盟执委会。

实践证明以"一主三多一少"为内容的改革。推动了出版事业的发展，促进了图书市场的繁荣。

第二阶段，改革内部管理机制，增强发行业内部的活力。

为进一步加大改革力度，加快改革步伐，根据形势发展的需要，1988 年中宣部和新闻出版署提出了"三放一联"的改革目标，总体上说，"三放一联"推动了出版发行业内部管理机制的改革。但应该说也有教训值得总结与借鉴。

第三阶段，加强宏观调控，培育全国统一开放、竞争有序的图书市场。

党的十四大确立了我国建立社会主义市场经济体制的改革目标，经济体制的转换给发行体制的改革提出了新的要求。回顾和总结"一主三多一少"和"三放一联"这两个阶段的改革，更多的是围绕流通体系和内部管理机制这两个方面进行的，还没有总揽全局，从建设统一开放、竞争有序的图书市场上通盘考虑。当然，局部的、具体的制度改革是完全必要的，但它毕竟与开放的市场难以同步发展，无法做到完全适应，更谈不上驾驭市场。出版发行业的改革已到了必须从培育建设社会主义大市场这个课题进行总体规划的时候了。在这样的背景下，1996 年新闻出版署颁发了《关于培育和规范图书市场的若干意见》，明确提出了建立全国统一开放、竞争有序的图书市场这个目标。发行体制改革进入了总体设计、整体推进、重点突破、配套进行的阶段，出现了新的局面。

迄今为止，我国的图书发行体制改革经过了 15 年的历程。改革的三个阶段相互联系，承上启下，循序渐进，促进了图书发行生产力的发展，带动了整个出版业的改革，取得了一些成功的实践经验和思想成果。概括起来有如下几点：

——经营观念发生了重大变化。

——发行产业结构布局逐步调整。

——购销机制和经营机制开始转变。

——现代科学技术被广泛应用，促进了图书发行生产力的发展。

——在发行改革的重大问题上取得了共识。主要有如下几点：

1. 出版是基础，发行是关键。出版与发行的关系是生产与流通的关系。出版的繁荣有赖于发行体制改革的不断深化，这是社会主义市场经济和出版业自身规律的内在要求。

2. 改革要从中国的实际情况出发。一方面，要从中国国情出发，制定符合我国国情和行业特点的改革措施和政策；另一方面，要有针对性地学习和借鉴国外的好方法、好经验，扬长避短。总之，要创新务实，形成有中国特色的图书发行体制。

3. 发行体制改革是一项系统工程，必须以科学的态度，严谨的方法实施。在战略上，进行总体设计，重点突破，整体推进；在战术上分阶段、有计划、有步骤地展开。

4. 发行体制改革必须调动编、印、发和有关社会力量各方面的积极性，特别是协调出版单位和发行单位的关系，优势互补，协调发展，坚持把社会效益放在首位，努力寻求两个效益的最佳结合。

15 年来的改革已经取得了阶段性的成果，受到社会各界的广泛关注。尽管改革的广度和深度与市场的客观要求还有相当的差距，现阶段的改革也尚未解决出版发行业的体制和机制转换这一实质问题，但毋庸置疑，已经进行的改革，使出版发行业的思想观念发生了质的变化，商品意识、市场意识、营销意识和竞争意识都有了明显的增强，为下一步深化改革奠定了基础。

二、图书发行业面临的突出问题

我国的图书发行业通过前三个阶段的改革，在经营机制和经营方式等方面，取得了较大的进展和明显的成果。但是对图书市场存在的问题必须有一个清醒的认识。这些问题有些是机制上的欠缺，有的则是体制上的桎梏。其客观存在，不仅构成了对单个的发行主体改革与发展的束缚，更重要的是阻碍了统一开放、竞争有序的图书大市场的形成。

首先，市场分割，地区封锁，贸易壁垒呈蔓延的态势。

当前，在图书经营活动中，地方贸易保护是一股不小的暗流，这不能不引起我们高度的重视。特别是在目前向规模经营转变过程中，有一种苗头值得注意，即把规模经营搞成垄断经营，已经取得的改革成果有重新倒退回去的危险。

地方贸易保护造成的危害是：第一，由于没有全国图书品种的蓄积和展示，囿于本版书有限的供货，省级书店缺少经营品种的规模化与多样性，一时的贸易壁垒确实保护了区域市场内的眼前利益，但却削弱了在全国大市场和国际大市场上的竞争能力和竞争机制。竞争手段从市场经济又退回到计划经济时代，省内区域市场失去活力。第二，给那些选题重复、内容平庸、质量低劣的出版物预留了市场空间，使优胜劣汰的原则无法实现，客观上起到了保护落后的作用。第三，在本版图书销售硬性指标的压力下，销货店作为直接受害者，面对上品种、上规模的长远战略，面对读者多方位、多层次的客观需求，无能为力。同时，库存上升，存货结构不合理，影响企业的生存和发展。第四，导致图书有效供应不足，读者成为最大的受害者，需求长期得不到满足，人为地造成市场萎缩。

第二，发行业均衡布局的发展模式违背产业发展规律，小而全的不合理结构造成资源浪费，难以形成规模效益。

长期以来，在计划经济条件下，发行业形成了一种均衡的发展模式，每个省都有一套完整的发行机构，30 多个相同的发货店把全国市场分割成 30 多个区域市场。根据 1996 年全国出版企业主要指标排序，发货额居前几位的几个省级店是：江苏，13.09 亿元；湖南，11.52 亿元；山东，10.40 亿元；新华书店总店，10.25 亿元。几家合计发行量达 45.26 亿元，但只占当年总批发量的 12.83%。而日本最大的两个图书批发商（东贩和日贩）其市场占有率达到 70% 以上。

均衡布局的发展模式以行政区划而不是以市场区域为基础，不符合产业发展的规律。这种均衡发展使得优势企业不能真正实现规模经营和规模效益。由于缺乏竞争和市场资源配置不合理，30 多个行政区域市场也难以形成真正的横向联合，无法产生更大的效益。

出版社自办发行，促进了出版社由单纯的生产型向生产经营型的转变，推动了国有书店的改革。但是一些出版社没有将主要精力放在提高本版图书发行上，使本版书的总量没有太大的增加；出版社自办发行机构的建设缺乏科学论证，管理差，小而全，造成资源的浪费。

第三，对教材的依赖性过大，限制了产业的发展和自身竞争的形成。十多年以来，我国出版发行部门投入了很多的人力、物力和财力，做了大量的工作，保证了党中央提出的"课前到书，人手一册"任务的完成。但是也要看到，出版发行业对教材的依赖性，教材始终是图书发行的半壁江山。以下的几组数字很能说明问题：1979 年我国图书总印数 40.7 亿册、总印张数为 196 亿张，而教材的总印数为 20.8 亿册、总印张数为 93 亿印张，各占 50% 左右；1996 年我国图书总印数为 70.81 亿册、总印张数为 360 亿印张，而教材的总印数为 36 亿册、总印张数为 169 亿印张，仍然占 50% 和 47%。经过 18 年的出版体制改革，教材所占比重仍然居高不下。因此摆脱对教材的严重依赖，是我们在深化发行体制改革的过程中，优化产业结构的艰巨任务之一。

教材作为政策性产品，其市场风险较低，行政的、计划的手段足以实现发行目标。而许多年来，各级书店通过对教材的专营，实现了生存和初步发展之后，或多或少产生了小富即安、不思进取的思想，一般图书发行方面少有作为。教材比重过大造成的负面影响和危害，一是读者的需求不能满足，特别是在经济文化快速发展、读者的文化需求越来越高的情况下，一般图书市场的开拓没有相应成为书店的工作重点，"买书难"依然是图书发行业的主要矛盾；二是大量的资源没有得到有效利用，书店的人、财、物、信息、渠道优势没有充分发挥出来。从整个发行行业来说，如果这个产业长期依靠专营产品来支撑，是没有发展前途的，也是十分危险的。

第四，一般图书发行缺乏强有力的批发机构支撑，基层书店多品种、少进勤添的要求难以实现。

近年来，一般图书的发行，矛盾的焦点集中反映在品种问题上，零售店要求多品种，少进勤添；出版社则要求每个品种大批量和大的覆盖率。这对矛盾的发展，标志着图书市场的发育已经到了一个新的阶段，即呼唤大规模、高效率的批发机构出现。

目前发货店的基本状况是：由于教材及包销类图书的发货占绝大部分，一般图书的经营规模不大，品种有限，对周边地区辐射能力不强。发货店要尽快发展成为多品种、大批量、强辐射的图书集散中心，以适应全国 500 多家出版社、3000 多家基层店和整个流通市场的要求，同时，出版社同发货店的产销关系要进行配套改革。实践证明，仅靠发货店的改革，仍不能适应市场的要求。

第五，发行业科技含量较低，不能为发行体制改革和现代化管理提供物质和技术上的有效保证。

改革开放以来，尽管发行业的科技含量有了一定的提高，但与图书销售的增长和人民群众日益增长的对精神文化产品的需求不相适应，已成为制约图书发行上新台阶的障碍。

从发行业自身来看，物流设备普遍较为落后，大多数工作还停留在手工劳动的低层次上。计算机使用的开发和管理，全国缺乏统一规范的技术标准，存在着一方面投入不够，另一方面低水平重复开发的问题。由于未能建立起为培育大市场服务的信息网络，书店开展业务基本上还属于经验型，未能做到进、销、调、存各部门信息资源共享，更谈不上全国同行业之间信息快速传递，业务密切协调和面向大市场的整体动作。

几十年来，图书发行的经营与管理基本上处于手工操作和经验型管理阶段，这在计划经济和小规模经营的时期也许可以应付。但是，今天当我们面对大市场、大流通和规模化、集约化经营的挑战的时期，就必须加快科技进步，加大图书发行中的科技含量。

第六，市场管理虽然有了不少法规，综合治理力度不断加大，但流通领域里的混乱状况仍然没有得到根本改变。随着发行渠道逐步放开，图书市场的管理难度进一步加大。现在一方面是许多地方管理体制尚未理顺，行政对企业干预严重，削弱了企业的活力，限制了它们的发展，企业难以真正成为图书市场的竞争主体；另一方面，宏观调控和行业管理不能完全到位，多头管理、经验型管理大量存在，未能形成把精神产品和物质产品，把阵地意识和市场意识有机结合起来的管理机制。

买卖书号或变相买卖书号的现象还比较严重，损害了店社双方的利益，也扰乱了图书市场。一些不法书商盗印、偷印畅销书、重点书的现象时有发生，有的甚至内外勾结，严重损害了出版单位利益。一些新华书店向二渠道倒进货，使非法出版物鱼目混珠，客观上起到了推波助澜的作用。一些集体、个体零售书店以让利为名，实际上从事二级批发甚至总发行的业务，冲击了正常的批发体系。

发行业目前面临的突出问题，还能列举出许多。我们必须指出有些问题是在改革的过程中出现的，是难以避免的，而且整个改革是一个不断深化、发展的过程。指出这些问题，并不意味着否定十几年改革的成果。我们要正视这些问题，通过继续深化改革找到解决的思路和办法，力求在一些制约发行生产力发展、阻碍全国大市场形成的重大问题方面，有所突破，取得新进展。

三、深化发行体制改革的思路和设想

发行体制改革在出版业中起步较早，并取得了一些成效，对整个出版业的改革起到了推动作用。署党组研究决定，1998 年深化出版体制改革，仍然要以深化发行体制改革为重点。

深化图书发行体制改革的指导思想是：贯彻党的十五大精神，高举邓小平理论的伟大旗帜，坚持为人民服务，为社会主义服务的方向，坚持"三个有利于"，建立既适应社会主义市场经济要求、符合精神文明建设要求，又符合出版产业自身发展规律的与社会主义出版体制相配套的图书流通体制。

深化发行体制改革的基本目标是：党的十五大对我国的经济体制改革提出了明确的思路，指出"改革流通体制，健全市场规则，加强市场管理，清除市场障碍，打破地区封锁、部门垄断，尽快建立统一开放、竞争有序的市场体系，进一步发挥市场对资源配置的基础性作用"。这些要求，完全符合我国出版发行业的实际，也是我们深化发行体制改革中要达到的基本目标。

下面，就深化发行体制改革问题讲几点具体意见：

1. 构建符合社会主义市场经济体制的新型的图书发行体系

党的十五大报告指出："建立现代企业制度，是国有企业改革的方向。"十五大关于国有企业改革的一系列基本原则和政策，可以作为国有图书发行企业深化改革的指导。根据我国发行行业的现状，拟采取以下改革措施：

——建立大型发行集团。以"大流通、大市场"为目标，实施不均衡发展战略，规划和建立若干个具有相当规模和实力的跨地区、跨行业、跨所有制结构、辐射力强的大型图书发行集团。这个大型集团，将成为我国的龙头批销中心。这个大型集团，不应是某个省级店、集团向外省、地区的简单扩张，而是在市场的竞争与事业的发展中，对现有的省级发货店、专业发货店进行结构性调整，按照现代企业制度的原则，通过重组、改建的方式，以资本为纽带组合而形成的。这个大型发行集团，可以是有限责任公司，也可以是股份有限公司，条件成熟的可以授予租型造货权。1998年上半年，在充分调查研究的基础上，对大型发行集团的布局作出规划，同时通过扶持、引导和协调，促进部分发行单位联合组建大型发行集团，力争在1998年下半年，有一两个大型发行集团进入起步、试点阶段。

——增强城市书店经营活力。要发掘城市书店的潜力，开发新的经济增长点，实现高效益和可持续发展。城市书店的大型门市部要努力扩大经营规模，丰富备货品种，改善购书环境，提高服务质量和供应满足率；中小型门市部要努力办出自己的特色，有些可以向专业书店发展。具备条件的城市书店要按照公有制多种实现形式的要求，积极探索新的组建形式，进行改制成有限责任公司或股份有限公司或者股份合作制企业的尝试。在省级新闻出版局的指导下，可以吸纳出版系统内的国有资本入股，在自愿的原则下书店职工也可入股，但国有书店必须控投，经营权不能转移。有条件的城市书店可以根据发展出版产业的原则，利用自身的优势向其他产业渗透，实施相关相近的多种产业发展战略，但是必须以不影响图书发行主业为前提。

——促进县及县以下国有书店改制。县及县以下国有书店可以通过资产重组方式改造成图书发行集团内统一管理的连锁店；也可以实行股份合作制改造，或者实行租赁、承包、国有民营等多种经营方式。但是改制后的国有书店如果不具有控股权，不得使用"新华书店"的名称从事经营活动。

——出版社自办发行要面向全国图书市场准确定位。在建立大型发行集团的形势下,出版社发行部门的主要职能应该是:了解读者动态,为优化选题服务;宣传本版图书,为增强读者的认知服务;反馈市场信息,为发货店供货服务。

2. 调整和优化图书发行产业结构

各级新闻出版管理部门和有关的出版发行单位经过艰苦努力,已经连续 20 年实现了"课前到书,人手一册",今后这项工作要继续做好。从出版产业的发展看,教材在一定意义上具有资本积累的作用。因此,无论从社会责任和政治影响的角度,还是从出版产业发展的角度,都必须十分重视教材的出版、发行工作。但是,我们必须清醒看到教材在我国出版总量和利润中所占比例过大,结构不合理的问题。同时,还有一种情况必须引起高度重视,经过 1996 年教材印张价格调整后,教材的定价已经稳定,基本上调到了最高点;此外,教育体制改革提出了由应试教育向素质教育转变,教材科目以及教材容量将呈减少趋势。这些变化无疑将给教材的出版发行工作带来一定的影响。如果我们依然躺在教材上吃保险饭,不在调整和优化出版产业结构上下工夫,将会陷入极大的被动。

目前,全国有 3000 多个地市县新华书店,经营规模小,成本高,长期依靠教材吃饭的格局一直没有打破。所以,优化结构,首先应该从教材发行改革入手。省地市级新华书店要考虑建立二级核算的教材发行公司或中心,把教材独立出来,所获取的利润单独核算。利润所得扣除教材发行公司的正常费用外,只能用于图书发行网点建设、政治读物及农村一般图书发行等项目的补贴。国有资产的保值增值主要应通过这条渠道来实现。新华书店职工的其他收入,与一般图书发行量挂钩,不通过发行教材而获取。据了解,有的省市,如四川省、北京市等地已经或准备采取这种办法,希望加大力度,加快速度,积极试点,不断总结经验,力争在这方面有新的突破。

3. 继续推行多种购销形式和经营方式，形成图书流通主体结构多元化和流通形式多样化的新格局

在社会主义市场经济条件下，按照商品经济规律和出版物的不同要求与特点实行灵活多样的购销形式，有利于调整购销关系，有利于调动产供销各方面的积极性，有利于组织市场流通。

代理制是图书发行购销体制改革的重要措施之一，已被多数出版社、国有书店所认同并积极运用于实践。一些省级店、出版社密切合作，在专项代理、区域代理、总代理方面进行大胆尝试，取得了实质性的进展，有的由最初的单品种代理已发展为全品种代理，代理关系由一家发展到几十家，除了本省的还代理外省的，体现了双向选择的原则，发挥了优势互补的作用。这些经验应认真总结，代理制要继续推行。

连锁经营是流通领域带有方向性的重大改革，是把现代化工业大生产的原理应用于流通，实现高效率流通的一种现代营销方式。一些地区已经积累了很好的经验，连锁经营的形式已多样化、系列化。下一步任务是进行总体规划，提高组织化程度，严格规范，努力实现规模化经营，科学化管理，标准化服务。1998 年内，要推动发货店、城市店、出版社加快发展连锁店；今后二三年内，发展一批以大型发行集团为连锁总部的跨地区、跨行业、跨所有制结构的连锁书店。国有书店可以采取"特许"连锁或"加盟"连锁的方式，吸收非国有经济加入连锁。

读者俱乐部以会员制方式发行图书，是图书发行的一种新形式，要鼓励出版发行单位和社会力量创办各种形式的读者俱乐部。目前读者俱乐部这种销售形式正在悄然兴起，对我国的读者群产生了一定的影响，也向出版发行部门提出了挑战。读者俱乐部在广泛联系读者，扩大一般图书发行上表现出明显的活力，我们要积极总结和借鉴国内外成功的经验，引导国内出版发行单位尽快占领这个市场，建立有中国特色的读者俱乐部。同时，对开办读者俱乐部要加强管理，制定科

学的操作规范和有效的监督管理措施。利用读者俱乐部进行合作出版、租型造货，是不符合党和国家现行政策的。

4. 加快科技进步，提高图书发行的科技含量

目前图书发行领域的经营和管理手段仍处在比较初始的状态，大大落后于社会其他商业服务部门，与建立大流通、大市场的要求很不适应。为此，要有紧迫感，提高图书发行工作的科技含量。

全国新华书店系统出版物发行信息网络已进入试运行阶段，各分中心的调试工作已基本完成。各地要积极引导和促进出版发行单位入网。1998 年部分新华书店、出版社要实现订、发货计算机联网。2000 年年内，全国城市书店、出版社自办发行部门要全部实现计算机管理，县级书店 50% 以上应用计算机。

目前，图书发行计算机软件系统开发缺少统一的规范和统一的技术标准，低水平重复开发严重，造成资源、财力的浪费，要尽快制定发行软件的开发研制标准；各地开发软件时要充分考虑与全国网络的兼容性，为局域网与全国网络连接提供技术准备。

运用条形码技术加强图书发行工作的经营管理已收到明显效果，要继续总结经验，扩大应用范围。与此同时，推动和指导"可供书目"的建设。据不完全统计，目前还有 20% 左右的出版物上没有条形码或条形码不规范，给应用和推广造成很大困难。今后，凡不符合新闻出版署规定或达不到技术标准的，均视为不合格产品，不得参与各种类型的评奖活动；销售单位有权拒付书款或要求出版单位支付因重新加工条形码所发生的费用。

5. 制定和完善配套政策，促进改革健康发展

政策和策略是改革成功的重要保证。在推进深化改革的时候，一定要注意制定相互配套的政策。

按照"产权清晰、权责明确、政企分开、管理科学"的要求和"经营权与所有权分离"的原则，妥善解决好国有资产授权的问题，这是对企业实行股份制改造的重要前提条件。目前各省对国有书店的

国有资产管理体制不一样，各地开展这项工作的困难程度也就不一样。各省市新闻出版局、出版总社要支持和帮助所属的出版发行单位解决好这个问题，积极争取当地国有资产管理局、体改委的支持和协助，为企业改革排忧解难，办实事。

进行股份制改造，要充分考虑图书发行行业的特殊性，不能简单地照搬国外或其他行业的经验。比如，在建立股份有限公司的时候，要把教材发行剥离出来。社会资金向国有发行企业融资、参股的问题，也是当前大家十分关心的问题，要在调查研究、充分论证的基础上通盘考虑。凡涉及全局性的和政策性强的改革，各单位、各部门要先报告，经批准后再实施，不得"先斩后奏"，更不得自行其是。

6. 加强对书刊市场的管理

十五大报告对新闻出版业提出的"加强管理，优化结构，提高质量"要求，每一句话都体现了管理的内涵，深化图书发行改革要紧紧围绕这 12 个字来开展。

加强管理是党和国家赋予新闻出版工作的重要职责，是坚持新闻出版工作正确方向的基础性条件。越是强调发展，越是讲改革，越要坚持正确导向，越要加强管理。要通过改革，在图书发行企业内部建立适应参与国际国内市场竞争的、规范的、科学的管理体制，既要建立决策、执行、监督各司其职的法人管理结构，又要建立民主、公开、责任明确的内部管理制度，还要建立激励与约束相结合的调控机制。这样才能充分调动各方面的积极性，使得图书发行企业在保障社会效益的前提下，实现经济效益的最大化和生产经营活动的良性循环。

搞好出版物市场的经营法规建设。市场经济是法制经济，经营活动必须遵守法律、法规和规章制度，依法进行。为此，要依照国家有关法律法规和出版行业的自身规律，抓紧制定出版物发行的经营规则。当前，要组织制定《书刊市场管理条例》、《图书进发货章程》、《图书代理制合同范本》等，使各项经营活动逐步做到有法可依，有

在南非国际书展上，与南非发行商协会会长交流。

章可循，实现有序竞争、健康发展。同时，要加大出版物市场管理和执法的力度。

改革开放以来，我国集体、个体书店得到迅速发展，在联系广大读者、满足一定层次的需求、疏通发行渠道等方面发挥着积极作用。十五大报告指出："非公有制经济是我国社会主义市场经济的重要组成部分。"我们对个体经济要继续实行团结、鼓励、引导的政策。各地新闻出版部门要加强对他们的管理，引导他们守法经营，提高其经营层次，多发健康有益的书刊，坚决抵制各种形式的非法出版物。经营规模较大、素质较高的集体个体书店，经新闻出版管理部门批准，可以发展连锁经营，也可以成为国有书店的加盟连锁店。对集体个体书店的违法违规行为，要坚决查处，以使其健康发展。

出版业要以自己的特色和优势支持西部大开发

（1999 年 12 月）

按语：西部地区国土面积 685 万平方公里，占全国的 71.4%，总人口 3.67 亿，占全国总人口的 28.8%，其中少数民族人口占全国少数民族人口的 75% 左右。

这是一个多么重要的地区。

但 2003 年，生产总值仅占全国的 16.8%，人均国内生产总值仅相当于全国平均水平的三分之二，尚未实现温饱的 3000 万贫困人口大多集中在这一地区。从上述的数字可以看出开发西部地区的重大意义。

西部大开发是党中央面向新世纪作出的重大战略决策，是全面推进社会主义现代化建设的一个重大战略部署。

为了贯彻落实中央的重大战略决策，新闻出版署在 1995 年，用了一年的时间实地考察少数民族地区的出版情况。1996 年初，召开了全国民族出版工作会议；1996 年下半年，即着手具体支持西部地区，特别是少数民族地区的文化出版事业。回忆往事，要特别感谢 148 家出版发行单位，他们慷慨解囊，无私捐助；特别怀念与国家民委的领导和同志们的愉快合作，大家为了一个共同目标，建立了民族出版资金。

党中央不失时机地提出了实施西部大开发的战略决策，它对于推动我国国民经济持续稳定发展，缩小我国东西部地区的差距，促进民族团结和社会稳定具有重大历史意义。西部开发不仅是经济的开发，也是文化、科技、教育等方面的开发。李岚清副总理在这次人大会上与代表座谈时指出，西部开发科教要先行。我们出版作为文化、教育的重要组成部分，在支持西部开发方面，大有可为。新闻出版署近几年来，在支持西部地区，特别是西部少数民族地区发展民族文化出版事业，促进民族经济和社会发展等方面做了一些工作，有一些体会和经验，概括起来有以下三方面情况。

一、关于支持民族出版工作和
建立民族出版资金的情况

对于民族出版工作，新闻出版署一向非常重视，署里多位领导先后到西藏、新疆、青海、宁夏、内蒙古进行考察。1995 年我们用了一年的时间对全国少数民族出版进行了实地调查，掌握了第一手资料。这样全面、深入、细致的调研，在新中国出版史上还是第一次。以 1996 年初的全国民族出版工作会议为标志，我们加大了对民族出版的扶持力度，提出了与国家民委一起建立全国民族出版资金；每年组织向少数民族地区赠书；免收民族文字图书条码费用；减免民族出版部分图书的租型费；培训民族出版编辑队伍等一系列措施，各项工作已逐一落实。

1996 年新闻出版署提出建立民族出版资金，扶持少数民族重点图书的出版的建议，得到国家民委的大力支持，得到全国出版界的热烈响应。经过 4 年艰苦的努力，目前已募集资金近 1000 万元，共有

148 家单位积极捐助，大多数是出版社，还有新闻出版局、新华书店，国家民委捐 100 万，新闻出版署捐了 200 万。这一行为本身体现了一方有难八方支援的社会主义互助精神和民族间的团结友爱。我们和民委一定不负重托，把这笔钱管好、用好，充分发挥作用。第一批资助项目将在今年上半年确定并启动。

二、关于内地出版社和西部地区出版社 合作开发出版资源的情况

为了开拓扶持民族出版新思路，支援西部地区出版工作，新闻出版署从 1997 年开始试点东部地区出版社与西部地区，特别是少数民族地区出版社合作出书。具体做法是，东部地区出版社出资金、出编辑，独担经济风险；民族地区出版社出资源，负责组稿、编辑，赚了钱共享，赔了钱由东部出版社承担，优势互补。首先组织内地出版社与西藏人民出版社合作出版项目，1998 年落实了 27 项，涉及西藏历史、文化、艺术、科技等方面。19 家内地出版社参与了这些项目。至今年 2 月底，已出版了《西藏历史文化辞典》（与浙江人民出版社合作）、《明清治藏史要》（与齐鲁书社合作）、《清代藏史研究》（与齐鲁书社合作）、《藏族装饰艺术》（与江西美术出版社合作）、《中国藏戏艺术》（与京华出版社合作）、《西藏古代科技史》（与大象出版社合作）。6 种书出版后，均取得了较好的社会效益，特别是取得了良好的经济效益，这是始料未及的。合作的结果既有效地缓解了高水平民族图书出版难的问题，又发挥了民族出版社的主观能动性，实现了"补血"和"造血"的统一。不但帮助民族地区培养了人才，而且在共同的工作中增进了团结和友谊，增进了了解。参与合作的双方对此都给予很高的评价。通过实践，我们感到这是一条促进内地出版社与民族出版社共同发展、共同进步的良好途径。借鉴这一经验，我们去年又组织了内蒙古地区出版社与内地出版社的合作，第一批 6

种，均为具有重大文化积累价值的项目，目前正处在落实阶段。今年我们还将要把这一做法向其他少数民族地区推广，特别是要组织新疆地区各出版社，开发一批有重大价值的合作出版项目。

三、关于组织出版支持西部开发、为西部地区
建设服务的图书选题规划情况

西部开发成为全国人民普遍关注的焦点，有些出版社已捷足先登，去年就已开发了这类选题。目前有的图书已相继出版，这反映了出版社的敏锐和快捷。比较有影响的是经济科学出版社2月刚出版的《西部大开发之路——新亚欧大陆桥发展战略》，社会科学文献出版社出版的《跨世纪的难题——中国区域经济发展差距》，甘肃人民出版社出版的《中国西北地区——现代化中的经济与文化关系》等等。在今年的选题计划中，开发西部方面的选题成为热门，据不完全统计，有32家出版社安排了72种，这些选题有以下几个特点：

1. 对西部开发进行综合性理论探讨的选题占较大比重。比较系统的有经济管理出版社的"中国西部经济发展系列丛书"5种，西北大学出版社的"西部大开发系列丛书"8种，陕西人民出版社的"中国西部大开发战略研究丛书"6种，以上3套丛书内容涉及企业、农业、能源等方面；此外，还有农业出版社的《科技西行——大开发新思路》，等等。

2. 东西部经济比较成为热点。代表性的有企业管理出版社的《东中西部经济优势比较》，新华出版社的《东西部经济互补发展战略》，西安地图出版社的《东西共富详论》等。

3. 注重突出西部地区的经济环境、自然环境和物质资源。陕西人民出版社的《陕西省外商投资环境研究》，新疆人民出版社的《中国西部开发的热土——新疆投资环境》等，说明地方出版社已融入到本地的开发之中。

访问南非约翰内斯堡一古旧书店，与书店老板交流经营情况。

关于西部自然环境、物产资源方面的选题有：太白文艺出版社的《西北世纪行》，陕西旅游出版社的《神秘的西部》，四川美术出版社的《中国西部》，中国文联出版社的《西部感觉》等。

虽然这些选题在某些方面还存在不足，有些方面的选题尚显单薄，我们将在随后的时间里进行有针对性的调整，但这项工作的开展和成果，充分说明了出版社正以积极的热情投身于西部开发的工作中去。我们将继续发挥出版行业的特色和优势，加大支持西部开发的力度，更好地为开发西部服务。同时也请大家来献计献策，促进出版工作更好地为实施西部大开发战略服务。

农村图书发行工作是一项系统工作

（2000 年 6 月）

　　按语：农村的图书发行工作关系到几亿农民的读书、学习和进步，我们应该特别重视。"农家书屋"这一举措意义重大。最近看过几篇农民写的读书心得，十分感动。四川自贡市东兴镇观音坳村农民周木兰，说他们村有了"农家书屋"，村里组织读书后，发生了很大变化。一是天天吆喝声不断的茶馆安静了。过去大家一聚到茶馆，就是打牌。"虽然输赢不大，但凑热闹的不少。年长的七八十岁，年幼的五六岁，围在一起，就连我妈一个七十多岁的不识字的老年人也学会了打扑克。除了每天要做的那点农活，大家主要活动就是打牌。两口子吵架是因为打牌，两家人闹矛盾是因为打牌，小孩子逃学是因为打牌，我经常半夜里被吵醒，也是因为打牌……大家就这样过着要闲不闲的日子。"直到村干部给大家开了一个宣传"农家书屋"的大会，又组织了一些读书活动，茶馆里安静了。

　　周木兰又讲到，大家读了种植、养殖书后，全村燃起了致富的希望。他自己读了核桃栽培技术和产生的经济效益的书后，一下子种了30 亩核桃。还有的读了科学养牛的书后，搞起规模养殖，不到两年，成了养牛行家，个个盖起了新房。更主要的是，这些事实，让村民们认识到："知识改变命运，读书创造未来。"他们不再为眼前小利蒙蔽，鼓励子女读高中、读大学。

"农家书屋"给农民送来机遇，读书让农民眼界开阔。农家书屋的建设是一个值得特别肯定的大事，因为它着眼几亿农民的脱贫致富。但实施四年来，还存在一些问题，如重建轻养、人员缺乏、更新较慢等等，这些问题不解决，"农家书屋"的前景未可预测。所以，千万不能"建完了事"，"达标即可"。数量多少只是一个方面，有用、有效才是根本。"农家书屋"的建设也要讲求实际，可持续发展。

中国是一个农业大国，12亿人口，9亿在农村。面对中国的国情，任何工作如果忽视了农村这片广阔的天地，就很难取得成效。我国出版发行事业的深化改革，同样面临着做好农村图书出版发行这一重要问题。

一

我国农村图书的出版发行，历来受到党和政府的高度重视。在解放战争年代，人民军队打到哪里，新华书店就建到哪里。新中国成立之后，我们就农村图书发行工作制定了许多政策，提出了许多措施，还出版了专门面向农村读者的价廉实用的"农村版"图书，创办了《农村图书新书目》。改革开放以来，我们更是对农村图书出版发行倾注了极大的力量。

当前，农村图书出版发行工作既面临难得的机遇，又存在压力，甚至威胁。今年年初召开的全国农村工作会议提出，我国农业和农村经济发展已进入战略性调整的新阶段。这次调整与20世纪七八十年代的调整有质的不同，其主要内容是：全面提高农产品质量，加快畜牧业发展，发展农产品加工，优化农业区域布局，调整劳动力就业结构。农村生产结构的调整，从某种意义上讲，就是农业生产实现从依靠数量规模增长向依靠质量效益增长的转变，就是农业生产发展走上依靠劳动者素质的发展之路。农业生产质量效益的提高和劳动者素质的提高都离不开科学技术和科学思想在农村的普及，这是一个相互驱动的过程。我们的出版工作可以为农村出版发行其所需要的图书，传播科学知识，繁荣农村文化，为"相互驱动"注入强大的动力。出版工作的这些功能，体现了出版工作在农村发展中具有不可替代的意义和价值。从另一方面说，农业生产和农村经济结构性调整也给出版发行事业的发展提供了难得的大好时机。服务对象变化了，服务本身也必须发生变化。农业生产调整也必然要求服务于农业生产的出版发行工作进行相应的调整，并且要尽量走在农业生产调整的前面。抓住时机，跟上形势，适时变革，出版发行工作就会顺应农村改革大势，相互促进，相得益彰；反过来，如果漠视农村经济和农业生产改革的新变化，老眼光，墨守成规，就必然在市场竞争中失去主动权。因此，大力加强农村图书出版发行是农村改革发展的需要，刻不容缓，此其一。

农村图书出版发行工作的重要性，会随着我国加入世界贸易组织的临近而日益彰显。据了解，在中美签订的双边协议中，我国政府已经就开放出版物零售和批发市场作出正式承诺。开放出版物零售和批发市场，是世贸组织多边贸易体制中关于《服务贸易总协定》的重要内容之一。我国政府承诺开放出版物零售以及随后的批发市场是一个重大的战略决策。它将有利于促进并加快统一、开放、竞争、有序的出版物大市场的形成。但必须清醒地看到，出版物市场的开放将给我国出版流通领域带来巨大冲击。我国的企业规模和经营实力较低，管理制度、经营理念和经营方式不适应市场竞争的客观要求，有关法律不够完善等等，促使我们必须快马加鞭，迎头赶上。认真分析，广大农村是我们的薄弱环节，为农村、农民服务又是我们的优势所在。既然是薄弱环节，我们必须抓紧补救，否则会被竞争对手夺走；既然是优势所在，定会事半功倍，何不全力以赴？从这个角度去分析，对广大农村这个市场，必须加快开发和下大力气去建设。因此，大力加强农村图书出版发行是我国出版业迎接来自国际出版界各种力量挑战的需要，刻不容缓，此其二。

党的出版工作方针明确提出，出版工作应该"为人民服务，为社会主义服务"。9 亿农村人口占全国 12 亿人口的绝大多数，出版工作失去了 9 亿人口，就谈不上为人民服务；农业是我国社会主义国民经济的基础，出版工作避开了农业和农村，就谈不上为社会主义服务。我们出版工作者肩负着为社会主义建设事业提供思想宣传、舆论支持、智力保证的重任，一刻也不能忘记农村和农业，加大农村图书的出版发行工作，应该是我们出版工作者的自觉行为。从现实情况看，1998 年全国农村地区图书销售总额（包括县以下纯销售 71.3 亿元，批给供销社 34.9 亿元）达到 106.2 亿元，仅占全国纯销售 347.6 亿元的 30.55%，农村图书发行工作还有很多工作要做。因此，大力加强农村图书出版发行，是党对出版发行工作的一贯要求和殷切希望，刻不容缓，此其三。

认清形势，明确要求，可以强化责任意识，增进工作的主动性。广大出版工作者一定要自觉树立为农业、农村、农民服务的意识，把这项工作提高到关系中华文化发展、农村和农业经济改革和落实党的出版工作方针的高度来认识，为农村图书的出版发行添砖加瓦。

二

农村图书发行工作是一项系统工程，涉及出版工作的方方面面。改革开放 20 多年来，新闻出版署一直将农村图书发行工作放在重要位置，出台了一系列政策措施，从各个方面为做好农村图书发行工作提供保证，推进农村图书发行工作。

从 1990—1995 年，新闻出版署联合有关部委制定颁发了《关于图书发行网点建设若干问题的通知》、《关于加强农村图书发行工作的意见》、《关于开展文化、科技、卫生"三下乡"活动的通知》。各个文件对于农村图书发行工作中存在的突出问题，有针对性地提出不同的解决办法。《关于图书发行网点建设若干问题的通知》，要求各地切实加强对书店发行网点的领导，制订切实可行的图书发行网点建设规划，并将规划纳入城镇建设规划，同时要求各地出版局集中适当资金用于图书发行网点建设。《关于加强农村图书发行工作的意见》对于新时期做好农村图书出版发行工作提出了全面要求，指出要切实做好农村图书的货源组织和供应工作，改善经营管理，改善和巩固农村图书发行网点，加强农村图书发行队伍建设，对农村发行实行优惠的经济政策，做好农村发行的领导工作。《关于开展文化、科技、卫生"三下乡"活动的通知》旨在根据农村图书发行工作的实际，寻求出版界服务农村图书出版发行工作的一种重要活动形式。"送书下乡"作为一种有组织的全国性活动，始于 1994 年，随后纳入全国"文化下乡"活动，成为它的重要组成部分。"送书下乡"活动在创建之初，旨在引导各有关出版发行单位牢固树立为农村经济建设服务的思想，主要通过确立"送书下乡"活动用书目录，开展多种多样的促销活动，多出、多发适合农村读者需要的各类图书。几年来，随着该项活动的广泛、深入、持久地开展，活动的形式日趋多样化、内容日渐丰富，已经演变为面向广大农村，以卖书、赠书为主，集中展销与流动供应相结合，图书销售与图书选题调查、图书市场调研相结合，辅之以文化娱乐、读书竞赛、知识技术讲座等多种活动内容的综合性文化活动。各地集中性的"送书下乡"活动多在冬春季农闲期间，围绕春节期间的各种文化娱乐活动展开，基本做到了制度化、经常化，为方便农村读者购书，普及和丰富农村群众的科学文化知识，推进农村两个文明建设创造了条件。

目前农村图书发行工作中普遍存在的一个难点，是经济效益不高。新闻出版署通过多种形式，积极努力，力争为农村发行创造良好的经济环境。比如，1990 年，经过积极努力，国家税务局颁发《关于县和县以下新华书店及农村供销社销售图书减征营业税通知》，对县和县以下新华书店及农村供销社销售图书减半征收营业税，用于解决农村发行网点不足等困难，促进农村文化事业发展。1994年，国家又出台优惠政策，县和县以下新华书店及农村供销社销售出版物增值税先征后退。出版系统所得税返还建立出版发展专项基金，返还的新华书店所得税主要用于农村网点建设。固定资本投资调节税对农村图书发行网点建设实行零税。目前，新闻出版署会同有关部门力争完善并延续有关经济政策，为21世纪农村发行工作继续提供强有力的经济支持。

关于农村图书发行的经济政策，我们不能不提到1996年6月新闻出版署出台的我国发行体制改革的纲领性的文件，即《关于培育和规范图书市场的若干意见》。《若干意见》中关于农村图书发行工作，提出要培育和开发农村图书市场，建立一般图书发行基金。具体办法是：调整中小学教材的进发货折扣，即对基层销货店的发货折扣仍为78%，从承担中小学教材出版和发行任务的出版社和发货店的进销折扣中提取1%—2%，作为一般图书发行专项基金，用于鼓励一般图书销售和发行网点的兴建与改造。一般图书发行专项基金的使用，主要用于农村图书发行。

各地为做好农村图书发行工作，在经济政策上给予了大力的支持。江苏省1989年就建立了每年100万元的农村网点发展基金，"八五"期间，网点基金年均增加到1800万元，1996年、1997年两年各项网点专项基金达到1.19亿元，加上基层店自身积累的投入和各地优惠政策的支持，使农村发行网点一直处于迅速发展的态势。湖南省运用折扣补偿的方式弥补基层店开展农村发行造成的亏损，即从全省销货店课本发行中提取一定折扣，作为省店供货的一般图书发行的补偿与奖励。山东省发挥集团作用，争取了三项政策筹集资金用于农村图书发行：一是争取设立"网点建设专项资金"，主要用于全省网点建设的资金调控，资金由各级书店按销售净额的1%提取，由省、市、地店集中管理，统筹安排，专款专用；二是争取省财政部门同意，返还上交所得税的70%用于基层店农村网点建设；三是争取把应该返还的增值税及时足额清算返还，用于网点建设。

做好农村图书发行工作，不仅要在经济上扶持，更要强调责任意识和服务意识，加强职业道德建设，培养奉献精神。广大新华书店的干部群众要继续发扬新华书店的优良传统，将社会效益放在首位，建章立制，做到农村图书发行工作的制度落实、组织落实、人员落实。

三

农村发行工作的深化改革，要纳入图书发行体制改革的总体规划之中，要在图书发行体制改革中为农村出版发行工作预留空间。

关于图书发行体制改革，根据不均衡发展的战略，对于现行的发行格局进行结构性调整和重组，其结构的具体内容包括产业布局结构、产品结构、价格结构、人员结构等等。在产业布局结构上，遵照现代流通企业发展的趋势要求，设计建立大中小发行企业布局合理、优势互补的全国发行网络。其中，建立跨地区、跨行业、跨所有制的发行集团是重中之重。

深化发行体制改革，发行集团建设势在必行。我们可以通过发行集团的建设，在全国形成五六家布局合理的功能齐备的大型发行企业，在全国形成大型发行集团相互竞争的局面，真正让市场机制发挥调节作用，形成此消彼长、相互促进的局面，繁荣我国的图书市场。

据统计，目前我国已有18个省市区建立了各种形式的发行集团。在发行集团建设中，把农村图书发行工作摆在什么样的位置，是一个需要认真研究和大胆探索的重要问题。

——组建集团要从发行体制和企业制度这两个根本问题入手，建立真正的法人治理结构，探索解决制约国有发行企业发展的深层次矛盾的可行性办法。农村图书发行要借发行集团建设的体制改革和机制变化的契机，按照市场经济规则，在网点建设上，采取新华书店自建、租赁、联营、股份合作等多种形式，发展乡镇图书发行网点；网点运作更多吸取现代商业企业了解市场、培育和开拓市场的方法，扩大一般图书的发行。

——组建发行集团要以开放的大市场为目标，立足本省，联结区域，通过跨区经营和兼并，实现资本、规模扩张，逐步形成几个大的发行集团，辐射并引导全国图书市场，推动全国发行市场的整合。在建设大型发行集团的过程中，要注意根据合理布局的原则，建设好图书批发市场。实践证明，图书批发市场的建设对于疏通图书流通渠道，加强大中型发行企业对于农村地区的辐射能力具有无可替代的作用。

——组建发行集团的所有制形式，要体现公有制多种实现形式的要求，坚持国有经济占主导地位，具体形式可以多样化。农村售书点的建立巩固和完善一直是困扰农村图书发行工作的一大难题。发行集团可以利用自身完备的物流、资金流、信息流的优势，吸引图书流通行业中的多种经济成分，采取特许连锁经营，给予"冠名权"的形式，"收编"集体个体书商书贩，把农村图书市场中分散的力量整合起来，既利于繁荣农村市场，又利于加强农村市场的管理。

——组建发行集团有利于加快全国发行系统的信息化建设。农村由于地域广阔，信息流通基础设施落后，交流成本高，因此，信息交流不畅。其实，农村图书市场存在大量的具有出版资源性质的出版信息，有待于出版人去获取和整理；全国出版信息也有待于传播到农村读者中间，使出版物在农村地区为人所知，实现其商品的价值。在发行集团的信息网络的建设过程中，一定不能忽视农村这片广阔的沃土。我们不仅要坚持使用传统的书目宣传方式，采用"三下乡"活动开展宣传，更要用好用足广播、电视等传媒，甚至在发达地区利用网络技术进行交互式宣传，推动农村图书市场的信息化建设。

非国有书业是书刊发行业重要组成部分

（2000 年 7 月）

按语：非国有书业的发生、发展是中国出版业改革中的重大事件。

1982 年，国家出版局《关于图书发行体制改革问题的报告》，郑重而响亮地提出了"积极发展集体书店，适当发展个体书店"的号召。

1986 年，"一主三多一少"（以新华书店为主体，多种流通渠道、多种经济成分、多种购销形式，减少流转环节）的改革，民营书业在国民经济中有了一席之地。

1988 年，中宣部、新闻出版署颁布《关于当前图书发行体制改革的若干意见》，又进一步为民营书业提供了发展空间。

在这个背景下面，我国图书流通领域第一批民营书商走上了历史舞台。他们一本一本书卖起，一个摊位一个摊位经营。由于他们市场灵敏度高，经营灵活，服务周到，又肯于吃苦，很快就形成规模。发展到 20 世纪 90 年代末，集个体书店占全国总数达 47.74%，实现销售额超过 50%，为解决我国图书业买书难的问题，为中国出版产业的市场化发展，作出了巨大贡献。

1997 年 9 月，江泽民在十五大报告中指出："公有为主体、多种所有制经济共同发展，是我国社会主义初级阶段的一项基本经济制度。"这就从党和国家大政方针上、从理论上，为非国有书业发展提供了支持。

2009 年初，新闻出版总署《关于进一步推进新闻出版体制改革的指导意见》，第一次提出"非公有出版工作室"，民营出版公司在政府文件中得到认可，若干非公有出版公司大步走上前台，年出书 1000 种甚至更多的规模，展示了它们的雄姿。

但是，市场经济自有其一定规律。非国有书业兴起时，由于它的勃勃生机，一时很是兴旺，国有书店十分被动，处境艰难，这种局面，被业界称为"民进国退"。不久，随着民营书业在经营管理上出现问题，如大打折扣战，互相挤压，无序竞争；呆账坏账导致与出版社关系紧张；盗版、买卖书号，使得一些民营书店信誉大减，加上教材教辅征订中的问题和政府方面的严格管理，一些民营书店难以为继，只好关门。这种局面，业界又称之为"国进民退"。

应该说，这种波澜起伏，是市场在自行调节。国有书店、民营书店作为中国发行业的两大实体，都在前进中不断总结经验教训而自我完善。关键是两个实体要发挥各自长处，互相学习，取长补短，才能共同为繁荣中国出版业作出贡献。

另外，在接触这些非国有书商过程中，他们的敬业精神、创业魄力，很令人感动。但发展到如今，他们都经历着一个政策的瓶颈。他们是"出版工作室"，可以取得书号出书。但他们都是使用别人的社名，利用别人的品牌，一本一本出书。有时一本书发行几十万册，畅销走红，书上却印着给他们书号的那家出版社的大名。我常常看到这些非国有出版工作室在报刊上作的广告，当我看到这些广告书影上的出版社名被涂掉或者掩盖住的时候，我总是感到很尴尬，感到这项改革没有做完。这个问题怎样解决呢？何时才能得到解决呢？

为贯彻落实中国书刊发行业协会第三届会员代表大会的精神和决议，非国有书业工作委员会召开了一个很好的会，全国各地的代表，听取了上届工作汇报、工作条例修改报告并通过民主协商产生了新一届工作委员会和领导班子人选。

这次会议是一次具有历史意义的盛会。如何看待和评价这次会议要放在一个大的背景下，首先是建设有中国特色社会主义这一大背景。最近中央召开全国思想政治工作会议，江泽民总书记在会议上作了重要讲话，其中特别分析了社会主义历史进程、资本主义历史进程。对社会主义他指出两点：1. 必须坚持社会主义；2. 必须进行社会主义改革，探索符合本国实际的社会主义发展道路。对资本主义的历史进程分析后，他又指出两点：一方面，绝不能因为资本主义社会在具体的演进中产生了一些繁荣现象，而否认马克思主义的基本原理和科学论断；另一方面，要加强对当代资本主义自我调节和发展的研

2010 年 10 月，参观山东世纪天鸿书业有限公司。左五为公司董事长任志鸿，左四为中发协非工委秘书长霍晓燕，右五为王成法。

究，作出有说服力的理论分析，进一步丰富和发展马克思主义理论。这些分析是实事求是的、符合客观实际的，是充满辩证法的。

江泽民总书记还讲到，这些年来，社会上一些与马克思主义、社会主义相违背的思想言论时有出现。有的公开鼓吹"全盘西化"，在政治上主张西方式的多党制和议会民主，在经济上主张私有化，在思想文化上主张取消马克思主义的指导地位，在价值观上主张极端个人主义；有的歪曲党和人民的奋斗历史，诋毁马克思主义，煽动对党和政府的不满；有的不负责任，生产格调低下、宣扬色情暴力、迷信颓废的影视作品和书刊；有的对改革开放持怀疑和否定的态度。在这个历史进程中间，社会主义走向胜利的艰难曲折和困难，以及当前政治领域的一些问题，给我们出版发行业提出了更高的要求。

其次是中国出版业深化改革这一背景。中国的出版业正在探索如何实现集约化经营。有横向联合，即若干出版社组建出版集团；有纵向发展，即一家出版社努力扩大实力，建立子公司，特别在劳动分配、人事和社会保障三项制度的改革方面下工夫。目前两种形式都在顺利发展。从1982年以来，发行业已经历了"一主三多一少"（重点在拓宽渠道）、"三放一联"（重点在转换机制）和建立"统一、开放、竞争、有序"的大市场三个阶段，目前正在试办发行集团，已建立的有西部四川、南部广东、东南江苏和上海、北部辽宁发行集团，还将在山东、北京建立发行集团，形成包括东西南北中的网络。我们鼓励各个发行集团之间展开竞争，提高服务水平，最后形成跨地区、跨行业、跨所有制，甚至跨国的大的发行集团。

我们为什么要这样紧锣密鼓地进行改革探索？一是要为经济建设服务，为改革开放服务，为精神文明建设服务；二是2000年以来，我国加快了加入世贸组织（WTO）的步伐，"入世"给我们带来机遇，也必然带来压力和挑战，必须快马加鞭，日夜兼行。

在这个大背景下，为了更好地贯彻思想政治工作会议的精神，做好我们的工作，我们召开这样一个会议，请非国有书业的朋友们共同探讨出版发行改革，共襄盛举，意义非同寻常。

当前，我国的非国有书业有了长足的发展，在我国书刊发行业中逐步形成一支备受关注的力量。据 1999 年年底统计，我国售书点有 73898 处，其中集体、个体售书点 35282 处，占全国总数的 47.74%，这说明集体、个体售书网点分布面较广，方便读者选书购书，在一定程度上为改变读者买书难的局面发挥了作用。特别应该指出的是，在这些集体、个体书店中，经过市场的考验，浪里淘沙，在全国各地突显出一批具有一定规模的、有特色的书店，在社会上产生较好的影响。同时，我们还看到，在非国有书业中有一批具有高学历的人士创办的书店或股份制公司，它们较快地摆脱了初期发展阶段的无序性，较为理性地高档次经营图书业务。有的书店紧跟时代发展潮流，开办连锁店、举办读者俱乐部、网上书店等等。这些探索是积极的，也是对我国书刊发行业的推动。当然，我们在肯定好的、积极的一面的同时，也不能忽视消极的和不足的一面。在非国有书业中，无序状态和不按市场规则经营的问题还较为严重，有一部分人甚至是违法经营，不惜铤而走险。经过 1997 年、1998 年对二级批发单位的整顿，重新登记后，这种情况有所好转，但我们不能期望经过一两次整顿就能全部解决问题。我们要特别警惕、防范那些贩黄造假者对社会的危害，防范他们给合法经营者脸上抹黑。我们非国有书业者的经营应该自尊、自重，诚信守法，切实发挥非国有书业的积极作用。

下面，我对非国有书业和非国有书业工作委员会讲几点意见。

一、非国有书业是全国书刊发行行业的重要组成部分，必须列入发行协会工作的重要议程

从 20 世纪 80 年代到 90 年代初期，我们的提法是，以国有书店为主体，集体、个体书店作为必要的有益的补充。党的十五大以后，我们的观念也作了相应调整和更新。1997 年 9 月 12 日，江泽民总书

记在十五大报告中指出：“公有制为主体、多种所有制经济共同发展，是我国社会主义初级阶段的一项基本经济制度。这一制度的确立，是由社会主义性质和初级阶段国情决定的：第一，我国是社会主义国家，必须坚持公有制作为社会主义经济制度的基础；第二，我国处在社会主义初级阶段，需要在公有制为主体的条件下发展多种所有制经济；第三，一切符合‘三个有利于’的所有制形式都可以而且应该用来为社会服务。”1998 年 12 月 18 日，江泽民总书记《在纪念十一届三中全会召开二十周年大会上的讲话》中，再次强调：“我国是社会主义国家，必须坚持公有制为主体。同时，必须坚持多种所有制经济共同发展，积极鼓励和引导非公有制经济健康发展。不能只强调前者而不讲后者，也不能只强调后者而不讲前者，否则都会脱离社会主义初级阶段的实际，都不利于生产力的发展。公有制是我国社会主义经济制度的基础，非公有制经济是我国社会主义市场经济的重要组成部分。离开公有制主体，就不成其为社会主义经济。发展充满活力的社会主义市场经济，既要努力增强公有制经济的实力，又要充分发挥非公有制经济的积极作用。”

我们发行协会的工作，要结合本行业的实际，认真贯彻江泽民总书记的上述《报告》和《讲话》精神。在我国非国有书业中，集体书店从经济制度来说，也处于主体地位。它同个体书店、私营书店以及其他非公有制书店，都是我国图书发行业的重要组成部分，都要充分发挥它们的积极作用。要以公有制书店为主体，多种所有制书店共同发展。

近几年来，我们发行协会对非国有书业工作的组织、协调，做得不够，是个薄弱环节。在新一届非国有书业工作委员会组建之后，我们要本着依靠主渠道、面向全行业的原则，多做非国有书店的协调、团结、联系工作。我在发行协会第三届会员代表大会闭幕式上曾代表协会强调：“要按照本会章程吸收非国有书店加入发行协会，引导他们同国有书店一道，沿着有中国特色的社会主义方向健康发展。发行协会只有把国有的、非国有的书店都联合起来，才能全方位地发挥发行协会的作用。"

二、非国有书业工作委员会任重道远

发行协会组建这个委员会的宗旨，已经在《工作条例》中列出了三条：一是团结。要通过委员会的工作把全国非国有书业团结、联合起来，团结的业户越多越好，帮助大家遵纪守法，扩大经营，达到共同发展的目的。希望各位委员多做团结和联合的工作。二是自律。古今中外，任何行业协会都要通过自己的行规行约，实行行业自律。根据我国出版发行界当前的实际情况，我们非国有书业工作委员会要像《行业自律倡议书》所倡议的那样，多在"四不"方面下工夫，扎扎实实地开展"四不"活动，特别是反盗版活动。盗版的猖獗，不仅严重损害出版社的利益，也严重损害发行行业的整体利益，损害一切遵纪守法书店的利益。国外行规行约是非常严格的，今后我们一定要把这方面的工作搞好。三是服务。非国有书业工作委员会要通过行业活动积极为非国有书业提供各种有效的服务。要反映他们的呼声，维护他们的合法利益，协助他们扩大市场。团结、自律、服务，这三者是紧密联系在一起的，只有服务得好，才能把非国有书业团结在我们这个委员会周围；只有大家团结、联合起来，才能强化行业自律；行业自律得好，才能真正形成统一、开放、竞争、有序的图书市场，推动多种所有制书店共同发展。

三、组织起来力量大

要加强组织建设工作，上一届集体、个体书业工作委员会做了不少开创性的工作，成绩应该充分肯定。但实事求是地说，在非国有书业中的影响并不大，一个重要原因就是有许许多多的非国有书店还没有加入发行协会，仍然处于一盘散沙状态。因此，本会第三届会员代表大会特别强调要健全全国发行协会的组织，大力发展会员。国有书店的系统性比较强，除少数书店外，基本上都已成为各地发行协会的会员。所以，当前发展会员的重点，是在自愿的基础上，把非国有书店吸收到发行协会中来。对这个问题，在今年的全国发行协会年会上，还要进一步研究落实，要研究政策。非国有书业工作委员会的各位委员，都是各省级发行协会经过认真选拔推荐来的。希望各位委员运用本企业在同业中的影响和示范作用，在发展非国有书业会员方面多做贡献。

　　各省、自治区、直辖市书刊发行业协会都派代表参加了这次会议，希望你们把这次会议的精神向本省（区、市）新闻出版局汇报，尽快把本省、区、市发协的非国有书业工作委员会组建起来，逐步在全国和地方形成互动网络。那时，我们的力量就大了。我们的事业发展快了，我们就有权威了。我们希望通过这次会议，使非国有书业更好、更快地发展壮大，为中国的出版事业做出贡献。这样，我们这个专业委员会的活动，才能更广泛地更有效地开展起来。

愿心有所想，店有其书

——庆贺第十二届全国书市胜利开幕

（2001 年 9 月）

按语： 这是为祝贺第十二届全国书市胜利开幕写的一篇随笔。这届书市在昆明召开，筹备会时我去了，会后，主人请我们登玉龙雪山。我们登上 4605 米处，离峰顶虽还有 1000 米左右，但白雪皑皑，峰峦起伏，看着一批批青年继续向山顶攀登，心情很是激动。

书市开幕时我因为出国开会，没有参加。今天，全国书市已改名为全国图书交易博览会，已经办到第 22 届。回头看看，全国书市对于全国出版业经验的交流、彼此的学习观摩、成果的展示，特别是对举办地文化出版业的促进，确实起了巨大作用。

目前，类似的全国规模的出版活动有三项：全国图书交易博览会（即过去的全国书市）、北京图书（春季）订货会、北京国际图书博览会。应该说，三个活动各有特点，都有其发生、发展的历史，都有其存在的理由，都有其光荣和辉煌的业绩。但是，我听到不少业界的同行的小小牢骚：一年三项全国性的活动太多了，能不能集中搞好一两个？

就我的经历所感知——我做了 45 年出版工作，作为政府管理者主持过一些书展活动，作为一个经营单位的负责人，被通知、邀请参加过一些出版展览活动，出版界，包括出版者和发行者，最喜欢的是中国书刊发行业协会和中国版协合办的北京图书（春季）订货会。因为它集出版与发行，看样、订货与销售为一体，它不太讲形式，参展成本较低。我冒昧地进一言，能否以北京图书（春季）订货会为基础，把全国书市整合到一起，减少一个全国性的大活动呢？那样会给全国出版业朋友减少很多负担。至于北京国际图书博览会，涉及与国外出版业朋友的往来和版权交易活动，目前则可不动，容实践中逐渐改进。不知我这个建议有没有可参考之处？

第十二届全国书市即将在云南开幕，这是件可喜可贺的事情。云南，彩云之南，一片美丽富饶的土地。彩云之南，自然环境独特，热带亚热带物种繁多，是动植物研究的天然良所；彩云之南，地形地貌复杂，自然造化了许多神奇的风景名胜，令人神往；彩云之南，是我国少数民族分布最多的省份，各民族世代友好相处，创造了美好的社会生态环境。云南独特的自然环境和人文环境为出版业的发展提供了丰富而宝贵的出版资源。如今，党中央国务院做出了西部大开发的战略决策，乘此东风，我们选择春城昆明举办全国书市，集全国出版物，让西南边陲的各民族群众享受读书购书的机会，集全国出版界，感受、认识、研究、热爱西部的读者、西部的自然人文环境、西部的出版物市场，也让西部的同行们最大程度地接触、学习全国先进的出版经验，加强东西部出版业的经验交流。在这个双向交流的过程中，促进中国的新闻出版业繁荣、发展。

鉴于对本届书市成果的期待，我们希望本届书市能有所创新，有所建树。综观书市发展的历史，我们会发现创新活动贯穿始终。精品陈列、读书征文比赛、农村分市、科普集市、革命圣地书展等等活动，各种创新活动，使全国书市受到举办地群众、党政领导的热烈欢迎，成为全社会的一大文化盛事。本届书市承继创新传统，利用自然人文环境的优势，举办大理、瑞丽图书分市，展现特色图书；利用地缘优势，接纳与其比邻的东南亚多国的出版代表团，在全国书市中拓展区域出版贸易合作的业务，丰富了全国书市的内容，体现了创新与因地制宜的统一。我们有理由相信，本届书市会办出特色，办出水平。

随着高新技术的不断涌现，出版业从内容到形式都在发生着巨大的变革。出版物发行业采用现代新技术，不断推动产业发展。比如互联网技术的出现和广泛运用，使异地传输文字、图表、声像等信息变得格外便捷高效，直接改变了发行业的管理和运作。在高新技术迅猛发展的今天，有人对全国书市的存在价值提出疑问，认为这种在某一时间、某一地点集中展示出版物的活动形式是"骡马大集"，是粗放经营在出版活动中的具体表现，代表着一种低级、落后的生产力水平，到了应该取消的时候了。

粗看这种议论似有道理，采用网上订货不是更符合经济高效的原则吗？但是，这种观点忽视了全国书市所具备的综合功能。如今，全国书市已不是简单地承担图书零售和订货的一般经营活动，在其发展中衍生的同业交流、版权贸易、国际交往、学习观摩，以及丰富一方文化生活，推进一地文化发展，展示全国出版成就等等功能，目前是因特网无法替代的。既然如此之多的功能必须寻找适当的载体（活动形式）实现，你能简单地说现在已经到了取消全国书市的时候了吗？

环顾全球，世界各地每年都要举办大大小小许多的书市、书展，如法兰克福书展、莫斯科书展、芝加哥书展、埃及书展等等。比如法兰克福书展，全世界的出版人每年一度如朝圣一般拥向这个德国的城市，怀着热切的期待去认识、了解世界出版业日新月异的变化，去感受变化时代中蓬勃向上的朝气和氛围。据报道，2000 年第 52 届法兰克福书展，全世界 300 多万人参加，来自 107 个国家的 6887 个参展商，展出了 37 万余种书籍。小小的书展，岂非大大的文化世界？这个"骡马大集"成为全世界出版人的盛会，其魅力与日俱增。

高新科技已经、正在并将继续给出版活动带来深刻的影响，高新科技必将改变现有的出版活动形态，包括出版物形态、读者的阅读趣味和阅读形式、消费习惯，等等。但是，在当前，书市作为一种买书人、卖书人共同参与的好形式，它将继续存在，并继续发展下去。它仍然会给读书人带来巨大的喜悦和无限的希望。

记得一位美国资深出版专家说过：亚马逊网上书店恰如林中的一只小鸟，其清脆婉转的鸣叫十分悦耳动听，传得很远，动静很大，但实际上，亚马逊只实现了全美图书零售的2%。这段话意味深长。纳斯达克网络股狂泻，新经济遭挫，电子商务寻求着陆，这提醒我们，任何新事物都在探索中曲折前行。还是那句老话：既不能因循守旧，裹足不前，又不能一哄而上，盲目冒进。在恰当的时候选择最佳的决策，才能产生最优的效果。高明的管理者给我们作出了榜样。

当前，我国出版业进入了一个关键的时期。从外部环境看，我国即将加入世界贸易组织，国民经济和社会发展"十五"计划已经启动，教育改革不断深化，这些都给出版业带来机遇。从出版业内部看，出版法制建设亟待加强，管理体制改革尚未到位，"三项制度"改革正在进行，出版物市场秩序整顿任务繁重，现代科技的开发运用必须加快，出版队伍整体素质急需提高，如此等等，机遇来了，你本身的条件如何？中国出版人确实肩负着前所未有的重任。

出版物发行是出版活动实现"两个效益"的最终环节，面临着更加艰巨的改革任务。那么，发行改革的目标是什么呢？我认为，发行业的改革最终还是要通过市场上的出版物来衡量，其特征可以用两个字来概括，一是"全"，二是"快"。"全"就是市场上要备有足够数量的品种，能满足读者多样化的阅读需求，我要买的书你全有；"快"就是读者能够在最短的时间里，得到所需要的书。可以说，所有发行改革的举措，最终都要指向这个目标。如今，读者对"全"和"快"的要求越来越高，不断刺激着发行业更新观念，完善机制，取得新突破。

当前发行业的改革，一定要有历史的意识和世界的眼光。自1852年法国出现第一家百货店，即"邦·马尔谢"商店以来，世界零售业历史上经过了三次革命，第一次革命是百货店的出现，第二次革命是1930年超级市场的出现，第三次是20世纪50年代，连锁商店得到迅速发展，获得了巨大的成功。连锁经营方式在当前的世界图书经营中同样显示出强大的生命力。法国有阿谢特，我国台湾有金石堂、诚品，在美国，巴诺和鲍德斯更是声名卓著。在全美图书销售额中，连锁书店占有相当的市场份额。

党中央和国务院的领导同志一直十分重视新华书店的连锁经营工作。李岚清同志和丁关根同志曾经专门批示，具体指导做好新华书店的连锁经营，为我们开展工作提出了要求。我们的新华书店大多处于城市的黄金地段，具备较好的基础设施，具备开展连锁经营的天然条件。当前的关键是要在管理体制和经营机制上下工夫，决不能"换汤不换药"；要把人才培养和引进相结合，建立一支既懂经营管理又讲政治的队伍；要大力运用现代科技，推进产业升级。

当然，连锁经营不是我们发行业改革的全部，只是当前的一项重点工作。发行体制改革唯有整体推进，方能最终实现"全"和"快"的目标。

愿"心有所想，店有其书"的时代早日到来！

我们都要"咬文嚼字"

——《咬文嚼字》2001 年合订本序言

（2001 年 10 月）

按语：这是应上海《咬文嚼字》主编郝铭鉴之邀，为 2001 年合订本写的一篇序言。《咬文嚼字》办得好，我在文章中已经略述一二。这里我要介绍的是文中涉及的 1991 年新闻出版署图书司做的一件震动全国出版业、影响深远的大事：全国图书质量大检查。这样的做法在全世界恐怕也是第一家。

当时读者强烈反映，出版物质量太差，突出的是差错率太高。于是，我们从 1991 年、1992 年的出书目录中随机抽出几十种图书，请专人检查差错率。检查结果，很让人震惊，合格率仅为 20%。但更令人震惊的还不是这种低水平的合格率，而是对这种"低水平"的态度。有的出版社居然跑到新闻出版署领导那里告状，说图书司检查他们的图书是"打击报复"。从这里我们可以看出来，我们的一些编辑甚至个别出版社的个别领导，对这种质量要求是多么不适应。

但我们的工作却得到读者、社会的热烈欢迎。随后，图书司又连续几年、多次从各个方面进行图书质量检查：大型古籍今译图书质量检查、少儿图书质量检查、文艺图书质量检查、优秀出版社图书质量检查……终于扭转了图书质量严重下滑的局面。1999 年全国优秀出版社图书质量的合格率达到 80% 以上。

联想到图书质量检查，《咬文嚼字》从 1995 年创刊，17 年如一日，坚持为纯洁祖国的语言文字而奋斗，值得表彰和感谢。

《咬文嚼字》的同志向我组稿，我慨然应允。一是我太喜欢这本小刊物了，它刊载的文章生动有趣，尖锐泼辣；二是我太感谢这本小刊物了，它勇敢地担负起咬文嚼字的任务，为扭转"无错不成书"的现象，为纯洁祖国的语言文字，兢兢业业，一丝不苟，尽着自己的一份责任。

长期以来，出版物的质量，备受社会关注。从广大读者、作者，到出版印刷单位和政府出版行政管理部门，都在积极探讨如何提高出版物的质量。我们经常收到各界读者的来信，强烈反映出版物质量的问题，有尖锐的批评，也有合理的建议。这些来信呼吁出版单位，要本着对读者负责、对社会负责、对子孙后代负责的态度，切实提高出版物质量，提供合格的精神产品，同时也要求出版行政管理部门，进一步加强对出版物质量的管理。

客观地说，这些年来，出版行政管理部门在出版物质量管理和出版物用字规范方面，下了不少工夫。主要是抓两方面的工作：一是抓规范管理，制定规章制度和行业标准；一是抓监督、检查和落实，逐步完善管理机制和监督机制。1992 年 7 月，新闻出版署与国家语言文字工作委员会联合颁布了《出版物汉字使用管理规定》，明确要求所有报纸、期刊、图书、音像制品和电子出版物都"必须使用规范汉字，禁止使用不规范汉字"。1994 年 8 月，就进一步落实上述规定的问题，新闻出版署发出《关于新闻出版行政管理部门要带头使用规范字的通知》。1995 年以后，新闻出版署相继发布了《图书质量管理规定》、《图书质量保障体系》、《报纸质量管理标准》、《社科期刊质量管理标准》等行业标准，力度不可谓不大。

但顽疾难医，问题依旧。新闻出版署只好组织对出版物的质量进行具体检查，并考核出版单位执行上述规定的情况。

1993 年，中国出版史上空前的全国性的图书质量检查开始了。第一次，主要是针对读者反映强烈的北京地区中央各部委出版社的出版物进行质量检查。办法是随机抽查，从 1991 年、1992 年两年的出书目录中抽查几十种图书。检查结果令人震惊，合格率仅为 20%。但更令人震惊的还不是这种低水平，而是对这种低水平的态度。有的出版社居然认为检查他们的图书质量是"打击报复"，明明质量不合格，还到处告状。从这个态度可以看出来，我们的同志对这种质量要求是多么不适应。

接下来，新闻出版署又对读者反映强烈的大型古籍今译图书的质量进行检查，检查结果同样令人震惊。检查了 9 种大型古籍今译图书，9 种全部不合格，平均差错率高达万分之六点三。

这种全国性的图书质量检查，在全世界恐怕也没有第二家。功夫不负苦心人，事情在向好的方向转化。1998 年对全国文学图书进行质量检查，合格率达到 60% 以上；1999 年对全国优秀出版社出版的图书进行质量检查，合格率达到了 80%。

工作在进步，质量在提高，一方面靠行政的力量，持之以恒，一抓到底；另一方面也是靠社会来抓，靠广大读者来抓，靠各方面的监督，《咬文嚼字》便是其中的佼佼者。

《咬文嚼字》敢于较真，不论是大作家还是大明星，是大报名报还是大刊名刊，都敢于去"咬"、去"嚼"。在今天的社会，在追星和捧名角盛行的风气中，做到这一点，尤为难能可贵。为什么？因为明星、大人物影响大，小学生、中学生甚至一些大学生，对明星、大人物趋之若鹜，迷信、盲从，认为他们说的、写的、做的都是典范。名报、名刊发行量大，涉及方方面面，而中国人有"文字崇拜"的传统，认为凡是书中写的都是对的。殊不知，写书的人也会把"锥刺股"的"股（大腿）"解释为"屁股"，把"举案齐眉"说成

"个头一般高"。如果不指出他们的错误，对社会不利，对他们自己也不利。

另外，《咬文嚼字》在"一针见血"的精神之外，还"咬"得入情入理，"嚼"得有理有据，既指出其错，又道出其理，被"咬"、被"嚼"者心悦诚服，读者也因此长了见识，懂了道理，丰富了语言文字方面的知识。这样的刊物谁不欢迎？这样的工作作风谁不赞赏？

咬一咬，嚼一嚼，使文通字顺，弊绝风清，其意义重大，功不可没。我国是一个多民族、多语言、多文种的国家，语言文字的规范尤为重要。新中国成立以后，毛主席、周总理等老一辈革命家，以及党和国家第二代、第三代领导人，都十分重视语言文字工作，都对语言文字工作作过重要指示。2000年10月31日第九届全国人大常委会第十八次会议审议通过的《中华人民共和国国家通用语言文字法》第十一条明确规定："汉语出版物应当符合国家通用语言文字的规范和标准。"出版物用字量大，读者众多，示范性强，影响面广。出版物的用语用字，直接关系到各民族、各地区的交流，关系到文化教育的普及和经济建设的发展，关系到我国社会主义物质文明和精神文明的建设，任重道远，不可怠慢。我们大家，包括作者、出版工作者、一切从事语言文字宣传的工作者，如果都能像《咬文嚼字》那样，认真负责，一丝不苟，一针见血，我国的出版事业和文化事业繁荣的日子就不远了。

（本文系作者为《咬文嚼字》2001年合订本所写的序言）

对中国出版业改革的探索与思考

（2002 年 6 月）

按语：这篇文章引用了恩格斯 1888 年访问美国归来后写的一段话，这段话今天读来仍然让人激动，让人钦佩恩格斯赞美新事物的精神。

他说："这个新世界由于蔑视一切现成和传统的东西，而远远超过我们这些旧式的、沉睡的欧洲人。这个新世界是由现代的人们，根据现代实际的合理的原则，在处女地上，重新建立起来的。"

我想，这段话里所洋溢着的对创新精神的赞扬，和要"根据现代实际的合理的原则"求实精神的强调，仍然具有强烈的指导意义。

一个威胁，也就是一个挑战。文化产业的国际市场已经形成，主要发达国家的文化产品已经在国际市场上获得了垄断地位。

一个教训。日本出版业在经济起飞的年代里太看重经济效益，就像追求经济倍增那样，追求产值，完全市场化了，结果导致出版者、读者素质双双下滑。

一个问题。面对激烈的竞争，如果放弃出版产业的文化积累、传播、引导、教育的基本功能，毫无保留地与市场拥抱，中国出版的性质就面临扭曲的危险。

我们的出版改革在解决这三个问题上作出了巨大努力，取得了重大成果。但我们的任务仍然很艰巨，怎样使中国出版业创造出一批传世不朽的伟大作品，怎样使中国成为世界出版强国，还有很长的路要走。

沿着党的十一届三中全会确立的改革开放路线，我国的社会主义出版事业不断推向前进。改革开放 20 多年的实践和成果充分表明：出版行业在由传统的计划经济向社会主义市场经济转变的过程中，出版业各单位基本实现由事业单位向自主经营、自负盈亏的事业单位企业管理方向转变，出版市场正在大力规范和努力建设之中，提高质量，增进效益，实力明显增强，一个具有中国特色的出版业初步形成。但是，应该看到，随着我国进入小康社会，人民群众精神文化需求迅速增长；随着社会主义市场经济体制的初步建立，高新技术应用于传媒领域；随着我国加入世贸组织，对外开放进一步扩大，当前我国的出版业面临着前所未有的机遇和挑战。研究出版业发展存在的问题，探索出版业改革的道路，规划 21 世纪出版业发展的蓝图，是出版业发展亟待解决的重大课题。

一、十一届三中全会以来出版业发展的历程

为了探索当前的改革思路，我们有必要先回顾一下 20 年来改革的历程。我把这个历程划分为三个阶段。

第一阶段（1978 年 12 月党的十一届三中全会—1985 年）：拨乱反正，重新确立出版方针阶段。

十年"文革"，我国的出版事业遭受严重摧残。"文革"结束后，出版事业面临的首要任务就是重新明确出版方针。首先抛弃了"以阶级斗争为纲，为当前政治任务服务"的"左"的方针，端正了对出版功能的认识，承认图书不仅有政治功能，还有认识功能、审美功

能和娱乐功能。

1983 年 6 月，中共中央、国务院发布了《关于加强出版工作的决定》。这个文件提出："社会主义的出版工作，首先要注意出版物影响精神世界和指导实践活动的社会效果，同时要注意出版物作为商品出售而产生的经济效果。"第一次提出"把社会效益放在首位，同时注重经济效益"。肯定了图书是商品，有两重性，出版工作也是一种经营活动。这个提法有突破传统观念的意义，对新时期出版业发展意义重大。

随着我们对出版工作认识的转变，出版管理工作进行了相应的调整，出版事业逐步走入正轨，很快，面貌便发生了很大变化。这些变化主要有：

1. 调整地方出版社的出书方针。过去只允许地方出版社出书面向本省区，要求地方化、群众化、通俗化。1979 年 12 月长沙会议改为"立足本地，面向全国"，大大解放了出版生产力。

2. 调整图书流通体制。1980 年 8 月，允许出版社自办发行；12 月又允许集体个体经营书店、书亭、书摊。

3. 拓宽发行渠道。1982 年发行体制改革，提出"一主三多一少"。即以国营新华书店为主，多种经济成分、多条流通渠道、多种购销形式，少流转环节。对发行渠道的拓宽，大大促进了全国图书市场发展。

4. 1984 年，提出"要使出版社由单纯的生产型逐步转变为生产经营型"。

随着指导思想的改变和一批改革措施的落实，到 1985 年，出版业的发展出现了一个高峰。从下面三组数字，就可以看出这种发展的态势。

第二阶段（1986 年—1995 年）：出版业的迅速发展，要求规范管理。"一手抓繁荣，一手抓管理"，新闻出版业治散治滥。

经过第一阶段的拨乱反正，出版业急于把失去的时间补上去，把损失夺回来，事业发展迅速。

1986年10月，国务院决定将文化部所属的国家出版局恢复为国务院直属机构。

1987年1月，国务院决定成立中华人民共和国新闻出版署。出版署的成立，为出版事业深化改革，加强管理，提供了十分有利的条件。

1987年10月，党的十三大提出社会主义初级阶段理论，把是否有利于推动社会生产力发展作为衡量一切工作的标准。在这样的背景下，出台了以下两个文件：

1. 1988年5月，中宣部、新闻出版署颁发了《关于当前出版改革的若干意见》。这个文件重点是确立了出版社内部机制改革的原则，包括：管理机制改革，推行多种形式责任制、专业职务聘任制、岗位责任制。分配制度上按劳分配，奖金拉开距离，克服平均主义。开辟多种渠道，利用社会力量，扩大出版能力。

2. 与此同时，又颁布了《关于当前图书发行体制改革的若干意见》。这个文件提出"三放一联"的思路：放权承包，搞活国营书店；放开批发渠道，搞活图书市场；放开购销形式和折扣，搞活购销机制。推行横向经营联合，重点在于放开搞活，增强企业活力，改革内部管理机制。

历史地看，这两个文件在出版社内部管理、出版市场、物资供应、价格等方面的思考上取得很大进展。按市场规律组织图书生产的要素基本具备，出版市场竞争的时代到来了。这时，出现了一些过去没有的现象——

出版社：新社老社处于同一起跑线上，特别是一部分新社小社，一方面没有或较少受传统观念影响，经营灵活；另一方面，缺少出版管理经验，法制观念不健全，选题下放，项目承包，编印发一条龙，表现出异常的竞争意识。

编辑：对市场反应快速，四面出击，抢占兴奋点，热点频出。言情小说热、武侠热、弗洛伊德热、萨特热、尼采热、未来学热、侦探小说热等等，纷至沓来，热闹非常。

正当此时（1988 年），吉林延边出版社出版了《玫瑰梦》，中国工人出版社出版了《情场赌徒》。这两种书都是国外低档次读物，充满色情淫秽内容。这两种书的出版，给出版界敲响了警钟，国外一些夹杂色情淫秽内容的出版物正向中国市场走来。新闻出版署对出版这两种图书的出版社予以严肃处理。

1989 年，一家文艺出版社出版了《性风俗》，严重伤害了穆斯林的感情，影响极坏。

面对这些问题，新闻出版署不能不拿出更多时间和精力进行整顿。1989 年 7 月，开始整顿协作出版，查处买卖书号。8 月，整顿书报刊市场。9 月，压缩、合并重复的出版单位，撤销问题严重的出版单位。

再从统计数字来看，出版业的快速发展，出现了不容忽视的情况。图书品种连年高增长：1992 年图书出版品种较 1985 年增长 1 倍多，从 46000 种增长到 96700 种，而图书的总印数从 61 亿册只增长到 63 亿册，总印张每年则递减 3.7%。这也是三组数字。从这三组数字我们可以看出许多问题。广种薄收，造成总量激增；选题重复，平均印数下降；加上市场缺乏规范，二渠道推波助澜，出版物散滥现象明显。

正是在这样的背景下，针对出版界存在的问题，中央提出新闻出版业要"治散"、"治滥"。

1993 年 10 月，中宣部、新闻出版署联合召开繁荣出版事业，禁止买卖书号座谈会。会上宣布了《关于禁止"买卖书号"的通知》，以前所未有的力度查处买卖书号问题。

随后，中宣部、新闻出版署以两单位的名义表彰 15 家优秀出版社。这是规格很高的表彰。

1993 年 10 月，国家图书奖诞生。该奖是以政府名义进行全国图书评奖的最高奖项。

1994 年 8 月，丁关根同志在全国新闻出版局长座谈会上提出要"一手抓繁荣，一手抓管理"两手抓的思想。这个思想科学地总结了新闻出版业的正反两方面经验，中肯地指出了新闻出版业发展前进的根本道路。

新闻出版署提出"要从以规模速度为主要特征的阶段，向以质量效益为主要特征的阶段转移"的思路，强调"质量、效益"。

随后，出台了《关于图书质量管理的规定》。

1995 年，中央政治局常委会议听取新闻出版署党组汇报。会上对在社会主义市场经济条件下做好出版工作作了重要指示。指出：出版工作是一项非常重要的事业。出版物是特殊商品，不能完全交给市场去调节。这就明确指出了在建设有中国特色社会主义进程中，作为意识形态一部分的新闻出版业的特殊性，很有指导意义。

第三阶段（从 1996 年至今）：党的十五大提出新闻出版业要"加强管理，优化结构，提高质量"，出版工作转入理性发展阶段。2001 年 8 月中办、国办转发《中宣部、国家广电总局、新闻出版总署关于深化新闻出版广播影视业改革的若干意见》，标志着新闻出版业改革开始了一个新阶段。

1996 年 10 月，党的十四届六中全会决议指出：包括新闻出版业在内的文化事业，"迫切需要一个大的发展"。

1997 年 1 月，国务院发布《出版管理条例》。这是新中国成立以来第一个比较全面系统的出版管理行政法规。

1997 年 6 月，颁布《图书质量保障体系》。

1998 年 12 月，新闻出版署批准组建广东出版集团、上海世纪出版集团、广东发行集团、四川新华书店集团、江苏发行集团，作为全国试点单位。

2001 年 4 月，国务院决定将中华人民共和国新闻出版署调整为中华人民共和国新闻出版总署，升格为正部级。这一调整，体现了党中央国务院对新闻出版总署的高度重视，意义重大。

2001 年 8 月 24 日，中办、国办转发了经中央同意的《中宣部、国家广电总局、新闻出版总署关于深化新闻出版广播影视业改革的若干意见》，指出：新闻出版广播影视业面临新的形势，迫切需要抓住机遇，深化改革、加快发展，更好地完成党和国家赋予的任务。

综上所述，从 80 年代初期开始，我国出版业一步一步深化改革，面貌发生了显著变化，实力明显增强。这种变化，从宏观管理政策到微观经营者的具体行为，都具有了前所未有的特征。试概括为如下 8 个方面：

1. 出版业思想统一、事业发展的指导原则明确，基本摸索出一套发展前进的思路。

党的十四大提出建立和完善社会主义市场经济体制的理论，十四届三中全会《关于建立社会主义市场经济体制若干问题决定》提出实现两个根本转变的要求。实现两个根本转变，成为出版业改革的根本纲领。

根据党中央的指示，总结新闻出版业正反两方面的经验，新闻出版署提出建立既要适应社会主义市场经济要求，又要符合社会主义精神文明建设需要，同时要体现出版工作自身规律的新型出版体制。

党的十五大，对出版工作提出了"加强管理，优化结构，提高质量"的要求。这三句话是一个整体。加强管理是前提，是基础；优化结构是关键，是保障；提高质量是目标，是方向。

2. 出版业经营理念日趋成熟，在对十一届三中全会以来出版业走过路子的回顾与反思中，找到了事业发展的症结所在。

1984 年，提出"要使出版社由单纯的生产型逐步转变为生产经营型"，为出版业走向市场做了必要准备。

1994 年，针对总量增长过快，质量效益低下的状况，提出"新闻出版业要从以规模速度为主要特征的阶段向以质量效益为主要特征的阶段转移"的要求。这个阶段性转移的思路，应该说是我国出版业改革发展过程中的一个重要的阶段性标志。它的贯彻和落实，为出版业的深化改革做了必要的准备。

遵循党的十四届三中全会要求，出版业努力实现由传统的计划经济向社会主义市场经济转变，粗放型向集约型转变。

3. 出版管理中的法制建设有了明显进展。

虽然"出版法"并没有颁布，但出版业努力通过立法规范、依法管理的思路日益清晰。

20 世纪 90 年代初的《著作权法》，近几年的《出版管理条例》、《印刷管理条例》、《音像制品管理条例》以及《出版物市场管理暂行规定》、《图书质量保障体系》等法规陆续出台，标志着适合我国现阶段特点的出版物法律体系逐渐建立起来。

4. 出版物管理重在建设，正面引导的意向突出，管理的力度大大增强。较为重大的举措有：

评定优秀出版社、良好出版社，并给优秀、良好社优惠政策；

"八五"、"九五"、"十五"重点图书规划的制定和实施，形成抓重点图书的（国家—省—出版社）网络；

以国家图书奖为中心的评奖体系的确立；

科技出版基金、民族出版基金的支持和导向作用；

发挥行业协会作用；

建立职业道德标准；

岗位责任制、上岗培训制。

5. 出版集团、发行集团的建立和积极试验，给出版业改革吹进一股强劲的改革之风。集团的未来，让人兴奋，也让人思考和研究。

集团，这是一个新的组合。

集团内各家出版社"专业分工的综合"意味着什么？

集团试验"在各地建立编辑分部"意味着什么？

集团内部的实际上的企业管理和运行意味着什么？

解决这些问题，让人兴奋、让人期待，也让人感到压力。

出版社内部，以"三项制度"改革为重点，立足于发展壮大。

6. 出版业技术手段发生革命性变化。

20 世纪 90 年代初，全国出版业淘汰了铅排铅印；

电子分色、自动照排和胶印等技术和设备的引进，印制质量大大提高；

图书装帧设计观念发生明显变化；

我国纸介质图书的外在品质和形象发生了巨大变化，面目一新，令人自豪。

7. 出版物内容丰富多彩，空白或薄弱环节得到填补或大大改进。

8. 图书品种总量增长明显减缓，经济效益显著增加。

根据国家统计局统计年鉴显示，出版行业经济效益居各行业前列。

1998 年新闻出版业产品销售收入 1221.90 亿元，在全部国有及规模以上（年产品销售收入 500 万元以上非国有工业企业）各行业收入中占第 21 位；利润总额为 1176.70 亿元，在各行业利润排序中占第 5 位，仅次于电力蒸汽热水生产供应业、电子及通信设备制造业、石油和天然气开采业、烟草加工业（销售利润率很高，值得深思）。

20 世纪 90 年代初，全国出版社资产总额在 5000 万元以上的不足 70 家，现在已经超过 200 家。现在销售收入 1 亿元—5 亿元的有 50 家；5000 万元—1 亿元的有 60 家；1000 万元—5000 万元的有 90 家。

从出版业的总体实力和经济效益看，出版业已经成为一个名副其实的重要产业部门。出版社自己深有体会地说："如今出版社是家大业大，资本雄厚。"

综上所述，出版改革实践成果表明，具有中国特色的出版产业初步形成。

回顾出版业 20 余年的发展历程，我们认识到，改革是发展的动力。改革要坚持解放思想，实事求是的原则。江泽民同志几次提到恩格斯 1888 年从美国旅行归国途中写的《美国旅行印象》。在这篇文章中，恩格斯实事求是地谈到了他对建国只有一百多年、正在快速发展的美国的印象。他说："这个新世界由于藐视一切既成和传统的东西，而远远超过我们这些旧式的、沉睡的欧洲人。这个新世界是由现代的人们，根据现代实际的合理的原则，在处女地上，重新建立起来的。"恩格斯的概括，对于我们今天建设有中国特色的社会主义出版事业是很有启发的。

二、初步形成的出版产业所面临的严峻挑战

对于初步形成的我国出版产业，应该认清形势，分析利弊，审时度势，乘势而上。

1994 年，党中央提出了建设社会主义市场经济的要求。建设市场经济，强调市场在资源配置中的基础性作用，突出了自主经营、自负盈亏的市场主体，市场竞争，优胜劣汰，成为市场运作的基本法则。我们的出版单位，顺应改革的大潮，都在激烈的竞争中图发展。2000 年，我国加入世界贸易组织的步伐大大加快，逐步开放我国的出版物市场已经提到议事日程上来。"入世"后，中国出版业的大舞台，正逐步由国内群雄竞争的态势转向国际国内资本交互竞争的激烈局面。

一个是市场经济，一个是加入世贸组织（WTO），逐步开放我国的出版市场，使正处于社会主义初级阶段蓬勃发展的中国出版业面临着一个威胁、一个教训、一个问题。

一个威胁。今天，文化市场经济已经成为经济全球化的一个主要领域，文化产业的国际市场已经形成，主要发达国家的文化产品已经在国际市场上获得了垄断地位。据《中国音像》1998 年提供的资料讲，美国文化产业自 1983 年以来一直保持连续增长的态势；其视听产品（影视音像）在国民经济中的位置由 1985 年的第 11 位，迅速跃

居 90 年代的第 6 位，成为仅次于飞机出口的第二大出口商品。

如果我们把视角从美国掉转开来，就可以发现美国的文化产品是怎样在世界泛滥的。据 1999 年 8 月 6 日《环球时报》载：美国控制了全球 75% 的电视节目的生产、制作；许多第三世界国家的电视中，60%—80% 的节目来自美国，几乎成为美国节目转播站；而美国自己的电视中，外国节目占有率仅有 1%—2%；美国影片产量占全球影片总产量的 6%—7%，却占有了全球总放映时间的 50% 以上。

这种局面太令人深思了。这不是传统意义上的"经济发展优势"，而是"文化传播优势"。如果像麦当劳、肯德基那样连锁店遍布中国的情况在文化领域出现，后果将是十分严重的。这种形势发展下去，将使我们的下一代成为西方文化的忠实消费者，会严重削弱或不再具有本民族文化的认同感。

透过这种挑战，我们发现，在加入世贸组织的背景下面，抓好繁荣，多出精品，不仅是为读者多出几本好书的问题，还关系到占领中国市场和进军国际市场的问题；不仅是关系到我们这一代精神文明建设，还关系到中华民族优秀的民族文化的传承问题。事关重大，不可怠慢。

一个教训。在分析我国出版业面临的严峻挑战，寻求对策之时，不能忽视的是我国经济正处于转型期，正努力由传统的计划经济向社会主义市场经济过渡。不能忽视的是我国经济和社会发展所处的所谓后现代社会的世界性的环境。如果承认历史发展基本规律存在的话，我们可以从邻国日本在经济起飞后出版业的变化中，寻求教训。

20 世纪 50 年代末，日本制定了经济倍增计划。在美国的帮助下，日本经济进入了国际经济发展的大格局中，经济实力急剧增强，经过了 50 年代、60 年代的经济起飞阶段后，70 年代的经济水平居于世界各国的前列，为世界瞩目。借助经济起飞的机会，日本出版业在 70 年代达到最高峰，进入鼎盛时期，日本成为世界出版大国。盛极而变。随后日本出版业长期停滞不前，1975 年、1976 年开始不景气；

80 年代呈低迷缓慢态势；1997 年出版业居然是零增长，近三年出现负增长，退书率达 40% 甚至更高，其中的原因，很值得思考。

现在日本出版业的一个重要特点是："刊高书低"。刊与书的比例为 6∶4，甚至达到 7∶3。这"6"是些什么呢？主要是一些消闲、娱乐、广告信息为内容的刊物，压倒了文艺、知识、教养为内容的刊物。大量杂志以女性消闲娱乐为对象，以暴露隐私为主导内容。漫画杂志大量涌现，甚至书籍也出现杂志化的倾向。这占四成的图书又是些什么呢？其中：①漫画书比重很大。目前日本漫画书占市场营业额高达 23%，册数占 39.9%。②文库版大量出现。文库版图书曾经是日本出版业的明星和骄傲，但如今已改变了 30 年代典籍、知识的特征，变成投大众之所好，以奇闻逸事趣味为首选的图书的组合和汇集。③图书的出版，追求轻、薄、短、少（文字）、低（定价）。④热衷于翻译欧美国家的流行作品。

如今，日本的出版物缺少前期的文化性质。高层次的文化、艺术、学术著作少了，原创性大大缺乏，追求短期效益。有人评论说，随着一代作家学者诸如井上靖、司马辽太郎和丸山真男等人物在 90 年代相继去世，好像日本战后文化重建发展的时代也结束了。究其原因，恐怕是日本的出版业在经济起飞的年代里，太看重经济效益，就像追求经济倍增那样，追求产值，完全市场化了。为此，努力贴近时潮，热衷对时潮、对市场的亦步亦趋。其结果是出版原本赋有的在文化教育上的追求，变成了对市场和时潮的讨好与乞求；出版对阅读口味和视野的引导，变成对读者喜好的迁就和附和。读者口味愈下降，出版愈迁就，日复一日，年复一年，读者、出版者素质双双下滑，其对社会文化的影响恐怕不难想象了。

我国目前也正处于经济起飞的重要时期，出版也面临着市场经济的形势。其他国家的前车之鉴，作为我国出版业改革发展的一面镜子，一定要引起我们的高度重视。即在商业化、时潮化形势下，如何关注文化事业发展、文化水平提高及民族文化的弘扬。我们必须也能够找到走出出版高速发展之后的发展步伐停滞、文化品位散失、附庸低俗口味的困境。

　　一个问题。转型期的中国出版业面临的形势是复杂的。我们国家的经济正在发生着两个根本性转变，即传统的计划经济向社会主义市场经济转变，粗放经营向集约经营转变，这两个根本性转变必然引起人们精神世界的深刻变化，一方面人们的竞争意识、效率意识、民主法制意识和开拓创新意识大大增强，另一方面市场经济活动存在的弱点也会给人们带来消极影响，再加上国外资产阶级腐朽的思想文化的进入，国内封建主义残余思想的泛起，这种社会存在引起人们思想意识的变化，将会产生严重后果。正如江泽民总书记在讲话中指出的：由于社会经济成分、组织形式、物质利益、就业方式日益多样化，人们思想活动的独立性、选择性、多变性、差异性明显增加（如诱发的自由主义、分散主义、拜金主义、享乐主义和利己主义）。反映在出版上，出版社在出版的内容、形式方面会呈现多样化的特征；读者对出版物的选择、偏好也会呈现多样化的特征。面对激烈的国际市场竞争，如果我们像一些国家的出版业那样，放弃出版事业的文化积累、传播、引导、教育的基本功能，毫无保留地与市场拥抱，中国出版性质的扭曲就为期不远了。

　　这不是无的放矢。正如江泽民总书记所指出的：这些年来，社会上一些与马克思主义、社会主义相违背的思想言论时有出现。而这些问题在我们的出版物上都有反映。解决这个问题的关键是坚持和巩固马克思主义在我国意识形态领域的指导地位。这一点不能有丝毫的动摇。我们的计划，我们的选题、书稿要以这把尺子去衡量；同时要坚持马克思主义与时俱进的理论品质，深入进行调查研究，努力回答实践不断提出的重大问题，不断发展我们的事业。

　　21 世纪的中国出版产业的建设发展，何去何从，孰吉孰凶，直接取决于今天我们在一系列重大问题上的思考和抉择，取决于对"威胁"、"教训"、"问题"的处理和解决。

三、亟须考虑和解决的几个具体问题

出版业的改革对出版业的发展至为关键。目前，又由于中国加入世贸组织的形势，出版改革更加紧迫。如何改革？当前有哪些亟待解决的问题？试做探讨如下。

在讲具体的问题之前，我先谈谈深化改革需要注意的几个原则问题：

1. 要从实际出发，大胆改革。第一要从实际出发，第二要大胆改革。换一句话说就是解放思想，实事求是。为什么要从实际出发？因为离开了实际就是空中楼阁。离开实际，想法再好也无法实现。我们的实际是什么？就是建设有中国特色的出版事业，就是社会主义市场经济。这个"实际"有三个要点要注意：第一点，我们既不是传统的计划经济，也不是资本主义的市场经济，而是社会主义的市场经济。第二点，既要坚定不移地以马列主义为指导，运用意识形态的管理手段，这就不可避免地带有某些传统的、行政的、计划经济的特征，又要运用市场经济的规律和杠杆，讲究自主经营、自负盈亏、自我发展，这也是一个实际。江总书记在宣传思想政治工作会议讲话中特别强调马列主义的指导地位，我们要深入领会，离开这一点，就不叫社会主义市场经济，就不叫有中国特色的社会主义。你不承认这一点，好比揪着自己的头发要离开地球，是无论如何做不到的。第三点，既要坚持社会效益，符合社会主义精神文明建设的要求，又要考虑经济效益，考虑经营成本与核算，努力做到两个效益的统一。这就要求每个出版社社长、书店经理要有很高的水平，既要懂经营，还要懂社会主义精神文明建设。这就比单纯的企业管理更难。

2. 改革就要有突破。从某种意义上说，改革也是革命。如果没有重大突破就称不上改革。但一切方案要经过实践来检验，所以试验要积极大胆，推广要慎重小心。特别是涉及重大的原则性突破，要事先报告，没有经过批准不能随便试。我们这么大一个国家，五六百家出版社，几千家报纸，上万家杂志，几万家书店，大家都按自己的想法去试不就乱了套吗？现在乱和以前乱还不一样了。以前如果乱，还是自己窝里乱，加入世贸组织之后，再乱，我们的"国民"有什么"待遇"，其他国家的"国民"就会提出要求有这些"待遇"。

3. 改革的关键是处理好宏观与微观的关系，既要建立在党和政府领导下调控适度、运行有序、促进发展的宏观管理体制，又要建立保证正确导向、富有经营活力的微观运行机制。简单地说，宏观要管住，微观要搞活，要有竞争力。

同时，在加入世贸组织的背景下面，我们既不要惶恐不安，乱了方寸；也不要按兵不动、坐等变化。任何一个组织都有它的法律规定。世贸组织 29 个法律规定，20 多个部长级规定，五六十个文件，约束着每一个组织成员；但世贸组织成员的贸易，占全球 95% 的贸易额，不加入不行。谁被排除在外，谁就要受欺负。加入有加入的规则，什么国民待遇、最惠国待遇，都要遵守，但是，在本质上，一切都要根据本国的情况，有利于本国的发展。我们要研究例外法则，研究它的每一章每一款，我们可以在里边争取我们的利益。如今，中办、国办转发《中宣部、国家广电总局、新闻出版总署关于深化新闻出版广播影视业改革的若干意见》已经下发，我们要遵循文件精神，解放思想，实事求是，积极主动，加大力度，深入创新，积极推进，结合本地实际，制定切实可行的方案。

有哪些问题亟须考虑呢？

第一，在修订的《出版管理条例》的基础上，尽快争取"出版法"出台。

依法管理，首先要有法。加入世贸组织之后，外国会进入中国市场。要人家守法，我们得先有个法。现在的"条例"内容尚不完善，在档次上也不够高，所以在修订的《出版管理条例》基础上，尽快争取"出版法"出台。利用世贸组织的例外法则，研究并制定既与国际接轨，又能保护中国民族出版业的条款。加入世贸组织的国家的许多案例，对我们都有启发。譬如，20 世纪 90 年代欧共体国家，法国、西班牙就视听产品进入问题与美国打了一仗，最后美国打输了。美国要求视听产品自由流通，要把它写入关贸总协定，但是欧洲国家不同意，要保护欧洲文化，最后乌拉圭回合谈判把它搁置在一边了。可见，是可以利用例外法则去争取到符合我们国家利益的条款的。另外，出版业是一种特殊的文化产业，关系到一个国家民族和文化的认同，世界各国都给予了特别关注，都不会那么轻易准入的，包括美国自己。一个民族的认同感，跟文化出版产业密切相关。现在世界的共识是：出版服务贸易自由化问题可以采取与服务贸易总协定不相一致的措施，而且可以通过逐项谈判，逐步达成一致意见。我们要利用世贸组织的例外条款，研究并制定既能与国际接轨，又能保护民族出版业的规定来。这是亟须解决的第一个问题。

第二，在我国的出版产业结构中，要大力培植能代表国家实力水平的大型出版产业。

这个问题中办、国办转发《中宣部、国家广电总局、新闻出版总署关于深化新闻出版广播影视业改革的若干意见》中给予了极大关注，要求我们"积极推进集团建设，把集团做大做强"。

这些年，我们进行了许多的改革，特别在建立发行集团和出版集团方面有较大进展。

20 年来，发行改革走了三大步：第一步是 1982 年的"一主三多一少"，重点是拓宽发行渠道。第二步是 1988 年的"三放一联"，重点在放开搞活，增强企业活力，改革企业内部的管理机制。第三步是 1996 年提出的"建立统一、开放、竞争、有序的图书大市场"的思路。经过这些年的努力，应该说发行改革正处于第三阶段。改革的方向和思路初具模型。改革的方向就是建立统一、开放、竞争、有序的图书大市场，既不是一家独尊，垄断天下，也不是诸侯混战，地方割据。要形成几家大的发行集团，要展开有序竞争，最后达到跨地区、跨行业、跨所有制，辐射全国的局面。现在发行集团的布局是：西部有四川，南部有广东，东部有上海，北部有辽宁，中部是北京，东西南北中形成一个网络。这个网络形成以后，要鼓励他们进行竞争。

出版改革要建立与国际出版业抗衡的大的出版集团，也就是造大船。造大船有多种途径，可以是横向联合，即出版社之间的联合，包括同类性质出版社的联合。前几年大家酝酿的同类性质出版社联合的思路应积极提倡。面对同一个市场、同一批作者，为什么不能联合呢？所以，同类性质出版社的联合恐怕应该积极探索。也可以是纵向发展，一家出版社自己做大，发展自己。如日本讲谈社，有30多家子公司，小学馆有20多家子公司，这就是自己向纵深发展。目前，我们的出版社有很多家就是这样做的，已经有相当的规模。

这里，还要强调一点，在出版社建立集团实行改革的时候，大、中、小都是有用的。大有大的好处，可以跟国际出版商抗衡，可以起导向作用，可以更好地跟国外合作，学习他们的先进经验和做法。小有小的优越性，小的运作灵活，便于掉头，大船进不了港湾，小船就可以自由出入。但是，当前我们特别强调要造大船，强调要搞大型航空母舰。因为我们缺少大型航空母舰，我们缺少能与贝塔斯曼、时代华纳相抗衡的出版集团，所以我们要积极组织和建设。但是，不能因此就不要中的和小的出版社。在国际经济里，20世纪70年代有一个说法，"小的就是好的"。70年代认为小的机动灵活，所以提倡小的。现在经济全球化，加上计算机网络化等等，又提出"大的就是好的"，出现了组建大公司、大集团的潮流。大的也好，小的也好，都是根据形势的变化而来，不能一搞大的就不要小的。但是，当前造大船是重点。为此，要打破均衡发展局面，关键是实现跨地区。没有金矿怎么能建立黄金加工厂呢？上海、北京条件好，能不能到偏远地区搞一个编辑分社？能不能跟当地合作搞？没有跨地区，造大型出版集团和发行集团就没有价值。

建立了出版集团和发行集团之后，有三点应该注意：

　　第一点，肯定它们是全国的试点单位。对试点集团要给政策，要扶持它们成长。既然是整个出版业的期望所在，我们大家就要支持这种试点。

　　第二点，要定期进行评议检查。试点集团不是终身制，要制定集团建设的标准，试验好的要支持鼓励；试验效果不好的要帮助改进；经过试验确实不行的要取消试点资格。

　　第三点，在发展过程中，发现好的典型要扶植它们成为新的试点单位。新陈代谢，吐故纳新，才能健康发展。

　　现在应该重视一个问题，那就是由于种种原因，当前集团的建立基本上是行政推动的，不是在市场竞争中自然形成的，这是不可否认的事实。但，这不是我们愿意的，也不是谁非要这么做，而是事情刚开始不可避免，是几十年的计划经济带来的先天不足。我们得尽快搞起来，尽快组织起来，以应对紧迫的形势。今后，我们如果实行吐故纳新、优胜劣汰，是否会促进这个问题的解决？

　　这就要考虑很多问题了。我看到一个台湾的材料，台湾看到大陆出版业搞改革，成立了集团，很不安，派来调查组调查。他们得出结论，一是大陆搞改革，对他们是个威胁，要重视。但是另一个方面，也不必害怕。为什么呢？他们说这个改革主要是针对欧美的，针对加入世贸组织以后欧美对中国市场的进入，而且多半是以省区为主的行政结合式的出版集团，是通过行政和政策来形成的。他们认为还不能说是真正意义上的市场经济。这话对不对呢？我认为他们确实看出了一些问题。但是，我们处于由传统的计划经济向市场经济转变时期，市场发育还不完善，组建集团主要靠行政力量推动，这是受客观条件制约的。然而这种行政力量的推动，毕竟只是外部的动力，归根到底，还是马克思主义的基本原理：外因通过内因起作用。内部动力是主要的。也就是说组建一个集团，形成一个联合体，要认真研究它的内部驱动力是什么，内在凝聚力是什么。一个一个发育成熟的经济实体，为什么会抱成一团，成为一个集团？它们的利益共同点在哪里？

它们为什么要加入集团？所以，已经建立起来的集团的领导要考虑集团的内部驱动力是什么，内在凝聚力是什么，时刻注意强化它。不解决这个问题，就抱不成一团。怎样能成为一个共同体，从而形成1+1>2的效应，这是组建集团之初不能不重视、不能不研究的重要问题。否则，就会是大家所说的那样"十个集团九个空，还有一个没成功"。

第三，关于融资问题。

中办、国办转发《中宣部、国家广电总局、新闻出版总署关于深化新闻出版广播影视业改革的若干意见》在这个问题上有许多政策规定，文件明确指出"开辟安全有效融资渠道，提高资本运作效率"。这两句话，有很丰富、很重要的内涵。

出版产业要加速发展，吸纳资金，以为我用，恐怕是很现实的问题。比如说1995年上海自己批准了与德国贝塔斯曼集团合资建立的企业，叫上海贝塔斯曼文化实业有限公司，要求中方控股。什么是中方控股？至少是51%吧。德方也同意中方控股，但是中方由于资金不够，控不成股。德国一开始投资500万美元，中方出资105万美元，只占五分之一。后来1997年总投资增加到1250万美元，中方资金困难，所以比例是1∶9，中方占1，德方占9。怎么控股？由于资金不够，做不到，这是很现实的问题。新闻出版业的改革，融资限于本系统的国有资产，这已经不成为问题。现在是要求突破，要突破本系统，甚至突破国界，吸收外资，因为出版业的强烈意识形态特点，我们应该尽快研究并制定出版业融资的政策，完善融资机制办法。既允许融资，又能控制得住，核心就是"开辟安全有效融资渠道，提高资本运作效率"。

要解决这个问题，恐怕首先要考虑这样几个方面：

第一点，融资不能遍地开花，必须有重点、有程序地进行。出版业究竟哪些项目急切地需要融资？是不是真的需要融资？真的需要融资是什么意思呢？比如说你的出版社根本就不成，编辑水平、出版水平都不够，暂时也干不了那么大的事，你也叫着没钱，在这种情况下，给你钱恐怕暂时也用不上，也用不到点子上。出版业要研究哪些项目急切地需要融资，是出版编辑部门，还是经营部门，诸如加工企业、销售企业。加工企业和销售企业可以放宽一些，出版部分要很好地考虑，要严格。

第二点，资金的性质、来源是否会对出版产业的方向产生影响。资金来源大体上有四部分：一是新闻出版系统内国有资本；二是国有资本；三是非国有资本；四是外资。我们融资，资金的性质、来源是否会对产业的方向产生影响，是我们要认真注意的问题。因为资本总是向回报丰厚的方向流动，所以就要考虑多方面因素，特别是在当前，以公有制为主体多种所有制共存的情况下，更应该考虑周到。要有利于出版事业，不能有损于我们的总目标，要符合社会主义精神文明建设的需要，要坚持以我为主，为我所用。

第三点，融资必须为发展壮大出版的主业服务，必须有科学合理的投资方向，必须确保国有资产的保值、增值。

第四点，要牢牢掌握融资产业的领导权，不仅仅限于控股权，而且应该掌握经营管理权、出版物的最终审读决定权。江总书记曾经讲过："什么叫国有经济起主导作用，主要体现在控制力上。"我们控制什么？我认为主要是控制经营管理权，控制出版物终审的最终决定权，控制产业的方向，不能有损于我们有中国特色社会主义的出版方向。

第四，大力弘扬民族文化，多出优秀作品。这一点至为重要。上述日本的教训，说明了大力弘扬中华民族文化，对本民族的文化认同感，对于进行爱国主义教育，特别是在当前建立社会主义市场经济的情况下，尤为重要。一个方面，从历史上看中国的本土文化都是在与外来文化的碰撞中发展起来的。历史上有三次大的碰撞和融合，最早的一次是东汉以后，印度佛学传入；第二次是鸦片战争以后，西学东渐；阿芙乐尔巡洋舰一声炮响，马克思主义传入中国，是第三次大碰撞、大融合。这三次大的融合对中国的文化产生了十分重大的影响，所以我们鼓励双向交流，一个是反对固守传统、抱残守缺，一个是反对妄自菲薄、全盘西化。这是一个方面。另外一个方面特别要注意弘扬民族文化。在当前，在加入世贸组织的背景下面，尤为重要，这一点，不能不再三予以申明。

第五，深化出版单位、发行单位的内部改革。出版产业的改革，要处理好点和面的关系。以点带动面，以面促进点，实现全行业的大发展。在深化改革的进程中，一方面强调整个行业的改革，要抓紧搞好出版集团、发行集团的试点工作；另一方面，要强调搞好出版社、新华书店的内部改革。在建立社会主义市场经济体制过程中，在明确了方向、政策之后，没有哪个问题比自己实力强大更为重要。今后的竞争主要是实力的较量，实力的竞争。实力强的出版单位、发行单位，无论遇到什么情况、什么变化，都会立于不败之地。

出版社、书店内部改革的核心是：要认真进行"三项制度"改革。做好劳动人事制度的改革，改变能上不能下，能进不能出的问题；做好劳动分配制度的改革，改变大锅饭、平均分配问题；做好社会保障制度改革，这是社会稳定的需要，稳定是发展的保障，搞好社会保障，改革、发展才能顺利进行。

第六，最大限度地发挥政府在出版业中的积极作用。出版业的深化改革，政府的管理职能不能弱化，而必须要强化，认真做好行业管理。这一点必须明确。因为市场经济本身也是不完善的。它没有办法满足整个社会的需要，保证不了社会的公正。市场经济本身的缺欠，不是一两家出版社所能够协调的，必须依靠政府进行宏观的调控。这是市场经济发展的必然，哪个国家都一样。

发挥政府的积极作用，要遵循一条，就是李岚清同志讲的"为了正确有效地履行职能，新闻出版部门必须实行政企分开，机关要与现在所属的出版社、印刷厂等企事业单位彻底脱钩，不再直接从事生产经营活动，从而集中精力依法搞好行政管理和执法监督工作，确保严格管理，公正执法，推动新闻出版业在改革中健康发展"。政企分开，目的是加强政府宏观调控力度，"确保严格管理，公正执法"。要处理好宏观调控与改革开放的关系，改革开放的力度与宏观管理的完善程度要相适应。从某种意义上说，改革的力度取决于管理的水平。实践证明，特别是近 10 年的实践证明，越是改革开放，越要加强管理，越是发展顺利，越要小心谨慎。否则，稍微一大意，问题就出来了，而这些问题，必将影响、贻误改革开放的进行。这一点我们有过深刻的教训。

政企分开，与所属企事业单位脱钩以后，政府新闻出版主管部门特别要在出版单位的审批，出版规划（全国）的制定，出版经营活动的监督、检查，出版物质量的监督、保障，出版物市场的规范管理，出版队伍的培训等方面做好工作，可以说是任重道远，使命光荣。

上述诸点，是我对十一届三中全会以来出版改革的思考，特别是学习中办、国办转发《中宣部、国家广电总局、新闻出版总署关于深化新闻出版广播影视业改革的若干意见》之后的一些粗浅体会，可能会有片面性，写出来，请大家指正，目的是引起更深入的学习和讨论。

关于加快建设中国出版集团的意见

——在中国出版集团工作会议上的讲话

（2002年12月6日）

按语：这是中国出版集团成立初期（仅8个月）的一次工作讲话，反映出集团成立之初上上下下一种改革的紧迫感和强烈愿望，但也充分体现了大家那种战战兢兢"摸着石头过河"的心态。

当时的压力很大。一个小小的出版集团，成立的方案却经过胡锦涛、李岚清、吴邦国、丁关根和曾庆红几位国家领导审阅批准，可见其事关重大。中宣部领导全国的出版改革，中国出版集团却是它主管的唯一一个集团。无论怎么说，大家都在看你如何运作。我们怎能不敬业慎行？成立之初，集团房无一间，钱无一分，十几个人借用下属单位房子办公。如何组建，如何整合，怎样运作，感到困难很多，今天回头看看，尽管那时问题能开列出几十个几百个，但还是把问题想得太简单，还以为经过三五年，就可以有个规模，有个结果了。

就拿集团的体制来说，经中央领导批准的"中国出版集团组建方案"，原想把集团定为事业单位，实行企业化管理，出版社作为集团核心层，属事业性质，其他如新华书店总店、中图、版图组合成发行集团，属企业性质。但后来的发展就不是这样了。

又比如中国出版集团，确实是把原归新闻出版总署主管的十几家出版社"捆绑"在一起成立的集团，这个"捆绑"是很没有办法的办法，总得先找几家出版社干起来吧？当然这不是市场经济行为。大家都幻想有一个集团不是"捆绑"的，是经过市场竞争形成的，但十几年过去了，集团已成立了很多，甚至实行股份制、上市了，还没见到一家不是靠行政手段，不是"捆绑"的。如果是自愿组合，如果是通过市场竞争形成兼并联合而组建的集团，会是怎么个情况呢？

再比如说，当初曾设想，随着政府机构改革的深入，有的部委要与所属出版社脱钩，我们应乘时吸纳这些将无主管单位的出版社，同时也就吸纳进来这些出版社的选题资源，人才资源，现在看来也远非如此。出版社与部委一脱钩，选题资源就断了，而且出版社优秀的人才一些又留到原主管部委，出版社的实力大大减弱，甚至可能收来的是一个破烂摊子，背上了包袱。

出版改革，波澜壮阔，曲折复杂，很多问题都还在不断探讨，抚今思昔，会总结出不少宝贵的经验和教训。

在党的十六大胜利闭幕之后、全国上下认真贯彻落实十六大精神的特殊时期，中国出版集团把各成员单位和直属单位负责人召集在一起，共同商讨、互相交流、集思广益，研究如何贯彻十六大精神，如何以十六大精神为指导，制订 2003 年的出版计划，具有十分重要的意义。

这次会议开得很成功。表现在：指导思想明确，强调了"三个代表"重要思想对出版工作的指导地位，贯彻了十六大精神，坚持了"二为"方向和"双百"方针，体现了与时俱进、开拓创新的时代精神。同志们在发言和讨论中，贡献了自己的智慧、交流了思想，也提出了问题，有的还提出了解决问题的办法，对做好出版计划的制订工作，都具有很强的针对性和借鉴意义。在这个基础上，大家达成了制订 2003 年出版计划、做好出版工作、发展集团事业的基本共识。

另外，大家还对集团的整体发展提出了很有价值的意见与建议。会议热烈、充实，开得成功，达到了预期的目的。

对这次会议的评价，我们不能就事论事。最可贵的是这次会议所体现出来的一种精神，即同心同德，竭尽思虑，创造出版新高峰的蓬勃精神。我们可以这样总结：以学习十六大、贯彻落实十六大精神为契机，以这次出版工作会议为标志，在理顺关系的基础上，开始了集团建设的第二阶段，即资源整合、结构调整、业务重组阶段。

下面，我代表集团党组，就中国出版集团如何在十六大精神指引下，加快推进集团建设、改革和发展，讲几点意见。

一、建设中国出版集团，必须坚持与时俱进的精神，进一步增强中国出版集团的紧迫感、责任感和使命感

1. 我国出版业的巨大进步和显著变化

改革开放以来特别是 1989 年党的十三届四中全会以来，我国的文化事业获得迅速发展，人民思想道德素质和科学文化素质明显提高，文化生活空前丰富。出版事业作为文化事业的重要组成部分，在法制建设、体制改革、品种规模、质量效益、人才素质、技术手段等方面，都取得了令人瞩目的成就。2001 年，我国出版系统销售收入达 694 亿元（合 84 亿美元），在国民经济诸行业中占有重要地位。其中，图书销售收入 408 亿元（合 50 亿美元），占全球图书销售总额 800 亿美元的 6.25%，成为世界十大图书市场之一。我国已经成为世界出版大国。据统计，到 2001 年底，我国有史以来共出版图书 260.4 万种。其中，古代至 1949 年共出版 28 万种，1950 年至 1989 年共出版 95 万种（年均 2.44 万种），1990 年至 2001 年共出版 137.4 万种（年均 11.45 万种）。年出版量从 20 世纪 90 年代初的 10 万种上下跃升到 15 万种上下，上了一个大台阶；12 年的出版总量超过有史以来

2002 年 4 月，刘云山同志（右一），张柏林同志（左二）在中国出版集团成立大会上。

至 1989 年的出版总量（123 万种），发展速度惊人。

2. 目前出版的严峻形势

十六大报告明确提出，贯彻"三个代表"重要思想，必须使全党始终保持与时俱进的精神状态。与时俱进，就是党的全部理论和工作要体现时代性，把握规律性，富于创造性。中国出版集团是与时俱进的产物，它的发展也必须坚持与时俱进。坚持与时俱进，要求我们充分地、全面地认识我国出版业面临的形势，始终保持清醒的头脑。在我国加入世贸组织以后，中国出版业的大舞台，正逐步由国内群雄竞争的态势演变成国际国内资本交互竞争的新格局。我们面前既有难得的机遇，又有严峻的挑战。应该看到，今天的文化市场已经成为经济全球化的一个主要领域，文化产业的国际市场已经形成，主要发达国家的文化产品已经在国际市场上获得了垄断地位，特别是美国的文化产品，正在世界泛滥。因此，在加入世贸组织的背景下面，抓好繁荣，多出精品，不仅是为读者多出几本好书的问题，还关系到占领中国市场和进军国际市场的问题；不仅关系到我们这一代的精神文明建设，还关系到中华民族优秀的民族文化传承的问题。坚持与时俱进，要求我们充分认识党和国家对出版工作的期望和要求，进一步增强使命感和责任意识。

我们应当看到，与发达国家相比，我国出版业的水平和实力还有

2003 年北京国际图书博览会上，中国出版集团举行新闻发布会，各成员单位主要负责人参加。从左二起：聂震宁、黄书元、刘玉山、杨德炎、宋晓红、李岩、田胜立、沈建国、邸宗远、敬谱、刘伯根、吴希曾。

第一方面，实力的差距。2001 年，当我国的图书销售额为 50 亿美元时，美国为 253.6 亿美元，我们只相当于美国的五分之一弱。2001 年世界著名出版集团的销售收入，德国贝塔斯曼集团（出版部分）为 85 亿美元，英国培生集团为 62 亿美元，美国麦克劳希尔集团为 46 亿美元，而我们全国出版系统的总销售收入才 84 亿美元，只与某些国家的一个大的出版集团相当，这说明我国的出版经济总量尚有很大的上涨空间。

第二方面，我国出版业的产业化、市场化程度不高。在我国 500 多家图书出版单位、200 家音像出版单位、近百家电子出版单位中，很难说有哪一家达到了国际大型出版集团的水平；7.4 万处图书发行网点，分割于不同的地域市场，全国性的出版大市场尚未形成。

第三方面，我国的出版物作为文化产品对整个人类文化的辐射与影响程度还比较薄弱。近一二十年来，美国等西方国家借助其发达的文化产业、发达的生产和营销能力，在向全球推销其文化娱乐产品的同时，也在推销他们的文化价值观，这应当引起我们的高度警觉和反思。目前，"中国制造"的物质产品已遍及全球，而我国的文化产品特别是出版产品还没有多少能够走出国门。我国出版业在积极开拓国际市场、努力弘扬民族精神方面，还有大量工作要做。

第四方面，我国加入 WTO 之后，出版物销售市场逐渐放开，国际出版巨头虎视眈眈，原有的以国内市场为绝对主体的出版市场必然要被国际同一的出版市场逐渐取代。在国际出版市场的平等竞争当中，我们尚未具备足够强大的竞争能力。

3. 出版工作的时代任务

党的十六大对包括出版工作在内的文化工作提出了时代任务。十六大报告在讲到文化建设和文化体制改革时，号召我们要牢牢把握先进文化的前进方向，积极发展文化事业和文化产业，继续深化文化体制改革，坚持弘扬和培育民族精神，推进中华民族的伟大复兴。这是我们党第一次明确地把代表先进文化的前进方向、弘扬和培育民族精神列入党的执政思想。出版工作是文化工作的重要组成部分。十六大向广大文化工作者提出了很高的时代要求，赋予了我们庄严而又崇高的历史使命，我们应当感到责任重大。目前，我国人民的生活已"总体上达到了小康水平"，党的十六大在此基础上提出了"全面建设小康社会"的宏伟目标。"全面小康"与"总体小康"的重要区别在于，"总体小康"更偏重于物质消费的小康；而"全面小康"意味着，文化产业对经济总量的影响加大，人民的物质、政治、精神、生态文明程度普遍提高，文化消费在人民的总体消费中占据重要比重。发达国家经验表明，当人均国内生产总值达到 800 美元以上时，文化产业和文化消费将明显增长。有关部门预测，到 2005 年，我国文化消费将达到 5500 亿元，而目前我国的书报刊消费（出版消费）只有 1000 亿元。随着即将到来的文化消费的迅速增长，书报刊消费作为文化消费的重要方面将有很大的增长空间，我们的出版业也大有增长的潜力。

　　我国的出版业正处在重要的战略机遇期，抓住机遇，时不待人。

　　4. 党和国家对中国出版集团的殷切期望和明确要求

　　中国出版集团是贯彻"三个代表"重要思想、落实中办 17 号文件精神、深化出版改革的产物。出版集团的试点始于 1996 年，中共十五大以后步伐加快。进入新世纪，中央《关于深化新闻出版广播影视业改革的若干意见》、《关于进一步加强和改进出版工作的若干意见》及一批配套文件相继出台，对新一轮改革起到了极大的推动作用。

　　这些文件明确了新闻出版改革的方针原则、改革步骤和总体目标。2001 年 12 月，经锦涛、岚清、关根、邦国和庆红同志批示组建成立了中国出版集团。这是党中央、国务院为加快出版业改革而采取的一项重大举措，标志着中国出版业改革进入了新的发展阶段。2002 年中央文件又一次明确指出"要积极推进集团化建设"，特别指出"中国出版集团要成为主业突出、实力雄厚、效益一流的出版发行基地"。作为中央文件，对于一个具体单位指名提出要求和希望，恐怕十分少见。这体现了党中央、国务院对我们中国出版集团的热切期望。中国出版集团肩负重任，我们一定要加快发展，不辱使命。

二、中国出版集团的宗旨、任务、目标和发展步骤

　　中国出版集团目前由 10 家出版单位、3 家发行单位组成，此外还有中新联数码科技股份有限公司、中国图书商报两家直属法人单位，现有员工 6000 余人。集团拥有出版社（包括副牌出版社）共 26 家，每年出版图书、电子出版物、音像制品 6000 种；出版期刊 46 种，报纸 3 种；每年的书刊版权贸易量 600 余种，进出口音像制品 6000 余种，进出口书刊数十万种。

　　中国出版集团由中共中央宣传部领导，新闻出版总署依照有关法

律法规对集团实施行业管理。集团实行党组领导下的管理委员会负责制。集团党组是集团的领导核心，全面领导集团工作；集团管理委员会在集团党组领导下，管理并组织实施集团的各项工作。集团按国务院授权管理集团的国有资产。集团是所属各成员单位的出资人，依法行使出资人的权利。

中国出版集团的宗旨是：以马列主义、毛泽东思想、邓小平理论和"三个代表"重要思想为指导，为人民服务，为社会主义服务；宣传党的路线、方针、政策，完成党和政府交给的重大出版任务；坚持把社会效益放在首位，社会效益和经济效益高度统一的原则，繁荣出版事业。

集团的主要任务是：把握出版导向，确保控制能力；创新体制机制，强化经营管理；构建营销体系，促进出版流通；增值国有资产，壮大出版产业；传播先进文化，弘扬民族精神。

集团的战略目标是：建设国家主力、国际一流的大型出版机构。

按照锦涛、岚清、关根、邦国和庆红等中央领导同志批复的《关于组建中国出版集团的意见》，集团的发展分为三步走。第一步，用一年的时间，挂牌并开始运行。第二步，用两年时间，完成集团内部的资源整合、结构调整和业务重组，做到统筹规划，整体运作，资源共用，优势互补，职责分明，协调发展，同时有选择地吸纳业内外优良资产逐步进入集团。第三步，到 2005 年，形成有效的资本积累和规模经营，立足主业，积极推进集团向相关多媒体行业发展；立足国内市场，积极推进集团参与国际竞争，拓展集团的发展空间，实现跨越式发展。在三步走的基础上，形成规模优势和集团合力，实现国家主力、国际一流的战略目标。

1. 集团成立后所做的工作

集团成立后，主要做了以下 13 项工作：

（1）深入学习两个文件（17 号、16 号），统一思想，树立集团意识；

（2）制定计划，确定发展步骤，明确发展目标；

（3）理顺主管、主办部门关系；

（4）理顺党的组织关系，建立了临时党委；

（5）理顺财务关系，取得了财政单列资格；

（6）构建集团本部框架和人员配备；

（7）建立规章制度，确立工作规范；

（8）考察干部，开始对直属单位班子进行调整和完善；

（9）加强管理，保证出版安全和经济效益的增长；

（10）调查研究，制定了财会委派制的实施方案；

（11）筹建中国发行集团；

（12）信息化建设，可供书目数据库的设计和实施形势良好；

（13）迎接十六大，有关十六大图书出版胜利完成任务。

大家可以看出来，13 项工作，最基本的工作还是理顺关系。集团还处于筹建阶段，理顺关系，稳定大局是根本。在中宣部和新闻出版总署的领导下，我们虽然初步开创了局面，但是我们面前的任务很艰巨，新旧矛盾相互交织，工作中有许许多多的问题有待解决，有许许多多的困难有待克服。

我们把这次会议作为标志，在理顺关系的基础上，开始第二阶段，即资源整合、结构调整、业务重组阶段。

2. 集团今后一个时期改革和发展的基本思路

最近，集团党组结合学习贯彻十六大精神，确定了这样的基本思路：坚持一个根本指针，强化两支基本队伍，坚持"三步走"工作部署，推进"三统一"管理方式，确保实现五项指标。一个根本指针是，坚持以邓小平理论和"三个代表"重要思想为指针。两支基本队伍，一是加强各级领导班子建设，一是强化经营管理和编辑队伍建设。"三步走"工作部署是，第一步用一段时间基本理顺关系；第二步用两年时间完成资源整合、结构调整和业务重组的任务；第三步再用两年时间，到 2005 年，使集团基本达到国际水平。三个统一是，人事统一调配、财务统一管理、资源统一利用。五个基本指标是，确保政治上安全可靠，确保经营发展健康有序，确保国有资产保值增值，确保精品图书和优秀人才不断涌现，确保中央交给的各项任务圆满完成。

三、关于集团发展的几个认识问题

1. 坚持出版工作的指导思想

我们的出版工作首先要高举邓小平理论伟大旗帜，全面贯彻"三个代表"重要思想，学习、宣传、贯彻党的十六大精神。坚持正确导向，用"三个代表"重要思想统领出版工作，解放思想、实事求是，与时俱进。我们要一如既往地坚持为人民服务、为社会主义服务的方向，贯彻百花齐放、百家争鸣的方针；弘扬主旋律，提倡多样化。要坚持弘扬爱国主义、集体主义、社会主义精神，倡导科学与文明，反对愚昧迷信，建设社会主义先进文化，促进社会主义精神文明建设，促进全民族思想道德素质和科学文化素质不断提高，为改革开放、经济发展和社会进步提供强大的思想保证、精神动力和智力支持。

2. 坚持发展是第一要务的思想

十六大报告强调：发展是硬道理，是第一要务。要集中全国人民的智慧和力量，聚精会神搞建设，一心一意谋发展。党的先进性必须放到推动当代中国先进生产力和先进文化的发展中考察，放到维护和实现最广大人民的根本利益中去考察，归根到底是要看党在推动历史前进中的作用。要发展，就要做到"三个必须"：必须坚持以经济建设为中心，立足中国现实，顺应时代潮流，不断开拓促进先进生产力和先进文化发展的新途径。必须坚持和深化改革。必须相信和依靠人民，人民是推动历史前进的动力。这个要求，对于中国出版集团的建设、改革和发展，具有很强的针对性和指导意义。中国出版集团也好，一家出版社也好，能不能解决好发展问题，直接关系到集团的前途，关系到出版社的前途。成立中国出版集团，决不只是为了把十几家出版发行单位管起来，主要还是为了实现政企、政事脱钩，发挥集团集约经营的优势，求得更快更大的发展。因此，在集团及成员单位的一切工作中，都要牢牢记住发展是第一要务，用发展的眼光看待问题、思考问题，用发展的办法解决问题，在发展中前进。

3. 坚持解放思想、实事求是、与时俱进的思想

我们的事业要发展，集团要做大做强，必须坚持深化改革，而转变观念是改革的前提，是第一位的问题。十六大报告明确指出，一切妨碍发展的思想观念都要坚决冲破，一切束缚发展的做法和规定都要坚决改变，一切影响发展的体制弊端都要坚决革除。

生产力在发展，社会在变化；跟上发展，跟上变化，才能反映发展，反映变化；才能为发展服务，为变化服务。实践活动的永恒前进性，决定了解放思想、实事求是是一个永无休止的过程。相对于实践发展，人们的思想观念往往具有相对的稳定性，这就要求人们必须不断适应实践的发展，及时转变、更新思想观念。否则，曾经正确的思想理论就会变成僵化的东西，造成主观认识和客观实际脱节。

社会发生了哪些变化？

第一个大变化，是经济体制的转变。从传统的计划经济向社会主义市场经济转变。市场经济，一部分人会产生生活不稳定感；过去重要的部门，今天不那么重要了，过去不那么重要的部门今天变得重要了。这一切都要影响到个人。

第二个大变化，是经营方式的转变。由粗放型向集约型转变。集约与小生产是矛盾的。大家都承认集约的好处，但是否愿意受"限制"，受"约束"，就很难说了。市场竞争是企业与企业的竞争，不是个人与个人的竞争。如果不是把自己当做企业中的一员，整体中的一分子，企业就搞不好。

第三个大变化，是我国已进入小康社会，人民群众的精神文化需

求迅速增长。

第四个大变化，是科学技术飞速发展，技术竞争加快。强国凭借科技强化他们在国际竞争中的优势地位，发展中国家也从科学技术发展中看到机会。出版工作也是这样。

由上述四大变化，引发我们要改变传统观念。如：

（1）由依靠政府、依靠指令性计划，转为依靠市场，努力掌握市场规律。

（2）由依靠行业垄断、专业分工，转变到依靠积极开拓和激烈竞争。

（3）由依靠纵向比较，新旧对比的思维方式，转变为既要纵向比较又要横向比较的思维方式。因为竞争总是横向的。时至今日，我们必须和美国、德国、日本、法国等发达国家相比。纵向比较无疑会增强信心，但只有横向比较，才能看清形势和局面，才能头脑清醒，制定切实可行的方针和脚踏实地的规划。

（4）由依靠人海战术、手工操作，转变为科技致富，科技强业、强国。要走高效、优质、低耗的路，大路货、大拨轰、萝卜快了不洗泥不成了。

4. 坚持以集约化经营为目标、以结构调整为主线，积极推进集团化建设的思想

中办 17 号文件明确要求，新闻出版广播影视业的改革重点，是要控制总量，合理布局，盘活存量资产，优化资源配置，发展集约经营，形成规模优势。为此，要推进集团化建设，把集团做大做强。中国出版集团成立后，摆在我们面前的一个重要任务，就是要尽快树立集团观念，不断强化集团意识，站在集团的高度思考问题，在集团这个大的范围内解决问题，在集团所提供的广阔空间里统一布局，谋求发展。

我们现有的出版、发行机构，有声誉卓著的百年老店，也有不足十年的出版新锐，有的综合性强一些，有的专业性强一些。但如果站

在集团的高度，过去那种"小而全"的出版格局要打破，"大而全"的出版格局也要打破。要以集团为平台，按照中央文件的要求，以资产为纽带进行体制创新，建立和完善集团法人治理结构，强化决策、投资、管理和资源配置功能，着力调整产业结构、产品结构、组织结构、地区结构和人员结构。在集团的框架内，成员单位要作为集团的一个组成部分向"专、精、特、新"方向发展，以专业化推动集约化；集团则应当按照社会化大生产的要求，按照"三统一"的原则，进行集约化经营，提高产业集中度，发挥集团优势，成为市场竞争的新的、更强大的主体。

四、关于集团发展的几个具体问题

1. 品牌，即核心竞争力

品牌是什么？品牌是企业非常重要的无形资产。品牌是消费者对某类商品形成的一种观念存储和心理认同的结果。

在世界经济论坛"21世纪成功因素"的专题讨论会上，一些高级管理人员得出结论：成功因素不是机器，而是人和品牌。

品牌呈现三大特点：

具有不可比拟的独特性和超常的吸引性（与别人不同就有吸引力）。

具有稳定性和不断改善、发展的动态性。

具有自我约束能力，洁身自好的品质。注意力集中在自己的强项上，不轻易踏进陌生领域。

对已经形成的品牌，不要视而不见，不要舍近求远，不要为小利而动，不要见异思迁，不要追风逐浪，不要为一时困难吓倒而抛弃品牌。

品牌中最重要的内容是标志性产品。中华书局的新点校本二十四史，商务的汉译世界名著，人民文学的文学名著，人民出版社的马列著作都是标志性产品，具有独特性和吸引性，影响巨大，我们各社都要在开发标志性产品上下工夫。

2. 管理出效益

向管理要效益，这是一个重要观点。出版社的品牌都很好，选题的原创意识都很强，操作程序也都相似，但为什么有的效益好，有的效益差？这与管理模式有很大关系。

我们应该从现代企业制度入手，在加强企业化管理方面作文章。有的同志讲，作为"事业性质，企业化管理"，企业管理方面并没有到位，有很大潜力。我赞成这种观点，要从成本、会计管理入手。

在市场经济中控制成本是管理的核心所在，只有低成本才能多创造利润，所有环节管理的核心是成本管理。

读者对价格是很敏感的，对于同一产品，读者的确在意品牌的差异，但更重视价格的高低。最近几年，一些书商买书号作书，500元一套24史，100元一套四部小说，尽管明知其质量差，购买者却不少。这个现象应该引起我们的思考。

员工多了，成本就高；人员的流动是必要的，但不断地进人、出人，也增加成本，因为你拿钱为别人培养人。

发挥每个人的潜能，是防止人力资源浪费，也是成本问题。

分配制度也是成本问题，多少用于积累，多少用于再生产，多少用于分配及如何分配，学问很大，要从实际出发加以研究。

作为企业、或者企业化管理的单位，从成本角度考虑，人均利润是关键指标。

实施成本控制和强化管理，要有魄力和责任感。在调查研究和充分论证的基础上确定下来的方案、办法，要严格执行，不要怕得罪人，不要怕告状、匿名信。

为此：（1）在座的各位、每一家社，要塌下心来做好自己的工作。领导班子要以身作则，班长要胸襟开阔，善于团结人，集思广益。集团创建之初，急需各种人才，大家齐心合力搞好集团的建设。

（2）要有很强的成本概念。最大限度地降低成本、创造效益。从本单位实际出发，进行改革。

（3）要有规划，有自己的总体设想和目标，要一步一步地走，一步一步前进，不求一步到位，但每一步、每一年都要有新思路。

3. 网络建设，对优秀品牌的必要支持

十六大报告明确指出：信息化是我国加快实现工业化和现代化的必然选择。

集团一是局域网，集团内信息灵通；二是建立全国可供书目数据库。中国出版集团有这个责任和义务，也有这个条件和可能。这中间可开发的潜力很大。

要以信息流为基础，促使商流、物流和资金流的合理、快速流动。

4. 资源重组，媒体互补，充分利用有效资源

资源重组和媒体开发注意四个结合。一是要坚持多样化（集团）与专业分工（一社）相结合；二是要坚持传统出版物和多媒体出版物相结合；三是要坚持图书与报刊资源的开发和有机结合；四是实现同类结合，同类归一，避免集团内重复。"四个结合"的最终目标是为了把中国出版集团建设成为主业突出、实力雄厚、效益一流的出版发行基地。多样化是为主旋律服务的，离开多样化，主旋律就缺乏吸引力；离开主旋律，多样化就会出现导向问题。主旋律、多样化是二为方向、双百方针的具体化。坚持多样化的同时，要发挥本社的出版优势、资源优势和专业特长，努力在出版实践中保持自己的特色，扩大自己的核心竞争力。纸介质出版物的出版是我们的传统优势项目，这个传统要坚持；同时，随着新技术的发展和人民群众多层次文化需求的增长，要积极出版电子出版物和音像制品。

集团目前拥有26家出版社、46种期刊和3种报纸，这是我们的资源优势，一定要发挥优势，资源互补，共同开发，共同使用。

5. 跨地区经营，集团做大做强的一个关键

局限于一隅，不会成为一个有影响的现代化企业。集团做强做大要求辐射，解决"均衡发展"要求辐射。没有一个能够辐射全国、进而辐射国际市场的大集团，就不能称其为现代企业，所以明年我们要在跨地区方面作文章。

目前，很多省早已经大踏步向北京进军，筑巢引凤，热热闹闹。有的已在或已酝酿在国外设店建社。我们不能以老大自居，稳坐不动。

跨地区经营包括两层含义：一是产业的跨地区；一个是产品的跨地区。产业的跨地区已明确。产品的跨地区，包括把中华民族优秀的文化推向全世界。所以，我们要引进来，更要走出去。加强版权贸易，集团作为一个整体开展版权贸易活动。

6. 吸纳业内外优良资产

这是经锦涛、岚清等中央领导批准的方案中发展目标三步走第二步的一项内容。有的同志会说：我们自己阵脚未稳，何论扩张？这个说法有道理。但是，一，我们在今天组建之初，不能忘记这一点。二，国内不少企业现在是分化、组合时期，精简机构，分流人员，有的部委撤销了、合并了，下属出版社、杂志社忙于寻找出路，这个机会不能忽视。吸纳业内外优良资产，是做强做大的捷径。比如，有的专业出版社经济有困难，有的省内出版集团，因为他们没有发行集团，又加上内部具体问题，很愿意和我们中国出版集团、中国发行集团合作，为什么不能乘势合作？但是合作要考虑双方的情况，双方的条件，要从市场经济角度考虑合作。

7. 人才是一切之本

上述6点，全靠人去实施、完成。集团在人才方面，有两种现象特别要引起注意：一是计划经济型人才过多；二是有培养前途的年轻人才，有新知识、新观念的人才流动过大。

人才的浪费是最大的浪费。老观念不更新，干不成新事，适合社

2003 年 3 月，刘云山同志视察中国出版集团，做了重要讲话，极大地鼓舞了集团上下的士气。陪同视察的有石宗源（前排左二）和李从军（前排左四）等领导同志。

会主义市场经济要求的出版物出不来。人才过分流动，虽然是为全国培养了人才，但对于集团是人才流失，是成本浪费，要找出原因，稳定队伍。

中国出版集团从挂牌到现在已经 8 个月了。8 个月来我们始终牢记中央和国务院有关领导的指示，脚踏实地，妥善处理改革、发展和稳定的关系。改革、发展需要稳定，稳定是为了改革、为了发展。当前，要抓住稳定这一关键环节，妥善处理改革中出现的各种矛盾，在稳定中求发展。下一阶段，我们要进一步贯彻十六大精神，加快集团化建设步伐，尽快把中国出版集团建设成主业突出，实力雄厚，效益一流的出版发行基地。

中国出版改革的动因及应警惕的误区

（2009 年 5 月）

按语：这篇文章是 2009 年 5 月，我在北京大学新闻传播学院演讲的记录稿的基础上整理而成的，其中谈了我对中国出版改革的基本看法。

一、改革动因。国际国内形势要求一定要改革，不改革没有出路。但怎么改，改革是为了什么，却是要反复思索与探讨的。

二、改革中有许多做法，应该认真总结，分析出其成功之处、需改进之处，不妥之处；要实事求是，从实际出发，不唯上，只唯实。

三、有些问题必须高度警惕。如转制的目的是什么，如何处理出书与赚钱的关系，每个出版集团都一定要上市吗？怎样看待畅销书，跨地区联合的障碍在哪里，当前出版业物流建设的症结在何处等等。

形势在发展，从那时起，我们在艰难的探索中，又过了三年多，出版改革正处于关键时期，中国出版业一定会走在世界前列。

我今天要介绍的是出版方面的情况，包括出版改革情况、出版改革的动因以及当前一些特别应该注意和警惕的问题。可能大家从各种渠道了解了很多情况，最近这几年，新闻出版改革力度很大，在报纸上宣传很多。那么新闻出版改革为什么以这么大的力度向前推进，现在到了什么程度，有什么突出变化，又需要警惕哪些误区，下面，我将和大家一起讨论。

一、两个事件引发的思考

第一个事件是中国出版集团成立的事。出版改革，搞得最热闹是在 2000 年左右。在这之前也改革，也成立出版集团，比如在上海、广东，那是 90 年代后期。2000 年后，又有一些集团成立，但最引动视听的还是中国出版集团的成立。我有幸担任中国出版集团第一任总裁，那时候还不叫总裁，叫管委会主任。后来又经过几年的准备，改叫总裁。因为我是第一任总裁，有些事情非常值得回味。中国出版集团酝酿成立的时候，要写一个成立集团的报告。新闻出版总署是 2001 年 12 月 15 号提交的这个报告，12 月 16 号主管宣传和意识形态的中央领导政治局委员、书记处书记丁关根批示同意，12 月 17 号吴邦国批示同意，12 月 18 号李岚清批示同意，12 月 19 号胡锦涛批示同意，胡锦涛又批转曾庆红审核，12 月 20 号曾庆红批示同意。一个出版集团的成立由这么多国家领导来批示，而且在这样短的时间段批示——16、17、18、19、20 号，这是我从未经历过的事情。而且，中央决定这个集团的第一任负责人由当时的新闻出版总署的副署长兼任，可见其规格很高。

第二件大事发生在集团成立两年之后，中国出版集团转制为中国出版集团公司。2004 年，集团转制，由原来的事业单位转为企业，是由中华人民共和国国务院下文批准，当时叫国函（2004）22 号文。一个出版集团的成立由国务院批准，而且从 4 月 4 号开始，新闻联播的正点新闻每小时播一次，连播三天。

我讲这两个情节，大家从中可以看到中央是多么重视这个企业集团的成立。那么，为什么这样重视呢？我想可能是这样的原因：第一，它是第一家这样大的出版集团，由事业性质转为企业性质。第二，更重要的是转制后包含的内容。一般意义上讲，变成企业以后，企业的核心就是追求利润最大化，通俗讲就是赚钱。只要不违背宪法，不违背出版管理规定，不偷税漏税，赚钱越多越光荣越有本事。可是要把这样一个出书的单位，重视意识形态、讲究社会效益的单位，由事业变成企业，而且管理不到位，有可能去追求利润最大化，这是一个非常重大的变化。我甚至认为这个变化预示着一个新时代的开始。刚才我说企业的本质是谋取利润最大化，就是赚钱。那么出版社、报社、杂志期刊呢？我们一向讲，用邓小平的一句话概括最好——思想文化教育卫生部门，都要以社会效益为一切活动的唯一准则。它们所属的企业，也要以社会效益为最高准则。一个是以社会效益为一切活动的唯一准则，一个是以社会效益为最高准则，一个"唯一"，一个"最高"，我觉得这两句话将问题的性质就完全说透了。可是我们现在要把这个事业变成企业，而企业的本质又会带来巨大变化，怎么处理好"追求利润最大化"和社会效益"唯一"和"最高"的关系呢？经济企业，只要是顾客愿意买，生产越多越好。但是作为出版这样的文化产业，却不一定是这样的。比如说希特勒《我的奋斗》，可能有很多人没看过，想看看他说了些什么，我们是不是就能大批量的印刷呢？印多了肯定不合适。不只是中国，全世界很多国家都这样看这本书。但变成企业后，就可能追求利润最大化，而就可能不是像过去那样强调社会效益第一，要经济效益服从社会效益，如果出现这种倾向该如何制约呢？

二、国际上文化产业发展的态势

解释出版业为什么非改革不可，我先给大家介绍一下国际上文化产业的发展态势和现状。文化产业这个概念的形成，有一个历史、动态的过程。很长时间以来，文化和产业被认为是风马牛不相及的事情。而在现代经济社会发展中，两者被结合在一起了。最早提出这个概念的是欧洲的法兰克福学派，在 1944 年提出，代表人物是霍克海默。他在启蒙辩证法一书里，提出文化工业也就是文化产业的概念。启蒙辩证法一书中提到文化工业、文化产业，把文化叫做"工业"，作者显然是一种贬义。20 世纪 50 年代以后，文化产业开始进入了经济学领域。文化产业这个概念，相当一段时间都有争论，所以很长时间《牛津词典》、《韦伯词典》等重要词典没有文化产业这个词。一个是有争论，一个是不屑于。后来联合国教科文组织给了一个界定："文化产业这个概念，是指那些包含创作、生产、销售内容的产业。"从本质上讲它们是与文化有关而且是不可触摸的，一般通过著作权来保护，并且以商品和服务的形态出现。在经济学术语里面它叫做朝阳产业，在技术领域叫做内容产业。文化产业一般包括印刷、出版、多媒体、视听、录音、电影制品、手工艺品、工艺设计。这个界定很有包容性，容易被大家接受，但仍然争论不休，最大的反对者是美国。

文化形成产业之后经历了三个阶段：第一阶段开始于 20 世纪的前半段。那时二战刚结束，欧洲饱受战争摧残，精神上经济上都很痛苦。这时候美国以好莱坞、百老汇和流行音乐为代表的文化产业趁机发展起来。当时欧洲知识界特别是法兰克福学派非常坚决地反对美国这些流行的东西，认为"工业流水线"产生出来的东西怎么能叫文化。而美国认为欧洲当时无暇顾及文化，它们百废待兴，吃饭要紧，根本没工夫谈文化，所以不顾欧洲的反对，大力发展它的所谓"大众文化"。当时美国的经济学家、金融家、产业家都支持大众文化的发展。经济学家将其定义为知识产业，金融和产业资本已经进入了文化产业，这时候美国的文化产业包括好莱坞、乡村音乐、百老汇，发展迅速，在国民经济和外贸收入中所占比重越来越大。这是第一阶段。第二个阶段，是 20 世纪 80—90 年代，这个阶段大的文化产业掀起了竞争并购的狂潮。冷战之后，世界经济政治格局发生巨大变化，高新科技推动了新经济的快速增长，引发了国际文化产业的新的竞争。那时候，并购、竞争非常激烈，最有代表性的就是美国在线和时代华纳的重组。当时重组的目的是增强竞争实力。美国的传媒巨头向传媒界进军，无孔不入，让一些国家感到威胁，特别是欧洲的法国、德国，坚决反对美国的"文化侵略"。但是，无论遭到怎样的反对，美国的兼并和收购越来越强势，美国的图书销售额发展到最后占了世界市场份额的三分之一。接下来就是第三阶段。这一阶段我概括为扩张反扩张、兼并反兼并越发激烈而尖锐的时代。随着经济全球化、信息网络化，传播集团跨国化的浪潮，美国的文化产业国际扩张越来越厉害，而国际上一些发达国家与美国在文化产业上的斗争也越来越尖锐。最有代表性的是法国和美国的争斗。在1993年乌拉圭回合，即乌拉圭多边经济谈判上，美国要求欧洲放开文化市场，遭到世界反对。法国反对最为坚决，它提出文化例外的观点，因为文化有民族性、地区性，不能随便放开。双方打得不亦乐乎，最后不分胜负，以平手告终。接下来在1998年经合组织会议上又一次争斗，仍然各说各的话。后来到20世纪末，法国的认识发生了变化，特别是"9·11事件"之后。法国认为"9·11事件"有很多原因，其中一个原因就是缺乏文化方面的理解和沟通，所以当时法国总统希拉克就提出，要增进文化之间的交流，创造全球范围内的文化条件，并提出"文化多样性"的观点。对于这一观点，中国也是支持的。在中法文化年的时候，中国文化部长对文化多样性表示认同。但是美国还是坚决反对。法国提出要搞一个"文化多样性公约"。2001年联合国教科文组织的会议上，通过了一个"文化多样性的宣言"。法国不满意，认为宣言没有约束力，一定要搞公约，使之具有法律效力。后来，到2005年10月，联合国教科文组织终于通过了"文化多样性公约"。这样一来，美国跟法国的斗争就更加尖锐了。美国说法国是民族保护主义。法国说保护民族文化不等于民族保护主义，法国是最崇尚各种各样文化交流和融汇的，比如说西班牙的毕加索，在法国几十年，带来了西班牙文化；中国的大画家赵无极，带来了中国的画派和画风，而且他的国籍还是总统亲自解决的。这不是融合了全世界的各种文化和学派吗？文化多样性公约有190多个国家同意，只有少数国家不同意。可见，第三阶段的斗争，在发达国家之间是非常尖锐的。尽管如此，美国的文化仍然驰骋全世界。发展到后来，美国的电影占了法国市场的60%，占了英国市场的90%，占了意大利市场的95%；美国控制全球75%的电视节目制作，占全球6%的电影产品，占了全球50%的放映时间。

这就是文化产业概念，从1944年提出，经过二次世界大战之后经历的三个阶段。这个阶段的划分可能并不是很科学的，我只是为了把这个给大家说明白，所以把它分成这几个阶段。从现在的潮流看，可以说，各国都十分重视发展文化产业。

我们看看日本的情况。日本提出了要走文化商业主义的道路。它在1995年的时候提出了新文化立国，提出了21世纪文化立国战略的方针，把发展文化产业作为一项国策。日本走的是"产、官、学"三者结合的道路。"产"是产业、企业，"官"是政府，"学"是高校、研究单位。研究单位提供市场预测、前景分析、信息支持，政府提供政策支持，企业则通过与政府和研究单位的合作大力发展文化产业。比如索尼公司，它的传统产业已经不行了，于是开始做电脑娱乐游戏、搞动漫。日本人很聪明，他们知道日语是小语种，只有日本一个国家的公民使用。所以，日本就想了一个办法，叫做"轻语言、重表现"，强调无国籍性，所以特别开发动漫，因为动漫作品用不了多少语言。大家都知道的阿童木啊，樱桃小丸子啊，灌篮高手啊，这都是日本的拿手好戏。中国的小孩不愿看中国的动漫，爱看日本的，连大人也爱看阿童木。

看看韩国。韩国也把发展文化产业作为国策，制定"文化产业基金"、通过文化产业促进法，成立文化产业振兴院，为文化产业发展提供了很多的优惠政策。我曾经听到一位领导讲，说他礼拜天在家里看文件，她的夫人说你过来看看韩国的电视剧多么精彩啊。他说本来不想看，过去一看，也被吸引住了，坐下来一直看完。当然，韩国电视剧究竟该怎么评价，是不是韩国的这些家长里短就能代表韩国的文化，是不是我们中华民族的文化也要这样发展，我们需要再讨论，再研究。我也不认为这样的东西就能代表中华民族的文化，我也不认为这就是经典，要跟着学，但是它作为文化产业，取得了经济效益，吸引了大批的观众。这里有很值得总结的东西。

我举的这些例子，包括美国的、法国的，也包括日本的、韩国的，说明了什么呢？说明国际上对文化产业的发展是高度重视的，各国纷纷制定政策，并提供政策支持、资金支持、科研支持。那么，作为我们中国这个五千年文明古国，在文化上怎么发展，这是需要大家思考并认真研讨的。

三、中国文化产业发展前后、内外之比较

先看看我们国内的情况。我给大家做一个简单的介绍。从十一届三中全会的 1977 年到 2008 年，我们做一个统计。1977 年我们有出版社 105 家，现在有 579 家；1977 年，图书只有 13000 种，现在是275628 种，单从品种来看，我们是世界第一。目前我们有期刊 9549种，报纸 1943 种，音像制品商 378 家，电子出版物厂商 240 多家，音像出版物、数字内容产品都是从无到有发展起来的，全国出版物总销售 2008 年是 1622.8 亿元。通过这样的比较，可以看出我们的巨大成绩和进步。我们出版了许多前无古人的图书，比如《中国大百科全书》，这是一部由两万多名学者历时 16 年完成的，共 72 卷。百科全书是一个国家，经济、文化、科学发展的一个标志，而过去我们编不出来。还有新校点的二十四史和《清史稿》，也是值得我们自豪的一套古籍整理巨著。黑格尔有一句话，他说中国有最完备的国史，就是指中国有从《史记》、《汉书》以来的二十四史，有每朝每代都编修上朝历史的传统。我们把二十四史和《清史稿》重新做了校点整

理，也是新中国成立以来最伟大的古籍整理工程。黑格尔还有一句话，他说中国有完备的国史，但是没有真正意义上的哲学。现在我们就在搞《大中华文库》，把中国最著名的文、史、哲、经、科技都翻译成英文，进一步再翻译成德文、法文、俄文、西班牙文、阿拉伯文，让黑格尔的后代看看中国真正的哲学。还有《汉语大字典》，这本书的出版标志着国家荣誉，因为收汉字最多最早的字典是《大汉和字典》，是日本人编的，后来是台湾人编的《中文大字典》，现在我们编了《汉语大字典》，56400 余字，成为收汉字最多的字典。还有最近完成的《中国古籍总目》，大家都说中国古籍浩如烟海，车载斗量，那么中国古籍究竟有多少种呢，谁也说不清楚，于是我们组织人力做全国的调查，完成了《中国古籍总目》，清理了中国古籍总体的情况。

总体来说，经过 30 年的改革开放，出版业已经从卖方市场转为了买方市场。当初《英语 900 句》传到中国来的时候，大家是白日带黑天的去排队，排到最后可能还买不到，现在大家到书市上去看看，学英语的，只是《英语 900 句》这类的书，大概就有一两百种。从供不应求到供大于求，短短的 30 年，出版业发生了历史性的大转变，应该说这是市场经济的胜利，也是出版科技的胜利。出版科技的胜利怎么讲？我们老祖宗发明了活字印刷，发明了造纸术，很了不起，而我们后来是长期使用铅字排字，叫"铅与火"的时代，王选教授解决了铅与火的问题，实现了光与电。激光照排解决了数字化出版，进入了"0"和"1"的时代。

那么，这样伟大的成绩，在世界上究竟处于什么位置呢？我们再做一个对比，看看我们这个伟大成绩在国际大市场上是多大一块。我给大家讲几个例子，说几个数字。从营业收入来看，刚才我报了一个数字，我们 2008 年的年营业总收入是 1622.8 个亿，合 230 亿美元。但是美国时代华纳一家就 318 亿美元，贝塔斯曼当年 163 亿，新闻集团 135 亿，维亚康姆集团 129 亿。这一比较就看出我们的规模了。第二，从出版品种印数的增长情况来看。我们的图书品种 1985 年是 40000 多种，销售是 61 亿册，到了 2009 年是 275000 种，销售是 69 亿册，品种差不多增加了 6 倍，但是销售的册数，仅仅是从 61 亿册 增长到 69 亿册，只增加了 10% 多一点。也就是说，每本书的平均印 数大大下降了。这当然有多种原因，但是一个重要的原因就是阅读 率、销售率、购买率大大下降。第三，从人均图书的消费量上看，成 年人每年读书、消费 5 册左右，而发达国家，一般都是 20 册，甚至 更多。从发行情况来看，有些大书城是琳琅满目，一二十万个品种。 但是我曾经走过几十个县，到县里的书店看过，那些书店摆出来的图 书也就 1000 种左右。另外，我们引进的书和出口的书大体比重是 8：1，就是引进 8 种书，我们才出口 1 种，这还是比较乐观的估计。 从这些情况看，我们发展确实很快，但是我们的差距仍然很大。我们 自己跟自己过去比好像不错，但是横着比呢，跟发达国家比，没有资 格骄傲，没有资格自豪，没有资格说我们取得了多么伟大的成绩。这 是一个比较，比较的目的就是让大家头脑清醒一下，看看国际上发达 国家的状况，也看看我们自己的状况。

所以，概括起来讲，新闻出版改革的原因大概有这样几点：一点 是世界发达国家文化产业的快速发展。人家发展得太快了。布热津斯 基十分自豪地说，美国引以自豪的就是大众文化跟高新科技。我们控 制美国大片的进口，经常为进口多少种来吵架，那如果我们搞得好， 我们中国的大片，从内容到形式都好，我们"横行"全世界，还怕 几部美国大片吗？所以说，发达国家文化产业的快速发展，要求我们 加速改革。另外，生产力发展受到生产关系制约。刚才讲到印刷技 术，又进步到"1"和"0"——数字印刷。那么这是高新科技，你 想看一本书，你需要五本，都可以马上给你印出来。生产力发展这么 快，但是我们的生产关系呢？不断地报告，不断地审读，不断地审 批，不断地"不许"，制约生产力的发展，所以要改，让生产关系适 应生产力的发展。第三点，中国经济体制改革的巨大影响和压力。经济体制改革给文化产业带来巨大冲击，文化产业必须抓紧改革，实现政企分开，建设现代企业制度。第四，出版物市场供求关系变化的要求。出版商经常盲目的出版，印出来又没人要，甚至直接送了造纸厂。要么就没有，要么就很多。这也是一个供求关系的问题，必须改革。

我再向大家报一个时间表，从这个时间表，我们可以看出来中央是如何紧锣密鼓地安排文化体制改革的。现在要求到 2009 年年底，地方和高校的出版单位要完成转制。2010 年年底，中央各部门的转制要完成，转成企业，这个时间表是很紧迫的。

我们再往上推一推，从 2000 年到 2009 年，也就是 10 年的时间，看看中央的发展文化产业的政策是怎样紧锣密鼓地出台的。

2000 年 10 月，十五届五中全会提出要完善文化产业政策，加强文化市场建设和管理，推动文化产业发展。这是第一次，在中央的文件中提出了文化产业这个概念。

2001 年 3 月，文化产业发展正式被纳入全国十一五规划纲要。

2002 年 11 月，在党的十六大报告中，进一步提出要积极发展文化产业，深化文化体制改革。

2003 年 7 月，中办、国办两办文件要求抓紧制定文化体制改革方案，深化文化体制改革，这是新世纪、新阶段宣传文化产业改革的一项战略性任务。

2004 年 3 月，国务院批准中国出版集团转制为中国出版集团公司。

2005 年 4 月，国务院颁布了"关于非公有资本进入文化产业的若干决定"，这个文件很重要，非公有资本进入文化产业，当然在印刷、广告、发行、经营方向，而且国有的要占 51%，但是非公有资本的进入无疑是具有重大意义的。

2006 年 1 月，两办文件"关于深化文化产业改革若干意见"出台。

2007 年 12 月，辽宁出版股份有限公司上市，这是第一家完成了国有独资到所有制多元的改造上市的单位，而且是把编辑业务和经营业务整体上市。过去规定编辑业务不能上市，只是经营业务上市，辽宁出版股份有限公司的整体上市是一个重大改变。

2008 年 1 月，新闻出版总署发布"关于深化出版发行体制改革工作的实施方案"。

2009 年，国务院通过了文化产业振兴规划。

我从 2000 年到 2009 年，把最重要的中央文件一一给大家开列出来，从中可以看出中央是多么迫切地要求文化产业发展，要求文化体制改革。我想其中一个重要原因就是国际潮流不容许我们再慢。国际文化产业的发展，美国要求全世界放开文化产业市场，让它进入，就跟麦当劳、肯德基一样，美国就会在中国大地遍建连锁店。但是麦当劳、肯德基毕竟还算一种饮食，虽然我们很多青少年在那里体会了美国饮食文化，请自己女朋友到那儿花个 10 块、20 块钱，窗明几净的店堂，他觉得比油条、豆浆要好，但是它毕竟还是一种饮食。如果美国的电影院，美国的书店，都开进了中国的市场，那就带来了美国的文化，美国的意识形态。那时中华民族文化会受到什么样的影响和冲击，必须引起我们高度的重视。保护民族文化，弘扬民族传统文化，不仅仅是意识形态问题，这是一个国家的历史，一个国家的文明史要求的，是一个民族前进发展要求的。西方国家，比如说法国，那么样跟美国对着干，一会儿文化例外，一会儿文化多样性，为什么？就是保护民族文化。否则，你这个民族在世界上就没有了，你就被人家同化了。

四、改革要警惕的误区

前边讲的这些，大体上都属于动因，就是说为什么要这样重视文化体制改革。改革是必需的，但怎么改却是要认真探索的。改不好，轻了影响进程，严重了也可能断送改革。下边我重点讲改革要警惕的误区。

讲值得警惕的误区，我想有这么几个关键词：一个是转制，一个是上市，一个是跨地区联合，一个是畅销书，一个是走出去，一个是物流建设，甚至最近提出来的所谓金融危机给文化产业发展带来的新的机遇。这都是目前文化产业发展，文化体制改革，特别是出版体制改革所涉及的比较敏感、重大的问题。

我先讲第一个关键词——**转制**。转制这个问题，确实是一个非常重大的问题。对中国绝大多数出版单位来说，是面向未来必须迈出的关键性的一步。但是，现在好多人一讲转制就好像转制是万灵丹，一转就灵，一改就顺，我看不是这样。目前的状况，有业内的专家归纳为这么几个问题，说品种增长过快，总销售册数不但没有增长，反而有所下降；库存量增长过快，近一半的图书从开印之日起就注定了化为纸浆的悲惨命运；由于网络的兴起，图书的阅读率大大下降，传统的阅读率受到新的阅读方式的冲击。原因是什么，原因是市场化造成的过度竞争，供求脱节，想当然的设计选题。加上网络技术的出现，造成读者的分化。传统的图书出版方式满足不了后现代的阅读的需要。我觉得这些概括都是挺有道理的，值得我们去认真地思考和总结。我看，归根结底，就是转制的目的是什么？转制的手段是什么？是把赚钱、把经济效益放在最重要的位置呢，还是怎么样？有人会说，既然是转制成企业，那么企业不就是要赚钱吗？否则我们还转什么企呢？我觉得这个问题正是说到点子上了，所以要端正转制改革的指导思想，不要自觉不自觉地导致赚钱第一。温家宝总理不久前在世界读书日上的讲话，我觉得非常好。温总理说：一个发达的出版业的重要标志在于出版物质量。他并没有说一个发达出版业的重要标志在于你是不是赚了上百个亿，他讲的是出版物的质量，是好书。目前，很多业内的专家讲出版业的贡献最重要的体现是对社会发展的贡献，所谓出版业的贡献在产业外。

最近我看了好几篇有关这方面的文章都写得非常好。比如说复旦大学的贺圣遂，上海的陈昕，湖北的王建辉，都是讲出版界的贡献在于它对社会发展的贡献，在产业外。比如说，袁隆平的《水稻育种栽培学》。袁被称为杂交水稻之父，解决了全世界几亿人的吃饭问题，非洲很多国家请他去传授经验，联合国把他作为什么大使，到处去演讲。他有这样重大的贡献，但他出的那本书《杂交水稻育种栽培学》却是赚不到钱。这本书总结了杂交水稻的经验，是对全世界的贡献，对世界农业发展的贡献。它的价值，能用一本书的赚赔衡量吗？比如美国雷格尔·卡逊有一本书叫《寂静的春天》。《寂静的春天》写的什么呢？因为在最近几十年，美国的工业发展很快，化学工业发展很快，所以，高新科技既造福社会，也带来巨大的灾难，环境污染带来了毁灭性的破坏。所以这个雷格尔·卡逊在1962年写了《寂静的春天》，他警告世人，由于滥用农药，人类美好天堂变成梦境，生机勃勃的自然界正走向死亡。他这部书出来以后，大企业、大厂家纷纷反对，但是，美国政府毕竟还是有有识之士的。尽管遭到了产业集团的反对，美国政府由此成立了环境保护局。环境观念，环保观念，开始渗入到每一个人的脑海中去，环保事业从这儿开始。那你说，这本书贡献多大？我们能说这本书可能卖不到几本啊，大企业家还反对啊！正如大家都熟知的，哥白尼的《天体运行论》，达尔文的《物种起源》，爱因斯坦的《相对论》等等，这些书，刚开始时都被视为异端邪说，他那书能卖钱吗？如果出版家只想到卖钱，这书当时也出不来。正因为这些出版家们想到了对人类和社会的贡献，勇敢地面对着巨大的亏损，甚至被判刑、受罚，仍然出版这部书。所以，这些事例，都让我们觉得出版的意义首先在于它的文化价值，这是毋庸置疑的。多数出版人正是怀着对文化的憧憬，怀着对文化的热爱，选择了这份职业，所以他们义无反顾地做好这个事情。他们正是通过选择、策划、编辑、出版、传播，把这些优秀思想传到社会。这样的著作，越来越受到欢迎，最后产生了一个巨大的经济效应。所以，我觉得，我们首先不要把赚钱当做第一等大事，我们也不要自觉不自觉地导致赚钱成为第一等大事而忽视了文化。

这样的例子很多。比如说现在，出版界非常热闹的是追求畅销书。如果有个编辑搞个畅销书，赚个几十万、几百万，就功成名就了。涨工资，分房子，得头衔，只因为他搞了一本畅销书。但是，一般来说畅销书是个纯商业的概念，所谓畅销，就是卖得快，卖得多。它并不是学术概念。但畅销的不一定都是好书，好书不一定都畅销。《水稻育种栽培学》好不好，它没畅销。我们再分析一下美国的出版市场，可以看到，这种商业的追求，利润的追求，所带来的巨大的问题。大家都读过《廊桥遗梦》，读过《飘》，那两本书很好，影响也很大。人们拿着这本《飘》，去南北战场，去找那个地方，去找故事的发源地。一次我们到瑞士去，到卢塞恩，看到有座廊桥，大家就说，这是不是就是那个"遗梦"的廊桥啊，于是大家对旅游产生了追求。后来，美国出版商看到了《飘》和《廊桥遗梦》的畅销带来的巨大效果，就人为制作畅销书。蓝登书屋，非常有名的出版社，出了本书叫《善恶园中的午夜》。这本书后来成为畅销书，卖了200万册，印了50多次。这本书是怎么策划的呢？他们觉得《廊桥遗梦》这本书能赚钱，于是就去找一个地方，一个有故事的地方。他们发现美国乔治亚州法瓦纳镇，在1981年时，有一起杀人案，长时间没有破案，后来这一案子轰动全美国。于是，出版商就找来一个作家，说，我给你出钱，你到那个法瓦纳镇去考察，把这个案子给我考察清楚，然后你把那个报告写出来，再用这个报告写成一本书。那本书就是《善恶园中的午夜》。人物、环境、风土人情、风俗习惯都是按着乔治亚州法瓦纳镇那个地方设计的。这本书一出来后，作者亲自去导游，这个镇的镇长亲自陪同一些人去参观，报纸上大肆宣传，做广告。于是，这本书热销，成为畅销书。大批好热闹的人来到法瓦纳镇，给这个镇带来了巨大的效益，镇长特别高兴，旅游的人越来越多，饭店、餐馆、旅游商品啊，卖了很多钱。这本书呢，一版两版，最后印了100多万册。你说这个《善恶园中的午夜》是什么文化啊？只能说是美国的"大众文化"，并没有什么文化积累价值。当然我们不能要求每一本书都要有文化积累价值，娱乐的、搞笑的，也可以看，也需要，但是追求商业利润的企业，一本两本三本不断地出下去，后果会是什么样？在美国，有的人把他的老婆自杀的经过，被抢救的经过，心路历程写出书来，书名叫《拥抱太阳》；有的人把他自己的犯罪的过程，心理活动写出书来；有的人写怎么样自杀，有多少种自杀的方法，你说这叫什么文化呢？这恐怕连"大众文化"也算不上吧，只是垃圾。这就是追求畅销，追求畅销书的结果。所以，我们要端正转制的目的，转制只是一个手段，发展文化才是目的。再说具体点，多出好的出版物才是目的。所以，出版业是产业，但是它是以生产精神文化产品，满足人们精神文化需求为主业的特殊产品，如果仅仅以营利为目标，那去搞金融投资，期货交易，房地产开发好了。我们既然搞出版，就要把出版主业做好，只有把出版主业做好，才能够证明你这个出版业的存在，才能彰显你作为一个出版工作者的功用和贡献。

第二个要点——上市。现在上市非常热，都要上市，现在已经上市的新闻出版单位大概有十多家了，市值2000亿，融资240多个亿，在新闻出版行业掀起了一股上市的热潮。安徽出版集团，江苏凤凰出版集团，辽宁出版集团都已经上市了，还有一些出版集团也在积极地策划上市。资本上市应该说是资本运作的最高级形式，它是市场运作的一个重要手段，是在重塑企业主体，完善治理结构，促进规范经营，优化资源配置，所以，它对提升企业的形象和竞争力是有非常重要的作用的。资本上市之后，可以看出你这个企业的影响、实力，股民信服，所以说是资本运作中的最高的一种形式。但是对于上市，一是要考虑我们募集的资金干什么用，很多出版社的老总都说，真要出一本书，不是没有钱，而是没有好的选题，这十多家募集了240多个亿，如果是用在出版上，出什么呢，什么样的选题要用这么多钱啊？

所以，第一要想好募集资金干什么用。在这个思想下面还有几个问题应该特别注意，一个是资本市场的可融度问题，资本市场能容纳下多少上市公司？刚才我报了一个数，就是 1600 多个亿。作为一个产业来说，1600 多个亿区区小数啊。我们国家机械工业 70000 个亿，石化 60000 个亿，林业 20000 多个亿。一千多个亿，跟几万个亿比，那不是区区小数吗？这样一个市场能容纳多少上市公司？容纳不了，会产生什么样后果？至少会产生股民对你的不信任，这是第一。第二点，要考虑资本增值的可能性，上市公司必须具备有完备的管理结构，规范的管理制度，优化的资源配置，还有人力的前景，如果条件不具备就仓促上市，如何继续发展呢，有什么项目能够继续产生利润呢？怎么回报股民呢？上市要承担道德责任和社会责任，不能坑害股民。

第三个关键词——**走出去**。现在从中央到地方，从社长到编辑，都在大张旗鼓地提倡"走出去"，要把我们的文化产品走向全世界，要提高我们的软实力。大家这些想法都非常好，真正把我们的文化产品走向全世界，走向国际，如能像美国那样的影响巨大，无孔不入，那就对我们文化的弘扬做出了巨大的贡献。但是我们总结一下，我们现在走出去的东西究竟有多少呢？大体上还是汉语教学、中国概况、还有些传统的东西，别国没有的，如武术、烹饪、瓷器，大体是这些。另外有个别出版单位资本雄厚，千方百计介入到国外的出版商中去，合作出版，就算不错的了。有的虽然在美国、德国弄了个出版社，但实际上出不了什么书，出了也卖不出去。因为我们的观念不转变，思维方式不转变，甚至说话方式不转变，别人看不懂。把中国话翻译成英文了，人家不懂你这说的啥意思。持续发展怎么理解，三个代表是什么代表啊？人家没这个观念，他很难理解。所以真正走出去，不是有钱就能走出去。它是一个深层次的问题。不仅仅是具有民族特色和地域特色，而且还应该包括世界不同国家、不同地域、不同民族共同欣赏和接纳的东西。比如说日本人不是挺动脑筋的吗？它的语言文字世界上使用的很少，如果它的书、光盘都是日语，有几个外国人会买？所以，他们出版无国籍的作品，轻语言重动作的作品，这是真正动脑筋了。就算美国大片，就是几个元素糅到一块儿的。所以我们怎么样挖掘出全世界不同地区、不同国家、不同民族都能接受和欣赏的内容、形式、观念，这是走出去的关键。那么有许多优秀的作品为什么能够传之久远，无论是中国还是外国的，唐诗、宋词、元曲、明清的小说，意大利文艺复兴时的《最后的晚餐》、斯特劳斯的《蓝色的多瑙河》，这些作品为什么能够传之久远，为不同国家不同民族人民所接受？我认为就是因为它抓住了人类的共同的东西，人性的相通之处。人性的相通之处，就是真善美。几百年甚至上千年的作品今天之所以还能打动人心，就是因为它抓住了人性相通的东西。典范的精品它就应该是超越时代的。所以我们只有抓住人类的相通之处，人性共同的东西，才能超越时代。在那个时代过去之后，只要人类存在，它的艺术魅力就存在。不能肤浅地认为，一个东西只要变成英文了它就能走出去。

再一个就是**联合重组问题，包括跨地区联合**。辽宁跟天津结合，辽宁跟内蒙古结合，浙江粤三省协调区，江西到北京来跟哪个出版社联合，这个也是当前改革中的一个热门话题：跨地区经营、联合重组。我觉得解决这个问题是很有意义的。我们过去在计划经济里全都是一样的体例，北京是这样、上海是这样、天津是这样，新疆、青海、宁夏也是这样。新疆也是人民出版社、少儿出版社、文艺出版社、科技出版社，青海、甘肃也是。而现在的改革，跨地区经营，打破部门和地域分割，改变"麻雀虽小五脏俱全"的局面，确实很有意义。但是，现在也有一些问题需要解决。到现在的人财物仍然是属地管理，所以联合就存在问题。另外这种跨地区联合很多是行政安排、行政干预，人为捆绑成集团。不捆绑，自愿组合，说的容易做起来难，因为没有谁愿意被兼并，我们现在为止还没看到哪个出版集团不是靠行政干预、"捆绑"成集团的。而且也不应让所有出版社都变成大集团。美国也好，英国也好，日本也好，都是几万家出版社，其中中小出版社是大多数，它们也照样生存和发展。所以，我说联合重组，跨地区经营，可以解决很多问题，特别面对着是地区封锁，地域分割，"麻雀虽小五脏俱全"的局面，意义重大。但也不是绝对的。应该允许大船存在，允许中船存在，也允许小船存在，百舸争流。

还有一个比较热的话题叫**金融危机给文化产业带来新的机遇**。这个我听了非常高兴，非常鼓舞，觉得别人都在那儿萧条，我们这里蒸蒸日上。真是应该总结我们的经验。在金融危机中，有些经济产业不行了，但我们的文化产业，因为这些年来我们的努力，或者说相对封闭，所以没有受到太大的影响。人们在生活中仍然需要文化产品，仍然需要读书，所以这种情况下文化产业仍然有大的发展。但是如果说金融危机就会给文化产业带来机遇则需要谨慎。作为调动大家积极性的方式，说在这样一个百业凋零的时候，我们一花独放，一枝独秀，可以。但是，客观地说，在金融危机下一些国家文化产业得到了发展，是另有原因的。比如说美国，在第一个发展阶段，欧洲百业萧条，人们受到战争的摧残，精神极度的苦闷，生活非常的困难，所以美国的乡村音乐一下子发展起来了，给人们的心灵带来快乐。再比如说日本，它的动漫产业的发展，是将传统形式与新的技术结合起来，所以它的动漫发展很快。在韩国，经济高速发展的时候，资本家追求高额利润，人们压力大因而要休息要轻松，所以有了那些家长里短、婆婆媳妇、爱情是什么这类麻辣烫的作品，说话慢慢的，不着急不上火。所以说我们在金融危机的时候，一定要分析各个国家的具体情况，利用他们的经验，加上正确的政策支持，才能在金融危机的形势下发展自己，壮大自己。

再讲一下物流建设。现在各个集团都在搞物流建设，买地、搞物流公司、搞物流配送、书城，这些措施对解决发行作为瓶颈制约出版上游的问题来说，是非常有意义的，有条件的产业集团应该这样做，但是不应该一哄而上。当年中国出版集团要建物流中心，要买地，刚开始跟人家谈的时候，大兴的地还是 40 多万一亩，但是我们没有钱啊，买不起。过一段，再跟人家谈的时候，变成 60 多万一亩了，后来人家 70 万也不卖了。北京发行集团在通县那儿建了物流，我去参观了，搞得很好，图书品种很多，可惜很多人不愿意进入，所以那个物流赔钱。还有一些出版公司在建的时候就考虑好了，这三分之一租给谁，那三分之一租给谁，显然是利用不足。又比如书城，很多省都搞大的书城，很多省都搞连锁经营，跟美国学的。其实美国现在也不这么搞了。美国的一些书商发现连锁经营成本太高，每个小店品种不多，管理成本不少，所以现在改变了。他们把销售出版物跟休闲娱乐结合在一起。但是随着市场的发展又产生新问题，美国出版家觉得这样也不行。这几个大书城占了发行的百分之七八十，也就是说这几个大书城垄断了发行市场，最后由他们来决定出版家出版什么选题、出版什么内容，下游掌控了上游，发行掌控了出版。这些经验教训，我们都应该总结和吸收，在我们改革出版行业，发展文化产业的时候，想到这些问题，避免走弯路，少付成本，使我们的文化产业走得更顺畅。

我大体上把这两个问题给大家介绍完了，一个是动因，一个是应该警惕的误区。我说的是应该警惕的误区，不是说现在就存在误区了，而是应该注意这些问题，避免走弯路、避免付出更大的成本。另外，要说明的是，我刚才给大家介绍的这些情况，很多是我个人的观点，仅供大家参考而已。希望我们大家一起探讨，共同把我们这个行业搞好。

加强出版物发行网点建设，
提高出版物传播水平

（2011 年 9 月）

当前中国出版业改革正在深入发展，发行业改革已进入关键时期，其中当务之急是推进城乡发行网点建设和产业转型升级，不断提高出版物发行传播能力。这里，我谈三点想法。

一、出版发行业在改革发展中呈现
繁荣发展的良好态势

"十二五"时期，是国家全面建设小康社会的关键时期，也是深化新闻出版改革、加快转变经济发展方式的重要时期，世界经济政治格局的变化，使出版发行业面临前所未有的机遇和十分严峻的挑战。新闻出版总署在《新闻出版业"十二五"时期发展规划》中指出，"十二五"期间，要建立统一开放、竞争有序、健康繁荣的现代化出版物市场体系，以人为本、面向基层、惠及大众的新闻出版公共服务体系，技术先进、传播快捷、覆盖广泛的现代化传播体系；要基本形成以连锁经营、物流配送、电子商务为主要特征，以大城市为中心、中小城市相配套、贯通城乡的出版物流网络；到"十二五"期末，力争实现出版物发行网络覆盖到全部乡镇。这个规划为出版发行业提出了明确的目标，指明了前进的发展方向。

2011年是"十二五"规划的开局之年，也是深化文化体制改革的关键一年。今年以来，我国出版发行改革继续深入，事业产业发展亮点纷呈，行业管理向科学化发展，服务水平不断提升，保持了良好的态势，为实施"十二五"规划开了好头。

根据中国新闻出版研究院发布的《2010—2011中国出版业发展报告》，2010年全国新华书店系统和出版社自办发行单位实现出版物总销售额1728.5亿元，比2009年增长11%，我国新闻出版业呈现六大趋势。

一是适应时代、贴近读者的优秀出版物将大量涌现。特别是体现社会主义核心价值观，彰显时代发展、关注民生、关注中国发展，探讨中国富强之路的出版物以及服务"三农"、开拓农村市场的出版物将会有广阔的市场前景。

二是中央出版集团与地方出版集团在博弈中走向繁荣。地方出版集团在转企改制、股改上市、兼并重组、多元化经营等方面起步较早，一些地方出版集团的规模迅速扩大，具有先发优势。2010年中央在推进各部委出版社转企改制的同时，加强中国出版集团公司，打造中国教育出版传媒集团和中国科技出版集团，国家队日益呈现出规模、品牌的优势。中央出版集团崛起，地方出版集团寻求进一步发展，形成良好的互动和竞争，将在博弈中共同走向繁荣。

三是新媒体、新业态正在成为出版业资本运作的重要领域。2010年出版单位全面完成转企，为出版产业资本运作创造了良好条件，但出版业的行政分割和利益格局尚未打破，跨地区、跨行业重组仍面临不少问题。由于数字出版等新媒体具有良好的发展前景，需要大量资金投入，今后会有更多的出版发行企业通过资本运作进军新媒体领域，这将成为不可阻挡的趋势。

四是数字出版产业链运营机制将初步形成。数字出版是中国出版业转变经济发展方式的重要方向，是产业升级的必由之路，代表着中国出版业发展的未来。新闻出版总署出台《关于加快我国数字出版产业发展的若干意见》、《关于电子书产业的意见》，推进数字出版产业高速发展，将会有更多出版企业获得电子书出版、复制、总发行资质，只要控制电子商务中无序的低价竞争和网络传播中无序的免费下载，加强数字出版的版权保护，合理调节内容提供、技术平台、传播渠道三方的利益关系，数字出版产业会得到规范、有序的发展。

五是民营与国有出版企业的合作与竞争进一步深化。国有出版发行企业与民营书业是推动中国出版业发展的两股重要力量，两者既有竞争，也有合作和渗透，推动中国出版业的高速发展。

六是贯彻《新闻出版业"十二五"时期发展规划》、《新闻出版业"十二五"时期"走出去"发展规划》和《关于加强城乡出版物发行网点建设的通知》，出版业将构建起城乡贯通的出版物传播渠道和"走出去"的主体化格局。随着新闻出版重大科技工程、行业信息化标准建设、传统出版业数字化转型和"走出去"工程的实施，数字出版产品将在出版"走出去"的众多途径中脱颖而出，数字产品出口金额将会大幅度增长，有望成为出版业"走出去"的一大亮点。

二、加快城乡发行网点建设

在新一轮技术革命推动下，随着数字技术、网络技术普及，出版物市场出现实体书店、电子书、网上书店等多元结构。不同的细分市场对应不同的读者群和购买方式。实体书店作为发行产业的重要领域、精神文明建设的重要窗口，在今后一段时间仍然是出版物发行的主力军，具有持续发展的空间。

（一）城乡发行网络建设的基本情况

有两个现象需要重视：

一是实体书店在持续增长。改革开放以来，随着人民群众日益增长的精神文化需求，城乡发行网点建设蓬勃发展。新华书店通过体制改革已经从传统的事业单位改造成具有连锁经营、物流配送、电子商务的现代流通企业集团，焕发出新的活力，发挥着图书流通主渠道的作用。民营资本和外资进入发行领域，特别是民营书店快速发展，涌现出一批具有规模经营、连锁经营、特色经营特征的企业，是发行业的重要力量。根据新闻出版总署统计，截至 2010 年年底，全国有各类发行网点 16.8 万个，同比增长 4.6%。

二是实体书店的结构在起变化。一方面，大中型书城崛起成为实体书店发展的亮点，成为传统书店向以书为主、多元文化经营转型的重要载体。根据文明店堂评选中的数据，大中型书城的图书品种大多在 10 万种至 30 万种之间，例如北京图书大厦经营出版物品种 40 万种，年销售额突破 5 亿元；王府井新华书店经营出版物品种 30 万种，年销售额超过 2 亿元；辽宁北方图书城总店经营出版物 30 万种，年销售额 1.5 亿元；黑龙江哈尔滨学府书店经营出版物 30 万种，年销售额 1 亿多元；四川新华文轩成都购书中心经营出版物 25 万种，年销售 1.1 亿元；江苏南京新街口新华书店经营出版物品种 24 万种，年销售额 1.2 亿元；天津图书大厦经营出版物品种 23 万种，年销售额 9000 万元；广东深圳中心书城经营出版物品种 20 多万种，年销售额 1.3 亿元；广东深圳罗湖书城经营出版物 20 万种，年销售 1 亿元；河南郑州购书中心经营出版物 20 万种，年销售额 7100 万元。这些书城基本能够满足学生、专家以及一般大众阅读的需要。

另一方面，中小型书店是城乡发行网点建设的主体，有迫切发展的需要，也面临诸多制约因素。作为薄本微利的中小型书店，要面对场地租金提高、人力成本上升、网上书店低折扣竞争等压力，生存空间受到挤压。一些地方在新城区和农村建设规划中不重视出版物发行网点建设，使中小书店市场进入的难度加大，一些城镇的发行网点被拆除、被挤占，至今没有恢复和重建，有的地方出现发行网点减少的现象。

我们要认真分析书业的发展变化，探索市场经济条件下书业发展的规律，推动城乡发行网络健康、可持续地发展。

（二）进一步完善城乡发行网络布局

城乡发行网点建设是出版物市场体系和公共文化体系的重要组成部分，担负着宣传社会主义核心价值体系，传播普及科学文化知识，推动全民阅读，满足人民群众日益增长的精神文化需要的使命。我国城市化建设在加快，"十一五"末城市化已超过40%，到"十二五"末预计还会增长10%左右。城市化发展必然促进大规模的城乡建设，促进文化需求的增长。适应这一发展，中央宣传部、新闻出版总署、住房和城乡建设部联合下发了《关于加强城乡出版物发行网点建设的通知》，要求各地在城乡建设和文化建设规划中必须保证有足够的出版物发行网点。文件的核心内容：一是要把城乡出版物发行网点建设纳入公共文化服务体系，制定各地区出版物发行网点专项规划；二是各级党委政府要在政策、资金、税费、占地等方面给予出版物发行网点建设的扶持，严格执行"免征或退还的增值税款应专项用于发行网点建设和信息系统建设"的规定；三是建议对县以下所有出版物发行网点免征增值税；四是将农村出版物发行网点建设项目列为新闻出版业"十二五"重大发展项目。这一文件的出台，对于城乡出版物发行网点建设是一个很大的支持和推动。全国出版发行行业要抓住这一机遇，乘势而上，统筹布局，制定好发展规划，采取有效措施，努力把城乡出版物发行网点建设落到实处。

各级发行业协会和出版发行集团要做好以下工作：

一要配合党委政府深入调查研究，做好统筹规划。城乡出版物发行网点建设是一项长期的文化惠民工程，要着眼文化建设的长期发展，统筹兼顾，扎实推进。为此，要配合党委政府，组织人员深入基层，认真调查研究，根据不同地区的不同情况，制定当地的城乡出版物发行网点建设规划，出台配套政策措施。不能脱离实际地搞"形象工程"，在大中型书城建设上盲目攀比，运营大中型书城一定要选择好商业模式，使之具有持续发展能力；中小书店建设要因地制宜，走特色、专业、便民的发展道路。

二要发挥各方面的资源优势，形成建设合力。要积极宣传国家的有关政策，为政府和发行企业当好参谋，搞好服务。一是积极协调县以下出版物增值税返还政策，把返还的税收用于农村网点建设。二是建议当地新闻出版局、出版集团向当地政府申请，争取得到政府在新农村建设、文化设施建设等方面的配套资金和专项资金支持。三是协助当地新闻出版局、出版发行集团在农村发行网点建设上加大重视程度和人力、物力、财力的投入。四是依托新华书店的信息平台和配送体系，吸收民营书店、乡镇个体经营户和其他经营者加盟，构建起多方合作、互利双赢的城乡出版物发行体系。江苏民营企业弘文图书发行有限公司与乡镇个体户（常常是夫妻店）合作，公司负责图书信息传递，负责图书配送，合作伙伴只管销售，利润按码洋六四分成，取得了良好的效果，既延伸了公司链条，也给合作伙伴带来了福音。这个经验可以借鉴。有些地方正在探索将有条件的农家书屋变成图书代销点，这也是多方合作的一种方式。

三要从实际出发，形成可持续发展的经营模式。发行网点向农村延伸后如何搞好经营，扎稳脚跟，这是农村出版物发行网点能否长期生存的大问题。浙江省新华发行集团对此作了积极探索，他们的主要做法是，省新华书店将拥有的品牌、出版物产品、信息业务系统技术授予加盟者使用，并作为供货商向他们提供全品种的铺底图书和日常供货；网点在新华书店统一采购、配送、结算的业务模式下从事经营活动，与新华书店的业务管理信息系统相连接，共享新华书店的出版物信息和产品资源。新华书店对网点实行"三个统一"，即统一新华书店的标识，统一计算机信息平台，统一采购、配送、结算等业务模式，以此构成了"小终端，大后台"的销售体系。这样既丰富了农村读者的可选图书品种，又使农村发行网点的经营能够可管、可控。浙江的做法，为全国提供了经验，可根据本地区的不同情况去学习和试验。

建设城乡出版物发行网点不能等靠，要积极主动地投入，确实把新城区和农村发行网点建设落到实处。到"十二五"末，力争实现立体化、多层次、内涵丰富的出版物发行网络覆盖到乡镇。

三、积极促进发行业转型升级

当前，全球新闻出版业正经历新一轮技术革命。随着数字技术、网络技术全面普及，以数字出版为代表的新业态正在成为出版发行业发展新的战略制高点。《新闻出版业"十二五"时期发展规划》中强调，要创新出版物传播手段和渠道，推动传播手段创新，推动新兴业态发展，推动传统发行业的转型。我们要认清新形势，推动新发展。

（一）解放思想，转变观念，提高对数字出版的认识

20 世纪 90 年代第一张数字纸面世以后，数字出版引起了社会尤其是出版界的极大关注。进入 21 世纪特别是最近几年，数字出版已形成了全新的出版业态和完整的经济产业链，呈现出以产值屡创新高、赢利模式不断创新、阅读终端不断升级、手机出版异军突起等特色和发展趋势。在国外特别是美国，数字出版迅猛发展，网上书店与实体书店激烈竞争，谷歌、苹果和亚马逊三巨头在数字出版领域加紧布局，不断推出新的产品和服务，使传统发行业遇到严重的冲击和挑战。鲍德斯集团的连锁书店为什么会土崩瓦解？最大的失误就是故步自封，缺乏创新和远见，无法适应数字出版带来的竞争。

在我国，网上阅读和数字出版也是不可阻挡的时代潮流。按照第八次全国国民阅读现状调查，我国18—70岁国民中，23%的人进行手机阅读，3.9%的人在电子阅读器上阅读，18.1%的人通过网络在线阅读，2.6%的人使用PDA、MP4、电子辞典等进行数字化阅读，1.8%的人用光盘阅读。近10年来，上网阅读的人群比例从3.7%增长到49.9%。据统计，2009年我国数字出版产值是799.4亿元，2010年有关数字出版类的交易额已达1051亿元，连续5年保持40%—50%的增速。但2009年数字出版中电子书的产值仅为4亿元，为同期印刷图书的0.94%，传统出版业在数字化发展中所得甚微，有很大的发展空间。我们必须看到，数字出版是出版产业发展的大趋势，新的阅读习惯和购买方式对纸质出版物经营产生了冲击，与其他市场因素一道，威胁到不能应变的实体书店的生存。我们要认清形势、转变观念，主动适应新技术的发展，依托数字和网络技术，加快传统书店的转型。

针对新形势、新要求，中发协组织了多种活动，积极促进和引导全国发行业转型升级。

一是举办"新华书店发展论坛"，研讨数字出版发行发展战略。在论坛上，与会者就出版发行产业发展的形势及战略、产业背景下的渠道革命、数字出版和网络书店迅速发展，新华书店如何应对和思考等，进行了广泛深入的交流和探讨。

二是举办"数字出版背景下出版物发行工作研讨会"，探索新形势下的出版物发行工作。去年6月，中国书刊发行业协会在北京举办了"数字出版背景下出版物发行工作研讨会"，就目前发行业面临的突出问题及业内广泛关注的热点问题进行探讨，以促进新形势下的发行工作。

三是开展"数字出版背景下的出版物发行工作"主题征文活动，促进出版物发行业的转型与发展。去年9月中发协下发了以"数字出版背景下的出版物发行工作"为主题的征文通知，在全行业开展征文活动。征文的重点是针对发行行业在数字出版迅猛发展形势下遇到的新情况、新问题，展开理论探讨和提出解决方案及办法。今年 8 月，中发协组成评委会，用一个月的时间，对上报的 132 篇征文进行评审，最后评出优秀论文 56 篇，良好论文 42 篇。这一结果已在报纸和网上发布。

四是召开"出版社转企改制后的自办发行工作研讨会"，引导出版社改变传统发行模式，创造新的发行模式。这次研讨会，有 50 多家出版社和发行单位参加，大家畅所欲言，对如何改变传统发行模式，创造新的发行模式作了广泛深入的探讨。这一举动，对一些中小出版社在新的形势下如何做好发行工作是一次很好的引导和促进。

（二）找准实体书店的市场定位，以自己的优势吸引读者，巩固和扩大读者群

实体书店服务的读者主要是纸质出版物读者、喜欢到书店购书的读者、受多元文化吸引能够到书店购书的读者、接受会员制服务和团购服务的读者。实体书店的巩固和发展，需要坚持以图书发行为主业，围绕读者的多元文化需要，提高服务质量，开展延伸经营，引导文化消费，并以特色经营吸引专业读者，使之成为电子商务、网上书店无法替代的文化窗口和读者喜欢的文化消费、文化休闲中心，从而增强吸引力和凝聚力。今年上半年，由中国书刊发行行业协会主办，江苏凤凰出版传媒股份有限公司、安徽经纶文化传媒集团股份有限公司、中国图书商报社协办开展的出版物发行行业"文明店堂"评审，就是一项加强实体书店建设的活动。现评审活动已经结束，有 290 家零售书店获得"文明店堂"称号。业内普遍认为，这次"文明店堂"评比活动很有现实意义，不仅创新了协会的服务内容，更重要的是对坚守阵地、改善经营、塑造品牌形象的实体书店是一个有力的支持和促进。

（三）运用信息技术，提升实体书店的经营能力

成功的实体书店的优势在于有一个良好的品牌形象、一个覆盖城乡的流通网络和一个具有规模效应的配送中心。现在国内实体书店存在的问题，主要是对数字阅读及网络购买方式不适应，在市场细分和文化需要多元化面前缺乏有效的商业模式。我们要推动实体书店把传统的店铺经营与电子商务、网上书店、俱乐部服务等无店铺经营方式有机结合起来，实现网上和网下、实体和虚拟经营的链接，架起新的联系读者的桥梁。

目前，许多出版发行集团正在探索，出版集团办数字出版平台，发行集团办电子商务平台，大型书城的俱乐部服务和团购服务正在数字化，这是一个良好的开端。但目前的探索还处在各自为战的阶段，相互之间的产业联系和利益关系调整还在摸索中，出版与发行之间、实体书店与网上书店之间的恶性竞争时有出现，尚未形成规模效益和产业链。要进一步探索，逐步形成内容提供商、技术服务商、网络运营商相互链接的新平台，建立版权管理和价格管理的监控机制，走向成熟、良性互动的运营机制。江西新华书店 2010 年通过与中国移动江西分公司合作，建立双方合作的图书认购信息平台，从而达到了网上和书店共同销售的目的，取得了较好的经济效益。这个做法值得研究、借鉴。

（四）提高员工队伍的整体素质，适应产业新的发展

新的形势需要出版发行企业转型，更需要员工队伍素质提高。当前，要继续倡导"爱书、读书、知书"的学习风尚，弘扬"为书找读者、为读者找书"的优良传统；要继续加强行业职业道德和企业文化建设，营造"团结拼搏、勤奋向上"的文化氛围；要根据产业转型和新技术普及的需要，组织员工学习新技术，普及新知识，以适应产业发展的新转变，使书店真正成为"传播科学文化知识，营造

2001 年，访问贝塔斯曼公司总部并签名留念。

书香社会"的文化殿堂。

出版发行业经济发展方式的转变过程，既是一场新的技术革命，必然带来经营理念和管理技术的更新，也推动产业结构的新调整，必然伴随着新的利益关系调整和兼并重组。这为出版产业链每一个环节都带来了机遇和挑战。中发协对促进全国发行业转型肩负着义不容辞的责任，一直对发行业的改革与发展倾心关注，加强调查研究，组织各种活动，促进转型升级。时代需要我们进一步解放思想，探索创新。我们不仅要拓宽视野，虚心借鉴国外的先进经验，更需要实事求是，探索适合我国出版发行业的发展方式，积极参与竞争，推动我国出版发行业又好又快发展。

当前，新闻出版总署《新闻出版业"十二五"时期发展规划》已经发布，城乡发行网点建设的方针政策已经确定。我们要认真贯彻"十二五"规划精神，紧紧围绕服务大局、服务行业、服务会员的宗旨，努力完成"十二五"规划的发展目标和新的任务。

中　编

　　如果说"上编"的文章偏重于政策、理念和比较重大的出版问题的思考，这一部分主要是对专业图书出版情况的描述和思考。其中收集了我关于少年儿童读物、辞书工具书、外国文学、科技图书、地图、古籍图书和中小学教材等方面出版成绩、问题的分析和认识。

　　这一部分我收入的有关古籍图书出版的文章较多，这主要是我一走入社会，参加工作，就是从中华书局做起，感触很多。我敬佩辛勤耕耘、埋头整理祖国文化遗产的专家学者、编辑同行们的作风和品格；我怀念，当我开始工作时就培养和关怀我的那些领导们。

崛起，在祖国丰饶的土地上

——《文史知识文库》前言

（1986 年 4 月）

按语：这是当年我为《文史知识文库》写的"前言"，如今"文库"已出到几十种，还用着这个"前言"，这是我的光荣。

我这个"前言"中所表述的思想是有感而发的，那一时期，现代科技纷至沓来，国际上各种思潮传入中国。世界在发生巨变，中国在发生巨变。一时间"西学"研究大为盛行。

我认为，中国的变化，无论多么巨大，都发生在我们这块古老而丰饶的土地上；走向世界，走向未来，也是从这块有五千年灿烂文化的大地出发。

所以，我们必须对这块生我们、养育我们的土地，深入地了解，认真地研究，这是一切研究的根本。

这套书本来是以"文史知识丛书"的名义出版的，现在改名为"文史知识文库"。"丛书"改成"文库"，目的是使这套书容量大一些，把这套书编得更充实、更丰富，不仅容纳《文史知识》已经刊发过的好的内容，还要容纳《文史知识》未能刊发的好内容。

在周振甫先生书房。

我们为什么要编辑这样一套文库？为什么要系统、重点而又深入浅出地介绍中华民族优秀的文化遗产？应该说，这是时代给我们的启发。我们的时代，日新月异。科学技术革命迅速而又深刻地改变着人类的社会生活。中国人民重振雄风，面向世界、面向未来。在祖国960万平方公里的土地上，正开始着新的崛起、新的振兴。

在这一巨大变革中，在计算机、人造卫星、宇宙飞船、超导体、遗传工程等现代科技纷至沓来的时候，面对汹涌而至的各种思潮，我们仍然会深深地感觉到无所不在的、中国传统文化的巨大力量。传统文化的历史积淀是如此的丰厚，以至于我们伴随着每一项现代化工程的伟大胜利，几乎都要想到我们的前人，想起为我们编写了中华民族灿烂篇章的人们。我们的前人创造了无与伦比的灿烂文化。春秋战国的诸子哲学、汉魏六朝的丰碑巨制、韩柳欧苏的大块文章、明清之际的人生画卷，无不表现了对社会家国的情怀、对宇宙世界的期待。推动世界走向文明、走向交流与开放的造纸术、印刷术、指南针和火药等伟大科学发明，无不表现了中华民族的聪明才智和对人类的责任。这千古风流人物的奋斗，相互辉映，激荡交融，造成了博大久远的中华民族、光辉灿烂的伟大中国。这是我们的骄傲，也是我们民族赖以凝聚、发展、强盛的精神力量。

中国的一切变化，都发生在我们这块古老而又丰饶的土地上。面向世界，面向未来，总离不开我们站立的祖国大地。我们都是伟大祖国的儿女，对这块生我、养我的土地，对我们祖先繁衍发展的家园，怀有深切的挚爱之情。爱她，了解她，同时研究她；在了解她、研究她的过程中渗透着我们对现在和未来的信念。今天，我们站在新的历史高度，以重新崛起的决心，把祖国的传统文化放到整个世界文明的背景之中，我们一定会更准确地区分糟粕，找出精华，在看来杂乱无章、盲目被动的历史表象中，寻找出规律性的东西，为我们今天的创造活动服务，为我们新的振兴、新的崛起服务。

这是我们的心愿，也是我们的理想。我们相信，当我们的读者读完这套文库的时候，对我们伟大的祖国，对创造这一切的伟大民族，会怀有更加深切的挚爱之情。我们怀着这种深情走向世界，走向未来。

我们热诚地欢迎广大作者和我们一起编好这套文库，共同去完成时代所赋予的历史使命。

周振甫先生给杨牧之同志的信。

从获奖图书谈我国的少儿读物

（1990 年 7 月 17 日）

一

谈我国的少儿读物，真有一股抑制不住的激动。

1988 年年底，我去阿尔及利亚访问。阿尔及利亚文化部总监对我说："中国的儿童读物太美了，我真想成为故事里的主人公。"听了这番话，自然很高兴，即便是主人的客气吧，能客气得这样诚恳、真挚、一往情深吗？但毕竟是做客阿尔及利亚，我还是认为其中有客气的成分。

1989 年，人民美术出版社的总编辑告诉我，他们出版社出版的《哪吒闹海》荣获了东京国际儿童图书比赛的大奖。我很高兴，中国图书走向世界，是我们每个出版工作者的骄傲。但萦绕于脑际的，还是日本以及港台的儿童画册，那么漂亮、精美、吸引人。

直到今年春天，我的看法完全改变了，琳琅满目的少儿图书使我开了眼界，我成了中国少儿读物的热爱者、鼓吹者。

今年 3 月，由新闻出版署发起，新闻出版署、儿童少年基金会、国家教委、文化部、广播影视部、团中央、全国少工委和全国妇联八个单位联合举办的全国优秀少儿读物评奖活动，我作为评委、评奖办公室的负责人，具体主持了评奖工作。把全国几十家出版社送来的参评书，开包、摆开，真是五光十色，目不暇接，仔细阅读，很多书让我爱不释手。

这时，我又想起阿尔及利亚文化部总监的话，我又想起《哪吒闹海》获得国际儿童图书比赛大奖的事，的确不是偶然的。这次评奖，因为出版社比较多，评奖办公室要求每家出版社只能选送图书15 种。15 种，对有的出版社来说，只不过是它出书种数的十分之一，甚或是二十分之一。所以，送来参评的这 1000 多种图书，不过是全国少儿图书的很小的一部分。可以想见，我国的少儿读物是一支多么壮观的大军。

二

检视了近七八年全国出版社出版的优秀少儿读物，我心中留下了什么印象呢？下面从给我印象最深刻的方面说起。

过去，我们在给孩子们买书的时候，总是觉得我国的少儿读物太成人化，说教味太浓，有的书只不过是封面有几个少年儿童，标着少儿读物的字样，其实大人看也完全可以。所以，这次评奖，我特别注意这方面的情况。令人高兴的是，这几年的少儿读物在这方面的确发生了巨大的变化。出版社无论在传播知识、进行思想教育、品德教育，还是编辑的文艺小说、故事，都注意了少年儿童的特点。

这个道理很好懂。好比一件食品，营养价值很高，但味道难闻，人家不爱吃。不吃，营养再丰富，又有什么用？一本思想纯正，内容健康的图书，吸引不了读者，当然也起不到它应起的作用。这个道理，对任何图书都适用，但对少儿读物更为突出。因为少年儿童不会像成人那样有更多的理智。所以，为少年儿童写的书，应当有自己的个性，应当让孩子们一看便知道这是自己的书。那么，少年儿童的特点是什么呢？一、他们年龄小，好动，坐不住，只有生动有趣的故事才会吸引住他们，使他们安安静静坐下来，聚精会神地看书。二、他们更爱看形象的东西，只有图文并茂，他们才会爱不释手，才会很容易接受。三、他们刚刚接触社会，对周围世界缺少认识，所以，一定要给他们准确、科学的东西。四、他们思想纯洁，"染于苍则苍，染于黄则黄"，所以，要多给他们正面的东西，让孩子们知道什么是美，什么是丑，爱憎分明。

在这方面很多图书做得很成功。我举一本书为例，即少年儿童出版社出版的《少年自然百科辞典》（生物生理卫生卷），这本书在这次评奖中荣获一等奖。在全国优秀少儿读物评比中获一等奖的图书总共只有9种，可见其出类拔萃。其实，我们只要读几个辞条，就可以看出主编和编辑用心良苦，获此殊荣完全应该。他们努力掌握少年读者的特点和接受能力，努力使文字流畅易懂，努力使知识深入浅出，富有情趣。如"蜂鸟"一词的释文，讲蜂鸟采蜜的飞行动作，编者这样写道：

> 蜂鸟采蜜时的飞行动作像一架直升飞机，能悬浮空中停留在花朵上吸取花蜜，一般的鸟类只能向前飞行，唯有蜂鸟能够后退倒飞，只要将尾巴向下弯曲一下，双翅换一个方向旋转，就可以从花朵前倒飞到后面。

看，讲得多么生动。"像一架直升飞机，能悬浮空中停留在花朵上吸取花蜜"，叙述得这样形象、具体，小朋友一看就可以明白。

再如"刺猬"一条，讲刺猬怕狐狸。为什么？释文说：

> 刺猬体小力弱，行动迟缓，遇到敌人时即蜷缩成一团，把头及四肢包住，将身上棘刺竖起，使敌人无可奈何。但遇到狐狸时，这个防御办法就失去作用，狐狸会用细长的吻部钻入刺猬蜷缩的腹面，然后向上一挑，把刺猬高高地抛向空中，经过这样多次反复摔打，使刺猬失去防御能力，很容易被狐狸吃掉。

"双峰驼"一词这样讲骆驼的特点：

长有浓厚睫毛的眼睛，能自动启闭的鼻孔，长满密毛的耳朵，都能阻挡风沙。像喇叭口一样的脚掌，衬有像海绵那样的胼胝体，能承受骆驼的体重不致陷入沙内而行走自如。

这样一些具体生动的描写，这样一些惟妙惟肖的比喻，是非常适合少年儿童的心理的。他们知道刺猬蜷成一团，似乎别的动物就拿它们没有办法了。哪想到，"能人背后有能人"，狐狸还专会治它。把一个枯燥难懂的辞条，编写得像故事一样的生动，小朋友们能不爱读吗？

我们再看看新蕾出版社出版的《月亮会不会搞错》。这是一本诗集，它最初是为图画题写的，就是我们常说的题画诗。这些画主要是小画家卜镝的作品。作者由小画家富有童趣的画面引发灵感，接着任诗思飞翔，精心构思，形成了一首首充满童心、充满魅力的诗篇。

比如《春天最早到哪里》：

春天，春天，

你最早来到哪里？

爸爸说："在温暖的风中。"

妈妈说："在燕子的话里。"

妹妹说："在哥哥的画上。"

我说："在妹妹的笑里。"

大树说："在我的身上。"

小草说："在我的心里。"

"爸爸"、"妈妈"、"妹妹"、"我"、"大树"、"小草"，欢快的调子如见其人，从那充满喜悦之情的话语中，让人感受到明媚的春光。听听爸爸妈妈是怎么回答的，大树、小草是怎么回答的，小读者定会趣味盎然。

再如《母与子》：

小鹿，小鹿，

没见你时，真为你着急；

　　　　妈妈的脖子那么长，

　　　　想亲亲她可怎么办呢？

　　天真、童趣，细想想，又是那么入情入理，符合孩子的心理。

　　《月亮会不会搞错》之所以写得如此精彩，最主要的是作者了解小朋友们，与小朋友的心息息相通。正如作者柯岩自己所说："孩子的天真唤回了我的天真，在孩子的眼睛里又找到了童年的梦。"

　　这样的书，才是孩子们的书。孩子们高兴、喜欢，我们也高兴、喜欢。

　　给我印象最深刻的第二点是，很多优秀图书努力地、认真地塑造英雄形象，将枯燥的说教改变为利用形象进行感染。

　　给孩子们编书为了什么？说来说去是为了孩子们天天向上，成为父辈们伟大事业的接班人。从孩子们的角度来看，他们的心灵犹如一张白纸，纯洁无瑕。孩子们崇拜英雄，学习英雄，下决心要做英雄。所以，我们一定要多多塑造正面的英雄形象，让这些英雄形象，在孩子们刚刚接触社会的时候就牢牢站立在他们心中。有的同志称这类书为"典型示范"类图书，有一定道理。在这方面，我们看到很多图书都作了极大的努力，取得了丰硕的成果。其中，中国少年儿童出版社出版的《大地的儿子——周恩来的故事》、长篇自传体小说《盐丁儿》，是突出的代表。

　　《大地的儿子——周恩来的故事》的作者编写了110个小故事，从不同的侧面生动形象地记述了周恩来同志从童年到生命最后一息的革命历程，作品从"全世界为他哀歌"开始，提出沉痛而庄严的问题：

　　为什么？为什么一个人的逝世震动了全世界人们的心？为什么他能赢得地球上绝大多数人的尊敬？这就必然提起孩子们的兴致：周总理怎么能做到这一点呢？

　　作者没有辜负读者的期望。读完《大地的儿子》一书，我深深感到我的这支笔难以写出我的感受，还是让我录下书中的两段来请大家判断吧：

> 手术之后。总理躺在手术台上，用细微的声音轻轻说："请，把李冰请来。"李冰是日坛医院党委书记，著名医生，刚刚走出手术室，听总理召唤，又急忙返回来。她万万没有想到，刚做完癌症手术的总理一点也没有想到自己，想到的却是万里之外，边疆地区的广大矿工。
>
> 总理轻轻喘口气，吃力地动着嘴唇："云南锡矿工人……肺癌情况……你知道吗？"
>
> "你们要去解决……解决这个问题，现在……就去。"
>
> ……遵照总理的嘱咐，医务人员跨千山渡万水，来到云南锡矿区，普查和医治肺癌，工人们听说这是总理在手术台上发出的指示，都滚下了热泪。

作家用写实之笔，真实地记载了正同癌症作斗争的总理的言行，谁看到这里能不滚下热泪？

> 最后的几句话。1976年1月7日，总理从下午开始，一直处于昏迷状态。当天夜里十一点钟，总理从昏迷中醒来。他慢慢睁开眼睛，看一眼身边的每一个同志，用微弱的声音，十分吃力地说："我这里没有事了，你们还在这里干什么？快去照顾其他同志要紧，他们那里更需要你们……"所有在场的人，再也无法抑制内心的激动和痛苦，默默地转过身，任泪水滴滴流下。谁知道，这就是周总理留给我们的最后几句话！
>
> 十个小时以后，周总理，我们最敬爱的人永远闭上了他那双炯炯有神的眼睛，停止了心跳。

就是在生命的最后一刻，周总理想到的还是别人。作家用如此传神的笔写下了这动人的场面，谁能不感动，谁能不受到教育？

总理的话响彻天空，汇入大海，长留人间。全书110个小故事，都是如此具体、生动地记载了周总理对待生活，对待工作，对待同志、朋友，对待家人的情怀，写了国际舞台上大斗争中的周总理，写了与敌人搏斗中机智、勇敢、坚定的周总理，写了与朋友、同志谈笑风生、和蔼可亲的周总理。110 个故事，集中到一起塑造了一个完整的、栩栩如生的周总理。这样的伟人，这样的精神，这样具体入微的描写，这样真实、可信，我们的孩子们怎能不受感染，不受教育！《大地的儿子》的作者，因为记述了我们民族伟大的业绩、精神而受到广大读者的感谢。

《盐丁儿》也很典型。作者在"跋"中说，她很爱她的小孙子，"但我不想拿钱来爱他……我只想把这本小书作为留给他的遗产。如果他长大了，看了这本小书之后说：'我一定为振兴中华刻苦学习，把我们的祖国建设得更加强大！'那么，当我向马克思汇报时，我就会说，我的愿望实现了。"从这段话我们清楚可见，作者的使命感是何等强烈。她就是要现身说法，以自己作为典型，进行解剖，进行总结，说明一个道理。

作者叙述了一个虽然出生于满族封建大官僚家庭，但却丝毫得不到爱怜的女孩子，她颠沛流离，受尽艰难困苦，甚至靠乞讨为生。但苦难没有使她沉沦，相反在自尊、自强、自主的信念支持下，几经曲折，终于把自己的命运和民族的命运融汇到一起了，在党的怀抱中找到了真正的归宿。作者用真实、生动、令人信服的情节说明了这样一个真理：家庭无法选择，但道路是可以自己走出来的。这就是作者在生动的故事中寄寓的思想、期望和信念。

读过这两本书，我深深感到，由于中华民族有悠久的历史，无数的英雄豪杰为民族为国家抛头颅洒热血；中国无产阶级革命事业，又有数不清的革命前辈为共产主义事业创造了可歌可泣的业绩，这些是我们民族得天独厚的，也是我们少儿读物作家、少儿出版社得天独厚的。塑造典型，塑造榜样，以故事的形式把他们表现出来，就成为出版工作者的历史责任。在这方面，还有一些值得一提的作品。比如"元帅的故事"丛书（新蕾出版社）、"大将传记"丛书（海燕出版社）都写得生动感人。

　　第三个突出的感受是"寓教于乐"。

　　乐就是"乐趣"、"娱乐"，寓教于乐，也就是在讲故事、谈天说地中间，在传播知识中间，传播一种思想、道德和观念。如《上下五千年》。这部书至今已印行 60 万册，在多次少儿图书评奖中获奖，可谓名震出版界。细读之后，果然名不虚传。比如"弦高智退秦军"一节就很典型。春秋时期，郑国地处中原，是各大国争夺的重地。秦穆公派 300 辆兵车去偷袭郑国，秦军神不知鬼不觉地到了郑国边界，大军压境，危如累卵，郑国还一点也不知道。正在我们为郑国的安危捏一把汗的时候，忽然有人拦住秦兵去路，自称是郑国派来的使臣。那"使臣"说："我叫弦高，我们的国君听到 3 位将军要到郑国来，特地派我送上一份微薄的礼物，慰劳贵军将士，表示我们一点心意。"接着他献上 4 张熟牛皮和 12 头肥牛（看到这里读者松了一口气），秦军将领一看，郑国劳军的使臣都已经到了，郑国当然早有准备，偷袭已不可能，便收了礼物，下令班师了。看到这里，读者如释重负。那么究竟是怎样情况呢？作者写道："其实秦军将领上了弦高的当，弦高是个牛贩子，他赶了牛到洛邑去做买卖，正巧碰上秦军。他看出了秦军的来意，要向郑国报告已来不及，便急中生智，一面冒充郑国的使臣，骗了秦军将领，一面派人连夜赶回郑国向国君报告。"

　　四张牛皮十二头肥牛救了国家。

　　这是介绍历史知识，"弦高劳军"在《左传》上就有记载，经作者这样改编，在生动的故事中间寄寓了一个宝贵的思想，弦高是个普通的牛贩子，但他热爱自己的国家，便想出妙计，用四张牛皮十二头牛退了敌军。用这种方式表达出来的深刻思想，是小朋友们很容易接受的。

　　一本好的书，时刻不忘记出书的宗旨，即便它是一本辞典，一本纯介绍知识的书，只要把这一点放在心上，当做头等大事，它也能做到。如《少年自然百科辞典》"微生物"的释文中说，"早在 4000 多年前，我国劳动人民就已开始利用微生物酿酒，并在农业生产中应用微生物增加农作物产量。医方上，宋代就有人用'人痘'的病原微生物来预防天花，比 18 世纪英国的琴纳发明的种痘法要早 800 多年。"在介绍知识的过程中，编者巧妙地加以比较，使少年朋友了解祖国悠久的历史文化，以及对人类进步的贡献，无形间增强了对祖国的热爱，这就必然会激发少年朋友努力学习文化科学知识、为社会做出更大贡献的决心。

第四，形式新颖多样。

孩子们喜欢形式多样，喜欢变化，不喜欢千篇一律，十年一贯。这些年来，我们的少儿读物在这方面做了很大努力。从这次参评的图书也可以看出这种努力的结果。这次参评的图书既有大开的 16 开本，也有中等的 24 开本，还有小开的 40 开本；既有平装本、普及本，也有精装本、压塑本；此外还有立体书、木偶戏剧、音乐磁带等等，五花八门，多姿多彩。我们的出版工作者大胆创新，努力改革的进取精神的确令人钦佩。有的同志说，重要的是内容，不要过分强调形式；有的同志说，把图书都装成精装，我们读者的购买力有限。这种意见很值得商榷。我们所谈的，我们的评奖活动，都是指读物而言，不是指作品。评作品，是指评选作者创作出来的东西内容好坏优劣；评读物，首先当然是要求作品的内容好，但是光内容好还不够，作为一本读物，它还有编辑加工、装帧设计、印刷装订诸多环节，内容和形式要统一。也就是说，编辑加工要严谨，装帧设计要大方，印刷装订要讲究质量。读者的购买力确实有限度，我们图书装订的生产能力也有限度，但是作为一本优秀读物，就应该内容和形式都好，一时做不到的，并不是不要做，也不是不要努力去改变，去争取。据我了解，有相当一部分读者，并不是怕花钱买书，而是担心花了钱买不到好书。上海译文出版社根据市场情况，将"外国文学名著"丛书印成三种版本，一种是标准本，大 32 开，5 号字，天头地脚大大方方；一种是普及本，小 32 开，小 5 号字，这种本子当然不如标准本大方堂皇，但定价比标准本便宜40%；一种是珍藏本，编印考究，装帧精美，但定价较高，一本《红与黑》卖16元，一套《安娜·卡列尼娜》卖24元。三种版本各有千秋，发行情况如何？相比较，珍藏本，定价最高的版本，成了最抢手货。出版社卖光了，个体书摊以更高的价钱出售，仍然有人买。这个现象不是很值得思考吗？上海译文出版社的同志总结道：所谓出书注意层次，不仅指读者文化水平的多层次，还有个经济水平多层次的问题。沿海省份、经济发达地区的购书者，要精装本，越漂亮越好；内地，偏远地区的购书者，多半欢迎平装本，而且越便宜越好。所以我们不必过分担心读者购买力有限，我们在考虑尽量照顾广大读者购买力的同时，也可适当——特别是那些有分量的优秀少儿读物——多印一些精装的本子。而对于少年儿童的读物，我们不但要千方百计印得漂漂亮亮，让他们喜欢，爱看，我们还要千方百计降低成本，降低定价，让他们，让他们的家长、教师买得起。

在这方面，《中国民间节日故事》、"幼学启蒙"丛书做出了很大努力。这两本书，前者介绍了中国民间节日的一些故事，后者有中国古代神话、成语故事、寓言故事、古代传说、短小精彩的古诗，用图画的形式表现出来，这就把文字与美术融为一体，把知识性与审美性，把可读性与观赏性结合了起来。精致的彩图，精美的装帧，不但孩子的心被征服了，连我们这些成年人也爱不释手。

三

这些年少儿读物长足的进步、迅速的发展，是有目共睹的，但从我参加这项评奖活动的亲身感受，从对众多图书的阅读、分析中，我感到少儿图书还有这几方面突出的不足。

（一）从几个数字看思想教育类图书

从少儿读物的整体来说，确实是琳琅满目，确实是群星灿烂，但如果我们把整个少儿图书分成几类，又可以看出各类图书之间发展是不平衡的。以这次评奖为例，如果我们把这次参加评奖的图书大致分为四类：思想教育类、文学艺术类、知识类、低幼类，我们可以看出思想教育类图书的概貌：

第一个数字：文学艺术类图书占整个送评图书的30%，知识类图书占整个送评图书的20%，低幼类图书占整个送评图书的30%，而思想教育类图书只占整个送评图书的7%。

第二个数字：这次送书参评的出版社有56家，送思想教育类图书参评的只有25家，有31家居然一本未送。

第三个数字：据有关部门统计，近几年来全国30来家少儿出版社，每年出版的思想教育类读物仅占出书总数的1%。

这三个数字，大概是近年来全社会忽视思想政治工作倾向的一个反映吧。一些作者辛辛苦苦编写出来的质量不错的图书，一些人认为是讲大道理，没有用，征订下来印数很少，几百册，上千册，印刷厂开不了机，书编得再好也出不来。与此同时，学校教师、家长却十分重视儿童的智力开发，再加上一些人片面追求升学率，大家都想把自己的孩子培养成神童，所以知识类、低幼类图书扶摇直上，而思想教育类图书锐减。这种现象既是出版界的问题，更是全社会的问题，相信随着大的形势的变化，这种不正常的情况会扭转。但是，作为出版社，更应该把扭转这种局面作为自己的责任和义务。

（二）文艺读物三少一多

在少儿读物中文艺读物是重要的方面，从它的重要地位来说，这些年的少儿文艺读物虽时有新作，但无论数量还是质量，都颇感不足。概括起来文艺读物是三少一多：第一少，文艺读物中文艺创作少。我们前面介绍的《盐丁儿》是近年来文艺创作中少有的优秀读物，《亭亭的童话》也很不错，此外像《乱世少年》、《船队按时到达》、《京口恨》都得到好评，但总有屈指可数之感。两家很大的少儿出版社，送来参评的文艺创作读物总共只有四种。第二少，在很少的文艺创作中写现实题材的少。送来参评的长、中、短篇小说近40种，但现实题材的作品只占三分之一强，而以十年改革开放为背景的文艺创作就更是凤毛麟角了。第三少，有分量的中篇、长篇小说少。有的同志说，这些年来少儿文艺读物是"小花小草争奇斗妍，大树大果零落稀疏"，这个比喻，这个概括，是有道理的。

与之形成鲜明对照的是选编的图书多。名诗选编、古诗精华、寓言集锦、散文荟萃……各种名目层出不穷。当然，确有匠心独运之选本，但摆起来一看，很多选本又确实是同类型的、同题材的作品重复编选。那样几篇早有定评的作品炒来炒去，没有多少新意，这是应该引起我们切实注意的。没有创新，事物就不可能发展，在人之后，亦步亦趋，不会出现繁荣。有的少儿出版社提出"人无我有，人有我新"的口号，是很有气魄的，也是难能可贵的。

（三）少儿读物尤其要注意知识准确

参加评奖，使我有机会欣赏了大批少儿读物。我由衷地钦佩从事少儿读物创作编辑工作的作家和编辑们，他们精心创作，精心编辑，为祖国的花朵、为我们的后代编写了大批好书，实际上也是为提高中华民族的文化素质在辛勤劳作。

但美中不足的是知识的准确性方面问题不少。当然也包括文字的准确性。少年儿童刚刚开始学习，开始接受知识，我们一定要给他们准确无误的知识。比如有一本讲历史的书，把"公元前221年"写成"公元221年"，因为漏掉一个"前"字时间误差了442年，还把秦始皇的"嬴"字错写成"赢"，统计起来错误有几十处之多。还有一本很不错的知识读物，将"鳄鱼"写成"腭鱼"，几乎就是因为这样一个关键性的错字，这本书在初评时就被淘汰了。

图书评奖，坚持质量第一，对于有严重知识错误、文字错误的图书一概不予入选，这是很对的。知识错误，文字错误，影响获奖是小

2007 年 3 月，访问印度出版界，中为印度国家图书托拉斯主席毕班·钱德拉。

事，如果少年儿童接受了错误的知识，影响他们健康成长，影响他们学习进步，作为作者，作为编辑，内心能够平静吗？对于无限信任我们的少年儿童来说，我们是有愧的。

拉拉杂杂写了这样一大篇，实在是出于对我国少儿读物的喜爱。这些好书正像朵朵春花，装扮了出版业的春天。非常相信，我们——作家、编辑、家长、教师和少年儿童朋友们，大家共同努力，朵朵春花之后，就是繁花怒放的夏天。

辞书出版关键是提高质量

（1991 年 1 月）

按语：在重读《辞书出版关键是提高质量》一文时，猛然想到当年我们的前辈为了编出高质量的词典"鼓浪前进"（陈翰伯语）的一幕幕。陈翰伯、许力以、陈原、吕叔湘、罗竹风等前辈的显赫功绩，他们为编出一本高质量的词典不计功名，不讲报酬，殚精竭虑，前赴后继，让我们永远怀念。

我想起过去曾读过的陈翰伯同志的一篇文章，那是他带病在厦门会议上关于编纂《汉语大词典》工作的一次讲话。翰伯同志为事业鞠躬尽瘁，为国家死而后已，他的精神，他的做人，他的学识，是我们编辑的榜样和楷模。利用这块版面，我将陈翰伯同志的讲话《同舟共济，鼓浪前进》摘录于下，以表示我的怀念和景仰：

由于飞机取消了一次班机，我迟到了两天，对不起同志们，没有一开始就跟大家一起商量问题。

我想起 1975 年开始商量编纂《汉语大词典》的事情。当时感觉到，日本有一部《大汉和词典》，台湾出了一部《中文大词典》，而我们没有，实在脸上无光。出于爱国主义，下决心非赶上去不可。于是在上海大厦开会，商量组织力量，先收集资料。……五省一市奋斗至今，已 8 年了，释文的工作今年年底至迟明年基本结束。这是一个大胜利。

国家出版局因体制改革撤销了，但我这个编写领导小组组长倒没有撤销，还可以继续做下去。我想与两部词典（《汉语大字典》和《汉语大词典》）相始终。副组长、各省的领导小组的组长也应坚持这个精神，一直管到底。书全部出齐了，羞耻感没有了，有光荣感了，才算到了底。现在只能说"更喜岷山千里雪"，还未到"三军过后尽开颜"的时候，我们还有很多事要做。我们必须坚持开始时的那种精神，以爱国主义为指导，继续奋斗。不要太长的时间，就可看到全面的胜利了。8 年的日子很长，我们来不及仔仔细细地回顾总结，总之是上一个山又上一个山，坎坷不少。我们每到一个地方开一次会，总是完成一点事情、开始一点事情，总跟开会的地方联系起来概括一句话，作为一个里程，记录《汉语大词典》的历史。1977 年青岛开会，1978 年黄山开会，那时工作艰难，叫做"青黄不接"。1979 年 5 月贯彻胡耀邦同志的批示，在苏州东山开会，工作有新的起色，叫"东山再起"。1981 年底，为讨论贯彻中央办公厅 43 号文件，在北京"万年青宾馆"开会，进一步统一了认识，大家兴奋地说，《汉语大词典》是万年常青的事业。现在到厦门来开会，这次会很重要。回顾过去，成绩很大，信心更足；展望未来，任务艰巨，困难不少。这里有个风景点叫做鼓浪屿，我想用来作为这次会议的标志，我们要"同舟共济，鼓浪前进"！

1985 年出书，这是大家的共同愿望，大家都希望看到自己的劳动成果早日问世。昨天，我想到陆放翁的两句诗："王师北定中原日，家祭无忘告乃翁。"早晚有一天，我们会得到消息，《汉语大词典》已经全部出齐。我们是无神论者，也是无鬼论者，可是在这一点上，我宁可让步一下，希望得到这个消息，能够知道这书已经出版了，九泉之下也会很高兴的。（《陈翰伯文集》，商务印书馆 2000 年版，第 44 — 46 页）

据"中国出版大事记"记载，《汉语大词典》是 1994 年 4 月出齐的，5 月 10 日在人民大会堂举行庆祝大会。翰伯同志是 1988 年离开我们的，开庆祝会时他已去世 6 年。但大会堂庆祝胜利的掌声，也是给翰伯同志的。《汉语大词典》的读者、中国的出版事业，永远不会忘记陈翰伯同志。

看完这部《工具书大辞典》的全部内容，很想说几句话。这是一部"工具书的工具书"，目的是给使用工具书的读者提供方便，让他们知道在某一方面都有些什么工具书，它们各自的情况和特点，帮助读者加以选择。但是，当我看到这部辞典居然收入工具书有 7200 种之多，颇有感想，便想借这里的篇幅，谈谈我对当前辞书出版的一些看法。

一

党的十一届三中全会以后，我国的辞书编纂出版事业生机盎然，蓬勃发展。如果我们把辞书的出版情况从 20 世纪开始到现在，分成几个阶段，稍加比较，便可以一目了然。从 1900 年到新中国成立的 1949 年，约 50 年，共出版辞书 320 部。从 1949 年到 1978 年党的十一届三中全会召开，30 年，共出版辞书 890 部。从 1979 年到 1989 年，仅仅 10 年，总共出版辞书 3080 部，开创了辞书出版史上从来没有过的兴旺局面。而且，这 3080 部辞书反映出许多突出的特点：第一，大型辞书出版的品种显著增多。工程浩大的《中国大百科全书》，收汉字最多的《汉语大字典》，以及《汉语大词典》、《藏汉大词典》、修订本《辞海》、《辞源》，都堪称巨制。第二，基本学科大体上都有了自己的专科辞典。第三，少数民族文字辞书的出版受到关注，辞书日益增多，23 个有民族文字的少数民族都将有自己的语文辞书。第四，辞书理论研究有很大发展。据统计，从 1900 年到新中国成立前，有关辞书的研究文章不过 200 余篇，近 10 年，仅仅《辞书研究》和《词典学研究丛刊》两个刊物所发表的研究文章就达 2000 余篇。第五，辞书编纂出版队伍的培养得到很大的关注，队伍不断扩大。10 年前，我国专业辞书出版机构只有商务印书馆和中华书局辞海编辑所（后为上海辞书出版社）两家，近 10 年成立了中国大百科全书出版社、四川辞书出版社、湖北辞书出版社、汉语大词典出版社 4 家，此外还有 20 多家出版社设有辞书编辑室，把出版辞书作为自己的重要任务。第六，注意了辞书的"中国特色"，致力于辞书编纂的中国化，积极探索中国辞书走向世界。

总之，近 10 年辞书编纂出版的成绩是举世瞩目的，是值得自豪的，在辞书编纂出版史上，留下了光彩的篇章。

然而，这 10 年，这值得自豪的成绩，却也引起我们深深的思考。

二

在我们回顾辞书编纂出版的过程中，有一个问题发人深思。根据这些年辞书编纂出版的情况，我们可以看到，影响和决定我国辞书事业发展快慢的因素有很多，诸如经济的发展，科学的进步，整个民族文化素质的提高等等，但根本的一点是政治因素。因为政治因素，我们的辞书编纂出版事业道路坎坷，步履蹒跚，今天又因为政治的因素，我们辞书编纂出版事业欣欣向荣，硕果累累。

我们国家辞书的编纂出版，在全世界也堪称历史最悠久。回顾我国的辞书编纂史和出版史让人感到骄傲。早在春秋战国时期我国就出现了字书。《汉书·艺文志》上记载的周宣王太史作的《史籀篇》，恐怕是见于著录的最早的一部字书，据考证，这是春秋战国间的秦人所作。如果此点成立，到现在已经有两千年的历史了。从这以后，有以讲字义为主的字书《尔雅》出现，有以讲字形为主的《说文解字》出现，有以讲字音为主的《广韵》出现。这些字书对保存和积累祖国的古代文化，对古代汉语的发展和规范，都起了重要作用。产生这些了不起的辞书，说明了中国古代灿烂的文明。

从 20 世纪开始到中华人民共和国成立前，可以概括为一句话：国运不济，书运也不济，比较著名的辞书屈指可数。1915 年，商务印书馆出版的《辞源》，中华书局出版的《中华大字典》，1936 年中华书局出版的《辞海》；此外，开明书店的《辞通》，商务印书馆的《四角号码字典》、《中国人名大辞典》、《中国古今地名大辞典》，比较突出的、有代表性的辞书不过这么几部。据统计，20 世纪前 50 年总共只出版了中外语文辞书 250 部，科技辞典 70 部，而且这 320 部之中，商务印书馆一家出版的就占了三分之一。

新中国成立以后，辞书事业有了很大的发展。党和国家对辞书的出版工作非常重视。从 1949 年 10 月到 1965 年"文化大革命"前夕，全国出版中外语文、专科辞书 540 余部，总印数达到 7700 多万册。然而，刚刚出现了一个好势头，"文化大革命"便开始了。《辞海》成为天字第一号的大毒草，《现代汉语词典》也被公开批判了。所以，那个时期，无论是高级知识分子还是中小学生，无论是工人、农民、士兵还是国家领导人，大家都只能用《新华字典》了。到 1975 年 5 月，原国家出版局在广州召开了辞书规划会议，幸得周总理的关怀，制订了中外语文辞书编纂出版规划，辞书的编辑出版工作开始复苏。但那时候进展还是很缓慢。一直到"四人帮"垮台之后，辞书事业才真正得到发展。在不断肃清"四人帮"的流毒和影响的过程中间，辞书的编写出版工作进入了一个新的时期。我们特别说明这一点，它的意义何在？我想，一是要增强我们的使命感，一是要加强我们的责任心。道路已经开通，坚冰已经打破，得来不易，下一步的关键，就是要努力解决辞书编写出版过程中自身存在的问题。不能因为我们工作的失误影响整个辞书事业的繁荣和发展。当然这中间还有许多其他问题，特别是我们一些出版社在经济上有多种困难，价格问题、税收问题、纸张问题、学术著作的补贴问题等等，归根到底需要对文化经济政策进行调整，需要国家经济环境的改善。这些问题党和国家正在努力解决。我们的任务主要是怎样解决自身的问题，解决辞书编纂出版工作中一些规律性的问题，促进我们的辞书编纂出版事业更大的繁荣，更大的发展。

三

历史给我们的另一启示是：质量是辞书的生命。古往今来凡是能存留下来的东西，都是因为质量好。这一点说起来很简单，好理解，但真正做到确是很不容易。《现代汉语词典》印数已超过了1500万册，什么原因呢？就是因为它的质量比同类词典高。从1958年开始编写，到1978年正式出版，前后经过了20年。后来又作过修订，所以才有较高的质量。《辞海》修订本之所以畅销，无疑也是因为它的质量，因为它集中了全国各个领域各个学科的专门家，经过了那么长时间的修订，较为严谨、科学，令人信服。对这个问题，辞书界的同志们越来越重视了。早在1988年我们就提出"坚持质量第一，认真编好辞书"这样一个口号。这个提法确实符合现在的辞书编纂出版情况。这个提法也表达了辞书编纂出版领域的同志们对辞书编写出版工作的责任感和事业心，表现了对事业的不懈追求。

关于辞书的质量问题，前一时期有一些文章展开讨论。其中有一篇文章有这样两个小标题，一为"粗制滥造，误人子弟"，一为"一本错误百出、问题成堆的书"，批评两本辞典。批评是符合实际的，批评的问题的确突出。《中国图书评论》发表一篇文章，指出一部辞典的严重问题。它的工艺部分有29个条目，其中23个条目是从《辞海》艺术分册抄来的；戏剧部分有47个条目，43条是从《辞海》抄来的。既然是照抄，便良莠不分。有的辞典抄别人的东西，连错误也照抄。一本辞典，抄《现代汉语词典》。《现代汉语词典》1978年版"泾河"误作在甘肃，1980年版已经改正为宁夏，这本辞典，不知道人家已经改正，还拿 1978 年版照抄。最可笑的是，《现代汉语词典》有几幅搬运图，而这本辞典并没有附搬运图，人家《现代汉语词典》写着"图见×××"，它也给抄下来"图见×××"。

对辞书的质量有哪些基本要求呢？刘杲同志在《辞书编纂出版的几个问题》（《出版工作》1989 年第 3 期）一文中有很好的论述。他概括为五点：其一，科学性。不论是语言的，还是专科的辞书，提供给读者的内容必须是科学的，不能是谬误。这个科学性包含着权威性。但是只有科学的才是权威的，权威性的前提是科学性。其二，稳定性。辞书的内容应该是经过实践检验的，在相当的时间和空间内公认是正确的。其三，系统性，或者称为完整性。辞书的内容应该是在一定的范围之内（一种语言、一门学科）具备完整的系统。其四，概括性。这是对辞书文字表达方面的特殊要求。所有的书面语言都要求简洁、明了。但辞典的文字更要在尽可能少的篇幅内表达尽可能丰富的内容。其五，规范性。辞书有自己的体例，自己的术语。辞书的规范性，不仅是保证辞书内容准确、全书统一的重要条件，也是辞书之所以明显不同于其他图书的重要依据。我想，一部辞书能做到这样五点，其质量会有相当的把握了。

选题的重复也很严重，尤其是大语种和热门学科。据统计，成语类的辞书，已经出版达六七十种了，可能还有新版本要出现。《辞书研究》上有一篇题目为《亦喜亦忧话辞书》的文章。文中讲成语类辞书除少数确有特色的之外，多数都是雷同的，所不同的只是词目多少稍异而已。

那么，出现这些问题究竟是什么原因呢？我向很多同志请教，大家感到质量问题的原因大致有这样几个：第一是认识上的原因。对辞书的编辑出版在认识上有片面性。有很多出版社都在出版辞书，大多数出版社都是很负责任的，兢兢业业，踏踏实实。但也有一些出版社，它们看到辞书销售好，本来没有条件，也跟着上选题，口号叫做"以书养书"，用出辞典赚钱养其他图书的出版。这样，就把出版辞书这样一项制造打开知识宝库的金钥匙的事业，变成了副业，变成了养其他图书的手段。这个做法有很大的片面性。对经济效益的片面追求，导致了辞书质量的下降。为了抢时间，占市场，明知书稿问题成堆，也赶快往工厂发。这样做还会有好结果吗？辞典辞典，什么叫"典"？典是典范，是常道，是制度，是法则，这些词语都是十分严肃、十分庄重的。把辞典、辞书当做副业去抓，当做赚钱的一种手段，质量怎么能够得到保证？怎么能不粗制滥造而误人子弟呢？由此必然导致缺乏计划，重复出书，而重复出书正是辞书质量下降的又一个原因。这个道理也很简单。因为并不是所有的辞书都能赚钱，能赚钱的一般都是适应性强，读者面广的书。而小语种辞书尽管学术价值高，很需要，但这样的书读者面窄，用的人少，不仅不赚钱，还要贴钱。为了追求经济效益，一些出版社就不愿意出这种辞典。于是大家就盯在那几种可以赚钱的选题上，重复、雷同就不可避免了。俗话说，"萝卜快了不洗泥"，"时间就是金钱"，抢着快出，当然也就避免不了抄来抄去，剪剪贴贴了。

从执行1975年中外语文辞书编辑出版规划来看，优化选题，保证重点，减少重复，是我们一条重要的经验。1975年辞书编写出版规划中所列的160部中外语文辞典，是当时全国辞书出版的工作重点。其中大型项目有10个，又是重点中的重点。抓住了重点中的重点，就能达到出书、出人、出经验的目的，同时也带动了其他辞书的出版。保证了重点，可以尽量减少重复。而且保证重点也是从实际出发的一种做法。我们当前的人力、物力、财力，都不允许四面出击，全线作战，都不允许把摊子铺得那么大。所以1988年我们制订了第二个辞书编纂出版规划，主要的目的也是要保证重点，优化选题，调整结构。据统计，全国各出版社的辞书出版长远规划有2500多种。这么多种，如果不规划，不协调，重复撞车的现象，势难避免，必然造成很大的浪费。

影响辞书质量的第三个原因是对辞书的修订工作重视不够。最近这些年，很多出版社对辞书的修订工作有所忽视，书一出来就算完事，大家所关心的是销量如何。辞书的修订工作看起来似乎没有前面所提到的其他几个问题那么事关重大。但这不是一个小问题。辞书是工具，是读者打开知识宝库的钥匙。这钥匙有点不灵敏的地方，有一点偏差，宝库是打不开的。所以辞书一定要非常准确。要准确就要不断地修订。一部辞典，数理化，天地生，内容包罗万象，很难一次就做到完全准确。我看到一个材料，讲到法国的一部非常著名的百科全书，叫《拉鲁兹百科全书》。这样著名的百科全书也有错误，其中有一条，把孙中山与宋庆龄合影的照片，写成是孙中山与宋美龄的合影。这就差得太远了，不是一般的错误了。现在有不少辞书，书一出就完事了，10年20年也不修订，这个问题应该引起我们的重视。一本书一点错误没有是很难的，有错误就得修订。当年编《吕氏春秋》，吕不韦说谁改我一个字奖赏千金。《吕氏春秋》中不是没有错误，主要是吕不韦太厉害了，没人敢改，要杀头的。美国有一本《不列颠少年百科全书》，曾经向读者征奖，谁指出一个错误，奖他一美元。这也可能只是一个宣传，一种广告，但这种精神，还是应该提倡的。为什么要修订，还有更重要的原因。现代科技日新月异。前些年有个很时髦的词，叫"知识爆炸"。这个词是否准确，另当别论。但知识的迅速更新，新学科的不断出现，确是事实。我们的辞书不及时修订，怎么能跟上科技发展的形势呢？所以，对辞书修订工作，一定要重视起来。

图书的质量问题是生命线。这一点对辞书来说尤为重要。我看到一个材料，讲到美国的图书馆学界和工具书研究机构，为了促进辞书质量的提高，它们把各家的百科全书拿来鉴别、打分。把24种综合性的百科全书，按质量高低分成四等，按15分制来评分。《不列颠百科全书》、《康普顿百科全书》、《美国百科全书》等名列榜首，都得了15分，有好几种得了零分。评分的办法是根据百科全书被图书评论刊物、被权威学者、被重要的报刊提到和引用的次数，以及全国图书要目收录的情况进行计算，然后分成四等，按 15 分制来评分。这样的做法体现了它们对辞书质量的重视和追求。

四

编辞书是一门专业，有它的特殊性，特殊的规律，专门的学问，并不是所有的人，甚至也不是任何受过高等教育、有高级职称的人都能够编好辞书的。所以辞书编写出版队伍的建设，辞书编辑人才的培养，至为重要。现在不少人对这一点都好像在"解放思想，破除迷信"，好像什么人都能编，什么人都能写。我们接触到一些青年朋友，几个同学组织起来，你写几十条，他写几百条，大家一个月、两个月一抄一拼，汇成这么一大摞，找一个主编，好像用不了几个月，一本辞典就出来了。这种情况我听到好几起了，居然也能出版，也能卖钱。另外还听到许多同志这么讲：著书立说很困难，编辞典最容易。问他容易在何处，他说：这些东西都是现成的，就是抄来抄去，剪剪贴贴。他认为编辞典就是如此。这是问题的一个方面。另一方面，是关于辞书编辑人才的培养、辞书队伍的壮大问题。20 世纪 50 年代后期，为重新编纂《辞海》，成立了中华书局辞海编辑所（后改为上海辞书出版社）。后来，又为编纂《中国大百科全书》，筹建了中国大百科全书出版社，为编纂《汉语大词典》、《汉语大字典》、《英汉大辞典》，也相继建立了编纂处，不久也都发展为独立的出版社。这些出版社成为一个个辞书编纂中心、出版中心，造就和培养了一批辞书编纂家、出版家。他们广泛联系学术界，组织专家、学者，形成一支力量雄厚的作者队伍。正是这一大批人才，创造了辉煌业绩。从某种意义上讲，这也是我们国家辞书队伍走的一条很特殊的道路，以任务带队伍，在任务的压力下，出一本书，育一批人，成长、壮大一支队伍。近年来，在北京举办过辞书编辑进修班，据反映，培训的学员，在全国辞书编纂工作中都起了骨干作用。在昆明开办了辞书研究班，也为交流辞书编纂经验提供了机会。这些好的做法，应该总结，应该推广。

要重视辞书理论的研究。理论对于实践的指导意义是不言而喻的。旧中国辞书理论的研究比较落后，从 20 世纪初开始到新中国成立前，40 多年，有关辞书的研究文章不过 200 余篇；从新中国成立到 1979 年，30 年也不过 400 篇文章；但从 1979 年以后，仅仅《辞书研究》和《词典学研究丛刊》两个刊物所发表的文章就达 2000 多篇，此外还有辞书理论的专著问世、辞书学术团体的出现。但在辞书队伍中，以干代学的现象仍很严重，以一部部辞典诞生的喜悦代替了理论探讨、编纂方法研究的艰难烦恼。没有理论指导的队伍是无法远征的。一般认为辞书学包括理论辞书学、应用辞书学和辞书史三个部分。应用辞书学与辞书编纂关系密切，大家重视，无需担忧。但不很好地研究理论辞书学，不去总结辞书史的经验，怎么能站在理论的高度认识、解决辞书编写出版工作中的问题，驾驭辞书出版的规律呢？我国编纂语文辞典历史悠久，成果丰富，有很多宝贵经验可以总结借鉴。当代辞典编纂，一部部大型辞书问世，数百名辞书工作者通力合作，其实践、其成果，都应该从理论上去探讨与总结，把感性认识提到理论高度。古往今来中华民族辞书工作者的卓越实践，为理论工作者提供了自由驰骋的天地，辞书编纂、出版工作者的实际需要，为辞书理论家提出了历史使命。提高辞书编纂出版质量，理论研究这一环节必须加强。

辞书的出版已经取得了丰硕的成果，为传播文化、积累文化知识，为两个文明建设作出了贡献。可以预见，随着我们不断地总结编纂和出版的经验，随着优化选题，调整结构，提高质量的观念不断深入，一大批新的高质量的辞书将一一问世。

关于外国文学出版的思考

（1991 年 3 月 22 日）

一、十年来外国文学出版的状况

回顾十年来的外国文学出版，的确有很多话可说。不论从哪个角度去总结，这十年都有很多激动人心或令人震惊的事情。

1976 年粉碎"四人帮"，外国文学的出版重见天日。1978 年、1979 年这两年是恢复时期，新的成果不多。但这两年，那股腾腾热气，那种勃勃雄心，让人难忘。今天，我们总结十一届三中全会之后的十年外国文学出版方面的成绩，无论如何不能不谈这两年。这两年正值党的十一届三中全会前后，拨乱反正，解放思想，有力地推动了外国文学出版工作的恢复和发展。为尽快恢复被"四人帮"破坏了的出版事业，尽快突破"禁区"，解决"书荒"，在国家出版局的领导下，重印了许多世界文学名著，包括西方文学史上许多有价值的作品，像雨果的《悲惨世界》，塞万提斯的《唐·吉诃德》，托尔斯泰的《安娜·卡列尼娜》、《战争与和平》，巴尔扎克的《高老头》等。当时每种名著平均印数在 50 万册以上，像《一千零一夜》这类名著达到了 100 多万册。排队买书，盛况空前，这在今天，年轻同志恐怕很难想象。人民文学出版社、上海译文出版社两家开始有计划地向国内读者介绍外国文学作品。当时所做的第一件事，就是恢复了"马克思主义文艺理论丛书"、"外国文学名著丛书"、"外国文艺理论丛书"的出版。这三套国家重点图书从 20 世纪 50 年代开始筹划，到 1965 年中断，1979 年恢复出版。当年，"马克思主义文艺理论丛书"出版 1 种，"外国文艺理论丛书"出版 1 种，"外国文学名著丛书"出版 15 种。这是一个小小的开端，但却是一个令人振奋的开端。从 1979 年以后，外国文学的出版硕果累累，成绩巨大，获得了许多宝贵的经验和永远难忘的教训。这十年我们究竟取得了哪些经验和教训呢？归纳起来，是否可以概括为如下几点：

第一，从品种上看，从 1980 年开始，外国文学作品每年出版的品种不断上升。1980 年外国文学作品出版总计 312 种，1985 年达到 600 余种。1985 年比 1980 年翻了一番。而到 1989 年品种则达到 900 种。这个数字比 1980 年翻了两番。当然，这里面还有许多复杂的问题，但发展的速度是相当快的。

第二，从出书的广度、深度来看，也取得了十分可喜的进步。欧美大国的文学作品一向受到重视，那些高层次、高水平的作品基本上得到了出版。与此同时，过去一向不被重视的国家和地区的文学作品，特别是亚非拉国家的文学作品也受到了重视。像东方文学丛书、非洲文学丛书、朝鲜文学丛书，还有些小的国家，过去重视不够，这些年来我们也出版了它们的一些有影响的作品，如菲律宾的《阳光抚爱的土地》、斯里兰卡的《月光下的爱情》、挪威的《饥饿》、泰国的《人言可畏》等等。特别值得一提的是近年来拉美文学作品的翻译和出版。20 世纪 60 年代以来，拉美文学发展很快，被誉为"文学爆炸"，呈现了一派繁荣绚烂的景象，其中一些重要流派如魔幻现实主义、结构现实主义的作品，吸引了很多翻译家和评论家。黑龙江人民出版社出版了"西班牙、葡萄牙语文学丛书"，云南人民出版社出版了"拉丁美洲文学丛书"，此外还有不少出版社出版了"拉美中短篇小说选"。如果除去"文化大革命"的十年，除去十年所造成的损失，可以说我们对拉美文学的介绍是及时的、全面的。出版的拉美文学作品有智利诗人聂鲁达的《诗选》，1967 年诺贝尔文学奖获得者、危地马拉作家阿斯图里亚斯的《总统先生》和《玉米人》，获 1982 年诺贝尔文学奖的哥伦比亚作家马尔克斯的《百年孤独》、《族长的没落》和《霍乱时期的爱情》。这些作品的出版，不仅在读书界引起了很大的反响，有助于中国读者对世界文学做总体的、宏观的研究和把握，对中国当代文学的成熟和发展也起了积极的作用。这些实例体现了我国外国文学出版的广度和深度。无论是欧美大国的文学作品还是亚非拉发展中国家的文学作品，无论是古代的经典著作还是当今的文学流派，都得到及时的介绍和出版，这充分体现了具有五千年文明历史的中华古国兼容并蓄的风范，体现了中国出版工作者的胸怀和气派。

　　第三，出版的规划性和系统性大大地增强。十年来外国文学出版的系统化主要体现在出版了一些丛书、文集和全集。除掉以上提到的三套 50 年代就开始筹划的丛书之外，其他的丛书、套书都是近十年规划的项目。这些从不同角度、不同层次确定的选题逐渐得到出版，使得我们关于外国文学翻译出版的很多想法、期望逐步得到实现。这是值得我们高兴的。首先是古典文学作品出版的系统化，从古希腊罗马时代到 19 世纪末的几乎所有的经典的和重要的外国文学作品在这十年中得到了出版。上海译文出版社与人民文学出版社除联合出版了"外国文学名著丛书"之外，又分别出版了一大批西方重要古典作家的文集、选集和全集，像《巴尔扎克全集》、《托尔斯泰文集》、《契诃夫文集》、《狄更斯文集》、《安徒生童话全集》和《乔治·桑文集》等。另外一个标志就是对外国现、当代的重要作家作品作了系统的安排和出版，外国文学出版社和上海译文出版社共同出版了"20 世纪外国文学丛书"，角度很大，既有现实主义，又有现代主义。"外国文艺丛书"，主要介绍当代西方最重要的流派和作品，对现代、当代以及世界文坛一些文学大国，如法国、美国、俄国、日本等国文学作了系统介绍。漓江出版社出版的"获诺贝尔文学奖作家丛书"，从一个特殊的角度，对现代、当代世界文学中有重要影响的作家和作品作了比较系统的介绍。系统性和规划性的问题，早在 20 世纪 80 年代初期我们就注意到了并郑重地提出要认真解决这个问题，今天终于看到了我们努力的成果。可以这样说，系统性和规划性是整个外国文学出版走向繁荣的一个保证。

成绩是很大的，上述各点仅是择其大者略作介绍。然而，这仅仅是一个方面。我们不能回避另一方面，不能回避十年外国文学出版方面的严重问题。在谈问题之前，我们先摆几个现象，请大家一起思考。因为现象容易看得清楚，对现象有了共同的认识之后，再进一步探讨现象的背后隐藏着的东西是什么。

第一个现象，1987—1989 年，外国文学出版引起了整个社会的瞩目，其中街谈巷议、论争纷纭的是外国文学出版中外国通俗文学的大量出版。我们先看几个数字。这些数字虽然不一定准确，但总的趋势是不错的。1986 年外国文学出版总数是 770 多种，而通俗文学有130 多种，仅占 16%；1987 年总数是 860 多种，通俗文学有 220 种，占 26%；1988 年总数是 880 多种，而通俗文学就有 330 种，占到了37%；到 1989 年，总数在 900 种左右，而通俗文学几乎占了一半。通俗文学的比例呈直线上升的状态。

第二个现象，在外国通俗小说出得过多而作品的质量又在严重下降的情势下，对性爱、性心理和性活动的描写越来越热。在文学作品中、在通俗文学作品中，性可不可以写呢？当然可以写。古今中外的文学名著中关于性的描写屡见不鲜，而且各有千秋，颇为成功。通过写性，写了人，写了社会，这些作品中的性的描写是展开主题所必需，是完全可以的。但是，如果为了迎合市场，甚至增加什么内容、画什么插图、设计什么样的封面，都照个体书商的要求行事，这又是一种目的。所以，写性、性心理、性行为没有关系，关键是为什么写和怎么写。当然,这些书是外国人写的。但我们作为编辑是怎样对它们进行处理的呢?写性兴奋、性宣泄、性暴力、性变态、强奸、轮奸、鸡奸、兽奸、群交、性交俱乐部等等,无所不有。到了1987年和1988年,终于形成了一股出版色情淫秽读物的潮流。1988年的第一次扫黄,新闻出版署查禁的图书总共21种,其中有19种是外国翻译小说。1989年新闻出版署查禁了262种,其中外国翻译小说占98种,占了三分之一还强。

第三个现象,是选题重复的现象越来越严重。像劳伦斯的《恋爱中的女人》有5家出版社出版,玛格丽特·杜拉斯的《情人》有4家出版社出版,《阿尔巴特街的儿女》有7家出版社出版,《洛丽塔》有5家出版社出版。这种一窝蜂的现象在外国文学出版中表现得相当严重。

第四个现象,译文质量粗糙,装帧设计草率。译文质量下降在通俗文学中表现尤为突出,特别是那些格调低下的所谓"畅销"之作。一本二三十万字的书,居然有三四个译者,甚至七八个译者,突击翻译,然后把几个人的译文合在一起,便交给出版社出版。一些作品在翻译时经常随意添加刺激感官的内容,这是非常恶劣的。

以上是外国文学出版中存在的几种现象。如果再摆,还可以摆出一些,比如翻译队伍青黄不接,等等。我们从这些现象中可以总结出什么宝贵的经验和教训呢?我们既有成绩,十分巨大,可以自慰;我们又有问题,十分严重的问题,令人担忧,令人不满,甚至令人气愤。那么,隐藏在这些现象背后的是什么?这是很值得探讨的。

二、外国文学出版的现状与"一个中心, 两个基本点"的基本要求

外国文学出版是整个出版工作中很重要的部分。坚持四项基本原则,坚持改革开放,要求我们学习一切先进的东西。正如江泽民同志

最近讲到的，我们讲的反对资产阶级自由化，是有特定含义的，"资产阶级自由化"就是指反对社会主义、反对党的领导。对于资产阶级优秀的文化，先进的科学技术和现代管理，我们是不排斥的。这里面有个定语，就是资产阶级"优秀"的文化，"先进"的科学技术和"现代化"的管理。我们党历来强调有这个借鉴和没有这个借鉴是很不同的。早在延安文艺座谈会上毛主席就讲了，这里面有文野之分，粗细之分，高低之分和快慢之分。正是在这总的指导思想下面，党的十一届三中全会以后，外国文学出版工作经历了恢复、调整和发展的过程，取得了显著的成绩。这十年来，我们总共翻译出版外国文学作品和学术理论著作 6113 种，出版外国文学期刊 33 种，1208 期，从这个情况来看，我们确实取得了显著的成绩。这是一个方面。

另外一个方面，即上面我们介绍的问题和现象，诸如通俗文学的比例不断增长，性文学的热潮，重复出版的严重，翻译质量的下降，最后色情淫秽图书形成潮流。对这些现象我们怎么估计？

发展过快、过热，是什么驱使？是利润。大写特写性、性活动、性心理，为什么？很清楚，为了适应一部分读者的需要，为了多卖钱，也就是为了利润。重复抢上，明知别人出了或者正在出，仍然"一窝蜂"地上，为什么？为了利润。译文质量粗糙，为了快出书占领市场，还是为了利润。所以，正像"水往低处流"那样，人们把智慧、人力、物力集中投向获取利润最多的地方。这种置社会效益于不顾，一切向钱看的情况，应该说是资产阶级自由化影响的一种表现。一阵色情热、一阵凶杀打斗热、一阵看相算命热，这些低劣书刊，属于精神鸦片一类，污染图书市场，毒化社会环境，有害青少年，是对社会主义精神文明的破坏。还有一些出版社，由于受到资产阶级自由化思潮的影响，把改革开放错误地理解为对外国文学作品和理论著作可以不加分析、不加选择地出版，其结果是放弃了马克思主义的指导，背离了为人民服务、为社会主义服务的根本方向，翻译出版了一批鼓吹资产阶级价值观、宣扬资产阶级生活方式、美化资本主义社会种种腐朽现象的外国文学读物。而这些图书的出版，反过来又对资产阶级自由化思潮的泛滥起了推波助澜的作用。所以，正如整个出版界存在着坚持四项基本原则与搞资产阶级自由化的对立，坚持社会效益为最高准则与"一切向钱看"的对立一样，在外国文学出版方面也存在着这样两个尖锐对立。对外国的东西，要分析，要鉴别，要选择，不能全盘西化。"洋为中用"，是指把有用的东西拿过来为我所用。而什么有用，则是由我们国家的性质决定的，由建设中国特色的社会主义这一根本方向决定的。根本的一点是要为人民服务，为社会主义服务。因此，我们要时时刻刻想到我们的工作必须有益于人民，有益于社会主义，特别是要有益于青少年的健康成长。这就必然地要求我们对外国文学作鉴别，并根据鉴别的情况区别对待。据我们了解，世界出版大国如苏联，它1988年出版图书80000种，美国也算一个出版大国，它1987年出版图书56000种，日本1989年出版38000种，印度1988年出版22000种，这么多的图书，我们只能从中选择一些优秀的东西，那些值得我们借鉴的东西，那些有利于发展中华民族新文化的东西。如果没有选择，没有鉴别，没有区别对待，那就谈不上为人民服务、为社会主义服务了。事实上，一个民族，一个国家，她能贡献于人类、贡献于世界的东西，也只能是她所创造的文化中的最优秀的那一部分。既然是最优秀的那一部分，就不会有很多，这也是符合客观实际的。关于怎样分析、怎样区别，我们在总结图书出版管理工作的经验与教训时获得了以下几点体会，在此和大家讨论一下。

第一，对有较高文学价值、借鉴作用以及文化积累价值的外国文学名著，不论是古典的，还是近代的、现代的、当代的，都应该积极地有计划、有系统地引进。因为这些世界文学名著，是人类共有的精神财富。

第二，有些作品成就虽然不高，但是有一定的代表性，或者代表一种文学流派，或者代表一种社会思潮。对这类作品，可以有选择地翻译出版一些，以供文学研究和文学创作者参考。

第三，对于当代以暴露资本主义弊端，揭露资本主义社会黑暗面为主题的作品，要慎重选择，区别对待。其中关键的问题是，这些作品是深刻地揭示资本主义黑暗本质还是仅仅罗列资本主义罪恶现象。这一类作品大致有如下几种情况：第一类是确有文学价值、主题又比较好的，经过出版社认真的编辑之后可以出版，但是品种也不宜过多，必要的时候还应该做一些适当的删减。第二类是文学价值不高，内容仅仅停留在对黑暗现象的罗列上。看似暴露，实则展示和炫耀，对青少年无异于诱惑和教唆。对这类作品我们不应该安排出版。我们不要盲目地追求外国所谓的"畅销书"，外国的一些所谓"畅销书"，说什么印数上千万，畅销多少年，印刷几十次，我们拿过来一看，也不过如此。这除了宣传的噱头之外，还有个国情的问题。国情不同，畅销的原因也就不同。在外国畅销的书，拿到我们国家就不一定能畅销。所以，我们不能盲目地追求外国所谓"畅销热"。第三类图书，确有一定的文学价值，但作品中又夹杂着性描写（包括性心理、性活动），而这些描写又是情节构思所必需、人物塑造所必要的。对这类文学作品，要严格鉴别、选择，还要严格控制发行的对象和印数。总之，一定要明确，有些书放到书店柜台上，是给广大读者看的，千万不能忘记这其中包括了大批青少年读者；有些书是专供研究人员参考的，这二者不能混淆。这个原则是我们在区别时的一个出发点，一个标准宽严之所在。在1988年扫黄时，新闻出版署查禁的书中有一本叫《影都艳妇》。这本书在国内还有其他三个版本，分别名之为《好莱坞贵妇》、《好莱坞的妇人们》、《神秘的高墙》。这本书的作者是女作家杰姬·科林斯。同一本书，相同的内容，得到的处理却不同。其中一种版本被定为色情出版物，一种被定作夹杂色情内容的出版物，这两种版本都不许出售，因为有害于青少年身心健康。另外两种却没有被处理，允许继续发行。为什么呢？《影都艳妇》这部作品，多少有一些认识价值，书中还塑造了两个正面形象，讲了善有善报、恶有恶果这一基本主题。但正如大多数西方通俗文学作品一样，为取悦一部分读者，赢得票房价值，书中塞进大量与主题没有多大关系、低级趣味的东西。剔除其中的糟粕，将有认识价值的部分介绍给读者，是出版工作者的责任。在处理这些问题时，就可以看出编辑思想水准和艺术趣味的高下来。举例来说，《影都艳妇》中有一个情节，导演弥尔的妻子蒙塔娜在巴迪的帮助下发现丈夫不忠，正逢巴迪因爱妻的误会而痛苦，两人同病相怜，在汽车里风流一夜。从人物和情节塑造来看，这样的情节有一定的道理。但读来终不免让人对书中这两个仅有的正面形象感到遗憾和俗气，而且不适合青少年阅读。《神秘的高墙》在处理这一大段描写时，把这一情节删除，只写道："二人痛苦地沉思，坐在汽车中看着早晨的太阳慢慢升起。"便戛然而止。可以看出编辑的处理是严肃的、积极的，此书也并未因为这样的处理而中断了情节的连贯和人物的丰满真实。像这类情节，我们的编辑在进行加工处理时，详尽地写，淡化地写，不写或删节，就可以看出出版者水平的高下，也可以看出为保障青少年身心健康而煞费的苦心。

第四，对那些格调低下，专门描写淫秽色情、暴力凶杀和封建迷信的作品，不能翻译出版，一旦出版，要坚决取缔。

三、通俗文学的是与非

最近，上海译文出版社出版了《乱世佳人》（即《飘》），《文汇读书周报》就此围绕通俗文学问题展开了讨论。这个讨论很有必要，看了一些文章很受启发。如何对待外国通俗文学，这是大家谈得比较多的话题。有人说，外国通俗文学作品出得太多，应当有个限制。有人说，出得还不够，还是供不应求。这两种议论表面上看是针锋相对的，实际上问题的核心是一个，就是如何正确对待外国通俗文学作品和外国通俗文学出版问题。确如不少同志所说，只要一提外国通俗文学，就立刻想到色情、淫秽、凶杀、暴力、庸俗下流，在他们看来，不过如此。于是，就有人说外国通俗文学不要再出了。从某种意义上说，这是某些出版社自作自受的结果。因为他们曾经打着外国通俗文学出版的牌子，出了不少不好的书，败坏了自己的名声，也败坏了外国通俗文学的名声。上海译文出版社出版《乱世佳人》时的做法很值得我们借鉴。他们接受并反击这股黄色浊流的挑战，认真研究外国通俗文学的出版状况，采取有力措施，作出回答。他们认为《乱世佳人》一书虽然有同情个别南方蓄奴庄园主的地方，基调是奴隶制的挽歌，但基本上符合历史的真实和生活的真实。第二，主要写了二男二女以美国南北战争为背景的爱情纠葛，情节曲折，故事动人，对不同层次的读者都有吸引力。第三，此书经过半个世纪的考验，是公认的外国通俗文学佳作。经过认真的讨论，明确了此书出版的指导思想，并请了几位专家严肃认真地翻译，出版后受到了欢迎，印了6万册，5月初出版，月底即全部售完。

其实，通俗文学在文学史上总是占有很重要的地位，比如中国的《水浒》、《西游记》、《包公案》、《杨家将》，原本都是通俗文学作品，中国文学史上所谓"讲史"、"公案"、"脂粉"、"朴刀"、"杆棒"都是通俗文学，都适应了各种审美心理和精神需要，对调剂人们的业余生活，宣泄各种社会情绪起了一定的作用。再如外国的《十日谈》、《一千零一夜》，也都是通俗文学作品。这些伟大的著作，如今都已成为人类的瑰宝，谁也否认不了它们的价值。通俗文学的读者面很广。不识字的人也能懂《水浒》、《西游记》和《杨家将》，经过口耳相传，甚至一字不差地背下来。所以，从这个角度来讲，出好通俗文学作品，意义不同一般。作为外国文学的出版工作者，应当认识到这是一个大的"阵地"，应当有"阵地意识"，牢牢占领这个阵地。"阵地意识"，一是要占领这个阵地，一是站稳站好这个阵地。当然，在资本主义国家，文学创作已经商品化，有一些通俗小说，根本不是什么文学作品，是拿色情淫秽卖钱。其中一个不容回避的问题是一些真正的通俗文学也出现了迎合市民趣味的商品化倾向，像中国历史上的"三言二拍"。在外国，甚至一些很有名气的作家，也会有这种情况。所以通俗文学的出版工作，一方面是意义重大，另一方面是任务艰巨。我们说要适合不同层次的读者，就是要有适应不同层次的读者的作品。这里说的层次的高低，是指文化水平有高低之分；接受水平有高低之分，是指表现形式和表现手法不同，而不是指思想内容和艺术手法有高有低。就一部书的思想内容和艺术手法来说，不论是出版通俗文学还是经典著作，都要精益求精，都要高质量，这一点大家的认识是完全一致的。

现在外国通俗文学出版的现状可以概括为"一多一少"，即从整个外国文学作品的出版工作现状来看，"多"的是内容荒唐，没有多少文学价值，甚至宣扬淫秽、凶杀的书；"少"的是内容健康、有社会意义、有社会价值的优秀作品，这类作品远远满足不了广大读者的需要。我想就我国的情况而言，通俗的文学作品多一点，不但不必担忧，相反从我国人民的文化水平和文化素质来看，恐怕还很需要，关键在于多一些什么样的通俗文学作品。那些优秀的、健康的外国通俗文学作品正是我们所欢迎所需要的，我们应该支持这些图书的出版。

四、出版社的主动性与加强出版管理

1986 年在无锡召开的外国文学出版交流会，1988 年在珠海召开的外国文学座谈会，两次会议提出了一个共同的问题，即外国文学的出版秩序混乱，图书质量下降，需要加强协调和管理工作。这个问题我们从两个方面来看。一个方面是发挥出版社的主动性，另一个方面是加强出版管理。从出版社方面来看，出版社有相当程度的自主权，出版社可以根据自己的特点、条件确定选题。一般地说来，总编辑签字就发稿了。这个权力是很大的。我们鼓励出版社充分发挥自己的主动性和积极性，鼓励出版社通过竞争显示自己的优势和特点。但是外国文学的出版工作是一项政策性很强的工作，同时也是专业性很强的工作。一方面要坚持对外开放，积极地介绍外国的优秀作品；另一方面，又要坚守社会主义的思想阵地，加强对资产阶级腐朽思想的抵制和批判。我们的权力很大，我们应该如何用好这个权力？我们的任务很艰巨，我们应该如何完成党和人民交给的重任？总结经验教训，关键还要从人也就是从队伍方面想办法，从出版社的社长、总编辑方面，从出版社编辑队伍的素质方面去努力。这些年来出版社的发展速度很快，我们由 10 年前的 105 家出版社，发展到 1989 年的 536 家出版社，11 年增长了 4 倍；图书品种从 10 年前的 17000 种，到 1990 年增加到 79000 余种，这两个数字，展示了我们出版业发展的速度。发展速度如此之快，我们的领导力量和编辑队伍是否跟得上，这个问题十分突出。

为此，我们在发挥出版社的主动性的同时，必须加强出版管理。我想，对于一个出版外国文学的出版社，这样几点是应该注意的：

1. 必须是文学专业的出版社，或者是按专业分工有文学范围的出版社。这是专业分工问题，有这个分工和专业，才内行，内行的人才会出内行的书。据统计，"扫黄"中被查禁的外国小说有 98 种，涉及 40 多家出版社，而其中 30 家按专业分工是不该出版外国文学作品的。这就看出了专业分工的重要。而且，专业出版社会考虑规划、系统，不会像一些出版社"打一枪换一个地方"。所以，严格地按专业分工出书，既是对出版社和编辑的爱护，也是对图书质量的保证。

2. 必须配备具有高级职称、对外国文学有专门研究的同志做总编辑或副总编辑，主管外国文学的出版工作。

3. 有一定数量的在职的具有高级职称和一般编辑职称的外国文学专业编辑，同时要求他们的外语达到大专以上外语专业水平。上述人员要具有一定的政治思想水平、较高的文学鉴赏能力。

4. 要加强出版社的宏观管理。改革开放，使出版工作道路更加宽广。但微观越是搞活，宏观越需要管理。宏观管理，是不是有这么两个内容：一是协调。比如说品种重复的问题，一本没有多大价值的图书三个、五个版本地出版，实无必要，尤其在当前出版资金、物力都很困难的情况下更不应该。我们应该集中力量，保证重点图书，保证质量。对那些规模太大，超过合理限度的选题，进行协调、控制是必要的。出版管理机关应该号召制订规划，并主持、制订全国性的规划，以加强计划性和系统性。这是一个方面。

宏观管理的另一个方面，是在政策上协助出版社把好关。外国文学出版工作政策性很强，常常会涉及外交政策、民族政策、宗教政策等方面。如果我们不加注意，就会产生严重后果。比如《撒旦诗篇》，我们国家不能翻译出版。还有的图书，虽然是文艺小说，却指名道姓地攻击另一国家的领导人，我们也不能出版。所以，要求对外国文学选题，特别是当代外国文学的选题，要把好关，做好选题的论证工作。这主要是为了保证图书质量，避免出现政策上的失误。

总之，十年来外国文学的出版工作已经开辟了一个新的天地，取得了可喜的成绩，这对一个具有五千年历史的文明古国，意义重大。思考过去，展望未来，踏实工作，洋为中用，外国文学出版百花烂漫的局面必将到来。

超越前人，无愧于后人

——古籍出版 40 年概论

（1991 年 5 月）

按语：中国是有五千年悠久历史的文明古国，保存的古籍文献世界第一。我整理了国家古籍整理出版规划小组的变动情况，从中可见党和国家对祖国文化遗产的高度重视和认真保护。古籍整理出版规划小组的建立和不断完善，就从领导、组织、队伍几个方面对这项关系子孙后代的百年大业作出了保障。

一、1958 年，在原科学规划委员会下，成立了国务院古籍整理出版规划小组，国务院副秘书长齐燕铭同志任组长，成员包括范文澜、吴晗、翦伯赞、顾颉刚、陈寅恪等，指定中华书局为办事机构。小组制订了 1962—1972 年古籍整理出版十年规划，组织力量整理出版了两千余种古籍。在北京召开了第一次全国古籍整理出版规划会议。

1981 年 9 月，中共中央发出《关于整理我国古籍的指示》（中发〔1981〕37 号），指示说："整理古籍，把祖国宝贵的文化遗产继承下来，是一项十分重要的、关系到子孙后代的工作。""整理古籍，需要一个几十年陆续不断的领导班子，保持连续的核心力量。"

二、1981 年 12 月 10 日，国务院发出通知恢复成立古籍小组（国发［1981］171 号），李一氓同志任组长，充实了小组成员和顾问，召开了第二次全国古籍整理出版规划会议，并制订了 1982—1990 年规划。至 1991 年，整理出版古籍累计四千余种，同时培养起一支古籍整理出版和研究教学队伍，新建立了十余家专业古籍出版社。

三、1991 年夏，匡亚明同志接任组长，召开了第三次全国古籍整理出版规划会议，江泽民同志为大会题词："整理出版古籍，继承祖国优秀的文化遗产，为建设有中国特色的社会主义服务。"会议通过了古籍整理出版十年规划（1991—1995—2000 年规划）。1996 年又制订了"九五"重点规划。同时开展普查现存古籍，组织编纂《中国古籍总目》。

四、1998 年 2 月，匡亚明同志去世后，经请示国务院领导同意，任继愈同志任新一届小组组长，杨牧之同志为常务副组长。

五、1998 年 3 月 29 日，国务院《关于议事协调机构和临时机构设置的通知》（国发［1998］7 号）指出，经国务院第一次全体会议审议，决定撤销国家古籍整理出版规划小组，工作由新闻出版署承担。国务院办公厅《关于国家新闻出版署（国家版权局）职能配置内设机构和人员编制的规定》（国办发［1998］91 号）指出，"国家古籍整理出版规划工作，由国家新闻出版署（国家版权局）负责"。根据国务院上述规定，为了继续做好古籍整理出版规划工作，新闻出版署党组 1999 年 5 月 11 日会议研究，决定组建全国古籍整理出版规划领导小组，具体内容如下：

1. 成立"全国古籍整理出版规划领导小组"（以下简称领导小组），负责国家古籍整理出版规划工作。

2. 领导小组组长由新闻出版署署长于友先担任，常务副组长由副署长杨牧之担任。

3. 原"国务院古籍整理出版规划小组"成员和顾问改任"全国

古籍整理出版规划领导小组"成员和顾问，根据人员变动情况可适当增补成员和顾问。

4. 根据署"三定方案规定"，全国古籍整理出版规划领导小组办公室与署图书出版管理司为一个机构。办公室主任由图书司负责人兼任；副主任和其他工作人员从中华书局遴选干部担任，负责日常工作。办公室可配备工作人员5—7名，占用中华书局编制，根据工作开展情况，分步配齐。其行政、工资及其他管理工作仍由中华书局负责。

5. 全国古籍整理出版规划领导小组办公室的职能是：在全国古籍整理出版规划领导小组的领导下，制订、落实古籍整理出版规划并检查执行情况；做好古籍整理出版方面的调查研究和信息沟通工作；组织有关重点项目的评审、资助、出版协调工作；组织有关的学术活动和学术交流工作；继续编辑出版《古籍整理出版情况简报》；承担全国古籍整理出版规划领导小组交办的其他事项。

六、2008年12月，新闻出版总署研究认为，近年来全国古籍整理出版规划领导小组成员情况变动较大，决定对全国古籍整理出版规划领导小组成员进行调整，由新闻出版总署署长柳斌杰任组长，邬书林、袁行霈任副组长。

"中国有最完备的史书"，这是大哲学家黑格尔不无羡慕的概括。整理出版古代典籍，是中华民族的传统，尤其是宋代活字印刷术发明推广以后，古籍的整理出版成为一门艺术、一项事业。本文试就40年来的整理出版概况作一描述，并探讨当前古籍出版的问题。

一、40年来古籍整理出版虽一波三折，但终于重兴，走向全面发展

1. 从1949年到1966年，是复兴、全面规划阶段

1952年人民文学出版社出版的校注本《水浒》，是由新中国国家

出版社最早整理出版的古典文学作品，标志着批判继承文化遗产的一个开始，一个试点。随后《三国演义》、《红楼梦》等优秀古典小说的整理出版，推动了古籍整理出版工作。

1956年，由古籍出版社出版的《资治通鉴》点校本是一部经过认真整理的大部头的史学名著。1957年又出版了《续资治通鉴》。参加标点校勘的都是著名史学家，如顾颉刚、齐思和、张政烺、郑天挺、邓广铭、周一良，复校的有聂崇岐、王崇武、容肇祖，质量之高，速度之快，是空前的。

1957年出书种数达190种，这是1966年"文化大革命"前古籍出书最多的一年。

整理出版古籍，头开得很好。国家重视，大有希望。1958年国务院科学规划委员会成立了古籍整理出版规划小组，齐燕铭任组长，制订了出版文史哲古籍的"十年规划"，指定中华书局为规划小组办事机构。

从此，古籍的出版工作有了全面的安排和统一的步骤，计划性、目的性均大大加强。其中最有代表性的是点校"二十四史"的工作。1959—1965年，中华书局出版了"前四史"，其他各史也相继开始点校。截止到"文化大革命"前，出版了不少文、史、哲古代名著，编印了一系列篇幅宏伟的资料书，先后出版了诗文总集《全上古三代秦汉三国六朝文》、《全汉三国晋南北朝诗》、《全唐诗》、《全宋词》、《全元散曲》、《文苑英华》、《明经世文编》，影印了《艺文类聚》、《太平御览》、《册府元龟》、《永乐大典》等类书。

然而，从1957年之后，反右斗争、批判"资产阶级学术思想"、反右倾，由于"左"的思潮不断冲击，狭隘地理解古今关系，不适当地、片面地强调对文化遗产的批判，从事古籍整理的同志举步维艰。1957年之后，古籍整理出版的数量不断下降。1960年，仅出书50种；1962年，虽略有增多，也仅为1957年的一半；1966年，只出版了5种。

陪同刘云山同志参观荣宝斋后合影。

2. 从 1966 年到 1978 年，是突然停顿到有所恢复阶段

由于"文化大革命"，古籍的整理出版突然停顿了。

这时期也有一个特例，就是"二十四史"及《清史稿》的点校。经毛主席、周总理特别关怀批准，1971 年，"二十四史"和《清史稿》的点校工作得到了恢复，并调集了一大批专家、学者、编辑，进行这项大工程。1977 年 12 月，"二十四史"新点校本全部出齐。1977 年 8 月，《清史稿》点校本出版。

这项巨大工程，赢得了国内外的好评，史学界公认它是当前"二十四史"、《清史稿》最好的版本，这是不幸中之大幸。

3. 从 1979 年到 1989 年，是重兴到全面发展阶段

1978 年十一届三中全会之后，全国形势好转，出版工作也出现了新的转机。

1981 年，陈云同志先后两次对古籍整理出版工作作了重要指示。他说："古书如果不加标点整理，很难读，如果老一代不在了，后代

人根本看不懂，损失很大。"又说："搞这个工作，不是一朝一夕的事，要搞 10 年，20 年，30 年，甚至更长一些时间。这件事一定要搞到底。"1981 年 9 月 17 日，中共中央发出了《关于整理我国古籍的指示》，为古籍整理出版工作指出了方向，调动了古籍整理出版工作的同志们的积极性。1981 年 12 月 10 日，国务院发出《关于恢复古籍整理出版规划小组的通知》，国务院古籍整理出版规划小组重新组建，李一氓同志负责。接着，制订了 1982—1990 年的古籍整理选题规划。之后，古籍出版工作出现了全面发展的新局面，主要表现在如下几个方面：

（1）从出书种数上看。1982 年全国古籍新版书总计 231 种；1983 年全国古籍新版书总计 281 种；1984 年全国古籍新版书总计 375 种；1985 年全国古籍新版书总计 523 种；1986 年全国古籍新版书总计 541 种；1987 年全国古籍新版书总计 562 种；1988 年全国古籍新版书总计 475 种；1989 年全国古籍新版书总计 506 种。

据我们初步统计，从 1949 年到 1981 年，32 年整理出版古籍 2200 余种，而从 1982 年到 1989 年，8 年整理出版古籍 3494 种，近 8 年是前 32 年的 1.6 倍。

（2）古籍整理出版计划性、系统性大大加强。前 32 年，古籍整理出版以选本、影印居多，缺乏系统性。由于近 10 年的努力，这种局面大大改变，已开始集中力量出版总集、别集，逐渐理出了一个学科、一个门类发展的脉络与轮廓。如文学古籍：

诗：已经出版了《诗经》、《楚辞》、《先秦汉魏晋南北朝诗》、《全唐诗》、《全唐诗外编》、《宋诗钞》，正在进行整理出版的有《全宋诗》、《全元诗》、《全明诗》、《全清诗》，源、流渐清。

词：已经出版了《全唐五代词》、《全宋词》、《全金元词》，正在进行整理出版的有《全明词》、《全清词》。由唐到清近 1300 年来这个特殊文体的作品将全部出齐。

文：从《全上古三代秦汉三国六朝文》开始，《全唐文》、《全宋文》、《全辽文》已经或正在出版。

再如史学方面：

纪传体、编年体、纪事本末体三个体系构成了中国体裁完备的史书系统。近10年的古籍整理出版，在这方面成绩突出。

纪传体的"二十四史"、《清史稿》已经出齐。

编年体的《资治通鉴》、《续资治通鉴》、《明通鉴》已经出完。

纪事本末体的史书在中国史书体系中独具特色。目前，从《左传纪事本末》、《通鉴纪事本末》、《宋史纪事本末》、《辽史纪事本末》到《元史纪事本末》和《明史纪事本末》，已先后出版。

三套史书的出版为研究工作提供了宝贵的资料。

（3）重大项目不断进行，有不少陆续完成，水平很高。《甲骨文合集》13巨册，被誉为"建国以来文化上最大的成就"之一。它集80多年出土甲骨文之大成，吸收甲骨四堂的研究成果，为商代历史和古文字的深入研究提供了比较全面、系统、深刻的资料。

《中华大藏经》是佛经总集，包括各类佛教典籍4100多种，2.3万余卷，计划分装220册，中华书局已出版30余册。

《道藏》，共收入图书1476种，5482卷，不但集中收藏了道家哲学思想的名著，注释了道教教义、仪范、符箓的全部文献，还网罗了儒家以外的典籍，保存了丰富的古代文化资料和重要的版本，引起国内外学者的注意。新的影印本纠正错误17处，补漏1700余行。

《中国地方志集成》，此书是从现今存世的9000余种地方志中选取3000种编辑而成的大型丛书，它很好地体现了从《禹贡》算起，2000年来的方志历史。

《全宋文》，10万篇，约7000万字，全部出齐约150册，第一册已于1988年6月出版。

《全宋诗》，已经发稿5册。

《全明诗》，规模是《全唐诗》的10倍，全部出齐约100多册，1991年可出5册。

《全元戏曲》，人民文学出版社已出第一册。

《清诗纪事》，江苏古籍出版社出版，20 册，约 1000 万字。

《雍正朝汉文朱批奏折汇编》，辑入雍正元年到十三年满汉官员 1200 人的汉文奏折 3 万余件，是一部大型历史文献档案汇编，是研究清史极为重要的第一手材料。

《红楼梦》，人民文学出版社 1982 年版，把传世的 10 种抄本同乾隆、嘉庆、道光 4 种刻本加以对照排比，择善而从，是当前《红楼梦》整理本中最好的本子。

《肇域志》（顾炎武著），200 多万字，300 年来从未印行，现已出版。

《大唐西域记校注》，吸收了中外学者研究成果，深得国内外学术界好评。

（4）古籍出版工作布局扩大，地方古籍出版社显示了勃勃生机，出版了不少好书。

1985 年，国家出版局再次确定古籍的出版主要由中华书局及其上海编辑所承担，人民文学出版社古典文学部出版文学古籍的整理本。这一措施加强了出版工作专业化，对提高古籍图书质量很有好处，但对发挥地方的积极性有很大的束缚。粉碎"四人帮"后，中华书局上海编辑所重建为上海古籍出版社。1980 年以后，各地先后建立了本省市的古籍专业出版社，如北京、天津、江苏、浙江的古籍出版社，山东的齐鲁书社，河南的中州古籍出版社，湖南的岳麓书社，四川的巴蜀书社，安徽的黄山书社，中国书店，上海书店等。有的出版社中专门设立了古籍编辑室。此外，中医古籍出版社、文物出版社、书目文献出版社、扬州广陵古籍刻印社、中国社会科学出版社以及一批高等院校的出版社加起来，全国出版各类古籍的出版社近百家。

国家教委还在全国高校陆续建立起 18 个研究所、1 个研究中心、2 个研究室、4 个古典文献专业，总计 25 个古籍整理教学、科研单位，形成一支古籍科研队伍。

这些出版社、科研单位，整理出版了大量的古籍。上面提到了一些书，还有一大批很有分量的项目，如山东的《山左名贤遗书》、《王献唐遗书》，江苏的《金圣叹全集》、《水经注》，湖南的《走向世界丛书》、《曾国藩全集》、《王船山全集》，巴蜀书社的《古今图书集成》、《巴蜀丛书》，福建的《八闽文献丛书》，辽宁的《辽海丛书》、《明末清初小说选刊》，云南的《云南史料丛书》，上海书店的《王国维遗书》，安徽的《安徽古籍丛书》，西藏的《西藏研究丛刊》等等。它们为古籍整理出版工作的全面发展，作出了很大的贡献。

二、继承和发扬优秀的文化传统是振奋民族精神，增强民族凝聚力的需要

现在有人认为传统文化不但没有用处，而且是包袱，是负担，所以我想谈谈这个问题。

我们整理出版古籍为什么？为研究服务。研究什么？研究前人的经验、教训。马克思主义认为，历史是具有承继性的，现实是历史的发展。研究历史，一是要无愧于前人，向前人学习。中国是世界文明古国之一，曾经创造过无与伦比的物质文明和精神文明。在漫长的岁月中，中华民族虽屡经磨难，历尽艰辛，但总是衰而复兴，蹶而复振，自强不息，巍然屹立。这种战斗精神、爱国情操，这种高度的精神文明，我们应该继承和发扬。二是要总结前人的经验教训，从前人的失败中吸取教训，超过前人，完成前人未能完成的夙愿，为祖国和民族的强大去奋斗。

最近，我读了李一氓同志为钟叔河《〈走向世界丛书〉叙论集》写的序言，很受启发。李老那一篇序言，虽然不长，却是一篇精彩的历史研究论文。他说：

中国自成为一个国家以来，就朝代而论，只有汉、唐两代最

为开放，最具世界性，对自己国家、民族的力量充满信心，不搞锁国主义。所以汉、唐最为强大。"汉"成为我们民族的族称，"唐"亦为汉族之异名。其他的朝代，如宋、明、清则自己把自己封闭起来，出息不大……

闭关锁国以清代为甚。鸦片战争后，那些"英夷"、"红毛"、"罗刹"，已经以产业革命后资本主义列强的面貌出现在我国周围，对我国实行炮舰政策，而清朝却仍然自居为"天朝上国"，把他们视同匈奴、吐蕃、契丹一样，所以到19世纪中叶以后，只好被动挨打，落得个赔款割地的下场。闭关锁国之祸，至此而极。

李老这篇文字，从历史的经验教训中总结出改革开放之必要。这是研究历史、古为今用的例子。而李老所以得出这样的结论，很大程度上也得益于钟叔河同志整理的《走向世界丛书》。这是第一点。

第二，搞好古籍整理出版工作，对一个国家、一个民族，有战略意义。按1981年《中共中央关于整理我国古籍的指示》的话来说：是一项十分重要的、关系到子孙后代的工作。最起码的一点，灿烂辉煌的中华民族文化，可以振奋民族精神，可以提高民族自尊心、自信心，可以弘扬爱国主义精神。人是要有精神支柱的，中华民族的精神支柱在哪里？我觉得继承和发扬优秀的文化传统就是重要的一项内容。往深里说，它是加深海内外炎黄子孙相互理解、增强民族凝聚力的精神武器。"数典忘祖"被人看不起，"寻根"成为海外华人终生之愿。把祖国悠久的文化贬为历史"积淀"，看做是沉重的"负担"，是要受到千夫所指的。

第三，文化遗产作为人类认识和改造世界的共同成果，决定了若干文化遗产具有相对的稳定性。现实是历史的发展，是整个人类历史的一个阶段，现代文明无一不是在已有的物质和文化基础上建立起来的。列宁说："无产阶级文化应当是人类在资本主义社会、地主社会和官僚社会的压迫下创造出来的全部知识合乎规律的发展。"所以，我们既要看到历史文化遗产社会的、历史的局限性，又要重视它的承继性和借鉴性。要继承、借鉴中华民族的文化遗产，就要运用马克思主义的立场、观点、方法批判地总结，去粗取精，古为今用。而这项工作的第一步就在我们的身上。只有我们整理好、出版好，才有第二步研究好、利用好。从这个意义上讲，我们的整理出版工作是奠基的工作，是开路的工作。这奠基和开路的工作其意义不能低估。

三、切实提高质量，整理出版超过前人、无愧于后人的高水平的古籍整理图书

质量问题，我想从两方面谈。一方面，是关于应该集中力量、花力气出好的书；另一方面，是关于不该出的或者暂时不应该安排的书。

李一氓同志 1986 年曾经说过："这几年因为选材不当，标注方法陈旧，编辑不得力等，也还出了些中下等的产品。"选材的问题，指选题或者版本不好；标注方法陈旧，是说我们整理的方法还是乾嘉那一套，没有新的开拓；编辑不得力，指编辑水平不高。这方面的例子是很多的。

如编选唐诗，不少同志都沿袭《全唐诗》的做法，自己不加考订。其实，《全唐诗》编者（彭定求等人）迫于王命，急于成书，便因袭前人成果，没有认真考校，尽管收罗很广，但错误不少。我们的同志今天又照抄照搬，甚至别出心裁，妄制篇目，错误可想而知。

再如标点。一些同志认为这是最简单的工作，但这方面的问题现在却最多。我曾见到一家有名的出版社出的一本校点书，居然把七言诗点错了。为什么？点的人可能是数字数来断句，七个字一句，但作者并不是规规矩矩七字一句，其中倒数第二句偏偏多了三个字，于是后面两句点个乱七八糟。我们必须把点校工作放到一定的地位上去，不能鄙薄它而不屑于干，也不能轻视它而不认真干。点校工作不是什

么人都能干好的。鲁迅先生说过："标点古文，不但使应试学生为难，也往往害得有名的学者出丑。"（《题未定》）解决这方面的质量问题，除掉编辑水平需要提高之外，根据历来的经验，最根本的做法，恐怕还是古籍的整理工作应该和研究工作相结合。

我重点谈谈第二方面，不该出的或者暂时不应该安排的书这方面的问题。

第一，重复出版问题。

文学古籍重复出版问题最多。文学古籍在整个古籍遗产中占的比例最大，从《四库全书》所收图书来看：经部 695 种，史部 564 种，子部 925 种，集部 1277 种；总卷数 79309 卷，集部 29250 卷，占 36.88%。当然集部书不完全是文学作品，但上述的数字还是能说明问题的。

我们再看看国家规划和 10 年（1979—1989 年）出版情况：

	文学类所占百分比	史学类所占百分比	哲学类所占百分比	语言类所占百分比	综合类所占百分比
国家规划 （3119 种）	29.3	26	12.8	7	21.7
10 年出版 （3493 种）	39.9	28	8.8	5.2	17.9
高校整理 （1536 种）	45	29.6	3.9	5	14.4

从上表来看，文学古籍所占的比例，已经大大高于其他类古籍。高校是古籍整理的主要力量，高校整理的文学古籍占到 45%。根据我们现在所掌握的情况，高校有些项目还没有全部完成，有的正计划上马，这些又预示着将来 10 年古籍整理出版的结构，会比近 10 年更倾向于文学类古籍。

文学古籍整理出版所占的比例过大，主要的问题是同一种文学古籍出版的版本多，也就是重复出版多。重复现象最多的是古旧小说。据统计，以丛书形式出版的古旧小说达50多种。

有很多丛书整理得好，出版得好，受到读者欢迎。但有些张家出了王家出，炒来炒去都一样。重复是怎样出现的呢？有这样几种名目：大概念套小概念，甲以大的概念搞一套丛书，乙又以小的概念立一丛书。比如，古典文学丛书有了，再搞一个古典小说丛书；古典小说名目有了，又设一个笔记体小说、话本小说；笔记体小说下，又有分朝分代的笔记小说。一个古典小说，就搞出10套、20套丛书来。此外，还有以小说内容分类（言情、神怪、轶闻、人物等）组织的丛书，有按文体（文言、白话）组织的丛书，有按版本组织的丛书，等等。有的同志说，好比一副扑克牌，牌只有54张，却洗出各种花样来。当然，对重复现象要具体分析，古籍整理工作也是一种创造性劳动，从这个意义上讲，保护创造性，允许特色不同的注、译、讲、评，是必要的。但为了抢市场，简单迎合市场需要，跟着"热"跑，根本谈不上创新。这样的东西，恐怕就没有多大必要了。

第二，影印问题。

近年来，古籍的影印工作开展很快。据初步统计，国家规划到1990年影印古籍80种，占规划项目的2.5%，实际上1982—1989年影印763种，占9年古籍出版的18.4%，而1989年就更为突出了，出版的古籍每4种便有一种是影印。这些影印的古籍，对促进古籍的流通和使用，无疑起了很大作用。特别是一些难见的善本、珍本和一些大型类书、丛书，如《永乐大典》、《中华大藏经》、《清实录》、《四部丛刊》、《古今图书集成》、《说文解字注》、《道藏》等书的影印，使人们很容易得到这些珍贵古籍，这对发扬我国的优秀文化传统，进行科学研究，有着重要意义。影印古籍，比整理排印，在出书速度、保持原书面貌、少出差错、投资少而且见效快等方面都有优越性。今后一段时间内，影印古籍不仅是需要的，肯定还会进一步发展。

但是，古籍影印中的问题越来越多，越来越严重。由于它是当前一种很重要的古籍出版手段，更由于影印古籍在古籍出版中所占的比例很大，影印中的问题必须引起高度重视。

影印中的问题主要是这样几点：

（1）重复影印：已经有好的、公认的古籍整理本，还要影印错误多、价值不大又没有进行加工整理的版本。

（2）非出版单位影印：这些单位并不具备影印的条件和知识。这一点1982年原文化部出版局有明确规定：①除中国书店、上海书店外，其他各地古旧书店原则上不再开展此项业务；②如确有必要开展影印、复制的，要报批；③内容不但应是流传稀少、较为珍贵，还必须具有地方特色。现在这几点大大突破。此外，还有超出专业分工影印古籍的现象。

（3）有些出版社影印、复制条件很差，又缺少必要的影印专业人员，也争着搞影印。对原书漫漶之处不作描修，也不会描修。缺页、缺字不作配补，也不懂配补。印制粗糙，字迹不清。这样的影印书无法使用。

（4）有些专业出版社急于出书，不认真选择底本，不作任何加工。有的既无出版说明，又没有新编目录。更有甚者，一部影印书，拼版之后，连总页码也没有编。

古小说的大量重复出版，影印、复制古籍的粗制滥造，其中一个重要原因，就是想赚钱，应该说，这是"一切向钱看"在古籍整理出版方面的反映。

目前有一种观点，即要先有经济效益，然后才有社会效益。他们说：只有先讲经济效益，才能有条件去实现社会效益，没有钱什么也办不成。这种观点，听起来似乎有些道理，实际上害人不浅。我们的出版社，按照国家政策实行自负盈亏，不讲究经济效益，不讲究成本核算，不加强经营管理，当然不行。但是我们讲究经济效益是有前提的，是在保证社会效益的前提之下讲经济效益。脱离了社会效益，单讲经济效益就会出毛病。有些出版社出一些质量很差、乌七八糟的书，其中主要原因恐怕就是实际上把经济效益放在了首位。有的同志说，我先赚点钱，用这个钱出几本好书，打出牌子去。其实，这样干的结果，靠坏书赚钱，靠大量粗制滥造的东西赚钱，出版社的牌子先就砸了，还谈什么给出版社树牌子？

邓小平同志早就指出：精神产品的生产部门，要以社会效益为最高准则。1983 年中央《关于加强出版工作的决定》也指出："要在保证社会效益的前提之下来谈经济效益。"这些指示都是十分明确的。

怎样创牌子？怎样提高质量？根据大家的经验，最重要的还是要创新，要开拓。如《走向世界丛书》所收每一种书前，都有评论文章，每段都加上提要，印在书页边上，书后附索引；方立天《华严金师子章校释》，书前有高质量的前言，对所有引文都加作者"案"，每章后作者还写有一段"总释"；孔凡礼《增订湖山类稿》，作者把新辑得的汪元量的诗词，用编年的方法，把原装打散重编，成为当前汪元量诗词中最丰富、最科学的一个整理本。还有很多高质量的书，都是大胆开拓，努力创新，突破前人的结果。人云亦云，亦步亦趋，顶多达到人家的水平，但永远超不过人家的水平。

四、抓古籍图书出版繁荣，必须量力而行，重在提高图书质量

这些年来，我们一再讲优化选题，调整图书结构，提高图书质量，有时就直截了当地说，要压缩品种。时间一年一年过去了，选题是否得到了优化？结构是否调整得合理？这两点比较宏观，一下子难以说清楚。品种却是实的，看得到的。这些年，全国图书品种不但没有压下去，反而呈扶摇直上之势：1979 年全国出版新书 1.7 万种，1983 年达到 3.5 万种，1987 年达到 6 万种，1989 年达到了 7.5 万种。如何评价这个数字？竖着看，拿我们自己的过去和现在来比，10 年

增加了近 3 倍多，这是什么样的速度？横着看，同左邻右舍相比，也许能看得更清楚。美国 1987—1988 年度，出版新书 5.6 万种；苏联，世界出版大国，1988 年出版新书 8 万种，实际正式出版的只有 5 万种；印度，绝对人口紧追我们这个人口大国之后，1988 年图书品种只有 2.1 万种。跳出庐山，方知真面目。这样一比，就可以看出我们图书出版的一些症结了吧？

古籍出版，近 8 年（1982—1989 年）是前 32 年（1949—1981年）的 1.6 倍。这一方面说明了我们的进步、我们的成绩，另一方面也反映出我们的问题。

对我们这样一个 10 亿人口的大国来说，7.5 万种图书也算不得很多，但从整个出版的状况来看，从我们国家经济发展的情况来看，从发展增长的速度来看，这样一个数字，这样逐年大幅度的递增，是过快、过热了。品种增长过快、过多带来许多弊病。

1. 品种增长过快、过多，冲击图书质量

这个道理很好说明白。1989 年的图书品种是 1979 年的 4.4 倍，与之相适应的出版社的领导力量、编辑队伍、印装能力、纸张供应、发行网络，都不能同步增长。7.5 万种图书，都要靠那有限的编辑力量，有限的资金，有限的印装条件，质量怎么可能得到保证？

2. 品种增长过快、过多，冲击征订

一年出书 7.5 万种，去掉一些单张的，一些小薄本，我们按 4 万种说，每本书征订的内容提要 300 字，总计就是 1200 万字。哪一个新华书店的业务科长一年能看 1200 万字的资料？现在一般出版社一个编辑一年发稿不过 100 万字左右，要求一个业务科长看 1200 万字的征订资料，确是强人所难。再看书店的订货员，据有关材料讲，现在书店的业务员的文化水平约有一半是初中文化。对初中文化的同志来说，许多书的内容提要都未必能看懂，面对"雪片般飞来"的征订单，你要求他分清一本书学术价值高低，再分别轻重推荐、介绍、确定订数，其后果可想而知了。在这种情况下，图书的征订数怎么可能不受冲击？

3. 品种增长过快、过多，促使书价上涨，反过来又冲击图书订数

图书品种过多，纸张紧张，纸价上涨；书稿太多，在工厂排队，印制周期长，又导致工价上涨，这些都使得图书成本提高，结果是书价上涨。书价高，读者负担不起，反过来又影响订数。我作了一个调查，某一个地区，1989 年图书印数减少 24%，印张减少 23%，码洋却增加了 11.46%，这增加的码洋显然是从书价的提高而来。

以上所述，仅举其大者，图书品种增长过快、过多的弊病可见一斑了。

古籍图书的出版还有它的特殊性，不少项目很大，动辄几千卷上万卷，需要组织相当多的人，投入大量资金，用很长时间。从我们国家目前的经济状况来看，战线过长，项目过多，工程浩大，恐怕难以胜任，尤其是大的项目，一定要充分论证，量力而行，不可全线出击。出版的繁荣，主要不是靠数字的飞增，主要是质量的提高。在当前，这一点尤为重要。压缩品种，抑制过热，关键也在于提高质量，如果把每本书的质量都搞上去，数量的问题也就不存在了；而且可以肯定地说，数量也就下去了。

五、抓出版繁荣，必须抓好队伍建设，而古籍整理出版工作中的队伍问题尤其迫切，尤其重要

提出这个问题，是从实际出发的。近 10 年来，出版社发展得很快，由 100 多家一下子发展到 500 多家。500 多家，就需要 500 多家的社长、总编辑、副社长、副总编辑，需要 500 多家的编审、副编审、编辑等骨干力量。古籍出版社原来只有那么三两家。现在专业古籍出版社达 16 家，地方综合性出版社设古籍编辑室的有十多家。队

伍发展这样快，就有一个培训问题，有一个提高质量的问题，包括政治素质、理论素质、文化素质和职业道德。这几年来，社会上流行一种看法，似乎编辑最好当，好像编辑用不着多高的水平，也用不着什么专业知识，只要会当经纪人，会拿回扣就行了。现在看来，要抓出版繁荣，人的问题、队伍问题是首要问题，人的素质解决不好，什么措施也谈不上。实践证明，领导班子有多高水平，编辑队伍有多高水平，就有多高的出书质量。

古籍整理出版虽然不比政治读物、文艺小说，但有它的复杂之处。1981 年《中共中央关于整理我国古籍的指示》有这样几点值得深思：

"整理古籍，把祖国宝贵的文化遗产继承下来，是一项十分重要、关系到子孙后代的工作。"

"整理古籍，是一件大事，得搞上百年。"

"整理古籍，需要有一个几十年陆续不断的领导班子，保持连续的核心力量。"

"从事整理古籍的人，不但要知识基础好，而且要有兴趣。"

从这些指示中可以看出，古籍整理有它的特殊性：（1）它要有一个"连续不断的领导班子"，要保持"连续的核心力量"；（2）从事整理古籍的人，不但知识基础要好，还要有兴趣。关于第一点，中央指示中作了具体阐述，在班子中，要有 60 岁的、50 岁的、40 岁的，以保证其连续性；关于第二点，要求不低，不但要有学问，还得热心此道。

在人才的培养方面，很多部门、很多出版社做得很好。尤其是国家教委，他们在这方面做了大量工作：1983 年制定了古籍整理人才培训方案，1984 年专门召开了古籍整理人才培养工作会议，1985 年底成立了人才培训专家工作小组，1989 年 10 月在济南又一次召开古籍整理人才培养会议，检查人才培养情况。国家教委采取多层次的培训方法：（1）先后在南京大学、上海师大、杭州大学设立了古典文献专业，加上原有的北京大学一个专业，共4个，招收本科生，先后毕业近500人。（2）办了古籍整理讲习班，11次，培训400多人。（3）招收研究生、博士生近百人。（4）为了鼓励表彰古文献学研究方面有突出成绩的青年，还设置了"中国古文献学奖学金"。

卫生部也很重视。1982年召开了中医古籍整理出版规划工作座谈会，1986年召开中医古籍文献整理研究座谈会。两次会议都把人才培训放到重要位置。几年来，办了中医文献、古汉语培训班8次，培训了专业人员400多人；招收研究生20多人；还建立了中医古籍文献研究所5处、研究室25处，有专职人员300余人。

国家民委作了规划，在1986年召开了少数民族古籍整理出版规划会议。会议提出，要大力培养民族古籍整理的专业人才，在5年内培训200人，要求每个省、区再培养5—10人，5年内建立起一支300人的民族古籍的专业队伍。

我们的古籍专业出版社，自1986年起，先后在烟台、成都召开古籍出版工作研讨会。研讨会把人才培训问题放在了相当突出的地位。

这一切，使我国古籍整理研究队伍"青黄不接"、后继乏人的局面得到改变，为古籍整理与研究事业的兴旺局面作出了重大贡献。

新闻出版署这两年一项大的工作任务就是人才培训，办社长、总编辑培训班，办少数民族社长、总编辑培训班，北大讲习班与北大中文系合作举办。此外，大力支持各省、各地办班，表彰培训好的单位。

出版队伍不抓好，出版质量就没有办法保证，更谈不上繁荣。队伍有两个层次，首先是社长、总编辑。我们的社长、总编辑在使用党和国家赋予的权力的时候，一定要高度负责，对党和人民的事业负责。其次是编辑队伍。我们应该发扬出版界的光荣传统。我们出版界的老编辑、老前辈一丝不苟、兢兢业业，是我们的楷模。作为一个编辑，不论搞当代的，还是古代的，起码都应该具备这样几个素质：一

在《文史知识》座谈会上。右起：吴小如、胡友鸣、周祖谟、杨牧之。

是政治素质，要有正确的出版方向、严肃的出版纪律，不能乱来；二要有一定的理论素养，懂点马列主义，懂点社会发展史，懂点辩证法；三要有一定的文化修养，像个文化人，像个出版家，不能像个商人，一张口就是回扣；四要有相当的业务知识。有一本写历史的书，多处写到汉景帝如何继承武帝的政策。他不知道文、景、武、昭、宣，还要谈历史。五要有职业道德。

古籍整理出版事业，是关系到子孙后代的事业，是全民族的事业。我们有幸从事这个事业，是我们的光荣。让我们共同努力，创造出超过前人，无愧于后人的古籍整理出版业绩来！

关于加强地图出版管理问题答记者问

（1995 年 8 月 11 日）

按语： 出版中国地图在今天有特殊的意义，更应高度重视。当前一些周边国家在闹腾，还有的国家在伺机闹腾，挖空心思想侵占中国的领土，我们的出版物一定要给它们一个正面的准确的宣示。

地图的出版不仅具有科学性、艺术性，还有很强的政治性。在今天尤其具有很强的现实性。中国地图表现中国国家版图。中国地图是中国国家主权、领土的象征。它体现了国家在主权方面的意志和在国际社会中的政治、外交立场。所以，一定要提高地图出版的质量，加强地图出版的管理。

我们不能像有些国家，怎么需要怎么改，何时需要何时改。一个国家的版图是历史形成的，是为世界所公认的，它的绘制和出版是一项十分严肃、高度政治性的大事。

从当前国际上的形势来看，今天出版的中国地图，首先必须保持中国图形的定态。我们不但有 960 万平方公里的陆地，还有 470 万平方公里的海域和其中的岛屿。其次，出版的中国地图必须保证中国国界线的正确，包括陆地边界和海上界线。第三，出版的中国地图必须注意标志我国的重要岛屿。有三个方面十分重要：一、中国地图必须包括台湾岛及其附属岛屿；二、中国地图必须包括钓鱼岛及其附属岛屿；三、中国地图必须包括南海诸岛等。

国务院1995年7月10日公布了李鹏总理签署的中华人民共和国国务院令第180号《中华人民共和国地图编制出版管理条例》，这是地图编制出版工作中的一件大事，必将极大地推动地图编制出版的管理工作。结合这一"条例"的公布，结合当前地图出版工作中的问题，杨牧之同志就地图出版的管理工作回答了记者的提问。

一、为什么说地图出版物是一种特殊的、要求很高的出版物？

答：地图出版物是一种很特殊的出版物，特殊在它的出版具有很强的技术性和政治性。说它需要很强的技术性，读者一看便知，在一平方厘米大小的面积上，一般的图书只印汉字一二个，但地图上的一平方厘米就有很多内容，省市县的标志，国界、省界的标志等，密密麻麻，这就要求在印制工艺上要有很高的精密度。说它有很强的政治性，一方面它是进行爱国主义教育、国情教育最直观的教材，读者从地图上会感受到祖国的伟大和可爱，激发为祖国献身的情怀；另一方面，地图上国界线的画法、行政区域、国家首都、首府名称的标注等等，都反映了国家的政治观点和外交立场。因此，地图的出版无论在工艺的要求上还是在内容的处理上都应该严格保证质量。这就要求我们切实执行国家对地图编制出版的各项规定。

二、目前地图出版工作有哪些突出的问题？

答：归纳起来主要是四个问题：

1. 地图内容错误的问题比较严重

有的公开出版的地图错绘国界线、行政区域界线，有的漏绘我国领土、重要岛屿；还有的地图错注、漏注地名名称。

2. 地图内容陈旧，跟不上现实的变化

地图内容陈旧，现势性差，会产生误导，轻了会给人们工作和生活造成麻烦，重了甚至会出现政治问题。有的虽注明"最新"字样，实际上还是老版的翻印。如某出版社 1993 年第三版《最新中国交通旅游图册》，内容实际上是 1989 年版；国界线画法虽注明 1989 年最新画法，实际上还是 1980 年画法。

3. 侵权盗版行为明显存在

有的出版社擅自翻印其他出版社出版的地图，更为严重的是，不法书商采用电子分色方法翻印一些地图，牟取暴利。

4. 违背地图送审规定现象突出

地图送审是国家对于地图编制出版提出的要求，是保证地图政治性、科学性、准确性和现势性的重要措施，是保障地图质量的重要手段。据国家测绘局有关部门调查所收集到的 52 种地图中，只有 13 种经过送审，只占 25%，必须引起有关出版社高度重视。从目前地图出版质量方面看，在内容方面出现错误的地图，都未经送审。

三、地图编制出版方面出现问题的原因是什么？

答：出版上述问题的原因是多方面的，主要有三个：一是有的出版社不具备出版地图的条件，人员素质差，达不到地图出版的技术要求；二是单纯追求经济效益，粗制滥造，不讲质量；三是不法分子盗版印制。前两个问题还是要解决好社会效益和经济效益的关系问题，把社会效益放在第一位，后一种现象要坚决打击。

四、怎样加强对地图编制出版的管理工作？

答：正因为地图这种出版物的特殊性，所以国家有关地图编制、出版部门历来就有明确而具体的规定：1976 年、1978 年、1980 年、1982 年、1983 年、1984 年、1985 年多次发布关于加强地图出版管理的规定。特别是最近，1995 年 7 月 10 日，中华人民共和国国务院令第 180 号，发布了《中华人民共和国地图编制出版管理条例》（新华社北京 7 月 19 日电），意义重大。这个条例是对地图编制出版管理方面的一个行政法规，相信这一条例的实施必将大大促进地图编制出版工作。当前加强地图编制出版工作的管理，首要的工作就是宣传实施这一条例。

《条例》的主要内容是：

1. 进一步明确地图编制出版的管理部门。国务院测绘行政主管部门主管全国地图编制工作。国务院出版行政管理部门商测绘主管部门、负责管理全国的地图出版工作。

2. 在"地图编制管理"方面：规定了"绘制应遵守的规定"、"编制地图的要求"。

3. 在"地图出版管理"方面：规定了地图应由"专门地图出版社出版，其他出版社不得出版"，还具体规定了"专题地图"、"旅游图"、"交通图"、"全国中、小学教学地图"、书报刊中"插附地图"、"历史地图"的出版权限以及送审程序。

4. 第一次具体规定了编制出版地图的"法律责任"，明确了什么叫违反"条例"，包括未取得测绘资格，擅自编制地图，地图印刷或者展示前未经上级有关部门审核的，未经批准或超越地图出版范围出版地图的，公开地图泄露国家秘密等，规定了违反条例后行政、法律处分的标准。

（这是一篇以书面形式回答记者提问的稿件）

科技出版要为"科教兴国"服务

（1995 年 12 月）

刚刚闭幕的全国科学技术大会提出"科教兴国"的战略思想，给全国人民极大的鼓舞，也给科技出版工作以极大的激励。

回顾我国科技出版工作所走过的道路，是足以让人自豪的。从 1950 年 7 月我国建立第一家科学技术出版社起，到 1994 年，只有 40 多年，我国的科技出版从小到大，不断成长，今天已发展成一个为我国经济发展、科学进步作出重大贡献的文化产业。目前我国已有科技出版社 160 多家，科技期刊社 3000 余家，每年出版科技图书 20000 种，科技期刊 4000 余种、30000 余期。这样一个规模，这样庞大的数字，在世界上也是屈指可数、名列前茅的。从质量效益上说，出版了一大批优秀图书，尤其是改革开放以来，数以千计的优秀科技读物达到甚至超过了国际先进水平。比如，《杂交水稻育种栽培学》总结了杂交水稻育种栽培的先进经验，这个经验共增产了水稻 2400 亿千克，被世界誉为"绿色革命"。《稀土的溶剂萃取》总结并传播了"串级萃取理论及工艺"，有关部门对使用这一技术的厂家进行鉴定，认为"该技术一年可为企业创产值 1188 万元，利税 380 万元"。《随机应用系统》中精彩的计算机理论受到世界的赞许，日本计算机学会的学者本来要到中国讲学的，看了这本书立即表示，我的"学"可以不讲了，因为我的水平还没有达到这本书的水平。《锑》，一本20多万字的小书，被世界开采和冶金业当做经典著作，因为它总结了我国在锑的开采和冶炼方面的先进经验。像这样的好书岂止百种千种！广大读者评价我国的科技图书"群星灿烂"是公允而客观的。毫无疑问，我国科技出版在促进科技与经济的结合上，在引进、借鉴国外的先进科学技术，为我国科技发展和进步方面，在传播和普及科学文化知识方面发挥了重要作用。

科技大会的召开，党中央实施科教兴国的战略，指挥我们向社会主义现代化发起新的进军。这样一个好形势，使我们每一个出版工作者，思考我们的工作，尤其是当前各出版社正在制订"'九五'期间重点图书出版规划"，"科教兴国"给我们指明了方向。

第一，科技出版要把促进科研成果向生产力的转化作为重要任务。"科教兴国"战略的核心之一，就是要促进科研成果向生产力的转化，加速科技、经济一体化的进程。我们科技出版工作者要把这一点作为科技出版的一项重要任务。科技出版既是科研活动成果的总结，又是传播和新的科研活动的开始，所以，科技图书在促进科研成果向生产力的转化方面能起到特殊的作用。我们每一个编辑、每一个出版社的领导，都应该深入到生产劳动和科研活动中去，发现好的选题，总结好的经验，出好书，为经济建设服务。

第二，我们要多出好的科普读物。中共中央、国务院《关于加强科学技术普及工作的若干意见》中指出，科学技术在全民族的普及程度，将决定我国社会主义现代化的进程，人才的培养，人才的竞争，将决定一个国家在21世纪世界竞争中的前途，而我们国家有80%的人口生活在农村，有16%的文盲、半文盲，有延续了几千年的自然经济的习俗，所以，科学知识的普及至为重要。我们的科技出版社要在这方面大做文章。

第三，积极地、有选择地翻译出版国外的优秀科技读物。新中国成立以来，尤其是改革开放以来，我国的科学技术有长足的进步，一些学科达到了国际先进水平，但从总体上看，与发达国家相比，还有很大距离，引进国外先进的科学技术为我所用，还是十分必要的，而且通过直接翻译国外的最新科学著作，引进最新研究成果既快捷，又经济。但近几年来，出于经济上的考虑，科技翻译著作的出版大大减少，一些很有名的出版社译著数量也急剧下降，20世纪80年代初期，科技译著约占科技图书总量的40%，而目前已不足5%。这个现象值得我们高度重视，否则必将影响我国科技工作健康发展。

第四，解放思想，大胆创新。回顾这几年的出版状况，今天这样一个"热"，明天那样一个"热"，从编辑思想方面讲，就是人云亦云，亦步亦趋。很多书抄来抄去，室内装修、时装、菜谱、美容美发、长寿保健，重复出版，不但浪费很大，也出不来高质量图书。创新是进步的灵魂。无论是高科技学术著作，还是科普著作，都要有一个"人无我有，人有我新"的创新精神。"人无我有"是创新，"人有我新"是更高层次的创新。当然，完成这一创新更艰苦、更困难，但也只有战胜这些困难，才会达到别人达不到的高度，取得图书质量的飞跃。

全国科技大会必将成为我国科技发展的里程碑，我们出版工作者应以这次会议为新的起点，振奋精神，扎实工作，为科教兴国作出贡献。

迎接新世纪文明的太阳

——《大中华文库》总序

（1999 年 2 月）

　　《大中华文库》终于出版了。我们为之高兴，为之鼓舞，但也备感压力。

　　当此之际，我们愿将郁积在我们心底的话，向读者倾诉。

　　中华民族有着悠久的历史和灿烂的文化，系统、准确地将中华民族的文化经典翻译成外文，编辑出版，介绍给全世界，是几代中国人的愿望。早在几十年前，西方一位学者翻译《红楼梦》，将书名译成《一个红楼上的梦》，将林黛玉译为"黑色的玉"。我们一方面对外国学者将中国的名著介绍到世界上去表示由衷的感谢，另一方面为祖国的名著还不被完全认识，甚至受到曲解，而感到深深的遗憾。还有西方学者翻译《金瓶梅》，专门摘选其中自然主义描述最为突出的篇章加以译介。一时间，西方学者好像发现了奇迹，掀起了《金瓶梅》热，说中国是"性开放的源头"，公开地在报刊上鼓吹中国要"发扬开放之传统"。还有许多资深、友善的汉学家译介中国古代的哲学著作，在把中华民族文化介绍给全世界的工作方面作出了重大贡献，但或囿于理解有误，或缘于对中国文字认识的局限，质量上乘的并不

2011年12月23日，在"《大中华文库》出版工程表彰大会"后与"文库"获奖单位代表合影。

多，常常是隔靴搔痒，说不到点子上。大哲学家黑格尔曾经说过：中国有最完备的国史。但他认为中国古代没有真正意义上的哲学，还处在哲学史前状态。这么了不起的哲学家竟然作出这样大失水准的评论，何其不幸。正如任何哲学家都要受时间、地点、条件的制约一样，黑格尔也离不开这一规律。当时他也只能从上述水平的汉学家译过去的文字去分析、理解，所以，黑格尔先生对中国古代社会的认识水平是什么状态，也就不难想象了。

中国离不开世界，世界也缺少不了中国。中国文化摄取外域的新成分，丰富了自己，又以自己的新成就输送给别人，贡献于世界。从公元5世纪开始到公元15世纪，大约有一千多年，中国走在世界的前列。在这一千多年的时间里，她的光辉照耀全世界。人类要前进，怎么能不全面认识中国，怎么能不认真研究中国的历史呢？

中华民族是伟大的，曾经辉煌过，蓝天白云，阳光灿烂，和平而兴旺；也有过黑暗的、想起来就让人战栗的日子，但中华民族从来都是充满理想，不断追求，不断学习，渴望和平与友谊的。

中国古代伟大的思想家孔子曾经说过："三人行，必有我师焉。

择其善者而从之，其不善者而改之。"孔子的话就是要人们向别人学习。这段话正是概括了整个中华民族与人交往的原则。人与人之间交往如此，在与周边国家的交往中也是如此。

秦始皇第一个统一了中国，可惜在位只有十几年，来不及做更多的事情。汉朝继秦而继续强大，便开始走出去，了解自己周边的世界。公元前138年，汉武帝派张骞出使西域。他带着一万头牛羊，总值一万万钱的金帛货物作为礼物，开始西行，最远到过"安息"（即波斯）。公元前73年，班超又率36人出使西域。36个人按今天的话说，也只有一个排，显然是为了拜访未曾见过面的邻居，是去交朋友。到了西域，班超派遣甘英作为使者继续西行，往更远处的大秦国（即罗马）去访问，"乃抵条支而历安息，临西海以望大秦"（《后汉书·西域传》）。"条支"在"安息"以西，即今天的伊拉克、叙利亚一带，"西海"应是今天的地中海。也就是说甘英已经到达地中海边上，与罗马帝国隔海相望，"临大海欲渡"，却被人劝阻而未成行，这在历史上留下了遗憾。可以想见，班超、甘英沟通友谊的无比勇气和强烈愿望。接下来是唐代的玄奘，历经千难万险，到"西天"印度取经，带回了南亚国家的古老文化。归国后，他把带回的佛教经典组织人翻译，到后来很多经典印度失传了，但中国却保存完好，以至于今天没有玄奘的《大唐西域记》，印度人很难编写印度古代史。明代郑和"七下西洋"，把中华文化传到东南亚一带。鸦片战争以后，一代又一代先进的中国人，为了振兴中华，又前赴后继，向西方国家学习先进的科学思想和文明成果。这中间有我们国家的领导人朱德、周恩来、邓小平；有许许多多大科学家、文学家、艺术家，如郭沫若、李四光、钱学森、冼星海、徐悲鸿等。他们的追求、奋斗，他们的博大胸怀，兼收并蓄的精神，为人类社会增添了光彩。

中国文化的形成和发展过程，就是一个以众为师，以各国人民为师，不断学习和创造的过程。中华民族曾经向周边国家和民族学习过许多东西，假如没有这些学习，中华民族绝不可能创造出昔日的辉煌。回顾历史，我们怎么能够不对伟大的古埃及文明、古希腊文明、古印度文明满怀深深的感激？怎么能够不对伟大的欧洲文明、非洲文明、美洲文明、澳洲文明，以及中国周围的亚洲文明充满温情与敬意？

中华民族为人类社会曾经作出过独特的贡献。在15世纪以前，中国的科学技术一直处于世界遥遥领先的地位。英国科学家李约瑟说："中国在公元3世纪到13世纪之间，保持着一个西方所望尘莫及的科学知识水平。"美国耶鲁大学教授、《大国的兴衰》的作者保罗·肯尼迪坦言："在近代以前时期的所有文明中，没有一个国家的文明比中国更发达、更先进。"

世界各国的有识之士千里迢迢来中国观光、学习。在这个过程中，中国唐朝的长安城渐渐发展成为国际大都市。西方的波斯、东罗马，亚洲的高丽、新罗、百济、南天竺、北天竺，频繁前来。外国的王侯、留学生，在长安供职的外国官员，商贾、乐工和舞士，总有几十个国家，几万人之多。日本派出的"遣唐使"更是一批接一批。传为美谈的日本人阿部仲麻吕（晁衡）在长安留学的故事，很能说明外国人与中国的交往。晁衡学成仕于唐朝，前后历时50余年，与中国的知识分子结下了深厚的友情。他归国时，传说在海中遇难身亡。大诗人李白作诗哭悼："日本晁卿辞帝都，征帆一片绕蓬壶。明月不归沉碧海，白云愁色满苍梧。"晁衡遇险是误传，但由此可见中外学者之间在中国长安交往的情谊。

后来，不断有外国人到中国来探寻秘密，所见所闻，常常让他们目瞪口呆。《希腊纪事》（希腊人波桑尼阿著）记载公元2世纪时，希腊人在中国的见闻。书中写道："赛里斯人用小米和青芦喂一种类似蜘蛛的昆虫，喂到第五年，虫肚子胀裂开，便从里面取出丝来。"从这段对中国古代养蚕技术的描述，可见当时欧洲人与中国人的差距。公元9世纪中叶，阿拉伯人来到中国。一位阿拉伯作家在他所著的《中国印度闻见录》中记载了曾旅居中国的阿拉伯商人的见闻：

　　一天，一个外商去拜见驻守广州的中国官吏。会见时，外商总盯着官吏的胸部，官吏很奇怪，便问："你好像总盯着我的胸，这是怎么回事？"那位外商回答说："透过你穿的丝绸衣服，我隐约看到你胸口上长着一个黑痣，这是什么丝绸，我感到十分惊奇。"官吏听后，失声大笑，伸出胳膊，说："请你数数吧，看我穿了几件衣服。"那商人数过，竟然穿了五件之多，黑痣正是透过这五层丝绸衣服显现出来的。外商惊得目瞪口呆，官吏说："我穿的丝绸还不算是最好的，总督穿的要更精美。"

　　书中关于茶（他们叫干草叶子）的记载，可见阿拉伯国家当时还没有喝茶的习惯。书中记述："中国国王本人的收入主要靠盐税和泡开水喝的一种干草税。在各个城市里，这种干草叶售价都很高，中国人称这种草叶叫'茶'，这种干草叶比苜蓿的叶子还多，也略比它香，稍有苦味，用开水冲喝，治百病。"

　　他们对中国的医疗条件十分羡慕，书中记载道："中国人医疗条件很好，穷人可以从国库中得到药费。"还说："城市里，很多地方立一石碑，高10肘，上面刻有各种疾病和药物，写明某种病用某种药医治。"

　　关于当时中国的京城，书中作了生动的描述：

　　中国的京城很大，人口众多，一条宽阔的长街把全城分为两半，大街右边的东区，住着皇帝、宰相、禁军及皇家的总管、奴婢。在这个区域，沿街开凿了小河，流水潺潺；路旁，葱茏的树木井然有序，一幢幢宅邸鳞次栉比。大街左边的西区，住着庶民和商人。这里有货栈和商店，每当清晨，人们可以看到，皇室的总管、宫廷的仆役，或骑马或步行，到这里来采购。

　　此后的史籍对西人来华的记载，渐渐多了起来。13世纪意大利旅行家马可·波罗，尽管有人对他是否真的到过中国持怀疑态度，但他留下一部记述元代事件的《马可·波罗游记》却是确凿无疑的。这部游记中的一些关于当时中国的描述使得西方人认为是"天方夜谭"。总之，从中西文化交流史来说，这以前的时期还是一个想象和臆测的时代，相互之间充满了好奇与幻想。

从 16 世纪末开始，由于航海技术的发展，东西方航路的开通，随着一批批传教士来华，中国与西方开始了直接的交流。沟通中西的使命在意大利传教士利玛窦那里有了充分的体现。利玛窦于 1582 年来华，1610 年病逝于北京，在华 20 余年。他用科学作为传教的工具，激起了中国一些读书人对西方科学的兴趣。除了传教以外，他还做了两件具有历史象征意义的事：一是 1594 年前后在韶州用拉丁文翻译《四书》，并作了注释；二是与明代学者徐光启合作，用中文翻译了《几何原本》。

西方传教士对《四书》等中国经典的粗略翻译，以及杜赫德的《中华帝国志》等书对中国的介绍，在西方读者的眼前展现了一个异域文明，在当时及稍后一段时期引起了一场"中国热"，许多西方大思想家都曾注目于中国文化。有的推崇中华文明，如莱布尼兹、伏尔泰、魁奈等，有的对中华文明持批评态度，如孟德斯鸠、黑格尔等。莱布尼兹认识到中国文化的某些思想与他的观念相近，如周易的卦象与他发明的二进制相契合，对中国文化给予了热情的礼赞；黑格尔则从他整个哲学体系的推演出发，认为中国没有真正意义上的哲学，还处在哲学史前的状态。但是，不论是推崇还是批评，是吸纳还是排斥，中西文化的交流产生了巨大的影响。随着先进的中国科学技术的西传，特别是中国的造纸、火药、印刷术和指南针四大发明的问世，大大改变了世界的面貌。马克思说："中国的火药把骑士阶层炸得粉碎，指南针打开了世界市场并建立了殖民地，而印刷术则变成了新教的工具，变成对精神发展创造必要前提的最强大的杠杆。"英国的哲学家培根说：中国的四大发明"改变了全世界的面貌和一切事物的状态"。

大千世界，潮起潮落。云散云聚，万象更新。中国古代产生了无数伟大的科学家：祖冲之、李时珍、孙思邈、张衡、沈括、毕升……

产生了无数科技成果：《齐民要术》、《九章算术》、《伤寒杂病论》、《本草纲目》……以及保存至今的世界奇迹：浑天仪、地动仪、都江堰、敦煌石窟、大运河、万里长城……但从 15 世纪下半叶起，风水似乎从东方转到了西方，落后的欧洲只经过 400 年便成为世界瞩目的文明中心。英国的牛顿、波兰的哥白尼、德国的伦琴、法国的居里、德国的爱因斯坦、意大利的伽利略、俄国的门捷列夫、美国的费米和爱迪生……光芒四射，令人敬仰。

中华民族开始思考了。潮起潮落究竟是什么原因？中国人发明的火药，传到欧洲，转眼之间反成为欧洲列强轰击中国大门的炮弹，又是因为什么？

鸦片战争终于催醒了中国人沉睡的迷梦，最先"睁眼看世界"的一代精英林则徐、魏源迈出了威武雄壮的一步。曾国藩、李鸿章搞起了洋务运动。中国的知识分子喊出"民主与科学"的口号。中国是落后了，中国的志士仁人在苦苦探索。但落后中饱含着变革的动力，探索中孕育着崛起的希望。"向科学进军"，中华民族终于又迎来了科学的春天。

今天，世界已经跨入 21 世纪的门槛。分散隔绝的世界，逐渐变成联系为一体的世界。现在，经济全球化趋势日益明显，一个民族、一个国家的历史也就在愈来愈大的程度上成为全世界的历史。当今，任何一种文化的发展都离不开对其他优秀文化的汲取，都以其他优秀文化的发展为前提。在近现代，西方文化汲取中国文化，不仅是中国文化的传播，更是西方文化自身的创新和发展；正如中国文化对西方文化的汲取一样，既是西方文化在中国的传播，同时也是中国文化在近代的转型和发展。地球上所有的人类文化，都是我们共同的宝贵遗产。既然我们生活的各个大陆，在地球史上曾经是连成一气的"泛大陆"，或者说是一个完整的"地球村"，那么，我们同样可以在这个以知识和学习为特征的网络时代，走上相互学习、共同发展的大路，建设和开拓我们人类崭新的"地球村"。

2012 年 4 月 15 日，国务委员刘延东向大英图书馆主席布莱克斯赠送汉英对照版《大中华文库》。

　　西学仍在东渐，中学也将西传。各国人民的优秀文化正日益迅速地为中国文化所汲取，而无论西方和东方，也都需要从中国文化中汲取养分。正是基于这一认识，我们组织出版汉英对照版《大中华文库》，全面系统地翻译介绍中国传统文化典籍。我们试图通过《大中华文库》，向全世界展示，中华民族五千年的追求，五千年的梦想，正在新的历史时期重放光芒。中国人民就像火后的凤凰，万众一心，迎接新世纪文明的太阳。

向世界介绍中国

——在"《大中华文库》出版工程表彰大会"上的发言

（2011 年 12 月 23 日）

　　按语： 2011 年 12 月 23 日下午新闻出版总署在人民大会堂举行了"《大中华文库》出版工程暨新闻出版走出去先进单位的表彰大会"。单看这个会议名称，我们《文库》工委会的几位同志就感到无上光荣。

　　李长春同志在会前会见了与会代表。他说：《大中华文库》的出版，充分体现了党中央、国务院对文化建设和弘扬中华传统优秀文化的高度重视，向世界展示了中华文化的优秀成果，体现了中华民族对人类文明的重要贡献。

　　刘云山同志说：编辑出版《大中华文库》，是弘扬中华民族传统文化的重大出版工程，是向世界全面系统推介中国优秀文化典籍的重大举措。这项出版工程启动以来历时 17 年，由 20 家出版社共同承担，在许多重要国际书展上受到读者好评。《大中华文库》的出版，有力弘扬了中华民族优秀传统文化，为促进世界文化交流与合作作出了积极贡献。

　　总署希望我做个发言，汇报一下《大中华文库》的工作情况，并告诉我时间不能长，因为后面还有其他获奖单位发言，还有领导讲话。

20 年来的情景一幕一幕出现在眼前。我认真回顾了我和同事们一起奋斗的历程。想起前辈们——季羡林、任继愈、杨宪益、叶水夫、金开诚等等的支持和鞭策，虽然他们都已不在，但他们的嘱咐和期望，总是响在耳边。想起周围朋友和同事们的帮助和鼓励，想起大家拒绝金钱的诱惑，置巨款于不顾，想起大家如何千方百计地把长城、黄河（壶口瀑布）、故宫（门环，象征叩开中华民族文化宝库）融入《文库》的封面中去，执著、坚持，20 年如一日，终于完成了《大中华文库》汉英版的编辑工作，实现了向世界介绍中华民族优秀文化的愿望。

这一切，今天仍然让我激动。我正是怀着这份情感，写出了这篇《向世界介绍中国》的发言稿。

感谢总署党组给我们的表彰和荣誉。这么高的规格，这么隆重的大会，我们很受激励，也感到很大的压力，只有更加努力把《大中华文库》做好。下面我作一简要汇报。

一、一切源于弘扬中华民族文化

《大中华文库》策划于 1993 年。当时，我们要做这样一个项目是有明确的目的性的。中国的文化在西方的学术界长期被忽视甚至歪曲。其实，从公元 5 世纪到公元 15 世纪，大约有一千多年，世界有识之士都承认，中国走在世界的前列。在这一千多年的时间里，中国的光辉照耀全世界，这种成就，和这种成就所反映出的中华民族热爱和平、自强不息、勤劳勇敢、创新进取的民族精神，应该说都记录在中华民族五千年来留下的珍贵文化遗产中。但是，由于各种原因，这些优秀的文化遗产，我们却很少介绍到国外去，以致于连德国大哲学家黑格尔都说：
"中国有完备的
国史"，但是，
"中国古代没有
真正意义上的哲
学，还处于哲学
史前状态"。这
么了不起的哲学
家竟然作出这样
的评论，很令人
遗憾。其中一个
重要原因恐怕就
是中国的优秀的

2007 年，与埃及大使（左二）马哈茂德·阿拉姆商谈出版
阿拉伯文版《大中华文库》事宜。

典籍很少完整地翻译到国外去。在他那个时代，黑格尔不可能系统地
看到中国丰富的典籍，他也只能从一些传教士用拉丁文零零碎碎的译
作中去阅读分析。

　　过去，中国典籍也有一些介绍到国外去，但国外的汉学家有的翻
译较好，多数翻译质量不高，有的错误百出，甚至别有用心。早在几
十年前，西方一位学者翻译《红楼梦》，将书名译成《一个红楼里的
梦》，将林黛玉译成"黑色的玉"。还有的西方学者翻译《金瓶梅》，
专门摘选其中自然主义描述最为突出的篇章编在一起。一时间，西方
学者好像发现了奇迹，掀起了《金瓶梅》热，说中国是"性开放的
源头"，不怀好意地鼓吹中国要继续"发扬开放之传统"。还有别有
用心的人，幻想从中国舆情地理图书中找到材料，寻找霸占中国领土
的根据。这一切让我们下决心，必须由我们自己将中华民族宝贵的文
化遗产准确、系统地译成外文，介绍到世界去。

　　我们在论证选题时，请了季羡林、任继愈、杨宪益、叶水夫等老
专家提意见，杨宪益先生十分感慨地说："这是我们年轻时要干的

《大中华文库》出版座谈会。左起戴逸、蔡名照、石宗源、许嘉璐、任继愈、杨牧之、黄友义、阎晓宏。

事，那时我们年轻气盛，想干大事，但没有条件，你们今天有条件了，要干好!"

季羡林先生说：组织出版《文库》意义重大，这套书对整个人类和社会的进步具有不可估量的价值。我当时问季老，这样评价是不是太高了？他说：这套书是什么？是中华民族五千年光辉灿烂的文化，我们把它们翻译介绍出去，就是为全世界的文化发展做了贡献，我这样说丝毫不过分。

我们怀着这样的一种情感，一腔热忱，开始了工作。

署党组大力支持。我们便把出版过此类中译外著作的出版社：外文出版社、湖南人民出版社、现代出版社、中华书局（古译今）等召集起来，商量进行此事。大家热情很高，积极响应。外文局副局长、外文局总编辑黄友义，外文社社长徐明强，时任图书司司长阎晓宏，现代出版社总编辑马欣来，湖南新闻出版局局长陈满之、刘鸣泰、副局长张光华、尹飞舟等等都成为志同道合的战友，互相鼓励，通力合作。到目前，参加并承担工作的出版社已有18家。

1994年7月，新闻出版署批准《大中华文库》正式立项，并列入国家"八五"规划。

二、坚持高标准，坚持具有国家水平

为了能够达到代表国家出版水平的标准，我们从三个方面保证质量，一是精选书目；二是精细翻译；三是精心印制。

一是"精选书目"是根本，中国古代典籍约有 20 万种，要从中选出能代表中华民族传统文化的精华是搞好这套《文库》的根本。工委会三次座谈、两次发调查表，征求全国著名高校和中科院、社科院、军科院专家的意见，反复论证，最终确定了 110 种典籍。这 110 种典籍上自先秦，下至近代，内容涵盖哲学、宗教、政治、经济、军事、历史、文学以及科技等各个方面。既有已广为国外所了解的《老子》、《论语》、《孙子兵法》等经典，更多的则是目前没有译本，或没有完整译本，很少为国外所知的经典。我们担心优秀的图书漏掉，《文库》全部选题落实后，又一次征求专家意见。专家们一致表示，选题包括很全面，一流的书基本都入选了。

二是"精细翻译"。2001 年，朱镕基总理、李岚清副总理视察新闻出版总署，听我们汇报这套书时，朱镕基总理说："这套书不错，应该很有市场啊。"李岚清副总理说："关键是要搞好翻译，保证翻译质量。"他们的意见是很中肯的。

《文库》把保证翻译质量作为首要任务，组织中外专家进行翻译审校，中文原文也都经过了精心选择、认真校对。近 20 家出版社协同作战，必须组织好。我们设有两个委员会，工作委员会负责出版社的遴选，签订出版合同，制订出版计划等组织协调工作，从而保证文库工作有计划稳步进行。总编辑委员会负责版本选择、译者确定、内容审查。在翻译质量上，出版社进行一、二、三审，总编委会进行四审和五审。四审主要请外文局的一大批外文专家以及学术界的中文专家论证审稿，五审由总编委会总编辑和副总编辑进行，如果不合格就要退回去重新做编辑加工，以确保质量。此外，《文库》还按照国际惯例，编制了词目索引，撰写"导言"，满足现代读者需要。

三是关于"精心印制"。因为此项工作有近20家出版社共同参与，而且数量庞大，不可能一次印制完成，为了保证全书质量、外观的一致性，在总编辑委员会下设印制小组，主要工作是统一版式、统一纸张、统一印刷、统一装帧。《文库》是个大工程，由于坚持了质量第一，坚持了四个统一，保证了工程的整体质量。

三、《文库》第二阶段，多语种版本

《文库》汉英版接近完成时，我们研究如何扩大成果。恰好这时，2009年2月，新华社报道了温家宝总理向西班牙塞万提斯学院赠送《大中华文库》汉英对照版的消息，同时刊发赠书现场照片，大家看到后十分兴奋。同时，我们也有遗憾。如果向西班牙赠送的是西班牙文版，意义就更大了。以后，党和国家领导去俄国送俄文版，去非洲送阿拉伯文版，去德国送德文版，对于中外交流，对于提高中国的国际影响一定会起到更大的作用，也会让世界各国看到中国确实是个泱泱大国，人才济济，这样，文化的软实力一定发挥得更充分。于是，我们决定着手《大中华文库》"多语种版本"的策划工作，这些语种包括汉英之外的另四种联合国文字阿拉伯、西班牙、法、俄，再加上德、日、韩总计7种文字，定为《文库》的第二期工程。

柳斌杰署长在给文库工委会的信中特别强调：我很赞成除编纂汉英对照版外，继续开展汉法、汉阿、汉西、汉俄等双语种的编撰出版工作，进一步扩大与世界各民族之间的交流与合作。

2010年12月，多语种版第一批图书出版。12月22日，《文库》工委会向温总理汇报并送去《老子》、《孙子兵法》、《论语》九种文字的多语种版本共24册图书。两天后，12月24日温总理批示：感谢同志们为提升中华民族文化国际影响力而付出的艰巨努力，祝同志们成功！这让《文库》工作人员备受激励。

目前，第二期工程多语种版本已出版40种80册，当然，多语种的翻译工作远比汉英为难，比如阿拉伯语、西班牙语，精通这两种语言的人才很少，具有把中文翻译成阿文、西文能力的人才更少，这些专家手头工作很多，每千字给人家500元，人家也不愿意接受这项工作。

四、党和国家的关怀是成功的保障

在《文库》编辑出版的各个阶段，都得到党和国家领导的支持。

温家宝总理曾三次亲笔写信给工委会的负责同志，关心支持《文库》的出版工作。

2004年8月16日，《文库》工委会把经过十年努力刚刚出版的《文库》第一辑15种图书呈送给温总理，并附《文库》工委会的信件。上午送出，当天下午就收到了温总理的复信。在信中，温总理指出："这部巨著的出版是弘扬中华民族优秀文化的有益实践和具体体现，对传播中国文化、促进世界文化交流与合作具有重大而深远的意义。这部文库翻译和出版质量之高，反映了我国的出版水平。"温总理还语重心长地说："我国有着悠久而灿烂的历史文化，希望你们以伟大的爱国热忱、宽广的世界眼光和严谨的科学态度，锲而不舍地把这项光辉的事业进行到底。"

刘云山同志在《文库》第一批刚出版时，就关心《文库》工作，指出《文库》出版很有意义，一定要保证质量。

2005年，《中共中央办公厅、国务院办公厅印发〈关于进一步加强和改进文化产品和服务出口工作的意见〉的通知》中，明确要求抓好大型对外出版工程"大中华文库"的出版翻译工作。

2009年，《文库》在长沙召开工作会议的时候，新闻出版总署署长柳斌杰写信鼓励"文库"工作，并对文库工委会提出三点希望：一要充分认识这项工作的特殊意义；二要坚持质量第一；三要巩固和扩大成果。希望大家同心协力，再接再厉，将这一重大而光荣的事业进行到底。

财政部领导金立群、张少春和王家新了解情况后，给我们出谋划策，全力支持。

国家的支持、各级领导的关心，让参与《文库》出版的各位同志对《文库》工作充满了信心。近20年来的历程，大家总结三点体会：完成这项大工程，第一全靠党和国家的领导和支持，否则这样一个大工程很难推动；第二一定要有一批踏踏实实、不计报酬、努力工作的人，齐心合力，否则很难坚持到底；第三特别要把质量放在第一位，否则行不稳，走不远，不可能得到读者和社会的认同。

五、《文库》"走出去"的天地越来越宽广

为了扩大《文库》在世界各国的影响，我们向埃及驻华大使阿哈茂德·阿拉姆请教阿拉伯文出版问题。大使十分热情地说：埃及与中国一样是历史文明悠久的国度，可惜没有做如此系统和规模的典籍整理翻译出版工作，很羡慕中国。希望《大中华文库》能早日变成阿拉伯文，让阿拉伯国家的人民能分享中国智慧。

爱尔兰驻华大使戴克澜很动感情地说："汉英对照《大中华文库》在我看来，这是5000年中国文化的芯片，堪称真正的'中国心'。但我更认为它应是人类的文化芯片，因为这些经典蕴涵着人类的智慧，属人类共同价值观的组成部分……作为驻华大使，我也是汉语的学习者和受益者。我希望能早日成为《大中华文库》的读者，因为只有它，才能真正说明中国。我是幸运的，能有如此的好机会学习中国文化，同时我也盼望《文库》能早日变成爱尔兰文字，让更多真诚的爱尔兰人了解真正的中国。"

此外，我们还向法国、德国、日本、卡塔尔、伊拉克使馆赠书，以扩大中华民族文化的影响。

　　自从《文库》出版形成规模以后，党和国家领导人出访时多次选择将《大中华文库》作为礼物。

　　2006 年 4 月 21 日，胡锦涛总书记向美国耶鲁大学赠送的中国图书中，就包括《大中华文库》系列。2009 年 1 月 31 日，温家宝总理在西班牙马德里塞万提斯学院出席文化交流会时，也向该学院赠送了整套《大中华文库》。李长春同志出访印度尼西亚、澳大利亚、韩国、新加坡、斯洛文尼亚等国，不久前，李克强副总理访问朝鲜，刘延东同志出访美国等都选择了《大中华文库》作为礼物。拿我们编辑的《文库》作为礼物，是对《文库》工作的鼓励、支持和肯定，也鞭策我们时刻注意保证质量，因为它代表着国家的出版水平。

　　2007 年 6 月 1 日，《文库》汉韩对照版首发式在韩国首尔召开，活动期间，韩国集文堂出版社签订了在韩国包销《文库》汉韩对照版所有图书每种 300 套的销售合同，目前《大中华文库》汉韩对照版已出版图书 16 种 30 册。

　　参与《文库》图书出版的相关单位，每年都会接到图书进出口公司的采购订单，每种图书都在上百册。一些海外书店也与出版社有采购合同。在每年的法兰克福书展、伦敦书展、美国书展、萨洛尼卡书展等国际书展上，《大中华文库》的参展样书，基本上都被外国读者购买一空。《文库》有些品种得到了国内外读者的欢迎，例如《论语》、《孙子兵法》、《老子》、《孟子》等已经多次印刷，总销售达几万册，部头比较大的《西游记》、《水浒传》、《红楼梦》也销售超过 7000 套，《三国演义》的销售已超过 9000 套。

　　我们有的同志去新加坡，看到新加坡书店里摆有《大中华文库》，便问书店经理销售情况。经理说，很多华裔来买，是为了让他们第二代、第三代儿孙用汉英对照版学汉语，一面学习了汉语，一面学习了中国文化。

2007 年 2 月，会见爱尔兰大使戴克澜先生。他说："中国出版汉英版的《大中华文库》让我十分羡慕。"

六、下一步的打算

首先，我们要认真组织对《大中华文库》第一版进行修订。尽管《文库》工作前后进行 20 年，有近 20 家出版社群策群力，精心施工，尽管每部书稿审读达五次之多，但由于经验不足和其他困难，第一版难免有疏忽、差错之处。《大中华文库》工委会计划邀请国内外汉学专家及知名学者对《大中华文库》（汉英对照版）进行一次全面的修订，以期达到 21 世纪 20 年代最好的版本，为后来人的工作打下坚实基础。

其次，我们要继续扩大多语种的出版成果，踏踏实实，稳扎稳打，保证数量，保证质量。

《大中华文库》只是中国出版业走向世界大潮中的一滴水。在大家的指导和帮助下，随着《大中华文库》图书的整体出版，《文库》"走出去"的天地会更加广阔、更有市场，它的社会效益也会越来越大。

中小学教材出版发行招标
（试点）是一项重大改革

（1999 年 7 月 13 日）

　　为了贯彻落实中央关于深化基础教育改革，加快推进素质教育的精神，进一步加强中小学教学用书的管理，切实减轻学生家长的经济负担，根据国务院办公厅转发国务院体改办等部门《关于降低中小学教材价格，深化教材管理体制改革的意见》的精神，由国务院体改办牵头，新闻出版总署、教育部、国家计委共同拟订了《中小学教材出版招标试点实施办法》和《中小学教材发行招标试点实施办法》。这两个《办法》的起草工作是从今年 2 月份开始的。在深入调研、反复征求出版、发行单位及其管理部门和社会各方面专家意见的基础上，国务院体改办、新闻出版总署、教育部、国家计委 4 个部门的有关负责同志一起，多次集中办公，不断讨论修改，7 月初经出版总署、教育部、国家计委等部门领导审核会签后，形成目前正式上报国务院的"送审稿"。今天，国务院办公厅召集我们这些有关部门和试点单位的同志，召开中小学教材出版发行招标试点工作座谈会，就中小学教材出版发行招标试点实施办法进行讨论，征求大家对两个"办法"及其试点工作的意见。这是对我们工作的支持和推动。为了积极稳妥地做好中小学教材出版发行招标试点工作，我想就有关问题谈几点意见，供大家讨论时参考。

一、做好中小学教材出版发行招标试点工作不是权宜之计，而是有长远意义的一项重大改革

新中国成立以来，党和政府十分重视中小学教材的出版发行工作，党中央、国务院明确提出"课前到书，人手一册"的要求。多年来，新闻出版部门把中小学教材的出版发行工作当做一项严肃的政治任务，放在各项工作的首位，一年两季，全力以赴。承担教材供应工作的各个部门和单位，形成了一套比较科学的方法和健全的制度，积累了丰富的经验，形成了良好的传统。与此同时，新闻出版部门还不断投入巨额资金，更新生产设备，扩大仓储面积，为教材供应建立了可靠的物质基础。几十年来，出版发行系统在教育、交通等部门的支持和配合下，在全国范围内保证了"课前到书，人手一册"这一政治任务的完成。特别是在 1998 年全国发生大面积洪涝灾害的情况下，出版系统克服了难以想象的困难，不惜代价，确保了灾区学生及时开课，为教育事业的发展做出了积极的贡献。这一点是应该充分肯定的。

但是，我们也要看到，近年来，中小学教材在出版发行方面也还存在不少问题：一是近年来中小学教材价格和部分地区的教材出版利润相对偏高，彩色版尤其是国际标准大开本教材定价偏高，各地选用彩色版教材的比例逐年加大。二是教辅材料品种过多、过滥，同时盗版和非法出版的教辅读物大量充斥市场，影响了教学质量，加重了学生和家长的负担。三是中小学教材出版、发行经营机制和管理体制方面缺乏竞争，导致有的出版单位教材出版质量不高，有的发行单位服务质量不好，发行费用偏高，等等。对这些问题，学生和家长有意见，社会反映强烈。群众迫切要求政府部门加强中小学教材出版物的

管理，提高质量，降低价格。

为此，新闻出版总署、教育部、国家计委、国家质量监督检验检疫总局等部门一道，相继下发了《中小学教材价格管理办法》、《中小学教辅材料管理办法》、《关于推广使用中小学经济适用型教材的意见》、《中小学教科书幅面尺寸及版面通用标准》、《中小学教科书用纸、印刷质量标准和检验方法》等。除了上述措施之外，又研究制定了关于中小学教材出版发行招标试点的两个办法。从当前来说，做好中小学教材出版发行的招标试点工作，对提高教材出版质量，降低教材价格，深化教材管理体制改革和出版发行体制改革，全面推进素质教育等方面，都具有十分重要的意义。岚清同志 6 月 11 日在全国基础教育工作会议上强调：教育，首先是基础教育，是关系国家、民族前途命运的千秋大业。新闻出版总署一定从落实江泽民同志"三个代表"重要思想的高度和实现我国现代化建设第三步战略目标的大局出发，深刻认识搞好基础教育的重要意义，积极稳妥地开展中小学教材出版发行招标试点工作。

二、中小学教材出版发行招标实施
办法的指导思想和基本原则

中小学教材出版发行招标试点实施的两个办法，是根据国务院办公厅转发的《关于降低中小学教材价格，深化教材管理体制改革的意见》的精神，依据《中华人民共和国招标投标法》和《出版管理条例》的基本要求，结合我国出版工作的实际情况制定的。出版招标试点实施办法有 6 章 45 条，发行招标试点实施办法有 7 章 47 条。为什么搞两个办法？这是由于出版与发行既有联系，又在操作和实施方面有很大的不同。例如招标项目，出版的招标项目是列入《中小学教学用书目录》中的学生课本和教师用书，可以分学段，也可以分学科；而发行的招标项目是列入《中小学教学用书目录》中的各

类出版物。实施办法对招标、投标、评标的基本原则，投标人资质，评标的标准，各方的权利和义务，应遵守的规则，以及违规应负的责任，监督管理等等，都作了明确的规定。两个实施办法体现了以下基本原则和要求：

一是必须保证"课前到书，人手一册"，这是党中央和国务院的基本要求，也是这次做好招标试点工作的前提。

二是按照出版发行管理体制改革精神，引入竞争机制，改革中小学教材指定出版方式和单一渠道发行的体制。教材的出版发行由符合教材出版发行资质的出版发行机构，在价格主管部门制定的价格范围内，履行相应义务并达到有关基本要求的情况下，通过竞标进行。

三是通过招标竞标，达到降低价格，提高出版质量，改善服务质量，切实减轻学生家长的经济负担，深化教材管理体制改革，促进基础教育事业发展的目的。

四是中小学教材的出版发行招标试点，以省、自治区、直辖市为单位，由省、自治区、直辖市人民政府负责，省级新闻出版部门负责实施，省级教育行政部门和价格主管部门参加，面向全国招标。

三、招标试点工作的步骤与安排

中小学教材涉及千家万户，关系社会稳定，必须按照积极稳妥的原则进行。按照中央和国务院的要求，从 2002 年起，先选择若干省、自治区、直辖市进行教材出版发行招标试点，在积累试点经验的基础上，在全国推开。经国务院体改办、新闻出版总署、教育部、国家计委共同研究，决定从 2002 年起，首先在福建、安徽、重庆两省一市进行中小学教材出版、发行招标试点。在这个基础上，总结经验，逐步推开。之所以选择这几个地区进行试点，是因为这几个地区在中小学教材的出版、发行方面有着各自的特点，有代表性，有实际的试点意义。福建省地处我国东部，经济基础较好，教育工作一向搞得好，在福建进行出版招标试点对沿海地区有实际指导意义。安徽在我国中部，可以说属于中等发达地区，出版工作的情况在中部地区有代表性，出版与教育两个部门关系处理得好，协调得好，在安徽进行出版招标试点对在全国推广很有意义。重庆地处我国西部，又是新建的直辖市，出版管理工作控制能力较强。重庆市既是大城市，又有地势复杂的乡村，还有国家级的贫困县。在这里进行教材发行招标试点，容易取得经验。

承担试点任务的地区责任重大。一方面试点工作总是具有开拓性，没有现成经验，要积极摸索；另一方面，大家期望所在，希望你们能拿出经验办法，供大家参考，所以预先感谢大家的支持。另外，说到底，这件工作必须做，必须做好。中小学教材的出版发行体制改革，是大势所趋，出版发行实行招标，从试点到全面推广，这个时间不会长，将会很快推广开来。进行试点的地区较早参与这项工作，有利于推进本地区出版事业的改革和发展，有利于本地区基础教育事业的改革和发展。

四、招标试点工作要着重注意的几个问题

中小学教材出版发行进行招标，对我们是一项全新的工作。中小学教材出版发行招标，不同于建设工程的招标。因为中小学教材时限性非常强，不容许发生到时供不上书的事情。为贯彻落实中央领导同志的指示精神，保证中小学教材出版、发行招标试点工作的顺利进行，我想着重强调以下几个问题：

1. 要有非常严格的时间观念。中小学教材出版、发行时限性强，改革试点工作涉及千家万户，关系到社会稳定，必须按照"课前到书，人手一册"的要求，确保春秋两季在规定的时间内完成中小学教材的出版发行任务。

2. 要加强组织领导。中小学教材出版、发行招标试点工作以省、

1999 年 5 月在澳门书展开幕式上。

自治区、直辖市为单位，由省、自治区、直辖市人民政府负责，省级新闻出版行政部门负责实施，省级教育行政部门和价格主管部门参加。试点地区各部门和单位要从全局出发，加强组织领导，通力合作，密切配合，积极推动并认真做好招标试点工作，确保中小学教材出版、发行体制改革顺利进行。

3. 试点地区要根据中小学教材出版、发行招标试点实施办法，结合本地区的实际情况，制订相应的实施方案，认真总结试点经验，及时发现并处理招标试点工作中出现的问题。

4. 试点地区、试点阶段未列入出版、发行招标项目的中小学教材，其出版、发行工作，仍按原有方式进行；全国其他非试点地区的中小学教材出版、发行工作，在招标全面推广之前，仍按原有管理办法执行。

五十本书和一个时代

（1999 年 8 月）

《出版广角》的驻京记者俞凡同志给我送来一份图书目录，这是他们举办的"感动共和国的 50 本书"评选活动的评选结果。粗粗一看，我便抑制不住自己的兴奋。如今，坐下来写这篇短文的时候，我仔细地思考，这 50 本书为什么会如此震撼我的心灵？

我想，50 本书，并不多，难得的是选中了这样 50 本书！

我个人的成长，可以说正和共和国同步，也正和这些书的出版同步。

我们是反复地吟诵着"人的生命只有一次……当他回首往事的时候，他不因碌碌无为而羞耻，也不因虚度年华而悔恨"这段启迪世界上每一个正直的人的名言，憧憬着保尔·柯察金的战斗岁月，去追求为人类的解放而奋斗的人生。

我们是学着《红岩》中的烈士精神，高举着烈士鲜血染红的少先队旗、共青团旗、共产党旗，踏着烈士的足迹奋勇前进的。

我们是读着雷锋日记，发誓要把自己这颗小小螺丝钉拧到革命事业这部大机器上的。

这三种书，在目录上分别排在第 1、第 3、第 6 位。我知道这是按得票多少排的顺序，竟有这么多读者，我们的爱、我们的感动相一致，仅就这一点，难道还不足以让我们兴奋和激动吗？

50 种书，引起我太多的回忆。当我们将这些图书摆在一起的时候，这些图书已经远远超出了纯粹图书的含义，其出版和在社会上的广泛传播，在一定程度上反射出共和国的风雨历程。

1949 年 10 月，新生的共和国终于屹立于世界的东方。中国人民在欢庆得之不易的伟大胜利的气氛中，自然不会忘记刚刚过去的艰苦斗争年代。不久，有关战争年代的作品便大量涌现出来，《红岩》、《青春之歌》、《林海雪原》就是其中的代表作。它们通过大量的直接源于生活的故事情节的描写，在读者心中树立了江姐、林道静、杨子荣等一批英雄人物和革命者的光辉形象。这些革命英雄人物的无私奉献精神，激励着充满高涨建设热情的广大人民群众，激发出冲天的革命干劲。《谁是最可爱的人》描绘了英勇保卫刚刚诞生的共和国的年轻战士的爱国情怀。"最可爱的人"自此成为全国人民对人民子弟兵的爱称。

1966 年开始的十年浩劫是我国人民永远的痛苦记忆。《燕山夜话》，本是一篇篇杂文随笔组合而成的集子，谈天说地，有知识又有趣味，在《北京日报》、《北京晚报》上连载的时候，受到了读者的欢迎。谁曾料到，对这样一本书的批判居然引发了十年浩劫，作者（邓拓）之死竟然成为一个民族旷世苦难的开端。今天，当我们再一次捧读这本书时，谁能不为它所承载的历史沉重而感慨唏嘘！看到《天安门诗抄》这一书名，我们仿佛又回到粉碎"四人帮"的前夜，成千上万共和国优秀儿女冒着被捕坐牢的风险，向"四人帮"发起挑战。这本诗抄，虽然是在"文化大革命"后结集出版的，但它的创作是经历 10 年苦难的人民愤怒和期望的总爆发。"愤怒出诗人"。在"文化大革命"最后一年的清明前后，人民借用诗歌的形式揭露了祸国乱国的一小撮人的丑恶行径，是人民自发的对人民公敌罪恶的集体宣判。这样的作品是来自人民的心底，是共和国政治史上最鲜活的素材。而反思十年浩劫则是 20 世纪 80 年代的事了。《随想录》是一位80多岁的老人拿起了锋利的解剖刀，触及那不堪回首的一幕幕。那被扭曲的痛苦的灵魂，反复泣血，呼吁"讲真话"，为中华民族走出10年灾难的阴影，重铸中华民族的性格，起到不可磨灭的作用。《随想录》让我们发誓，绝不能让第二次"文化大革命"再来！

中国人民何其不幸，

中国人民又何其幸运。

毛泽东同志把马克思主义同中国革命实践相结合，开辟了20世纪中国的历史巨变，把半殖民地半封建的旧中国变成社会主义的新中国。邓小平同志东山再起，整顿山河。他拨乱反正，他高举着"实践是检验真理的唯一标准"的大旗，他为我们中国开辟了一个建设中国特色社会主义的新时代。《毛泽东选集》、《邓小平文选》正是两个时代的科学总结。它们同《共产党宣言》、《马克思恩格斯选集》、《列宁选集》一起构筑了马列主义经典著作的恢宏理论大厦，成为指导我们思想的理论基础。作为一个出版工作者，那没有一处差错的编校记录，凝聚着我们对领袖的深情；读者连夜排队买书，则成为我们难忘的记忆。

新的历史开始了。进入20世纪80年代，解放思想的大讨论砸碎了人们的思想枷锁，改革开放的春风吹遍了共和国的各个角落，空前宽松的思想文化环境，带来百花齐放、百家争鸣的新局面。我国进入了社会主义现代化建设的新时期，图书出版也迎来了新的春天。随着共和国的大门向世界开放，大批优秀的外国文艺作品终于又回到了我们的书架。《悲惨世界》、《红与黑》、《简爱》、《静静的顿河》、《老人与海》、《安徒生童话》以及《基度山伯爵》、《福尔摩斯探案》，花团锦簇，五彩缤纷，这些人类文化的瑰宝，终于回到了人们的手中。随着我国工作重心由以阶级斗争为纲转移到经济建设上来，全社会树立了尊重知识、尊重人才的风气，掀起了全民学习文化科学知识的热潮。在这种社会风气的转变过程中，《哥德巴赫猜想》以文学典型的手段，吹响向科学技术进军的最响亮的号角。它贡献给社会的刻苦攻克科学难关的陈景润形象，是千百万中国科技工作者的缩影，它表达了中国人民一定要赶超世界科技先进水平的决心和气魄。《新概念英语》应运而生，风靡学界，具体而真切地反映出中华民族改革开放、走向世界的执著与追求。

最让人兴奋的是江泽民总书记十五大报告的入选。这本书是50种书中成书最晚的一种，因此被誉为"最年轻"的一本书。它在一个新的重大的历史关头，坚定而又明确地回答了中国向何处去的历史提问。它向全党、全国人民，向全世界宣布：中国要高举邓小平理论的旗帜，坚持邓小平理论指导的方向不动摇。

我差不多把50种书列举出了一大半，我想大家会认同我的这个感慨：难得的是选中这样50本书。从某种意义上说，

这50本书，是新中国50年的政治史；

这50本书，是新中国50年的文化史；

这50本书，是新中国50年的出版史；

这50本书，小小的50本书，反映了新中国50年的风雨历程，人间喜怒，世事沧桑。

选出这50本书，让我深深感受到，人们的信仰无比执著，人们的要求丰富多彩，人们的追求无限崇高。

作为一个出版工作者，为这样可亲、可敬的读者服务，我感到自豪而骄傲，我感到沉重而不安。我们骄傲，读者记着，并将为一代又一代的人们记着，50本书所代表的一种历史的厚重和无私的奉献；我们不安，50年，出版工作者作出的成绩还太小太小。我们有那么多雄心，那么多理想，要一个一个去实现。

新世纪的大门正在徐徐开启，未来发展的无限空间给新世纪的出版业提供了机会和挑战。我们可以相信，这次评选出的50种图书在新世纪一定还会具有强大的生命力，继续给未来的读者以智慧、鼓舞和力量。同时，未来的出版业一定会获得更快的发展，我们的读者一定会得到50种图书的数倍、数十倍、数百倍的精品读物。时代就在人民要求和事业发展的互动中向前推进。

当前古籍整理出版工作的十项任务

（2001 年 10 月）

按语：这是 2001 年我在第一期全国古籍社编辑培训班上的讲课稿。在广泛调查研究征求大家意见的基础上，我试着提出古籍整理与出版的十项任务，它们是：清理总数、分出档次、评议已出古籍、制定中长期规划、资助重点项目、建设古籍整理与出版的网站、建立古籍图书的联合发行体、建立古籍出版集团、培训古籍整理出版队伍、强化整理与出版质量。

这十项任务，有很多已经完成，如"清理总数"，编辑出版了《中国古籍总目》。尽管《总目》的搜集、统计会有缺失，但它毕竟是中国历史上第一次编制的"古籍总目"，意义重大。有的还没能进行，比如"分出档次"、"评议已出古籍"，也许做起来会有许多困难，但做出区别，就可以有重点、分步骤进行，五年规划或十年规划才能落到实处。

1981 年 9 月，中央下发了《关于整理我国古籍的指示》。在这一文件精神指引下，我国古籍整理与出版工作取得了很大成绩。20 年后的今天，我国社会已经发生巨大变化。社会主义市场经济体制的初步建立，深刻地改变着人们的观念。随着高新科技的发展，随着经济全球化的到来，对古籍整理出版的意义、地位和作用究竟应该如何评价，不能不引起我们的关心与思考。有的人觉得古籍整理与出版离现实太远了，现在是现代化，是电子时代、网络时代，古籍已经没有多大意义。有的人讲，传统文化与现代化怎么连接在一起，有许多现实的问题，很难做到。古籍的读者越来越限于一个特殊的人群。古代文献看的人、用的人越来越少。特别是古籍整理图书一般来说经济效益不好，古籍整理与出版工作有很多困难，一些年轻同志不愿意做这项工作。正因为如此，在现在这个时期，进一步明确古籍整理与出版工作的意义，把古籍整理出版工作搞好，更有其特殊的意义。

中国历史上一向有这样的传统，就是由政府出面整理古籍，把传统的文化典籍研究好、整理好、出版好。数典忘祖为大家所不齿，特别是新中国成立以后，毛泽东同志多次讲要古为今用，是不是这样做大不相同，有粗细之分、文野之分、快慢之分等等。中共中央《关于整理我国古籍的指示》中明确指出："整理古籍，把祖国宝贵的文化遗产继承下来，是一项十分重要的、关系到子孙后代的工作。"文件还讲："整理古籍是一件大事，得搞上百年。"这两句话讲透了整理出版古籍的历史意义和现实意义。其中的深刻含义，只有从继承中华民族优良传统和建设社会主义精神文明的矛盾统一的关系中去理解，才能有深刻而全面的认识。

文化的发展是具有延续性和交融性的，这就使得一个民族的传统文化与现代文化实际上是处在同一体中，任何一种文化的现代化都是自身传统的现代化，不可能割断历史；任何一个民族的文化的现代化都具有本民族的特色和它传承的历史，不可能是天上掉下来的，也不可能像孙悟空那样从石头里蹦出来。研究任何一个民族的现在，必须研究这个民族的历史。所以在建设有中国特色社会主义的进程中，在建设社会主义精神文明的实践中，对中华民族的传统文化必须抱有批判地继承的态度。整理我国古籍就是对传统文化进行清理，去粗取精，去伪存真，继承和发扬一切优秀的文化传统，为建设社会主义精神文明提供借鉴和滋养。传统文化中的精华部分，说到底是民族性的表现，而民族性正是先进文化的显著特征。江泽民同志"三个代表"重要思想，其中很重要的一点就是代表中国先进文化的前进方向，而要把中国的文化建设好，确实代表共产党人、代表中国先进文化的前进方向，就必须对传统文化进行一番去粗取精、去伪存真的过程，取其精华，弃其糟粕。这个任务，可以说更加集中地落实到我们从事古籍整理和出版工作的同志身上，义不容辞，责无旁贷。批判继承的着眼点是古为今用，立足点是当代的具体实践。古籍整理的出版工作就是为这一目标服务的，是一个重要的方面军。对于从事古籍整理和出版工作的同志来说，学习、落实江总书记"三个代表"重要思想，应该大讲传统文化的继承和传播问题，大讲古籍的整理和出版问题。而我们古籍出版事业的发展，古籍出版社的发展，也正是由古籍整理的重要性和特殊性决定的。所以，我们应该利用好当前的有利条件，在当前这样大好的形势下把我们的工作抓上去。

中国有优良的传统，历朝历代都要修史，都要整理前朝的文献。今天有现代化的手段，我们更应当把这项工作做好。世界有四大文明古国，比如印度，历史非常悠久，东汉末期佛教从印度传到中国。但发展到今天，如果没有玄奘的《大唐西域记》，印度的历史就很难撰写，因为印度那段时间的文献断绝了，是《大唐西域记》记载了这段历史，弥补了这段空白。又比如埃及，埃及大地上动辄是 5000 年以前、3000 年以前的文物，诸如神庙、金字塔、方尖碑，巧夺天工，灿烂辉煌，但它的文献有很大局限。石头上的文字数量有限，又很难破解，现在还不能把字猜准、猜全。在纸草上书写也很有局限，何况纸草保存的时间不长。中国却不一样。中国从《尚书》、《左传》到"二十四史"、《清史稿》，有丰富的系统的文献，是 8 万种也好，10万种也好，15 万种也好，用汗牛充栋、浩如烟海来形容并不为过，这是中国得天独厚的优势。德国大哲学家黑格尔说，中国有最完备的国史，确实如此。无论是印度、埃及、罗马，包括前不久在北京展览的玛雅文化，都是中间断绝了的，搞不清楚当初是如何发展的，为什么达到那样的辉煌，是什么原因突然中断了，但中国历史却连绵不断。埃及在公元前64年一把大火烧毁了许多古迹，又过了200年，把寺庙里懂古文字的又全部赶走甚至杀掉，这样一来，就很难了解这段历史了。埃及卢克索神庙讲解员说，现在已经没有人能够了解神庙的历史了，"帝王谷坟墓的彩色壁画上隐约可见年轻法老神秘的微笑，但却无法明白神秘微笑的含义"。他们说，"要了解法老的历史，只有到比法老坟墓更深的地下才能知道"。这就是文化传承断绝了，历史搞不清楚了。中国则不然，中国有持续的文献记载。秦始皇焚书坑儒，但他还统一了文字。统一文字，这是一个了不起的贡献。今天，在中国，一个字无论如何发音，写法总是一样的。我们联系世界上其他文明古国历史中断造成无法弥补的遗憾的事实，对统一文字怎样评价恐怕也不过分。怎样把历史文献保存好、整理好，为今天的精神文明建设服务，这是我们的历史使命，否则上对不起祖宗，下对不起后代。中央1981年的文件讲，这是关系到子孙后代的大事，的确是非常中肯、非常深刻的论断。

今天，我们在整理和出版古籍方面，有很多有利的条件。首先是党和国家非常重视。当年毛泽东、周恩来、邓小平同志多次讲话，号召我们古为今用、批判继承。中央专门发文件，这是其他学科没有的。另外还有政策性的补贴。其次，是文件要求保持连续性的核心，要建立起队伍。当然我们目前也面临着很多困难。比如读者面窄，印数少，资金困难，出版社发展受影响。再如文字艰深。时代变了，文化、思想、习俗、观念发生了改变，要了解过去的历史，必须对这些问题有了解有认识，掌握这些方面的知识。同时，还要同一些错误的观念和错误的传播作斗争。比如近年来非常流行的"戏说"风，不少节目传播的是有错误的历史，有错误的知识，对青少年的影响极坏。节目虽然标明了"戏说"二字，但表演活灵活现，情节生动，能吸引人，青少年以为这就是历史，以为纪晓岚就是那样，乾隆皇帝就那么回事。在这种情况下，我们要想把正确的历史知识准确地传播给青少年，就很不容易。还有，这项工作很枯燥，要坐得住。整理出版古籍，要求我们每个同志有甘于坐冷板凳的精神，事业第一，勇于奉献。这些都是我们的困难。但我们也有光荣、自豪之处。在出版界，很多人都认为古籍出版社的编辑力量最强，文化知识最丰富，学问最扎实，这是值得我们自豪的，是我们的光荣。在这种形势下，古籍整理出版工作应该怎样做？这直接取决于我们现在存在的问题。古籍整理办公室的同志做了大量的工作，深入进行调查研究，征求了很多非常好的意见和建议。这些意见和建议概括起来大致有这样一些：图书方面存在的问题有，版本不好，校勘水平不高，注释不精，差错率较高，繁简字转换不规范，选题重复出版较多，个别出版社还出了一些带有封建迷信内容的图书。出版社方面的问题有，古籍图书在古籍社出版的全部图书中所占比例不高，根据原来一个材料，平均来看，一家古籍社所出的古籍图书只占到该社全部图书的27%，去年又做了调查，大概提高到48%，有进步，但分配不均，有的出版社达到了百分之七八十，有的出版社只有百分之一二十；收入不稳定，趋利现象比较严重；编辑人才流失严重，出现断层现象；资金问题困扰发展，有时还产生求生存的压力；由于资金和利润的压力，出古籍整理的书少，出选编、选译的书过多；等等。这些是调查中反映的问题。如何解决这些问题，大家也提出了许多很好的建议。有些我们已经做了，有些正在做，有些计划做。

根据大家的意见，特别是一些从事古籍整理和研究的同志的意见，我认为需要在以下十个方面做出努力。希望大家结合古籍出版方面的问题进行讨论，争取把古籍整理出版改革搞好。

第一，清理总数。现在全国古籍整理出版规划领导小组正在按照当年匡老的指示，着手搞《中国古籍总目》，这就是清理总数。把总数弄清楚以后，其他的问题才能做好。这个工作前几年作了一些努力，取得了一些进展，还有大量的工作要做，还需要大量的资金投入。现在，这项工作又面临国外的竞争，一些西方国家想获取这方面的资料。他们付出更多的报酬，请人来搞。总数清理清楚以后，如何制订规划，怎样分布力量等工作才能做好。这是一项基础工作，必须搞好。

第二，分出档次。清理总数是个大的工程，当然不可能一网打尽，要逐步完善。大体清理完之后，就要分出档次，把古籍分出三六九等。根据科研、教学和出版方面的经验，古籍是 10 万种也好，12 万种也好，15 万种也好，并不要求全部整理出版。我看其中的大部分只要保存好就完成了任务。特别是现在有很多科技手段，如影印、缩微胶卷、扫描、光盘存储等，做起来更方便了。这是第一档。第二档，是供科研和教学人员使用的。对这部分，只要做好校勘，做好标点断句就足够了。如果一个科研人员进行学术研究要根据别人搞的选本、看别人作的译文才能读懂原文，那他用的就不是第一手材料，这种材料的价值就要打折扣了。当然，特殊的图书例外。有的书，确实佶屈聱牙，很难读懂，做些简单的注释也不是不需要。但第二个档次，一般来说是供研究人员用的，不需要翻译，也不要搞选本，只需要校勘断句或简单的注释就可以。第三档次，是给一般读者看的，这部分应该是古籍中的精华。应该把传统文化中最优秀的东西给广大读者。但即使是精华，也有个时代的问题，也有剥离和转换的问题。比如古代讲的忠，与现在我们讲的忠于党、忠于祖国的忠，不一样。今天我们讲孝，和过去的含义也不一样。所以，古代的东西即便是精华，也需要批判地继承。唐诗、宋词是中国诗歌登峰造极之作，但它塑造的意境，抒发的情怀，仍然需要分析，批判地继承。《论语》、《老子》有很多优秀的思想，但它们历史的局限、阶级的局限，仍然需要指出并告诉广大读者。这些作品总体上看是优秀的文化遗产，但整本书并不见得都是好的。这样的书，给一般读者看，应该有选本，应该有注释，有的应该有译文。如果我们把古籍分成这样三个档次，把该保存的保存好，然后集中力量有重点地进行整理，我们的工作就会有效率得多。

第三，评议已出古籍。新中国成立 50 多年来，包括新中国成立前几十年整理的古籍，有很多整理水平很高。但有一些常见的、大家喜闻乐见的古籍，却是不断地重复出版。今天一本《论语译注》，明天一本《论语译注》；今天一本《孙子兵法》，明天一本《孙子兵法》，出来出去，大同小异，甚至后出的还达不到早出的版本的水平。比如《论语译注》，大家公认杨伯峻整理的那本好，《李太白全集》大家认为上海古籍出版社的校点本做得好，有这样版本的整理本，在一个时期内，还需要重新再搞吗？是否可以成立一个评议组，请专家对已经出版的古籍整理图书进行评议，比如说《孙子兵法》，有若干个译注本，经过评议，选出一个当前水平最高的版本，如果没有更多的地下文献的出土，至少在一段时期内不必再搞新的译注本了。当然这只是一个建议，是指导性的，不是指令性的。我们把评议结果排列编序，叫"新中国成立以来古籍整理的善本目录"，以古籍领导小组的名义公布，读者信任，既有利于宣传推广这些图书，也有利于集中力量整理未整理过的文献。古籍整理出版与当代其他图书的出版不一样。当代的新书，那是今天作者创作的或者编辑策划的。而古籍是把现成的东西、已有的东西加以整理，我们就可以更有针对性、更有计划性，避免重复和浪费，腾出更多的人力、资金、出版资源，去整理没人整理过或没有达到一定水平的文献。

第四，制订规划。清理了总数，分出了档次，评议了已出的书，在这个形势下我们再制订一个重点整理出版规划。这个规划就可以更实际，更扎实，更有利于把我国的古籍整理好。

第五，资助重点。制订了规划，分出了三六九等，分出了档次，在这个基础上资助重点。将来如果钱不够，在这些工作完成以后，我们还可以向国家申请。目的就是整理一本少一本，而不是越整理越混乱，甚至于越整理错误越多。明人整理古书而古书亡，就是前车之鉴。

第六，建设网站。古籍出版社可以在有条件的时候共同搞一个网站，对内沟通情报，交流信息，对外宣传古籍整理出版业，既对国内宣传，也对国外宣传。这份财产是中国独有的，也可以说是古籍出版社独有的，设立网站，发布信息，条件十分有利。

第七，联合发行。现在我们已经有一个古籍图书发行联合体了，要继续加强和完善。只有形成规模，才能产生影响；只有联合一气，才能优势互补，避免内部消耗。

第八，建立集团。我个人认为，全国有 20 多家古籍整理出版社，多了。如果不多，如果真需要 20 多家，我们古籍社的出书总数中，古籍图书所占的比例就不是 27%，也不是 48%，而是 90% 或 90% 以上。正因为还有 73% 的力量，或者还有 52% 的力量做别的，就证明不需要这么多古籍出版社。如果东西南北中各有一个古籍整理出版单位，形成几个中心，而这几个中心最后联合成一个集团，统一规划，重点资助，大力宣传，政策保护，我想一定能起到更大的作用，收到更好的效果。

第九，培训队伍。这是当务之急，没有队伍的培训，这一事业就会断绝，就完不成中央交给我们"保持连续的核心"的任务。我们这次培训班，10 天，每位学员只交住宿费，其他方面就免费了。因为这是我们出版事业的大事，我们尽量给大家减轻点负担。古籍小组的资金也有限。如果到资金更丰富的时候，甚至可以全部免费，我们尽量给大家创造一个好的学习条件。没有一支高质量的队伍，古籍整理与出版的工作是做不好的。

第十，最后一点，也是最重要的一点，就是强化质量。古籍整理与出版是关系到子孙后代的大事。我们整理的图书不仅要为这一代人服务，还要为千秋万代服务，所以整理古籍，要尽量恢复古籍的原貌，要求高质量。整理的形式、整理的方法要创新，不要停留在乾嘉学派、停留在清人的水平上，要根据时代的发展，开拓创新。特别是

人大教科文卫考察组前往广东调研非物质文化遗产保护工作。右四陈难先、右五李树文。

现在有这样好的科技条件，一定要搞出高质量的古籍整理版本来，不要重复出版，不要乱加炒作，不要从言情小说中找出路，一定要从这样的境界中跳出来，站在弘扬中华民族文化遗产的高度看问题，站在存亡续绝的高度上看问题。古籍图书出版要树立精品意识，实施精品工程。既然我们从事这项事业，我们就要继承前人的优良传统，推陈出新，发扬光大。如果我们哪个出版社能策划出《史记》、《汉书》、《三国志》这样的选题，那是不朽之盛事。如果我们能编选出像《唐诗三百首》、《古文观止》、《诗经》这样的选本，读者将受益无穷。我们今天的条件是前人无法比拟的，我们应该比前人做出更大的成绩。我们要实施精品工程，要搞出前所未有的好的整理本、前所未有的好的选本，那样我们就可以说，我们为子孙后代做出了我们应该做的贡献。

波澜壮阔的九十年

——在中华书局成立九十周年大会上的讲话

（2002 年 6 月 5 日）

今天，中国出版集团的成员单位中华书局在这里举行建局 90 周年纪念大会，我谨代表中国出版集团党组，向中华书局 90 年，向 90 年来曾经和正在为中华书局事业贡献青春和智慧的中华同志表示深深的敬意。对各位领导、各位来宾莅临盛会，表示衷心的感谢和热烈的欢迎！

中华书局是我国近代著名的出版企业之一，是社会主义出版事业一个很有特色的组成部分，在中国出版史上有着重要的影响。90 年来，它以高质量的、丰富的图书滋养了学术界、文化界、教育界以及社会各方面的读者。新中国成立前的 37 年，中华书局以开启民智为己任，为普及科学文化知识，促进民族文化发展起到了积极的作用。《中华大字典》、《辞海》、《四部备要》、《古今图书集成》成为毋庸置疑的传诸后世的名著。新中国成立后的 53 年，中华书局共出书 6000 余种，其中《资治通鉴》、"二十四史"和《清史稿》的点校本，《大唐西域记》、《全唐诗》、《全宋词》、《中华大藏经》（汉文部分）、《甲骨文合集》等等，堪称皇皇巨制，为继承和弘扬中华民族文化做出了重大的贡献。《中国历史小丛书》、《文史知识》（月刊）、"中华活页文选"，雅俗共赏，为普及文史知识作了努力和开拓。几代中华人辛勤耕耘，赢来了满园硕果。

在出书的同时，中华书局还培养了一批又一批人才。特别是1959年中华书局与北京大学联合创办古典文献专业，开创了出版事业与教育事业联合培养人才的范例。几十年来，北京大学古典文献专业培养的人才，已经成为古籍整理与出版事业的骨干。这种重视人才的精神和培养人才的办法，今天仍然值得借鉴和发扬。

中华书局90年的发展历程，是一个由盛而衰、由衰而盛的历程。它从一个民族资本经营的出版企业，成为社会主义出版事业一个重要的出版机构，盛衰起伏之间，值得认真回顾和总结。在这里，作为中华书局培养的一名编辑、一名出版工作者，我谈三点感受，与中华书局的同志和朋友们共勉。

第一，中华书局的发展和前进是与党中央、国务院的关怀密不可分的，我们要继续坚定不移地遵照中央的指示，与时俱进，开拓创新。1954年，中华书局实行公私合营，这是中华书局由衰而盛具有转折意义的一步；1958年，国务院科学规划委员会成立古籍整理规划小组，指定中华书局为办事机构，在组织上给中华书局开展古籍整理与出版工作以保证；即使在出版工作陷于整体停顿的"文化大革命"中，毛泽东、周恩来同志还就"二十四史"和《清史稿》的点校工作做出专门指示。1980年前后，陈云同志两次为中华书局题词，鼓励中华职工做好古籍整理工作，继承民族文化遗产，为社会主义建设服务。根据陈云同志的意见，党中央在1981年9月17日专门下发了17号文件《关于整理我国古籍的指示》，深刻指出，古籍整理和出版工作是一项十分重要的、关系到子孙后代的工作。江泽民同志"三个代表"重要思想，更给处于21世纪经济全球化大背景下的古籍整理与出版工作指明了方向。要"代表中国先进文化的前进方向"，就必须对传统文化进行一番去粗取精、去伪存真的研究和整理，就必须推陈出新、古为今用。因为任何一种文化的现代化，都是自身传统的现代化；任何一个民族文化的现代化，都具有本民族的特色和它传承的历史。落实"三个代表"重要思想，必然给中华书局的古籍整理与出版工作开拓更为宽广的道路。

第二，在整理出版民族文化遗产的同时，要做好古代文化的通俗化工作。整理出版古籍不但要保存好，更重要的是继承优良传统，弘扬民族精神，所以，这是关系到子孙后代的大事。这就要求我们处理好普及和提高的关系。一方面认真整理，保证质量，供学者研究使用；另一方面在通俗化上下工夫，主要是在古籍中的精华方面做普及工作，批判其封建性的糟粕，继承其民主性的精华，以便于广大读者去选择、吸取，为提高全民族文化素养做出贡献。

第三，要十分重视人才培养和队伍建设。1981 年中共中央《关于整理我国古籍的指示》明确指出，整理出版古籍，需要一个几十年陆续不断的领导班子，保持连续的核心力量；要有 60 岁的、50 岁的、40 岁的、30 岁的人，组成梯队，陆续不断地工作下去。这个指示，在 21 年后的今天，在建设社会主义市场经济的时期，尤显其中肯和重要。我们只有重视古籍整理和出版人才的培养，我们的事业才会兴旺发达。

最后，希望中华书局把 90 年纪念会当做一个起点，深化改革，继续前进。希望中华书局能够团结全国古籍整理出版力量，形成一个全国整理出版古籍的中心，创造出更加辉煌的业绩！

古籍整理出版工作要推陈出新

——在中华书局出版工作会议上的讲话

（2002 年 9 月）

来到中华书局非常高兴，有很多老朋友、老同事，有的十多年没有见面了，当年很多年轻的朋友，如今已成为业务骨干，真的是"昔别君未婚，儿女忽成行"，很让人感慨。确实是事业在发展，人才在成长，更感觉到时不待人。特别是很多老同志，已退休多年，仍然热情赴会，积极发言，表现出对中华书局事业的赤诚、执著，很感动。中华书局 90 年正是在这样一些同志的支撑下，艰苦奋斗，筚路蓝缕，一步一步，一代一代，把事业推向今天这样一个高峰。90 年纪念大会刚刚开完，那些高度的赞扬、热情的话语还在耳边，中华书局 90 年来对中华民族文化作出了重大的贡献。在座的各位，特别是近些年来进书局工作的年轻同志，应该为在这样一个世界著名的出版单位工作感到骄傲和自豪，应该为这样一个事业的继续前进贡献出自己的青春和力量。

近几年来，中华书局有许多进步，有许多成绩，是大家艰苦奋斗的结果。当然，还有困难、困惑，有时甚至面临困境，但事业总是在一步步前进，成果总是一份一份在积累，值得认真地总结。这次会议是总结昨天、清理昨天的会议，是研究明天、规划未来的会议，会议热烈而积极的情绪，预示着中华书局会有一个新的开始，会有一个崭新的未来。我作为在中华书局工作了21年的编辑，觉得很受教育，也很受大家情绪的感染，下面和大家交流一些想法。

第一，只有认清形势，才能正确对待机遇和挑战。

什么是挑战？我们有哪些机遇？挑战和机遇就是形势。我先谈谈当前出版工作面临的形势。我们的形势非常好，对我们事业发展很有利。一方面，我们认真贯彻党的方针政策，牢牢把握正确导向，事业迅速发展，实力明显增强。另一方面，随着我国进入小康社会，人民群众精神文化需求迅速增长；随着社会主义市场经济体制的初步建立，竞争、开拓和创新意识大大加强；随着我国加入世贸组织，对外开放进一步扩大。这一切都迫切需要出版事业加快发展。可以这样说，形势既给我们带来了机遇，又给我们带来挑战。如果我们从更广阔更深入的方面去考虑，挑战还有更深刻的含义。过去我曾写过一篇文章，其中讲了三个问题，即：一个威胁，一个教训，一个问题。威胁是什么？现在世界经济全球化，国际文化市场已经基本形成，西方发达国家在国际文化市场上的垄断地位也已经形成。我举几个数字，80年代美国的视听产品——影视，包括电子出版物，在美国国民经济中占第11位，90年代到了第6位，最近上升到第5位，视听产品成为仅次于飞机出口的第2位出口产品。这就是文化输出。另外还有几个数字，全世界75%的电视制作是由美国进行的，在第三世界国家中，70%的时间放映美国电视节目，而美国放映其他国家的电视节目只占它放映时间的1%—2%，美国电影的产量只占全世界的5%，放映时间却占全世界的50%—60%。这些数字可以清楚地说明美国文化在第三世界、在全世界所占的分量。可以看出美国文化在世界的垄断地位，我们可以想一想，如果美国的文化产业也像麦当劳、肯德基那样在中国遍建连锁店，那会是一种什么局面。麦当劳、肯德基今天年轻的朋友觉得那里的气氛很好，格调不俗，带着女朋友到那儿坐一坐，几十元钱也花得起。这其实就是饮食文化。我们在不知不觉中消费着美国的饮食文化。如果说波音飞机的出口还是经济领域的优势，视听产品、文化产品的出口就是文化优势，它的影响，远远比经济优势巨大、深远。那时候就不是说多出一本书、少出一本书的问题，要影响到整个中国的一代人甚至几代人，有一个文化传统能不能继承下去的问题。面临着经济全球化，文化国际市场的形成，中国传统文化怎么样弘扬光大，怎么样走向世界，这是个特别值得重视和考虑的问题。这是我所讲的一个"威胁"。

第二是一个教训，日本的教训。日本在第二次世界大战之后，借助美国的扶持，在经济上制定了经济倍增的计划，经济一下子就发展起来了，走在世界的前列，到20世纪70年代达到了高峰。日本经济倍增给日本文化出版很大的刺激，文化出版也在追求倍增。但是，情况却很不一样，日本的出版业在70年代达到高峰，进入鼎盛时期，随后增长就开始放慢，开始不景气，80年代就呈现低迷态势，1997年出版业是零增长，近三年出现负增长，退书率达到50%—60%。幻想"倍增"却出现"倍减"，这里边是什么原因，我觉得很值得我们思考。当前，日本出版业一个重要特点是刊高书低，刊占70%，书占30%。70%的刊物是什么内容呢？主要是消闲、娱乐、广告信息、养生、健美和化妆等等生活方面的一些东西，最近特别时髦的是暴露隐私的刊物。占30%的图书是什么内容呢？其中，漫画书营业额高达23%，接近四分之一了，销售的册数占39.9%，接近一半了。文库版图书质量下降。当年的文库版是日本出版界的骄傲，一些经典的东西，长盛不衰的东西，都纳到文库版里去。现在的"文库"已经是时髦、流行东西的汇集，特别是欧美流行小说的汇集，所以文库版书也大大地贬值。这样一种情况，文化积累和知识的传播怎么能够实现呢？日本出版物缺少前期的文化性质，高层次的文化学术著作少了，原创性大大缺乏。有的日本学者评论说，好像随着一代学者井上靖、司马辽太郎、丸山真男这些人物的相继去世，日本的文化也渐渐消失了。追根究底，恐怕是日本的出版业在经济起飞的年代太看重经济效益，追求产值，完全市场化造成的。努力贴近时潮，热衷对时潮、对市场的亦步亦趋，结果就必然是如此。本来出版应该引导读者，但是因为片面追求经济效益，就千方百计地迎合读者的口味。结果读者口味越下降，出版口味越降低，这样恶性循环，造成现在这种局面。日本的教训很值得我们借鉴。因为我们国家也处在一个转折时期，日本作为我们出版业改革发展的一面镜子，一定要引起我们高度的重视。也就是说在当前商业化、市场化形势下面，关注文化事业的发展，文化水平的提高和民族文化的弘扬是十分重要的问题。我们应该也能够找到克服市场经济带来的消极影响的办法。刚才几位的发言和大家这两天的探讨，都主张要在古籍整理、学术著作和带有中华书局特色的辞书方面做出努力，提高学术品味，提高文化含量，而不是迎合时潮，乞求市场，这是很有意义的。

第三点，一个问题。我们现在正处在转型时期，面临着两个根本转变，一个是传统的计划经济向社会主义市场经济转变，一个是粗放型经营向集约型经营转变，这两个根本转变推动了中国社会主义市场经济的发展，但也带来了许多问题。确如专家所言，由于社会经济成分、组织形式、物质利益、就业方式日益多样化，人的思想活动的独立性、选择性、多变性、差异性明显增加，这个论断十分深刻。所以市场经济带来了竞争意识、开拓意识、创新意识，有很积极的作用，但是也有消极的方面，也带来了很多问题。比如我们最近这些年出版的一些有问题的书，特别是每到一个节日的时候，新中国成立 50 周年、五四运动 80 周年、改革开放 20 周年，世纪末 100 周年，每个人都站在自己的立场上总结和回忆过去，这就出现了两种现象、两种人。一种人要讲话，一种人要赚钱。"要讲话"的人想要按照自己的观点去书写历史，这些观点是否符合实际？"要赚钱"的人想用各种办法打擦边球，黄的不行搞淡黄的，黑的不行搞灰的，问题就出来了。过去我们嘲笑美国，说美国居然出版《自杀指南》，我们前些年也出过《拍马屁的艺术》。所以在社会转型时期，很多变化要认真思考，严格把关，不让有问题的书出来。

上述所说的一个威胁、一个教训、一个问题，也可以说，就是我们当前面临的形势；这威胁、教训和问题就是挑战。今后出版业的成绩好坏，前途如何，关键在于如何处理好这一个威胁、一个教训和一个问题。

第二，只有坚定信念，才能不懈地追求，才能与时俱进。

我们从事古籍整理与出版工作的同志正在努力地探索，古籍整理与出版如何为贯彻、落实"三个代表"思想贡献力量。我认为古籍整理与出版在落实和贯彻"三个代表"思想的过程中，有特别重要的意义。科技的发展和进步，文化的传播和积累，靠什么？靠出版物。没有出版物作为载体，就没有知识的传播和积累，生产力的发展就会受到严重制约。我们今天所看到的古籍，是千百年来人们知识和经验的总结，直到今天，仍然为发展新文化作出贡献。发展生产力，建设新文化，都要求搞好出版工作。从这个意义上说，"三个代表"思想，既给我们指明了方向，又为我们提供了保障，这是一个方面；另外一方面，1981 年中央"关于整理我国古籍的指示"明确指出："整理古籍，把祖国的宝贵文化遗产继承下来是一项十分重要的，关系到子孙后代的工作。"这个评价非常之高，在今天仍然有指导意义，仍然是我们古籍整理和出版工作应该遵循的方针和政策。谁今天认识不到，谁明天就会受到处罚；谁今天忽视这项工作，谁明天就要承担不重视中华民族文化遗产的责任。文化发展既有延续性也有交融性，这就使得一个民族的传统文化和现代文化实际上处于同一体中。任何一种文化的现代化都是自身传统的现代化，不能割断历史；任何一个民族文化的现代化都具有本民族的特色和它传承的历史，不能从天上掉下来。从这个意义上讲，传统文化中的精华部分是民族性的表现，而民族性正是现代文化的显著特征。党中央讲的先进文化当然包括中华民族的传统文化，包括那些带有民族性的精华部分，离开这一点，社会主义先进文化是不全面的，也是没有办法建设的。要贯彻"三个代表"的指示，特别是建设先进文化，就必须对传统文化进行一番去粗取精，去伪存真。

从事古籍整理和出版工作的同志，一方面要认真学习和落实"三个代表"重要思想，另一方面应该抓住这个机会，大讲传统文化的继承和弘扬。我们要坚定信念，做好这项工作。这是一项事业，不是一朝一夕的事情，只有坚定信念才能与时俱进。我去年在德国的贝塔斯曼总部，了解贝塔斯曼的经验，确实很受启发。贝塔斯曼在2001年有8万员工，在60多个国家有分支机构，在世界的传媒中间仅次于美国的时代华纳和维阿康姆，排第三位。在出版领域是第一位，营业额达77.32亿美元。它是1835年成立的，当时只是一个小作坊，出版一些宗教读物。在一百年左右的时间里没有什么动静。到二次世界大战之后，即20世纪50年代，贝塔斯曼的老板看到了机会。德国是二战的战败国，战争死伤无数，人们的心灵遭受了重大的创伤，国家受到了严重的破坏。贝塔斯曼的老板看到人们迫切需要提高文化知识，发展生产力，同时，人民需要音乐作品，抚慰心灵，于是，他们在两个方面作出努力。他们搞起了读者俱乐部，满足人们对于书籍的需要，成立了音乐集团，用音乐抚慰心灵，因为符合时代要求，所以一下子就发展起来了。从那以后贝塔斯曼的经营每十年一大变，真是与时俱进。50年代的读者俱乐部、音乐集团，60年代进入国际市场，70年代成立媒体公司，80年代进军美国电视业，90年代跨入媒体时代，重点转向东欧和远东。我从贝塔斯曼这样一个经营历程，联想到中华书局90年的历史，这里面会引起我们什么样的思考？给我们带来什么样的借鉴？我们怎么样把几代人创立的中华书局这个家业推向全世界？所以，首先要坚定信念，只有信念坚定，我们才能执著坚韧一步一步地向前走。

第三，转变观念，是创造性开拓的前提。

不转变观念，没有办法开拓，也不可能创新，由于你的观念都是过去的那一套，只能按照老的思路想问题。举两个例子，40岁以上的同志都知道高玉宝，读过《半夜鸡叫》，现在老师给孩子们讲周扒皮到鸡窝里学鸡叫，孩子问老师，为什么要趴到鸡窝里学鸡叫，老师说学鸡叫，让许多鸡跟着叫，然后长工起来干活。孩子问不是有闹钟吗？长工为什么要给周扒皮干活？说他们吃不饱饭。麦当劳、肯德基比饭还好吃，为什么不吃？这个故事非常值得思考。你觉得高玉宝这本书很好，给今天的孩子们看，但今天的孩子根本理解不了。半夜鸡叫干什么，真可笑，鸡窝里那么脏？为什么一定要给他干活？我们面对的是今天的孩子，他们不知道地主、长工，不懂吃糠咽菜。我们的观念不转变，还认为是我们自己那时候面对的问题，你写出的书，你编出的书，是不可能受欢迎的。我觉得这就是要求我们转变心里的"小读者"这个观念了。不跟上这个时代，不跟上这个变化，不面对这个读者，还是你那一套，肯定要碰壁。所以，转变观念是第一位的。观念没有转变什么事情都谈不上。生产力在发展，社会在变化，跟上发展，跟上变化，才能反映发展，反映变化，才能为发展服务，为变化服务。古籍整理又何尝不是这样？古籍的内容是不能改变的，但一个时代要有一个时代的形式。你也不研究社会有什么变化，仍然千古不变地在那搞校点、注释、影印，还是老一套，我看肯定不行。有些老一套是需要的，但是新一套是什么，是要研究的，是要开拓和创新的。

前一段我提出了关于古籍整理与出版的十点想法，很想听听大家的意见。第一，清理总数，打个基础。清理总数是匡老提出来的，搞一个古籍总目，再搞一个提要。有了总目，弄清家底，才能把古籍整理和出版工作规划好。清理总数以后应该区分档次。20万种也好，15万种也好，8万种也好，我总觉得不需要全部整理，大部分只要保存好就行。缩微胶卷，光盘录入，还有其他影印手段。剩下的，一部分是给科研人员使用的，只做标点就可以，加上简单的注释。如果科研人员还读不懂原文，有了校点还读不懂，还要有人给翻译出来，那种科研水平肯定大打折扣。另一部分，是给广大读者看的，属于普及的。普及的就应该是精华，不能普及糟粕。普及的东西要避免重复，要把一些选本比较一下。今天你一本《论语译注》，明天我一本《论语译注》，今天你一本《孙子兵法译注》，明天我一本《孙子兵法译注》，重复不断地出，大同小异。一个时期应该有一个相对稳定的版本。我曾经建议成立一个委员会，拿出一笔钱来，请一些人，把我们几十年出版过的古籍的选本也好，整理本也好，做个比较，做个鉴定。比如说，李太白诗出了十几个本子，孙子兵法也至少有十几个版本，如果这个委员会经过比较之后认为哪个版本比较好，弄一个目录，公布出来，作为古籍整理规划领导小组评选委员会推荐目录。这是权威部门推荐的，读者就会信任。在一个时期内，如果没有发现更新的材料，就不必再搞新的选本了。有一个相对稳定，可以节约人力资金，腾出手来搞那些应该搞而没有搞的东西，另外也可以保证已经搞出来选本的经济效益。所以，我建议一个是清理总数，一个是区分档次，区分档次之后大部分通过各种科学手段保存好，一部分搞校点和简单注释，一部分精华搞普及和选本，然后成立一个委员会，评选出一个推荐目录。到那时候，上了目录的就会有好的效益，没有更多的新发现也不要再搞新的译注本了，又节约了人力、资金。如果过一时期确实有好的材料，有更高水平的整理方式，那就再出。

　　整理方法、整理形式是不是从一开始就有这么多呢？这些方法，这些形式，恐怕也是历朝历代根据统治者以及读者的需要形成的。先有了注释，后来注释也和正文一样，成为经了，和正文一样不能改变了，但是新的统治者、新的学者又想说新的话，他又不便改变原来的经注，就有了疏，再来一个统治者又加新的东西，日积月累就有了这么多形式。为政治目的、为自己的学术观点服务，不断创造出新的方法。比如说古文翻译成白话文肯定不是从古就有的。随着时代变异人们看不懂了，社会风俗、文字发生了很大变化，不翻译不行了，才出现翻译。我记得二三十年前，我看到台湾、香港地区出的普及本，满眼瞧不起，今天看看大陆也有很多这样的版本了。读者愿意买，这是读者不高明还是我们不高明？读者是上帝，读者的选择是最好的鉴定。从这个角度出发，必须考虑我们自己为什么没跟上。当然有时社会风气也有偏颇，比如"戏说"风。有一个问卷调查，北京、上海、武汉、深圳，调查了 1076 个人的历史知识，满分 100 分，平均只有 27 分。为什么历史知识这样匮乏、错误百出？其中一个重要原因就是"戏说"导致的。一些读者认为电视中的东西还能错？那么著名的导演、演员说的还能错？真是误人子弟。我们从事古籍整理工作的同志，肩负着拨乱反正的使命，要将正确的历史知识告诉读者。

古籍整理与出版亟须开拓创新。恩格斯 1888 年从美国旅行回来途中，写了一篇《美国旅行印象》的文章。美国第一任总统华盛顿 1789 年即位，到 1888 年将近 100 周年，恩格斯实事求是地谈到了建国只有 100 年正在快速发展的美国的印象。恩格斯说，这个新世界由于藐视一切既成和传统的东西，而远远超过我们这些旧式的、沉睡的欧洲人。这个新世界是由现代的人们，根据现代的实际合理的原则，在处女地上，重新建立起来的。恩格斯这段话很值得我们思考。我们古籍整理出版这个行当，有优良的传统，应该继承，应该发扬。但是，只继承，不能出新，就是墨守成规了，说严重些就是因循守旧。所以，要前进，只有创新。只有超过前人，我们的事业才能发展，才能适应新时代的需要。

第四，编辑良好的素养，是事业成功的根本保证。

良好的素养包括哪些内容？我看首先要有敬业精神，整理祖国宝贵的文化遗产，这是百年大计，谁粗枝大叶，谁就上对不起祖宗，下对不起子孙后代，"明人整理古书而古书亡"，担了千古罪名。所以要有敬业精神，要把古籍整理与出版当做事业去奋斗。第二要有良好的政治素养。古籍整理决不是简单的整理旧书，它是为时代服务的。十三经，成百上千种注疏，都是为当时的政治服务的。今天我们整理古籍怎么样为今天的政治服务，怎样为社会主义现代化服务，这是我们首先应该考虑的大原则。要有良好的政治素养，要有坚定正确的政治方向。第三，做一个从事古籍整理与出版的编辑，要具有丰富的知识，渊博的学识，要有很高的见识，要有鉴赏水平，要有认识能力，同时还要有基本的科学知识和基本的科学理论。第四，要有好的身体。古语云："体者，载知识之车而寓道德之舍也。"古籍整理与出版工作要能坐得住，要甘于寂寞，否则是不可能有好的成绩的。健康的身体对从事古籍整理与出版工作的同志有特殊的意义。

我们所有从事古籍整理与出版工作的同志，肩负着伟大的历史使命。我们一定要加强学习，加强团结，努力奋斗。过去因为学习毛主席诗词，我曾经读到过周士钊给毛主席的一封信。国务院要任命周先生作副省长，周先生给毛主席写信说，他干不了，一定不要任命。毛主席回信说，从你这封信看，你这个人一定能做好副省长。古人说"临大事而惧，陈力而后就列"，就没有做不好的事情。你的来信和你的为人可以看出来，你正是这样的人，你肯定能做好。我觉得作为中华书局的编辑，包括我自己在内，我们都应该"临大事而惧，陈力而后就列"，如果我们条件不够，力量不足，学养欠缺，我们就要抓紧时间，努力学习。今天的发言，肯定有不妥之处，供大家参考和指正。

《北京图书馆藏敦煌遗书》出版的意义

（2006 年 6 月 29 日）

按语：特地收入了这篇文章，一是为纪念任继愈先生，二是因为近年关于敦煌文献的收集出版成绩巨大。一般认为敦煌文献有四大收藏：一是俄藏，二是法藏，三是英藏，四是我国国家图书馆藏。目前，俄藏、法藏、国家图书馆藏（全146 册，只余4 册未出）大体出齐，剩下的英国国家图书馆藏正由上海师范大学与英国国家图书馆共同编纂，其中第一辑（10 册）已经出版，"十二五"末有望出完。到那时，散落世界各地的敦煌遗书主体部分将完全面世。

更为可喜的是，上海师范大学有关研究人员正设计建立"敦煌遗书数据库"，届时将有一个敦煌遗书总目录诞生。这个总目录将为广大读者提供一个方便灵活的检索工具，做到从任意一点进入，均可检索、链接起所需要的敦煌文献知识点。到那时，敦煌文献将由象牙塔里走向广大研究者和一般读者。

参加这次座谈会很感荣幸。《北京图书馆藏敦煌遗书》这一项目，是文化积累的重大工程，同时也是为国争光的重大工程，所以意义非同一般。首先我对《北京图书馆藏敦煌遗书》的出版问世，表示热烈的祝贺，对任先生的敬业和奋斗精神表示衷心的敬意。

我讲两点体会：

第一，就这部巨著本身出版的意义来说

20世纪初，中国文物考古获得重大突破，其中殷墟甲骨、居延汉简和敦煌、吐鲁番、黑水城文献的重大发现，再一次显示了中华文明的悠久和灿烂。1900年5月26日，敦煌藏经洞打开，真是"打开了一扇轰动世界的门户"，大约40000件写本、刻本和艺术品，辉耀世界。但是由于中国的积贫积弱，在短短的十多年时间里，数万件珍贵文献流落异邦。我看到文献上记载，1905年10月，俄国人勃奥鲁切夫用一点点随身所带的俄国商品，换取了一大批文书经卷；1907年5月，匈牙利人斯坦因用一叠银元换取了24大箱经卷、5箱织绢和绘画；1908年7月，法国的伯希和，又用少量银元换取10大车6000多卷写本和画卷；1911年10月，日本人吉川小一郎用难以想象的低价换取了300多卷写本和两尊唐塑；1914年斯坦因又来，又换走5大箱、600多卷经卷……据统计，所掠取之遗书占藏经洞所藏三分之二，真令人震惊和叹惜！但是，也就是从那时起，中国学者开始了漫长的收集、抄录、摄影、研究和出版的艰难历程，也可以说是开始了保卫和抢救中华民族遗产的历程。特别是20世纪90年代后，很多有识之士、很多出版社远涉重洋，不惜重金收购遗书，推进了敦煌学的发展。在一次有关敦煌研究的国际会议上日本学者说："我想纠正一个过去的说法，这几年的成果已经表明，敦煌在中国、敦煌学也在中国！"因为过去日本人、国外学者说，别看敦煌在中国，敦煌学却在国外。所以，我的第一个感想就是北京图书馆，任先生主编出版的这套巨著是为国争光的工程。

我由此产生第二个感想

中国古籍浩如烟海。德国大哲学家黑格尔说："中国有完备的国史"，十分羡慕；又说："中国没有真正的哲学。"我很奇怪，黑格尔看过几部中国的经史子集，敢做如此之结论？我们可以断言，一部完整的也没有。因为他那个时代无人完整翻译《论语》、《孟子》、《老子》、《庄子》、《孙子兵法》等等著作，只凭片言只语，他怎么可以窥见中国哲学的博大精深？

中国古籍浩如烟海，目前这一烟海有望一测深浅。在财政部支持下，由匡亚明先生倡议和发动，《中国古籍总目》即将全部完稿，一个大体数字即将统计出来。这是一件十分有意义的大事、是基础工程。历朝历代都在焚书或出现文字狱，摧残文化，我们则清理家底，保护、整理文化遗产，高下之分立判。胡总书记说："我们要发扬与时俱进的时代精神，坚持古为今用、推陈出新，大力发扬中华文化的优秀传统，大力弘扬中华民族的伟大精神，使中华民族的优秀文化成为新的历史条件下鼓舞我国各族人民不断前进的精神力量。"所以，我们必须高度重视古籍整理与出版工作，齐心合力为弘扬中华民族悠久文化而奋斗。在新闻出版总署领导下，古籍整理与出版规划领导小组正在逐步采取以下办法：

1. 清理总数、分清档次，采取不同的整理方式，进一步完善和落实古籍整理和出版规划。

2. 评议已出古籍图书，推荐古籍整理新善本，减少重复出版和资源浪费。

3. 加速古籍整理和出版工作现代化、数字化进程。一部经过缩印的《四库全书》摆放起来需 10 个 2 米高 1 米宽的书橱，那要多少纸、多少木材，而一套光盘，只占一两个不太大的抽屉。再说到数字化的检索，效率更高。

4. 强化古籍整理出版的质量，全面提升古籍整理与出版水平。

5. 大力倡导实施将中国优秀传统文化介绍到全世界去的工作，将中文译成外文，否则"走出去"只是一句空话。

这是我由任继愈先生和北京图书馆的实践受到的激励和鼓舞，愿意和所有从事这项工作的同志共勉。

美丽的通天塔

——祝贺《英语世界》200 期

（2004 年 12 月）

《圣经·旧约》里有一则通天塔的故事，说世界上本来只有一种语言，人们彼此可以方便自由地交流。一次，人们为了窥视天上的世界，便联合起来，要在巴比伦建造一座可以通到天上的塔。工程以很快的速度向前推进着。上帝知道后又惊又怕，就想了一招，让大家拥有各自的语言、讲不同的话。由于语言不同、心意不通，彼此不能很好地交流，导致大家隔膜、猜忌，纷争不断，建塔的宏愿最终以一场混乱的争斗宣告结束，遂了上帝的心意。也就是从这以后，世界上便有了不同的语言。

建通天塔时代的语言世界是令人神往的，如果今天地球上只使用一种语言，那么，全世界算下来可以节约多少学习成本、时间成本、出版成本？我们只要掌握了一种书面语言，就可以任意阅读人类历史上流传下来的所有的文字作品，可以自由地探寻古今中外伟人的心迹，可以及时知道世界各地发生的任何事情，真是视接千载，神游八鹜，何其快哉！

可惜的是，这只是一种美好的愿望。波兰柴门霍夫博士 1887 年创造出被誉为"国际普通话"的世界语，力图重现一统的语言世界。一百多年来，世界上许多人都加入了学习世界语的行列。世界语的一些鼓吹者、推动者、实践者甚至都是一时名流俊杰，但斗转星移，物是人非，世界语并没有广泛推行开来，而英语却漂洋过海，历经数世纪，似乎成了一种"准世界语"。今天，如果你掌握了英语，在世界各地学习工作旅游，大致是没有什么语言障碍的，甚至还占很大的优势。

据统计，目前世界纸质出版物使用英语的占大多数，公开发表的世界一流科学论文几乎都使用英语，国际互联网内容中使用英语的占总量的80%。因此，母语非英语的人在掌握本民族语言的同时，熟练掌握英语便成为现代人必备的素质。如此说来，学习英语的重要性，自不必多言了。

人类使用不同的语言，当然不是上帝的意志。陈原先生在其大作《社会语言学》中解释："应当从社会生活的变化中，来观察语言的变化。"语言的产生、变化是许多因素——时间、地域、经济发展、社会等因素促成的。既然人类社会必然存在各种语言，又存在彼此交流的需要，大家就只有认真学习对方的语言一条路可走了。

回想80年代初，中国要改革，要开放，要赶上世界的潮流，学习英语的热潮悄然而起。一时间《英语九百句》风靡中国，许国璋英语大受欢迎，电视台英语学习ABC的节目，不止是几万、几十万人跟着学……这是中国走向世界的决心，是中国自立图强的需要，那一幅大家学英语的画图，的确让人感动。

近年来，情况发生了出人意料的变化，外国人在热情地学汉语。他们在旅游胜地配中文说明，外航的班机配中文翻译，他们开办中文班、中文学校，他们踊跃地派出留学生……这种变化当然有很多原因，但与中国人努力学英语，努力学习国外的先进科学技术和管理经验，使自己的国家发生了飞速变化，不是也有直接原因吗？

在这个过程中，《英语世界》功不可没。

　　《英语世界》出版 200 期了。200 期的杂志刊发了两千多万字，放在一起也是煌煌巨著，不知有多少人在此流连、受此福荫。我曾见过《英语世界》举办的读者征文，来稿之踊跃，赞誉之大度是现今办刊者所少见的。我见到，有专家学者的叹服、神州学子的膜拜、英语教师的感激，甚至还有大墙内的戴罪之人在杂志中找到了人生的坐标。因此，《英语世界》不仅仅是英语的世界，她更是英语和汉语构筑的一个丰富多彩的人文与科学、自然与社会、个人与宇宙的大世界。也正是徜徉在这个世界的时候，我们的英语能力得到了很大的提高。我赞同《英语世界》的办刊方案。20 多年来，《英语世界》固守为读者提供这样一个大世界的传统，又在选文内容和装帧设计上与时俱进，获得了读者的高度评价。我也曾接触他们的编辑，为了选择一幅插图努力做到图文并茂而如何东奔西走，东寻西找，那种敬业精神让你不由得不肃然起敬。作为出版业中的一个编辑，我深知这样的荣誉得来不易，并由衷地为同行的成绩而高兴。

　　可以说，《英语世界》实际上就是一座不断修建的通天塔，她直指云霄，每一个攀登这座巨塔的人，都可以在青云之上与不同肤色、不同母语、不同信仰、不同习俗的人平等自由地交流——我不认为也不赞同英语一统天下，但我认为大家能通过一种语言自如地进行心灵的沟通和感情的交流是多么的重要！我还坚信，当我们用英语更深入地了解了英语世界的变化、进步，并借它山之石使自己进步发展之后，世界各国学习中文、学习汉语的潮流会更加汹涌澎湃。

　　《英语世界》主编约我在 200 期出版之际写一篇文章，我就写下上面的感想以表达我的钦佩之情。

　　祝愿《英语世界》越办越好。

关于优秀图书的编辑含量

——从中国出版集团图书奖说起

（2006 年 8 月）

按语：2012 年 7 月 10 日《中国新闻出版报》刊登了"2011 年新闻出版产业分析报告"：一、图书、期刊、报纸印数创历史新高；二、图书 37 万种，较 2010 年增长 12.5%；三、数字出版增长 31%，占全行业营业收入 9.5%；四、首次出现两个双百亿集团——凤凰出版传媒集团、湖南出版投资控股集团。产业发展快速，增长幅度惊人。

当我看到"2011 年全国共出版图书 37 万种，较 2010 年增长 12.5%"，我第一个想法是，依此速度发展明年岂不要超过 40 万种吗？

接下来我想到，根据联合国教科文组织统计，全世界图书 2010 年总量约有 200 万种左右。按这个数字计算，我们中国就占了近五分之一，好大一个比例啊！全世界五本书中就有一本是我们中国出版的，我们国家的出版实力已强大到这个地步了吗？

其实，仔细分析 37 万种的结构，就会明白其中的底细。长期以来，尤其是出版社转企后，双效业绩考核，多以码洋为硬指标，以经济效益为主要根据，所以，600 余家出版社，400 多家（甚至 500 多家）出版社大出教辅，还有大批出版社把书号卖给非国有出版工作室，其中80%以上仍然是出的教辅。这些教辅是走不出国门的。

还有一个重要因素，就是出版社的专业分工。新中国成立早期，规定出版社实行按专业分工出书，那是对的，是由当时的生产力水平决定的。条件不具备，为避免重复出版，造成浪费，只好按专业分工出书，这在当时是保证出版质量的一个好办法。出版业深化改革后，相对放开了专业分工，这是市场经济的必然，是公平竞争的要求，也是对的。但当产业发展到一定程度的时候，竞争向深层次发展，出版社就又要努力去塑造自己的独特风格和特色，在这个基础上将会形成新的专业风格和特色，其实这是新的"专业分工"。

不过，如果说早年的专业分工是行政管理形成的，今天的这种"专业分工"是出版社在市场竞争中自己主动追求的，是市场竞争的需要。从另一个角度说，形成了自己独特的风格和特色，独特的品牌，是一家出版公司成熟的标志。很多年前，我曾参观意大利一家百科全书出版社，它一年出版几十卷各类百科全书，其他的书一般不出，把自己经营的也很好，成为欧洲有名的专业百科全书出版社。并不是有谁不许它出其他书，而是它对品牌、对特色的追求，让它不出其他的书。我们出版社的领导应该有这个意识，我们的出版管理部门应该提醒和号召。

目前，看起来我们的出版社是"解放了"，有羊放羊，有猪养猪，十分自由，有的好好的一个专业出版社，也什么专业的书都出了。我想，这也是品种大增质量下滑的一个重要原因吧？我们应该明白，一个出版社也并不是出什么书都有经验，正如出版公司去搞房地产，搞不过专业房地产公司，是一个道理。

我们还是应该强调出版社的专业特色，强调形成自己的品牌，有自己的特色和风格，把自己出版社定位好，在这个基础上，强调编辑质量，把自己那块地耕好，耕出花团锦簇，耕得人人羡慕。

不久前，中国出版集团举行了隆重的集团图书奖颁奖大会。出版社和编辑，说到底，就是要出好书，没有好书，没有好书的不断涌现，你就是赚了100个亿也没有尽到职责，没有完成作为出版社、出版集团的使命。图书的评奖和颁奖好比检阅一年的收成。一大批获奖图书，一大批优秀图书的涌现，也是一次壮观的秋收，是一个出版人快乐的节日。看到劳动的成果，让我们对出版业未来的发展充满希望和信心。

获奖图书的编辑含量

评奖会上，评委们点评的意见，打个比方，就像秋收后分析一年的农活。什么种子好，哪块地种得好，哪块地收得好，哪块地出什么毛病了，为什么没有收好，是种子、化肥，还是水的问题？这种分析，是我们评奖工作的一项重要内容。评奖就是评导向。评出好书，推动出版，介绍给读者；评出好的编辑，予以表彰，让大家学习。我们要通过评奖颁奖，把敬业的精神和追求质量的品格宣传出去。

我特别感到，在当前形势下，无论是国际文化产业的发展形势，还是国内文化产业的发展形势，对于追求图书的质量，追求图书的品格，提高编辑的素养都显得特别地重要。

图书的巨大价值，图书对社会的不可或缺，这是不言而喻的。但图书的价值如何体现，如何更充分、更完美地体现，这就说到编辑的工作了。获得综合奖的图书，获得优秀选题奖的图书，获得编辑奖的图书，获得畅销奖的图书，获得设计、印制、校对奖的图书的价值何在？校对奖被编辑们称为"最难申报的单项奖"，其原因不仅仅因为差错率要求严，万分之一远远不够，要达到五万分之一，更重要的是校对的要求甚至延伸到校原稿的是非，要求校对去把握图书文字的质量了。这样一来，很多出版社的校对不敢参加校对评奖，因为出版社认为是优秀，结果评委会一检查，可能会不合格，好事变坏事，觉得

和季羡林先生在香山饭店。

很没面子，不如不参评了。所以能有勇气送书参加校对奖评选，也是不简单的。

什么样的书能获得综合奖？能获得综合奖的书，我认为大体有四个特点：首先，是具有学科总结性的图书，也就是说具有文化积累价值的图书，像《诂训汇纂》、《西周铜器断代》、《中国科举史》这一类的图书。第二，是选题创新、具有新的编辑角度的图书，像《周氏三兄弟》、《我负丹青》等。第三，是属于填补空白的著作，出一本就是一本。前两天参加一个学校座谈会，有一位搞传播学的老师，他当年的博士论文是关于澳门《蜜蜂华报》的。《蜜蜂华报》是19世纪的一份报纸，没出多久，影响也不大，但导师执意让他做这个论文。《蜜蜂华报》是葡萄牙文，这个博士特地到外语学院学了一年葡萄牙文，然后翻阅了全部的报纸，写出了论文，最后这个论文还获得了吴玉章人文社科成果优秀奖。我就问他们，这么一篇论文有什么价值？他们说，这是一个填补空白的作品。《蜜蜂华报》可以说是中国最早的报纸之一，一向没有人研究，发行量又小，又是葡萄牙文，但在报刊史上地位很高。我就明白了，这就是填补空白。这个报纸在中国报刊史上有这样一个重要的地位，需要有人去做。这样的事情不是重复别人做的事情，是开拓性的，有价值的。第四，就是引进的名著，重点在"名著"，不是引进一般的书。比如说《西氏内科学》，所涉及的学科水平在国际医学领域处于领先地位，出了十几版了，引进这样的"名著"就很有价值。

什么样的书能获得优秀选题奖呢？一个好的选题的出现，应该经过设计、策划、论证和选择这些过程。选题设计强调编辑要

季羡林先生和臧克家先生亲密合影。

把握住经济、社会、生活的变化，读书市场的需求，及时地把社会热点、关注点、学术研究的成果交给读者。为现实服务，为社会热点服务，为读者服务。回过头来看，一般来说，选题好的书销路都比较好，因为它针对性强。中国出版集团正在倡议举办"优秀选题创新论坛"。论坛计划邀请二三十家近些年来在选题创新上有成绩的出版社，比如说清华、北大、人大、外研社、广西师大，当然还包括中国出版集团的一些出版社。今后，每当开始策划第二年选题前的一个月，我们就举行这样的论坛。之所以这么重视选题的设计，是因为一本书的好坏，选题是根本，创新是关键。

什么样的书能获得优秀编辑奖呢？像《宋庆龄书信集》，作为一个编辑，宋庆龄的书还有问题吗？这个选题还有问题吗？放心去编吧。但是，正如评委所说，其中有很多书信时间不清，不经过考证，不经过认真的审读，编不好，会编出笑话来。一方面这样的选题重大，有好的效果；另一方面，这样重大的、应该有好效果的书，一旦出现了差错，影响会更大，损失会更大。那么编辑的含量、编辑的作用应该体现在什么地方？一部书稿原来是什么样子？经过编辑的手变

成什么样子？它在哪些方面起了变化？我认为，这些变化就体现了编辑的作用。所谓"一字师"，讲的就是编辑的含量。作为编辑，改一个字，改一个标点符号，突出什么，调整什么，让作者心服口服，让这本书增色，这就是编辑的价值，编辑的含量。这个含量体现在对作品的思想性、艺术性、知识性和文字乃至版式、字体、字号的把关和提高上。

我听一个老编辑讲，说他就爱看宁成春先生设计的书。这是一个多么高的评价。我作为一个编辑，有时候也写点东西，常常想，我的书要是让三联书店设计一下，出一下，给商务印书馆、文学出版社出一下，该有多好啊。当然这里面有出版社品牌的问题，另一方面，也许还是更重要的方面，就是编辑的审读、加工、装帧设计的水平问题。

作为一个编辑，碰到的书稿的情况不一样，采取的编辑方法也不同。有的作者特别严谨，稿子很容易看，编辑批批版式，搞搞格式，跑跑服务也就可以了。记得我过去在中华书局负责审读过一部稿子，王仲荦先生的《西崑酬唱集》。王先生是史学专家，治学一丝不苟，严谨认真。那部稿子水平很高，很成熟，根本用不着我做多大加工。但是作为一个编辑，不能浪费这样一个机会，应该从中得到学习和提高。我从头到尾认真审读一遍，我围绕这本书的前言、校记，看了有关的著作，有关的论文，我通过审读这部书稿得到学习和提高。书稿发稿后，我认真写了一篇书评，送给《读书》发表。我想这是一个编辑从这类书稿当中得到的收获。另外一种情况，就是稿子特别多，忙不过来，或者因为学科专业性强，难以把握，请别人帮助审读。这也是编辑可以采取的一个办法。这里面我们应该做什么工作？我们要选择好外审，我们不能盲目地迷信外审专家，我们要做权衡，做比较，要站在整个学术的前沿判断专家提出来的意见。作为一个编辑，就要比他们站得高。比如说，一个专业工作者不见得全面掌握学术著作出版情况，某一个专题的著述情况，而一个编辑就应该也可能掌握这个方面的全面情况。比如出过什么书，有多少代表性的观点，有多少代表人物，有哪些文章和著述，从而判断审读书稿学术观点的先进性，判断这个作者的水平，这是第二种情况。

一个有责任心的编辑通过审读书稿，发现金矿，然后再加工修改，跟作者一起打磨，这样一部好书就诞生了。每一个编辑都应该努力达到这种境界。当一个编辑，我觉得应该对自己充满信心。你有你的长处，我有我的长处，一个教授，一个研究员不见得能当好编辑。举一个例子，大家都看过《钢铁是怎样炼成的》，说保尔·柯察金要到一个报社做编辑，报社的总编说你写篇东西给我看。总编看了后说，你当不了编辑。你的语法修辞，你的文字都不行，怎么去修改别人的文章？但是你可能会做一个好作者，因为你的思维很形象。保尔打消了当编辑的念头，写书去了，于是就诞生了《钢铁是怎样炼成的》。而《钢铁是怎样炼成的》的成功，正是来自编辑一次一次的帮他润色、修改。

《中国新闻周刊》曾经刊登了一篇讲《欧阳海之歌》的文章，介绍《欧阳海之歌》在不同的政治背景下怎么样不断地变化，而编辑和作者金敬迈又是怎么样根据形势不断地改来改去。一会儿加毛主席语录，一会儿加刘少奇语录，一会儿又把它去掉，这也是编辑起的作用。把一部《欧阳海之歌》变成什么样子呢？金敬迈讲，最早他写的指导员是个嫉贤妒能有品德问题的人。领导看后说，你怎么能把党的领导写得这样不好呢？必须得改。最后写成仅仅是一场"误会"。为了体现党是集体领导的，修改时又加了两段刘少奇《修养》中的话。不久，刘少奇被打倒了，不仅删去了这两段引文，还写上"黑《修养》在窗台上被风吹刮到垃圾箱里"的情节，进一步表示其是非观。这也是编辑的作用，这也是编辑的含量。编辑有什么样的政治观点，有什么样的政治方向，决定了书稿内容的政治性和思想性。当然，像《欧阳海之歌》这样一本书的命运，有特殊性，个人很难把握，这是大的时代造成的。但是，这确实又是通过编辑定的稿，编辑在其中起了作用。

什么样的书能获得优秀畅销书奖？现在图书市场上畅销书不少，但是作为中国出版集团所要求的畅销书，强调的是"优秀"二字，这个优秀就是指具有集团代表性，甚至具有国家的代表性，档次要高，品位雅俗共赏，不是低俗的。首先，这种畅销书要有带动性，引导图书朝着哪个方向发展。比如说中华书局的"正说"，就是针对"戏说"而来的，而"正说"带动了图书市场出版了一批纠正戏说历史的书，有的书名都一样。这就是带动性。其次，"畅销"要变成"常销"，最后变成经典。比如说朱自清先生的《经典常谈》，周振甫先生的《诗词例话》，也是通俗读物，到现在还在印，还在卖，还有人买，那不就变成经典书了吗？王力先生的《诗词格律》，艾思奇的《大众哲学》，也是通俗读物，变成畅销书，变成至今仍受欢迎的常销书，变成经典的图书。这类书价值非常大，所以畅销书要强调"优秀"二字，强调导向和带动性，强调由畅销变成常销，最后成为经典。

国内外文化产业的发展给我们提出的要求

要谈透提高图书质量，促进出版繁荣，我们还需离开具体的编辑业务，认清当前文化产业面临的形势，中国的形势，世界的形势，要把我们的出版工作放在中国和世界文化产业发展的这个大背景下考量。我们不能坐在自己办公室，面对自己一家出版社想问题，我们要想想在这个大背景下我们该怎么办。

中央有关文件讲到文化体制改革的重要性和紧迫性，第一句话就讲"当今世界文化与经济、政治相互交融，在综合国力竞争中的地位和作用越来越突出"。这短短的几句话，内涵丰富，意义深长。当今，文化产业的发展在全世界汹涌澎湃。在经济和科技方面，发达国家早已走在前面。在文化产业方面，世界发达国家目前是疯狂地圈地，疯狂地抢占市场。这种争斗不但体现在西方与东方之间，就是西方国家之间矛盾的争斗也是很激烈的，比如法国跟美国对着干。法国说你的文化产业要进入我这儿来，不行。法国先是提出"文化例外"的观点，接着提出"文化多样性"的主张。"文化例外"的观点就是说文化产品跟其他产品不一样，不能随便进入别人的市场。文化为什么例外呢？因为一个民族有一个民族的文化。法国的文化有法国的民族传统，跟美国的文化不一样，法国人要保护法国的文化传统，所以文化是例外的，其他国家不能随便进入。美国说文化的发展需要互相交流，为什么不能进入呢？不准进入是"文化保护主义"。可见文化产业的争斗是非常激烈的，这个斗争的后面有深刻的政治和经济背景。所以，目前，文化产业的发展形势很严峻。中央文件讲的"当今世界，文化与经济、政治相互交融，在综合国力竞争中的地位和作用越来越突出"，文件又讲"中国要充分认识文化体制改革的重要性和紧迫性"，确实十分中肯、十分及时。

高品质的图书才是竞争的力量

世界主要国家的斗争并不是只停留在口头上，会场中，他们一面在斗，一面抓紧发展自己。美国用自己的好莱坞大片进军各国文化市场，日本用动漫"阿童木"、"樱桃小丸子"征服各国儿童，韩国的电视剧，"寒流"滚滚，让无数中国男女日夜连看，感动不已。可见，竞争不论多么激烈，核心得有自己的产品，有自己的品牌。对一个出版社来说就是要有好书。目前，文化体制改革，出版改革，一浪接一浪，集团的建设在积极的探索。对出版业来说，改革的目的只有一个，就是多出好书。改革是否成功只有一个标准：是否出了好书。

近来，有两篇文章的观点应该引起我们的思考。一篇刊登在《中国图书商报》上，文章题目是"调整是出版'十一五'当务之急"。作者讲："十一五"的当务之急是调整。为什么要调整？他讲了十个方面，包括图书品种急剧上升，每种年平均销售册数却急剧下降，图书销售册数增加率远远低于国内生产总值增长率，人均购书册数20年变化不大，近年又呈下滑趋势，图书总定价增长远高于图书总印张的增长，图书出版成本年年上涨，居高不下，近期出版利润停滞不前，呈下滑趋势，图书折扣越打越大，图书退货率不断上升等。他的结论是，调整是出版业"十一五"的当务之急。

另外一篇文章刊登在2006年4月7日《文汇读书周报》上，叫"书价上涨，滞胀加剧，结构矛盾，渠道霸权，中国出版怎么了？"这种提法来自于一个调查报告。文章对这个报告进行了分析，认为中国书业有五大难题——滞胀；教材和大众图书强者愈强，弱者越弱；除文化教育类的图书及大中专教材类图书继续保持近几年的增长态势外，其他各类图书销售量基本上均有不同程度的下降；畅销书下降引发的客流拉动不足；定价上涨幅度高达30%到50%。而所谓的"渠道霸权"，是指书业产业链不顺导致上下游关系高度紧张，上游看下游是渠道霸权，妖魔化经销商，残酷地洗牌上游，风险完全由上家承担。《文汇读书周报》这篇文章的观点科学不科学，全面不全面，我们可以进一步分析后作出判断，但是这篇文章提出的观点，应该引起我们的高度重视和积极讨论。

再联系一些现象。一方面我们出版改革、集团建设向纵深方向发展，并在不断地探索和解决一些矛盾；但另一方面也出现了一些个别的现象，有的地方的改革，更强化了地方垄断，地方保护。这种做法严重制约竞争，制约优胜劣汰。另外，我还看到报纸上登了图书阅读率不断下降的统计（中国图书商报4月18日文章"2006年，全民阅读总动员"），说全国国民中有日常读书习惯的仅占能读书人口的5%，图书阅读率急剧下降，逐年递减。另外一个材料讲，2005年，每个公民到饭馆去吃饭平均是680元，是1978年的118倍；但是图书印数的增长，2005年只是1978年的0.8倍。吃和看书的增长比例是118：0.8，这是一个发人深思的数据。所以，一方面国内出版业的改革向纵深发展，取得了很大的成绩；另一方面还存在上述的一些现象，这些现象尽管是局部的，是个别的，但是应该引起我们高度的重视。

面对国内外这样一个形势，我们肩负着什么使命？应该怎样做？我谈这个问题当然不是只着眼于中国出版集团，而是说像中国出版集团这样的一大批重要出版社，应该怎样做。党和国家要求我们进行改革，组建集团，要求我们做大做强，期望我们成为"航空母舰"，成为改革的"旗帜"。我们有很大的距离，需要做极大的努力，但从这两个提法中，我们可以看到党和国家对我们的期望和要求，期望我们成为"航空母舰"，要求我们成为出版界的一面"旗帜"。我们虽然现在还没有做到，但是我们应该向这个方向努力。"航空母舰"，说到了它的规模和厚重，"旗帜"说了它的品质和地位，我们怎么样努力能成为一个规模厚重、品质优秀的集团，成为一面"旗帜"呢？只有深化改革，多出好书。以中国出版集团为例。中国出版集团现在的市场占有率是 7.85%，比第二位的 3.07% 高出很多，有至少九个门类图书的市场占有率是第一。但这还很不够，连 10% 都不到，远远谈不上大和强。

优秀的图书是出版社的纪念碑，是社长、总编辑和编辑的纪念碑。对于出版社来说，高品质的图书才是竞争的力量。出版社办得好不好，不在于盖了多少大楼，不在于分了多少奖金，钱很快就会花完。你看一些大人物，有多少钱啊，不是几百万、几千万，但是又有什么用呢？他两眼一闭，什么都没有了，他的后人还为此打官司。最有用的就是把好书推出来，这样的话，我们的出版社就站得住。等你退休以后，看看你编的优秀图书，看看你编的刊物，还在受人欢迎，被人使用，会觉得很欣慰。我觉得作为一个编辑来说，这种欣慰是最高的奖赏。

总之，面对当前国际和国内的文化产业形势和出版形势，每一位社长、编辑都肩负着光荣的使命，都应该认识到自己的责任，争分夺秒，不舍昼夜，多出好书，打造精品，在你编辑的图书中，体现充实的编辑含量，为繁荣中国文化作出贡献。

对三联书店选题策划的建议

（2006 年 11 月）

按语：这篇文章是据 2006 年 11 月份我在三联书店的一次发言整理的。发言的重点是希望三联书店多出一些书，多安排一些选题。当时，三联书店一年只出一百多种书，我认为少了。讲这个意见，我是有根据的。一、三联有一批优秀的编辑；二、三联有优良的传统，追求品牌和质量；三、三联有完整的保证质量的规章制度。最主要的是，几十年的实践证明了，三联出的书绝大多数是好的、比较好的。如果不具备三联的这些基本条件，我建议还是量力而行，质量第一，不要走"不好不坏，又多又快"的路。

一、对三联图书的感受

我经常读三联的书，今天跟大家一起讨论与交流，谈谈选题的策划和品牌建设。大家谈了很多很好的意见，我也谈谈自己的想法，不代表集团，也不代表集团党组，完全是一种交流，这些想法对还是错都是我个人的看法，大家一起讨论。

三联的书在我书架上都是摆在很重要的位置上的，有很多我特别爱看的书。我把三联的书分成这样几种：一种是我很爱看的书，一种是别人特别爱看的书，一种是我一时看不懂但留着慢慢看的书。我特别爱看的书如：《傅雷家书》、《随想录》、《陈寅恪的最后二十年》、《万历十五年》、林达系列，林达系列我还真是每一本都看了，很精彩，资料丰富，思想深刻，而且很吸引人。还包括若干二十讲系列，包括过去的《大众哲学》、《西行漫记》，还有《城记》、《洗澡》、黄仁宇的书和最近出的《八十年代》、《吴宓日记》等等。这些都是我特别爱看的书，可以说百分之百全看了。第二种是别人特别爱看的书，比如金庸作品集、蔡志忠漫画、高阳的作品《胡雪岩》等。我不是不爱看，觉得一看就上瘾，放不下，就得一本一本看。没有那么多时间，索性先放一放，等退休以后有很多时间可用。第三种是现在看不懂但必须留着，以后慢慢看的书，如一些翻译的作品，一些前沿的，新潮的书，一些反映国际上重大的学术观点和见解的书。这些书，我都觉得非常有价值。另外，我特别爱看的杂志，比如《读书》、《三联生活周刊》和其他的杂志。《读书》是一个很好的品牌，在当年成为一面标志和旗帜，很有影响。香港的人跟我说，这个杂志有的文章看不懂，很深。但又说不能不看这本杂志，这是身份的标志。"身份的标志"这说法很有意思，这个评价会让编辑很自豪吧？《三联生活周刊》现在一周一期，印数 12 万，那么一个月四期就是48 万，成为三联的支柱产业，贡献很大。而且我听他们的主编讲，有信心发展到 30 万、50 万，我说如果你能达到 30 万、50 万，集团一定全力支持。你能到 50 万那还了得？一期 50 万，四期就是 200万，那对三联的发展、对中国出版界的发展将作出重大的贡献。另外还有韬奋图书中心，在账面上看不是特别好看，但是仔细琢磨琢磨内幕也很不容易，比如说交房租、水电的多少等等。但是韬奋图书中心成了一个地标性的书店，一个有品位的书店，一个到里面看书觉得舒服的书店。达到这样一个效果不简单，也不容易，这也是我们从事出版和发行的人追求的一个趣味。另外一点就是作者群、读者群的形成、建立、发展，都有它的特点，这些都是大家共同努力的结果，是领导班子同志包括前几任，共同努力奋斗所取得的成果。大家的发言，都体现了一种当家作主的精神，大家都想把三联的事业做好。我看了些材料，听了大家的发言，如果说好记的话，我概括了这么几点：一个品牌，三联追求一个品牌：人文社科、思想文化，在这个领域里形成自己独特的风格；两个重点：一个是重大的学术积累价值的图书，一个是雅俗共赏的通俗读物；三个突出：就是生活、读书、新知，在这三个方面突出个性，突出特色，突出品牌。在这上面我还有一点贡献，当年董秀玉同志到署里去，说能不能给三联一个副牌。那时候副牌已经很难批了，因为副牌跟正牌没有多少区别，基本上是一个独立的出版社。我跟她讲，你们何必还要副牌呢？三联的生活、读书、新知不都是副牌吗？三个牌子加一块才三联呀，你就照这三个方面去做不是很好吗？我们两个认为这个思路很好，这就是三个突出；四个板块：思想学术、文化艺术、知识、旅游。概括起来就是一、二、三、四，"一个品牌，两个重点，三个突出，四个板块"。这是不是咱们现在正在做和想做的一些事情？所以我觉得三联是一个很有特色的、很有贡献的、在读者中间很有威信、很有品位的一个出版社。有很多人读三联的书，而且觉得读三联的书自己是有文化的，做到这一点也是奋斗的结果，特别是近20年奋斗的结果。这是我谈的第一点，我对三联的一些感受。

二、三联应该多出好书

我在好几次会上，都谈过我的看法。我说三联出版的图书数量不够，要多出。为什么？第一点，因为三联书出得好，可以信任。如果全国都能达到三联的出书水平，那咱们国家的图书出版水平将达到一个很高的水平，达到很高的境界。第二点，三联有潜力、有实力能够多出一些书，100种上下不够。不仅三联应该多出一些书，整个中国出版集团都要多出一些书。从全国来说，一年出 22 万种书，我认为太多了，但是从中国出版集团来说，7000 种左右的书，不够，我认为少了。为什么呢？因为我们整个集团有 1000 位正编审，副编审，这是多么壮观的一支队伍，有这样一支高水平的编辑队伍，埋头苦干一年，就出这么一点儿书，我觉得远远不够。

三联应该多出一些书，这是从全国的形势和集团的情况提出的一个想法。作为一个出版社，作为一个出版集团，我觉得最重要的事情就是多出书，出好书。现在大家一喊就是赚了几百万，一谈就是搞了什么房地产，又买了多少地，买多少房子，储备了多少亿，搞进出口，搞外贸。这都很重要，不是不能搞，但是着眼点放在这里，那就不叫出版集团，那叫房地产公司，进出口公司。既然叫出版集团、出版社，就得多出好书，这是不言而喻的道理。如果大家都来搞房地产，都搞进出口，那谁来出书呢？三联不就成了三联房地产公司吗？

从现在的情况来看，我觉得当前的出版社大概有五种状态，这是我很表象的概括，不一定准确。一种是不少出版社做到了横向联合，纵深发展，依靠自己的力量做大做强，图书选题能够不断创新。初步形成自己的风格。这些出版社代表了中国出版业的主流。第二种，相当多的出版社还没有完成由简单的物理反应向化学反应的转变，停留在低水平的数量上的增加和重复状态。原来计划经济中的粗放经营需要认真转变，也就是要真正实现化学反应。第三种，有一部分出版社，特别是中央部委所管的一些出版社，依然依靠行政权力，依靠资源垄断，依靠所控制的出版资源，悠然自得地占有着利润。其中一些出版社离开它所垄断的那块资源，恐怕很难存活。第四种，有一些出版社在激烈的市场竞争中已经或正在失去产品的生产能力和竞争能力，只能依靠出版行政管理部门配置的书号资源和工作室合作，这样的出版社产品链靠工作室链接，事实上产品链和资金链都已经断裂。工作室给它一些管理费，或者给它一些书号费审读费等等，很难经营。卖一个书号一两万，50 个书号也能赚几十万，上百万，那么二三十号人也还行。最后一种出版社，它们按部就班地工作，有好些的选题就做，没有好选题也不争取，多做点书就把间接成本都打进去，然后赚点钱；再卖一点书号发一点福利，低水平的累加，属于粗放经营。他们出的书多半是"不好不坏，又多又快"那种。我琢磨来琢磨去，现在的出版社是不是有这五种状况？随着文化体制改革不断深入，出版改革认识上、理论上有很多深化，实践上有很多摸索和总结，取得了很大进展，主流是好的，确实发展很快，但是也存在一些问题，有的问题还不容忽视。在这种形势下，要求我们三联认真制订选题规划，推动选题创新，狠抓重点工程，依靠自己的力量做强做大，成为多出好书的出版社。

三、关于打造精品

这里我要谈几个关系，关于主打专业的品牌和相关相近学科的延伸，关于重大选题和一般选题的关系，关于雅与俗的关系，关于量与质的关系，事业性和商业性的关系，关于创新和坚持传统的关系。

关于打造精品。要有竞争力全靠精品，不靠数量。但是从我们集团的情况看，从三联的情况看，还是要有一定的数量。须知，没有一定的数量也就没有一定的质量。我记得有一年我陪宋木文同志到海南，大家都喜欢照相，海南画报社一个老摄影家就跟我说，"你照呀，要多照一些才行。"他又对我说，"你才照几十张，怎么行呢？总得照几百张上千张，才能挑出几张好的。有数量才有质量。"他的话给我挺大启发。有一定的数量才有质量。出书又何尝不是如此，你舍不得照，就照不出好照片来。你有条件，有潜力，却达不到与之相适应的数量，那就是浪费资源，浪费人才资源和智力资源。

要打造精品，需要处理好几个关系：

第一个关系是主打专业的品牌和相关相近专业的延伸。三联主打的专业是什么呢？我刚才试着描述了一下，人文社科，思想文化。一个出版社主打专业的品牌是其根本，因为主打专业是长期经营甚至几十年近百年经营形成的特色，是出版单位的优势所在，有对这个品牌经营和维护的丰富经验，社会认同，所以必须坚持品牌，所以主打专业是安身立命之根基。但是还需要有相关相近学科的延伸。这是发展主打专业的需要，是烘托主打专业的需要，是丰富主打专业的需要。主打专业不可取代，如果主打专业被淹没了就会本末倒置。但是在一定时候，相关相近的专业可能会等同于或取代主打专业，这个发展趋势也是应该想到的。一个时期必须有一个中心，多中心就没有中心了。一个时期抓好一个主打专业，再辅助以相关相近的学科，使我们专业出版社有更丰富的内涵发展，也可以有更多的经济增长点。

第二个关系是重大选题和一般选题的关系。重大选题，标志性的选题，具有巨大的文化积累价值，有重大的影响，是标志性的工程。我在多个场合讲过，中华书局、商务印书馆的历史，就是一个不断推出重大选题的历史。商务出一个《辞源》，中华出一个《辞海》，《辞源》，《辞海》，争斗一番。为什么这样做呢？因为《辞源》、《辞海》都是标志性的作品，标志着商务，中华，有这个分量，有这个能力，有这个水平，所以商务、中华都很重视。商务来一个《四部丛刊》，中华来一个《四部备要》，接着中华又来一个《古今图书集成》。为什么在这上面争？因为这些重大选题，有重大影响，有积累价值，可以托起出版社的形象。但是重大选题困难大，不好搞，需要花费多年的积累和多年的奋斗，有的时候也是可遇不可求的。重大选题策划起来很难，新闻出版署在制订八五规划的时候还好，还征集设计了几部大书，后来九五规划、十五规划的时候再设计重大选题就困难多了。细想想，出版业给一个时代留下烙印，成为一个时代标志的，不就是那些了不起的大书吗？早年的《辞源》、《辞海》、《四部丛刊》、《四部备要》、《古今图书集成》，后来的《中国美术全集》、《中国大百科全书》、"二十四史"及《清史稿》新校点本、《汉语大词典》、《汉语大字典》等等，当然还有很多好书，策划起来很难，尽管很难，考虑到它的价值，它的影响，它的作用，还必须得花巨大的精力去策划，去搞这样的选题。

第三个关系是雅与俗的关系。刚才大家讲了三联的两个重点：一个是有重大积累价值的书和学术著作，一个是雅俗共赏的通俗读物。当然畅销书很多也是通俗读物，但是畅销书也不一定是通俗读物，通俗读物也不一定等于畅销书。我们所说的畅销书，中国出版集团和三联出的畅销书应该有自己的特点，自己的价值。我们的畅销书，第一步畅销，第二步要变成常销，第三部要变成经典。这样的畅销书，比如我们出的"二十讲系列"，就是这样的好书，畅销、常销，变成重点。刚才开会前我问振平《大众哲学》哪年出的，（1936年初版），后来我们也出过，是不是常销变成经典了？包括其他出版社出的王力的《诗词格律》，周振甫先生的《诗词例话》，李学勤的《古文字初阶》，朱自清的《经典常谈》，都是通俗读物，后来变成常销书，变成经典。再拿小一点的说，《三毛流浪记》、《孙悟空大闹天宫》、《鸡毛信》、《三个和尚》，都是畅销书，现在是不是变成经典了？古代的例子如《唐诗三百首》、《古文观止》、《诗经》等，"诗三百"当时不就是民歌吗？"关关雎鸠，在河之洲，窈窕淑女，君子好逑。"现在都变成经典了。所以在雅俗共赏方面要做努力，文化水平高的人，因为知识范畴的限制，他也不见得什么都懂，他需要看；文化水平低的人努把力也看得懂，我觉得这样雅俗共赏的书，是我们三联和中国出版集团抓的一个重点，在某种程度上比学术著作还有价值，因为读者层面宽、多、大。当然我们所说的畅销书跟有些出版社的畅销书有本质的不同，比如《上海宝贝》也畅销，什么《口红》、《乌鸦》、《木子美》也在卖。这些书我们是不屑于出版的。非不能也，实不为也。所以做畅销书、雅俗共赏书的时候，要面对市场，面对大众。不能说我这个书高雅得很，我就给1000人看，2000人看。你看不懂？

我不是给你看的。那不行。所以我们要做市场调查，要面向大众，要雅俗共赏，要有更多的读者。

第四个关系就是量与质的关系。量太少没有基础，质也上不去。金字塔没有一个大的底盘，怎么可能垒那么高？所以图书品种要有一定的规模。但是量大了是不是质就高呢？也不一定。你出版200种，大部分放自己库里了，那也不行。所以在考虑量的时候，考虑选题的时候，重要的是要考虑质，考虑市场的需要，做市场调研，增加品种应建立在优化选题的基础上。否则增加了品种，增加了库存，把书都卖给自己了，也不行。

在考虑量与质的关系时，要解决自我欣赏和大众文化的关系。自己认为我的书很好，我就是给高档次的文化人看的，印1000本，我就给这1000个读者看。你很清高，品位很高，那不行，和者盖寡，那搞不好出版，这两个问题一定要处理好。

第五个是利与义的关系，事业性与商业性的关系。邹韬奋先生就强调出版要解决好利与义的关系。他强调出版应该是事业性和商业性的结合，是二者兼顾而不是对立的。因为强调重视事业性，所以韬奋先生要求生活书店讲究内容与方向，讲究创新与质量，讲究文字的平民化和趣味性。韬奋先生强调商业性就是强调计划性和办事效率，强调出版物的个性和特色，强调人才的物色与培养，强调管理体制和创新民主。这个传统是优良传统，是非常正确的。要处理好事业性和商业性，处理好利和义的关系。过去我们出版业的一位老同志曾跟我说过，什么效益不效益，我不管挣钱只管花钱，我只管把国家给我的钱花好。我当时说，那太好了，如果有一个只管花钱的差事，我也愿意干。可现在谁给我们钱花呀？要是你只管花钱，谁挣钱呀。现在已经远远离开计划经济，离开国家包干的情况，以后也不会再有这个局面出现，只管花钱不管挣钱的日子没有了，必须既要花好钱，又要赚好钱，要处理好这个关系。

四、要加强编辑的修养、提高编辑的素质

我从六个方面谈谈我的想法。

第一，一个称职的编辑、优秀的编辑对出版事业应该有很好的理解、认同、执着和热爱。我们很多编辑都讲，我们是把它作为一个事业去做，不是作为领取报酬的差事。一个优秀的编辑对出版事业应该有一个很好的理解。它是做什么的？在文化事业中起什么作用，我们的地位是什么？我们的价值是什么？我认为一个编辑应该为自己的职业感到自豪。为什么呢？因为他有能力使一个作者在日理万机的百忙之中听你的话，按你的要求去给你写文章、写书。因为编辑能够在一片空白的土地上建筑起高楼大厦来，在空白的版面上描绘出又新又美的图画。所以说编辑工作是一门艺术，是一项事业，要有一个很好的理解和认同，要执著地追求。

第二，一个称职的编辑对大是大非应该有很好的鉴别能力，具有强烈的社会责任感。他应该明白祖国的前途和命运，他应该明白自己的社会责任和使命，他应该为祖国的富强作出贡献，他应该为广大读者提供优秀的精神食粮。我们为什么要坚持政治导向、政治方向呢？我觉得都是出于这样一个考虑。所以一个编辑对大是大非应该有很好的鉴别能力，强烈的社会责任感。你不关心那些天下大事，你就编不好书，而且你不找它，它就会来找你。所以对大是大非应该有很好的鉴别能力，有强烈的社会责任感。应该坚持原则，探索真理，独立思考，对时代发展的总体趋势有科学的把握。一个称职的编辑既是学问家，又是思想家、政治家。

第三，一个称职的编辑对文化应该有很高的鉴赏能力，具有高尚的审美情趣。你的趣味是健康的、高尚的，你不能把丑恶当美好。因为人类创造的文化并不都是优秀的，而是良莠不齐的，也并不都是先进的，是先进和落后混杂的，所以需要编辑来审读。我们审读的时候

要有高尚的审美情趣，通过筛选把最好的东西奉献给读者，不能把肉麻当有趣，不能把低级当高尚，不能把媚俗当纯洁，所以一个编辑，要有很高的鉴赏能力和健康的审美情趣。

第四，一个称职的编辑要有渊博的学识，能辨别知识的真伪，掌握正确的价值取向。别把假货摆在殿堂上卖，别把错误的知识当成正确的知识出版，别像古玩城、潘家园卖的那些古董文物。那里的东西99%都是假货，真货都在铺子后面放着，家里放着。你要有识别的本事，别上当。要有渊博的学识，识别真假的本事，掌握正确的价值取向。我们国家是一个崇尚读书的国家，过去家里贴张条，"敬惜字纸"，写字的纸请你爱惜。这就看出中国崇尚文化，崇尚读书的传统。到农村去，一进中间的堂屋，摆放着"天地君亲师"的牌子，老师跟天地、君亲是等同的。所以，我们要有学识，把好东西奉献给读者。

第五，一个称职的编辑应该及时掌握社会关注的热点，学术研究的动态，前沿和着力处。你心里要有数，知道谁在做什么，知道谁在研究什么，知道这个问题研究达到什么水平，有哪些争论的问题。20世纪，我曾经提出一套选题，现在正在陆续出版，书名叫《20世纪中国社会科学》，分十个大学科。每一个学科怎么搞？比如说历史，20世纪有哪些重大的学术观点的变化，代表人物是谁？比如社会分期，郭沫若怎么说？翦伯赞怎么说？吕振羽怎么说？范文澜怎么说？有哪些代表作品？这些文章发表在哪里，下面再附录这些代表的文章和著作的摘要，这种书起什么作用呢？就是告诉读者20世纪中国历史研究到什么水平，有哪些代表观点，代表人物，这些观点有哪些分歧，哪些争论。这是一本工具书，目的就是帮助读者了解学术研究的动态、状况，了解研究的水平。不要人家的这个问题都解决了，都谈够了，你还在绞尽脑汁去策划这样的选题，这不让人家笑话吗？简单说，做一个编辑，应该有编辑的修养，编辑的素质，如修养不够，素质不够，你要编出好书是空谈。特别是在座的各位，我看大多数都很

2007 年 1 月，在《三联生活周刊》庆祝会上，与原国际奥委会委员何振梁晤谈。中为何振梁，右一为《三联生活周刊》主编朱伟。

年轻，平均年龄就是 30 多岁，正是光华灿烂的时候，正是积累自己，发展自己的时候。机遇对每一个人都是平等的，谁在那儿辛勤地储备，机遇到来的时候就会轮到谁的头上。

第六，做一个编辑不要觉得不上算，不要总想，我也不是没本事，我干嘛为他人做嫁衣。弄了半天这名写的是陈寅恪，这名写的是钱锺书，这名写的是谁谁，没写我的名。我觉得不必要这么想，事情在于自己的努力。我们做任何事情，都要从正反两方面看，做一个有心的人，要做出版家，不做编辑匠，要把我们的事业搞好，要把我们的素养提高，要不断地与时俱进。一定不要觉得自己那套最好，一定要不断看看周围出了哪些好书，策划了哪些好的选题，学术界、出版界有哪些思考，在这个过程中间，把三联书店办好，把中国出版集团办好。

传统文化的立足点与着眼点

（2008 年 10 月）

　　回顾新时期的古籍整理事业，或者说对传统文化的认识，我们会发现发生了令人惊诧的巨大变化。在不太远的一二十年前，由于社会主义市场经济的建立和发展，人们的观念发生了深刻的变化，加上科技的高速发展，经济全球化促进了世界各国的往来，对传统文化的意义、地位和作用的评价，对古籍整理事业的认识，发生了质疑。总的来说，那时，一些学者认为古籍整理离现实太远，现在是现代化、信息化、网络化时代，古籍整理已经没有多大意义。更有一些青年同志说，传统文化与现代化怎么可能连接在一起啊，再讲那些子曰诗云，岂非太落伍了。但是，曾几何时，《于丹〈论语〉心得》的发行达几百万册，阐发《老子》的书一印再印，于丹、易中天、阎崇年等等成了大明星，连高校讲解古典文学的教师也成了各界欢迎的"坛主"。他们滔滔不绝地讲述传统文化，而且，呈现场场爆满的盛况。

　　我们如何认识这一现象？

　　随着社会的进步、经济的发展，文化赖以存在和发展的物质基础、社会环境和传播手段都发生了根本性的改变，古籍整理和出版事业在新的历史条件下面临着新的考验。

　　任何一种文化的发展都是具有延续性和交融性的，一个有着悠久传统的文化尤其如此。这就是说，不论我们承认与否，一个民族的传统文化与现代文化实际上处在同一体中，任何一种文化的现代化都是其自身传统的现代化，不可能割断历史；任何一个民族的文化的现代化都具有本民族的特色和传承的历史，不可能是从天上掉下来。研究任何一个民族的现在，必须研究这个民族的历史。所以在建设有中国特色社会主义的进程中，在建设社会主义精神文明的实践中，对中华民族的传统文化必须抱有批判地继承的态度。

　　整理我国古籍就是对传统文化进行清理。去粗取精，去伪存真，就是为了继承和发扬一切优秀的文化传统，为建设社会主义精神文明提供借鉴。传统文化中的精华部分，说到底是民族性的表现，而民族性正是先进文化的显著特征。"三个代表"重要思想中很重要的一点就是代表中国先进文化的前进方向，而要把中国的文化建设好，确实代表中国先进文化的前进方向，就必须对传统文化去粗取精，去伪存真，取其精华，去其糟粕。这个任务，可以说更加集中地落实到了我们从事古籍整理研究和出版工作的同志身上。古籍整理研究和出版工作就是为建设社会主义先进文化这一目标服务的，是一个重要的方面军。十分明显，古籍整理出版事业的发展，是由古籍整理的重要性和特殊性决定的。在当前这样有利的形势下，我们必须将古籍整理出版工作继续向前推进。

　　古籍整理研究和出版的着眼点是古为今用，立足点是当代的具体实践。胡锦涛同志在党的十七大报告中特别提到"要做好文化典籍的整理工作"。可以说，这是党中央第一次在这样高规格的报告中提到文化典籍的整理工作。我们从事这方面工作的同志，感到震动、鼓舞和激励；同时，也感到要努力做好这一工作的巨大压力。他又说："要全面认识祖国传统文化，取其精华，去其糟粕，使之与当代社会相适应，与现代文明相协调，保持民族性，体现时代性。"应该说，这已经十分清楚地为我们指明了古籍整理与研究的着眼点与落脚点。

怎样相适应，如何相协调？这其中有深刻而丰富的内涵。让我们稍做回忆。曾几何时，"戏说"成风，戏说乾隆、戏说康熙、戏说纪晓岚、戏说武则天，几乎历史上的一切都可以戏说，都在戏说。为什么？因为有市场。为什么有市场，人们需要了解历史、认识历史。客观地说，"文化大革命"把孔子变成"孔老二"，读者会问，孔子究竟是一个什么样的人？"文化大革命"把中国历史讲成帝王将相史、宫廷政变史，中国历史就是农民起义，今天打倒那个、明天推翻这个。读者会问，如果是这样，中国历史上的伟大业绩究竟是怎样产生的？历史究竟是谁创造的？历史学家们不能及时地、准确地、通俗普及地把历史的本来面目告诉人们。一般群众认为"戏说"就是最生动地讲解历史。"戏说"就在这样一个背景下发生、发展、街谈巷议而蔚为大观。

接下来，"正说"出现。"正说"是对"戏说"的批评，对"戏说"的指正，或者说"拨乱反正"。此风由中华书局带头吹起，出版了"正说清朝十二帝"等一系列图书。"正说"中国历史迅速遍及全国，"正说"之书几十种上百种问世。从这种现象也可以看出，历史学家们心中不平之气积郁已久，不满"戏说"之学风。

再下来就是《于丹〈论语〉心得》了。这又到了一个新阶段。《于丹〈论语〉心得》一下子印行几百万册。于丹成为广大读者心中的明星。为什么会有这样大的动静？我认为这是人们不但需要正确的历史知识，还需要提高，其关键是人们需要一种理论、一种观点来解释当前的具体实践和道德准则。人们要从古代的圣贤的言论、实践中寻找认识今天社会的答案。当然，《于丹〈论语〉心得》一类的书，还很难说是学术研究著作，但印行几百万册，有几千万读者，就说明了它的存在的价值。但是以《于丹〈论语〉心得》为代表的文史工作者不能满足，不能沾沾自喜，不能觉得自己已经最好，他们必须继续探讨、开掘，研究如何更好地"与当代社会相适应，与现代文明相协调"，否则，很快就将会被取代。犹如"戏说"出现观众如潮，犹如"正说"出世风行影从，但都是一个阶段，一个过程。时势造英雄。可以预见，对传统文化，对古籍的整理、研究和出版，很快会进入一个新的更高的阶段，也会产生新的、更多的了不起的学者。

对传统文化，我们还要坚持取其精华，去其糟粕，在"适应"与"协调"上下工夫，在"取"和"弃"上下工夫，还是要坚持批判继承的原则。毛泽东同志指出："中国的长期封建社会中，创造了灿烂的古代文明。清理古代文化的发展过程，剔除其封建性的糟粕，吸收其民主性的精华，是发展民族新文化提高民族自信心的必要条件；但是决不能无批判地兼收并蓄。"邓小平同志也说过："属于文化领域的东西，一定要用马克思主义对它们的思想内容和表现方法进行分析、鉴别和批判。"批判继承是每一个先进的阶级对待传统文化应有的态度，也是对历史、对未来负责的态度。

比如，孔子"仁"的思想，就是从日常生活中一点一滴积累起来的。他说："为仁由己。""仁远乎哉？我欲仁，斯仁至矣。"他还主张由己推人、己所不欲勿施于人，己欲立而立人，己欲达而达人；孟子提出恻隐之心人皆有之，羞恶之心人皆有之，辞让之心人皆有之，是非之心人皆有之，这些处理人与人之间关系的思想都蕴涵着宝贵的东西。今天的社会，物欲横流，己欲立而整人，己欲达而陷害排挤人，孔孟的这些思想会照出一些人的心肝，即使他们自己不以为耻，也会遭到社会唾弃。"万钟不辨礼义而受之，万钟于我何加焉"，如果大家都认识到这一道理，贪污腐化就会少一些了吧。

又比如儒家轻视和贬低工商，就严重影响了社会的发展。士农工商，读书人排在第一位，倡导的是十年寒窗，一举成名，商是末位，是贩卒、末流。今天，我们就一定要对轻商的思想加以批判。

再比如忠、孝。我们提倡忠于祖国、忠于人民。我们不同意愚忠，不能为被埋葬的旧阶级、旧事物去"忠"。我们提倡"孝"，孝顺父母，友悌兄弟，但我们不能愚孝，不能为尊者讳，为长者隐。忠、孝二字形式相同，但内容很不一样了。这就需要我们在剔除和剥离之后，才能进行汲取和弘扬。

儒家思想也不主张冒险。"父母在不远行。""身体发肤，受之父母，不敢毁伤，孝之始也。"这些古训必然导致不愿冒险、温和懦弱、害怕变化。岂不知冒险精神常常与创新、创造相联系，敢于突破才能取得进步，只有发挥敢作敢为的精神，才有可能成功。连倡导儒学的李光耀都认为迫切需要"特立独行的人"，需要"冒险家和见解独到的思想家"推动新加坡前进。

道理也很简单，思想文化是一定的经济基础和上层建筑的反映，并反过来为一定的经济基础和上层建筑服务，作为从封建社会经济基础和上层建筑产生出来的文化，必须用今天的社会主义精神文明、社会主义市场经济去考核和检验，否则就会精华糟粕不分，或者打倒一切，批判一切，或者认为"今不如昔"，让腐朽的东西复活。

文化的传承是一个社会问题，所以才会有"戏说"成风，才会有"正说"热潮，才会有《于丹〈论语〉心得》畅销，而只有当传统文化被广大群众所认识、所理解、所掌握，才能保证持久的、正确的方向。这又是广大文化工作者的历史重任。

不久前，我看到两条消息。一条是深圳要在梧桐山南麓建立"老子文化园"。一条是安徽和县扩容改造"刘禹锡陋室"成为新的"陋室园"。老子既不是出生在深圳，也没见到学者考证老子的足迹到过深圳，而目前拿牵强附会的材料，论证其为老子出生地或老家的已有多处，深圳何苦花巨资再建"老子文化园"？是否是为了借人们读老子《道德经》之热，建园卖票？深圳人把小渔村建成现代大都市，被人们誉为"深圳速度"，何苦非得拉上老子来光大自己？陋室，再经全新打造，我们还怎么去读陋室铭？有人说，这两件事反映了地方发展的"创造力匮乏症"，也许是，但我认为根本原因是没有弄明白"适应"与"协调"问题，是我们文化工作者工作没有做好。

德国哲学家卡尔·雅斯贝斯在《历史的起源和目标》一书中提出"轴心"的理论。他说，在公元前500年左右，世界范围内特别是中国、印度、伊朗、巴勒斯坦、希腊等等地区，出现了大批哲学家，发生了"哲学的突破"。他将这一时期称做历史的"轴心"。他说：

> 人类一直靠轴心时代所产生的思考和创造的一切而生存。每一次新的飞跃都回顾这一时期，并被它重燃火焰。自那以后，情况就是这样，轴心潜力的苏醒和对轴心期潜力的回归，或者说复兴，总是提供了精神的动力。

这个思想，主要是讲传统的价值和意义以及对传统回归、复兴亦即继承的看法。中国几千年的历史，各个阶段阶层对传统文化的认识、利用、改造或继承，也大体如此。

但是，历史就是历史，是在历史的土地上发生、发展、高峰和变化的。

现实就是现实，它需要传统文化，是要吸取其精华，为今天服务，从而将文化推向一个新的高度。而这个我们觉得很是不错的"新文化"，后来人还会根据他们的标准和需要去鉴别和扬弃。

作为一个文化工作者，一个古籍整理研究工作者，今天的研究、今天的整理，要有世界的眼光和五千年中国历史的气魄。怎样才能有世界的眼光和五千年中国历史的气魄，让我们继续努力探讨吧。

上善若水

——纪念中华书局总经理王春同志

（2010 年 5 月）

　　王春同志若还健在，今年当是 86 岁。

　　10 年前他去世时，我很难过，长时间地陷入沉重的静穆与深思之中。转眼 10 年，3600 多天，不算短，但他的形象却常出现在我眼前。身材高大而匀称，腰板挺直，虽然"文革"中腰被打伤过，犯病就得躺在床上，但病过，一起床，腰板仍然笔直，眼睛明亮、和蔼，短短的头发，多已花白，看得出丰富的阅历和饱经沧桑。在北京也有几十年了，但说话还有山东口音，听别人说话很认真，那种真诚，让你情不自禁地把心里话都说出来。76 岁。说活得少吧，也过了古稀之年；说活得不少吧，活到八十九十几岁的人多的是，怎么王春同志只活了 76 岁！

　　今年是新中国成立 60 周年，检阅 60 年的业绩，缅怀 60 年间的人物，前辈、大家如千丈岩松，在我眼前耸立，但最让我景仰和怀念的是王春同志。

　　王春同志离休前是中华书局总经理、党委书记。

　　他不管出书，却"管"出书的人。

他不是"管"出书的人，他是千方百计招揽有真才实学、能出书的人，真诚地为他们服务，保证他们出好书。

我们做出版的人，常常记住一本书的策划人、责任编辑，甚至封面、版式、装帧设计的人，但谁还能去想是谁发现了这些人，培养了这些人，请他们来做这份工作的呢？

想到这里，我心潮澎湃。我大学一毕业就到中华书局工作，一做20年。我一生与古籍整理出版事业有缘，离开中华书局仍然做着与古籍整理和出版有关的事。所以，我不会忘记王春对中华书局、对古籍整理出版事业的贡献。

"人弃我取，乘时进用"

1958年是中华书局历史上十分重要的一年。这一年，中央把中华书局定为整理出版古籍的专业机构，还指定中华书局是国务院科学规划委员会古籍整理出版规划小组的办事机构，随后又召开了全国古籍整理与出版规划会议。这种形势，使中华书局的地位大大提高，但与地位等量的工作任务瞬间压了下来。而这时，中华书局连收发室、维修办公楼的后勤人员都算上，全体职工只有六七十人，根本没办法承担这样的艰巨任务。

也就在这时，又传来毛泽东主席对新校点本《资治通鉴》的表扬。毛泽东说，这部书出得好，是一件很有意义的工作。同时，毛泽东又幽默地说，这部书装订（每册）太厚，像砖头一样，只能给大力士看。

毛泽东的话让决心干一番事业的中华出版人看到了光明的前景。新中国成立初期，百废待兴，毛泽东日理万机，却能顾得过来表扬一部古籍整理的图书，可见古籍整理与出版对新中国是很重要的，是很有意义的工作。中华书局的领导明白，要很好地完成毛泽东交给的任务，头等大事是必须有优秀的人才，中华书局的编辑出版力量远远不

够，必须大大
加强。

这时，中华
书局的"老板"
金灿然，这位
1936 年北大历史
系的学生，抗日
烽火骤起时毅然
奔赴延安的热血
青年，延安马列
学院的研究员，
范文澜编写《中
国通史简编》的
助手，新中国成

1985 年，李一氓同志、王春同志参加《文史知识》五周年座谈会。

立之初出版总署的出版局副局长，提出了"人弃我取，乘时进用"的口号。

真是石破天惊！就是在今天，我想到金灿然同志的这句口号，仍然会感到它的千钧之重，仍然会惊异这个不算大的、出版界的领导，怎么会有这样的胆识！怎么敢说人弃我取！他就没想到那些人是谁"弃"的吗？

作为当时中华书局主管干部人事的党支部书记（即后来的党委书记）王春同志立即接过这个口号，大刀阔斧地干起来。

王春说：我完全赞成灿然同志的方针，而且在他的领导下，具体地、十分积极地执行了这一方针。这句话不是事后的夸誉，而是"文化大革命"中被造反派勒令检查时检查材料中一字不差的文字。在被勒令检查时仍然敢于这样说，这就是自信。

他认为，灿然同志说得对，"右派"中间有不少人有真才实学，应该利用起来为社会主义建设事业服务。许多单位要把"右派"赶出来，我们可以从中精选出一批品质好、业务好的人来中华书局搞古籍整理。

王春有理论和实践的根据，他说，古籍整理工作和新闻战线、教育战线不同。毛泽东在上海，不就是让中华书局过去的编辑所所长舒新城先生当"右派头"，搞《辞海》吗？

一时间，中华书局陆续调进一大批被认为有政治问题，或者戴着右派帽子的专家学者。这中间有著名文化人、原浙江文联主席宋云彬，著名古汉语专家杨伯峻，王国维公子王仲闻，秦汉史专家马非百，陶瓷专家傅振伦，版本专家陈乃乾，编辑专家张静庐、徐调孚，没有公职、游散于社会，但学问渊博的戴文葆、王文锦，还有著名学者、出版家、古文字、天文历算等方面的专家，如卢文迪、潘达人、陆高谊、曾次亮、章锡琛、傅彬然，洋洋洒洒，几十位著名人物，颇有广揽人才尽入彀中的气魄。当时，连出版大家、商务印书馆的总编辑陈翰伯都说："我没有你们金老板的气魄！"

衮衮诸公，不负所望，四年下来，中华书局先后整理出版了《册府元龟》、《永乐大典》、《文苑英华》、《太平御览》、《全上古三代秦汉三国六朝文》、《全唐诗》、《明经世文编》、《宋会要辑稿》、《庄子集解》、《太平经合校》、《藏书》、《焚书》、《文史通义》等等，都是重大项目；二十四史的整理工作，继《史记》、《三国志》出版后，已全面铺开，又请来一批著名史学家，如郑天挺、唐长孺、王仲荦、刘节、卢振华、张维华等等来中华书局工作。真是人才云集、硕果累累。

中华书局真是那么平静吗？其实，那时"反右"斗争，运动虽过，但余波未平，很多"右派"帽子仍在；反"右倾"高潮又起，"拔白旗"，批"白专"，天天开会。可是，"大跃进"风仍劲，鼓干劲，争上游，也是毛泽东提出来的，没人敢反对，毛泽东对古籍的重视，对二十四史的偏爱，使中华书局有了保护伞。

在这两种潮流的涌动中，金老板的主张在运行。

金老板大政方针一定，王春抓紧时机，千方百计贯彻落实。又要用这些人，调进这些人，保护他们工作的积极性，又不能让别人抓着把柄，说你保护"右派"，保护政治历史有问题的人，思想"右倾"。做人的品质、政治的原则，工作的技巧，与人相处的平和谦逊，许多故事由此产生，让我们认识了王春同志的风采与品格。

宋云彬的大字报

宋云彬是位著名人物。他的言论不仅在浙江引起批判，在全国也是挂上号的大"右派"。中华书局想尽办法把浙江不要的人弄了过来。

1960年，精简机构，支援农业生产第一线。中华书局领导作了动员报告后，要求大家报名。很多老先生感到自己年老体衰，没有条件去农村，没有报名。这种敢于不报名的举动，马上受到单位一些青年人的批评，说他们不响应党的号召。恰好几天前，党组织刚刚宣布宋云彬摘去右派帽子，有人说他刚摘了帽子就翘尾巴，不听党的话了，老虎屁股摸不得了。宋很不服气，便去找时任党支部书记的王春。

这些事宋云彬在日记中有具体记述。宋云彬几个阶段的日记近70万字汇编在一起，取名为《红尘冷眼》，2002年由山西人民出版社出版。我看日记大体保留了原貌，让我们能真切感受当时的社会气氛。且看他是如何记述的。

1960年11月1日，晴。

×××大肆批评，辞锋甚锐。余即赴人事科找王春。先问他看我的那篇摘去右派帽子给组织写的感想怎么样。他说："你讲的都是心里话，都是很好的。"

我就说："这次关于支援农业生产第一线及精简机构问题，我没有能够好好参加讨论。此刻我组正在热烈讨论，并催促大家贴大字报（表态）。我有点为难。要我写一张大字报，要求让我去农业生产第一线，或者说到农村去安家落户吗？那我决不写，因为如果这样写了，分明是欺骗党，欺骗群众。"

王春说："这样写当然不好，但你可以写一张讲摘掉帽子的事情，表示感谢党，感谢同志们，最后带上一笔，说自己受年龄和体力的限制，不能追随同志们上农业生产第一线去，只有更加努力，做好自己的工作。"

我说："好，那我回去就写。"

……晚饭后，我开始写大字报，到十点钟才写好。最后我说："现在同志们纷纷要求到农村去，我受年龄和体力限制，不能追随同志们去到农业生产第一线，但是我也必须懂得农业是国民经济的基础，向在农业生产第一线上贡献力量的青年同志学习，更加鼓足干劲，做好自己的工作。"

恰好这时书局内出现了两张老先生写的大字报。一位老先生在大字报中说，老年人要求下乡是"自欺欺人"，多此一举。还说，他不下乡，他要保养身体，延长寿命，看共产主义到来。

另一位老先生在大字报中说，他决心要求到农业生产第一线去，虽然他的八十余岁老母亲听到他要求去农村，吓得昏倒了，他还是坚决要去。"谁无父母，我还是坚决请求党批准我到农业生产第一线去"。

说实话，两张大字报都有点调侃的味道，很快成为书局内议论的焦点。中华书局一位领导在大会上讲：两张大字报，一张叫"自欺欺人"，一张叫"谁无父母"，态度都不好。人家有的大字报就说得好嘛，表示自己受年龄身体限制，去不了，但要提高对农业是国民经济基础的认识，在自己岗位上做好工作，也间接支援了农业。

那位领导十分强调地说，这个人说的都是真心话。这样说，实事求是就很好嘛！

　　宋云彬这位刚刚摘了帽子的"右派"渡过了一劫，他说了心里话，说自己去不了农村，还受到了表扬，很有面子。对于一个老知识分子，这"面子"不是比什么都重要吗？宋云彬自然很高兴，从内心里感到王春待人以诚，与人为善，值得信任。

　　宋云彬摘了右派帽子后，在1960年11月28日的日记中写道："上下午校勘《后汉书》。整天工作，不听报告，不参加学习，殊难得也。"（见《红尘冷眼》）短短几句话，体现了一个知识分子想集中精力做些工作的心情。

　　金灿然也好，王春也好，信任他们，大胆使用他们，"殊难得也"！

与章锡琛玩麻将

　　有一件事是听杨伯峻先生告诉我的。开明书店的创办者之一，著名学者章锡琛先生爱玩麻将，有一次王春去看望他，正碰上章先生想玩麻将，又三缺一。王春到了，曾是"右派"分子的章先生哪敢去想请党支部书记坐下来补齐人数陪他玩麻将啊！没想到王春竟然坐下来，高高兴兴地和章先生等人凑成一桌。章锡琛先生大为感动，感到这个共产党的干部平等待人，感到这个共产党的干部尊敬老人，就为这，以后每年春节他都不顾年高体弱，由人扶着去王春同志家拜年。王春说：我并没有想到借打麻将来做什么工作，只是觉得老人很寂寞，陪他玩玩有什么不可以？"只是觉得老人很寂寞"，这是多么深厚的同志之情啊！如果每个共产党的领导干部都能像王春这样体贴关怀老专家、老学者，还愁老专家老学者不把党的事业当成自己的事业？还愁老专家老学者不把党的领导当成自己人？

　　事情也正是如此。章先生虽然受到不公平对待，仍然一如既往的努力工作。他特别注意严格要求自己，帮助青年人业务上成长。有一位年轻编辑写了一本小册子，请章先生审阅。章先生一字一句斟酌修改，甚至连标点符号也不放过，还当面给这位年轻人讲解为什么要这样修改。有的地方章先生认为译得不好，便自己动手重新译过。没觉得自己是摘帽右派，缩手缩脚。身处逆境，仍高风亮节，心中没有理想的人是绝对做不到的。

刚才说到杨伯峻先生，他是著名的古汉语专家，北京大学教授，有深厚的家学渊源，1957年也被划成右派。不久，就由北京大学发配到兰州大学。他因为不适应兰州的气候，旧病复发，吐血，想回北京，北京大学不敢答应。中华书局的总经理金灿然说，他是专家，中华书局用得着。王春同志马上行动，又找文化部，又找高教部，经过两年多的努力，终于把杨伯峻调到北京中华书局，还给他爱人安排了工作。王春说，这是总经理金灿然的魄力，其实，没有王春同志的亲力亲为，再好的想法也不可能变成现实。

杨伯峻先生后半生与中华书局同甘共苦，在古籍整理出版工作中作出很大贡献。他的《论语译注》、《孟子译注》成为雅俗共赏的经典。记得1972年在湖北咸宁五七干校，晚上开完会我回自己的宿舍，碰到杨先生站在大路上，我问杨先生："这么晚了您在这干什么？"杨先生说："值夜班，打更啊！"我听了忍不住笑了，因为杨先生不但手无缚鸡之力，风都能把他吹倒，而且1000多度的近视眼，看书都快贴到纸上了，还能值夜班？他见我笑，便说："我看不到小偷，小偷能看见我啊！"看看，多么乐观的一位老先生，身处干校，泥一把水一把，夏天室外气温到50℃，冬天结冰，路滑如镜，他却也坦然相对，心里不是存着对金灿然、对王春同志的知遇之恩吗？

王国维的儿子王仲闻

还有一位著名人物，就是王仲闻。第一，他是王国维的儿子。王国维是顽固的封建主义保皇派，他因为末代皇帝溥仪被逐出宫，愤而投昆明湖自杀殉节，鲁迅说他"在水里将遗老生活结束"；第二，国民党统治时期，王仲闻在邮局工作，当时邮局的关键部门由特务机关中统控制，而王仲闻由于工作认真恰好被分派在这一部门工作，于是他就是"特嫌"。后来，因为他要办同人刊物，也没办成，邮局借此把他开除……像这样一种人，在那个年代谁敢使用？尽管他的罪名能落实的似乎也只有一项，那就是"王国维的儿子"。不久，王仲闻业余搞了一本《人间词话校释》，他的学问遂被人发现。中华书局急需人才，金灿然还是那句名言，"他有这个能力，我们为什么不让他干？"王春同志还是那个指导思想，既然是人民内部矛盾，那就在人民内部处理，他有权工作。

其实，中华书局用他也还是很有分寸的，并不是如大字报所说"待若上宾"，只不过是用其所长，尽其所能，做他能做的事。先是让他临时帮助审校书稿，他尽心尽力。街道让他下乡，中华书局人事部门就去跟街道说，他是中华书局的"临时工"，在中华书局有任务，任务还没完现在还不能下乡，这样王仲闻就得以每天来中华书局上班了。王仲闻也确实有学问，后来到社科院文学所作研究员的沈玉成曾经说过："可以不夸大地说，凡是有关唐、宋两代的文学史料，尤其是宋词、宋人笔记，只要向他提出问题，无不应答如流。"

一次，有位资深编辑查找"滴露研朱点《周易》"一句诗的出处，遍查无着，去请教他。他拿起笔就写出了这诗的全文，并告之此为唐人高骈的诗。沈玉成说："这首诗作者既非名人，诗中也无佳句，从来也没有人提过，当时我们面面相觑，感到真亏他怎么记得。"

又一次，《辛亥革命烈士诗文选》即将发稿，担心还有不妥之处，请他再通读一遍。没想到他竟然找出多处问题。比如："豺狼当道，安问狐狸"，原注引《后汉书·张纲传》，他指出，还有更早的出处，应当引《汉书·孙宝传》；又如"太白"，旗名，原注引《国策》，他说应引更早的《逸周书》。据沈玉成说：指出这些问题，王仲闻全凭记忆，因为工具书上所记载的出处，都是《后汉书》和

《国策》。

王仲闻先生对古籍整理的贡献最应该大书一笔的是他帮助唐圭璋先生整理《全宋词》。唐圭璋先生积数十年之功，编纂了这部宋词总集。唐先生精益求精，约请王先生为《全宋词》核实材料，加以订补。又是中华书局的人事部门按着金灿然、王春同志的指示，与街道再三联系，这个临时工就变成长期工，成为事实上的中华书局职工了。

王先生一次次到北京图书馆查阅核对资料，遍翻有关的总集、别集、方志、类书，甚至笔记、野史，补充了唐先生没有见到的材料，和唐先生一起切磋磨砺，修订了唐先生原稿中的许多考据结论，足足用了四年的工夫。王先生的努力，使新版《全宋词》水平大大提高。唐圭璋先生在他的文章中和谈话里多次提到王仲闻先生的贡献。到后来，中华书局编辑部的一些人看到王仲闻先生的贡献，已大大超越一个编辑对书稿的加工，提出是否在"唐圭璋编"后增加"王仲闻订补"这样一个署名，唐圭璋先生欣然同意。此事后来虽然因为政治的原因没能实现，但一个"临时工编辑"而"订补"大专家的大量原稿，最后大专家居然同意与其共同署名，也可见王仲闻先生的学识和贡献，亦可见中华书局用之得当。

上善若水

我之所以对王春同志的胸怀和气魄感触深刻，还因为我自己也有这样一个经历，他也是那样对待我的，而我那时并不是专家，只是一个刚毕业、刚参加工作的青年学生。这就让我认识到，王春并不是因为对哪一个人、哪一件事有好感才那样做，而是心中装着大的事业、大的目标。只要是对这个大事业、大目标有利，他就会按着党和国家的政策自觉地、努力地去做。

1966 年 7 月，我在北京大学中文系古典文献专业毕业，因为

"文化大革命"的原因，在学校等待分配。一年多后，分到中华书局做编辑，接下来去部队农场锻炼，接下来又去湖北咸宁五七干校，直到 1972 年才回到中华书局开始业务工作。这时，离大学毕业已有七八年之久。青春年华，岁月蹉跎。不久，批林批孔、评法批儒开始了。毕业七八年没有工作，我们这些人就像长久被捆着的战马，急于驰骋。看到中央文件中提到的古代作品，听到传说的毛泽东讲话中引用的古代文献，油然而生把它们注解出来为工农兵服务的愿望，心里还想，这不就是把中央文件通俗化，帮助老百姓理解吗？这不就是为工农兵服务吗？到工农兵中去听取意见，又大受工农兵欢迎，那就赶快行动吧！

我主持并执笔了《读〈封建论〉》的写作，我参与了《活页文选》的编辑（前十篇都是中央文件提到的"法家"著作），我还评注了《盐铁论》，评注了《辛弃疾词选》……粉碎"四人帮"，王张江姚的阴谋一件件被揭露出来，我深感懊恼，深受打击，深刻忏悔！

王春同志问我：批林批孔批周公你不知道吗？"我真不知道。"

王春同志问我：说天安门"四五"诗抄是反革命的诗，你是这样认识的吗？"不是。"那你为什么还参加批判这些诗？"我没有批判。"四五事件"天安门清场前我还在天安门广场，亲眼目睹了广大群众的愤怒和意志。我知道大家的情绪。北京市公安局来找中华书局党委，请中华书局把这些诗注解明白。党委找到我和其他三四个人，让我们注解好。挑了《人民日报》刚刚讲解过的一首，我就一字不差地把《人民日报》的解释抄了下来。"

我的说明谁相信？

王春同志相信。

他那时还不是中华书局党委书记，他在《诗刊》社作领导工作。他是我们在干校改造时的领导，我信任他，我和他说话直来直去，无所顾忌，他相信我的真诚。

我那时既不是党员，也不是干部。

粉碎"四人帮"后，王春说，他还很年轻，以后还有很多工作要做，需要把那几年他的表现写个"说明材料"。

有的领导说，谁也没说他有什么问题，他又不是领导干部，不必写吧？

王春说，得以党委的名义给他写一个，否则多少年后，事过境迁，就说不清了。

这些话，好让我感动。父母兄弟又如何？

给我写的"说明材料"上说："这些小册子的内容，都是按照当时有关文件指示和'两报一刊'社论精神编写的，必不可免的要存在政治上和理论上的错误。""与当时的历史条件分不开，责任主要在领导。""他真诚拥护党的十一届三中全会以来的路线方针政策，工作中勤勤恳恳，兢兢业业，政治上积极要求进步……"

后面盖着"中国共产党中华书局委员会"的大印。

今天，我翻阅这一页纸的"说明材料"，心仍然怦怦直跳。

这些话语，是对年轻人的一种大度，一种宽厚，一种信任，是在年轻人即将绝望时投过来的一个微笑。

年轻人该是多么感激！他们必然会以一种忘我与刻苦的努力回报这宽厚、信任、大度和微笑。

当这些年轻人也老了的时候，他们在回顾他们的一生时，当会庆幸这人生的厚爱。他们只会苦恼，无论怎样做也不能报答这恩情于万一！

老子说：上善若水。

著名学者陈鼓应先生说，老子用水性比喻上德者的人格。水有三个显著特性：一柔，但屋檐下点点滴滴的雨水，经过长年累月可以把巨石穿破。二停留在低下的地方，谦虚、容物。三滋润万物而不与相争。

王春同志以他的品德为这句话作出了最好的注解。

王春可能没有什么大作，也没有整理标点过古书，但是他却重用了写大作、整理标点古书的人。他也不是学术专家，不是教授学者，但是他在危难中关怀、帮助、救济过专家教授学者。他没有疾言厉色，慷慨激昂，争强好胜，咄咄逼人，但他慈善温和、设身处地，给人以温暖，他的话像春雨般滋润人的心田。他在"文化大革命"中挨过斗，挨过打，戴过高帽子，游过街，但他却以博大的胸怀，无比的慈善，关怀过做过错事的年轻人。天下最紧要的事是人才，王春不正是从事这最紧要事又卓有成绩的专家吗？一个党的关键是得人心，王春的作为不正是努力给共产党争取人心共同去建设伟大的中国吗？

王春同志去世十年了，在他快要离休的时候，他在《以诚待士三十年》一文中写道："在即将离休之际，以依依不舍的心情对这些同志给予我的信任表示衷心的感谢。"

他依依不舍中华书局的同志，依依不舍同志们的期望和信任，依依不舍和中华书局同志们共同奋斗的事业。

今天，我们可以告慰他的是中华书局事业蒸蒸日上，业务是中华书局历史上最好的时期；中华书局一代新人在成长，老同志、中年同志、青年同志，梯次清晰，和谐奋斗。

薪灭火传，王春同志您可以安心地休息了。

附记： 王春同志（1923—1999），山东苍山人。1939年加入中国共产党。1940年即进入新闻出版界，先后在大众日报社、山东新华书店工作。1951年任国际书店分店经理，1954年任古籍出版社办公室主任。1957年调入中华书局，先后任办公室副主任、副总经理、总经理、党委书记。1986年离休。

（此文写作时参考了《回忆中华书局》一书中
沈玉成、吴翊如二位先生的文章，特此说明）

下　编

　　下面这一组文章是我做编辑工作的体会，以及后来做出版管理工作时碰到的有关编辑素养问题的一些感想。

　　我 1966 年在北京大学中文系古典文献专业毕业，1967年由国家统一分配进入中华书局。从助理编辑做起，一步步，做到编辑、副编审、编审。编过书稿，编过刊物，也做过总编室工作。在总编室编过《古籍整理与出版简报》和社内的通讯。1981 年参与筹办并主持《文史知识》编辑部工作。1987 年上级调我到新闻出版署（2001 年升格为新闻出版总署）做出版管理工作。

　　2002 年任职中国出版集团，那时的头衔是管委会主任，后来成立集团公司，改称总裁。2007 年 4 月 9 日结束出版集团总裁工作。2009 年，上级任命我为《中国大百科全书》总主编，又回到编辑岗位上来。从进入出版界到结束集团公司工作，之后又开始编辑工作，至今前后 45 年。这 45年，我做了 24 年编辑，16 年政府出版管理工作，5 年出版集团公司经营管理的领导工作。

　　我庆幸组织对我的厚爱，使我有机会从多方面体会认识编辑出版工作。特别是我做了出版管理的领导工作后，更感到提高和加强编辑素养的重要。于是，在工作之暇，特别是从出版集团总裁的位子上退下来之后，我有时间思考，写了一些文章。希望这些文章中谈到的一些体会能供青年编辑参考，或引起他们的注意。

　　本书前两部分（上编、中编）大体上按文章写作时间先后排序，这一部分（下编）改变了做法，把谈宏观一点问题的文章放在前面，把谈具体的编辑工作的文章放在后面。

把编辑工作作为一门艺术去追求

《编辑艺术》前言（1989年12月）

在《编辑艺术》这本小书排印之际，还想说几句话。

本来这本小书的一些篇章在刊物上刊出的时候，起名"编辑随笔"，因为文章写的是我做编辑工作的点滴体会，所以这个题目还是名副其实的。这次成书，把书名定为"编辑艺术"，我是经过再三考虑的。我做编辑工作虽然已有20余年，但不论是个人的学术修养，还是从编辑实践的结果来看，都差得很远。点滴体会，哪里就谈得上是论说"艺术"呢？像《编辑工作二十讲》、《编辑学概论》那些前辈之作，才真正是编辑艺术的论著，令人叹服。但我还是把这本小书定名为"编辑艺术"。我是想，编辑工作并非业外的一些同志那样的看法，也不是一些编辑同人对自己所从事的工作那样的评价。我认为编辑工作是一门艺术。你想想，要让天下的英才在百忙之中抛下他务，为你作文；要把文章组织好、安排好，让天下读者爱看你编的书、编的刊物，这没有点"艺术"，做得到吗？要把人类的历史、人类的文明，万千知识，像春雨一样滋润广大读者的心田，在空白版面这一大片"荒芜的土地上"建筑起赏心悦目的"高楼大厦"，没有点

"艺术"，做得到吗？我虽然没有做到，但我热爱这项工作，我是把它作为一门艺术去追求、去探索的，也希望我的同行们把编辑工作作为一门艺术去追求、去探索。这就是我不揣浅陋将这本书定名为"编辑艺术"的缘由。

应该说，写在这本《编辑艺术》中的一些经验，并不是我个人的体会，它是《文史知识》编辑部的朋友们的共同体会。《文史知识》编辑部，这是我一生中永远难忘的一个集体。它朝气蓬勃，它不断追求。这些青年朋友的努力集中到一点上，可以这样概括：要把编辑工作当做一门艺术去追求，首先要把编辑工作当做一项事业去追求。写书的是作家，画画的是画家，但如果没有编辑，他们的作品是难得以那样漂亮的面孔、那样高的质量问世的。可以毫无疑问地说：一部好作品问世，除了作者的才能和辛劳外，其中也凝聚着编辑人员的心血。编辑工作是向广大读者输送好书的工作，编辑是让读者从读书中得到精神陶冶、艺术享受的人。从事这样的工作，做这样一个人，难道不足以自慰吗？

所以，与其说我这本书谈了一些编辑工作的体会，不如说它表达了一个编辑的心愿：把编辑工作作为一门艺术去追求。印度大诗人泰戈尔有首诗常给我以鞭策。他在《飞鸟集》中写道：

"可能"问"不可能"道：

"你在哪里？"

它回答道：

"在那无能为力者的梦境里。"

愿以这首诗与我的同行们共勉。

《编辑艺术》再版后记（2006年春）

几个月前，中华书局的朋友跟我说，希望把《编辑艺术》重印一遍，我没有同意。后来，他们又来谈，说有不少青年编辑辗转借到一册，整本复印，我听了大为感动。

这本小书中所谈的 15 个问题，不过是当年我在编辑《文史知识》时的一点体会，也可以说是编辑部的朋友们共同的实践经验的总结。今天看来已经很不够，也许只能当做一种历史来看了。不过，当我拣出前辈们给刊物的题词，尤其是看到往日创业时的照片，那些全身心投入，心无旁骛、心无杂念的纯真脸庞，那些青春的岁月，一一回到眼前。

这里还要提到支持我们的两位前辈，一位是当时中华书局的总经理王春，一位是当时中华书局总编辑李侃。李侃同志敏锐地捕捉到时代的需要，发起创办《文史知识》，订定宗旨，明确方向，功不可没。王春同志全力呵护，扶持成长，让人怀念。正是他们把握了时代脉搏，才有《文史知识》的诞生与成长。

回忆往昔岁月，让我感慨丛生。

什么是生活？有人曾经说过，生活就是梦想和兴趣的演出。这话我很欣赏。我们为了明天的梦想，曾放弃了无数的诱惑；我们为了我们的兴趣，曾奋不顾身地工作。——我十分相信，这是当年《文史知识》的朋友们，今天仍然坚持的人生观。

我们的工作好比是一块砖，让后来的同行踩着它前行。我们要无愧于我们的志向，无愧于自己的梦想。

编辑事业是立言、存史、资政、育人的事业

(2008 年 3 月)

一、人类最伟大的思想在哪里

一个编辑首先要对你从事的工作感到重要和光荣，也就是我们常说的应该有时代的使命感，有社会的责任感。

起草这篇文章的时候，刚好是世界读书日之后，我听了很多关于阅读的演讲，看了很多讲读书的文章。那些从心底里对读书的渴望、看重，不禁使我这个有 40 余年工龄的出版工作者心情激动。编辑是什么，编辑的责任在哪里，使命在何方，他们的演讲，他们的文章，让我思之良久。看看他们说得多么好啊：

人类最伟大的思想在哪里？在书里。

一个人的精神发育史就是他的阅读史。

没有阅读就不可能有人的精神发育，阅读不能改变人生的长度，但是可以改变人生的宽度。阅读不能改变人生的物象，但是可以改变人生的气象。

——朱永新（民进中央副主席）

2012 年《文史知识》创刊三十周年，编辑部创刊时的部分老同志合影。左起：余喆、华晓林、胡友鸣、杨牧之、黄克、马欣来、孔素枫、张荷。

（"文化大革命"时，我在新兵连）夜晚，一个老兵偷偷地塞给我一个纸包，强调说："供批判用。"纸包里是一套破旧的《静静的顿河》……我读着，想着，难道人间的生活可以如此自由奔放、风情万种？难道苦痛也可以如此缠绵悱恻、美丽动人？难道和平与战争、幸福与苦难竟能如此和谐地纠缠在一起？难道大河可以如此多情，心灵可以如此飞翔，身姿可以如此轻佻，历史可以如此斑驳？

我才知道，世间什么东西会令人无法摆脱地心向往之。

——王树增（作家）

当你意志消沉、黯然神伤时，读一读张若虚的《春江花月夜》和陶渊明的《桃花源记》，你就会觉得所有的不快都是过眼云烟。

——迟子建（作家）

媒体舆论应该能够引导人民用闲钱去买书，这个书可以是专业方面的东西，让你有更大的发展；更可以是一个让你觉得快乐，让你觉得人生有价值的东西，让你在职业之外还能寻求精神上的完善；还可以买书给你的孩子，让孩子知道在他狭窄的人生经验之外，还有一个更广阔的世界，这会对他的一生都产生重要的影响。

——蒙曼（大学教授）

这些话既是对作家的由衷赞美、感谢，也是对编辑、对出版者的由衷赞美和感谢。我想，任何一位编辑，当你读到这些文字，心里都会升腾出一种做一个编辑的神圣感、责任感与使命感吧？

这种神圣感、责任感、使命感，是做一个编辑的第一素养，没有这一点，是做不好编辑的，至少做不成一个好编辑。

二、编辑是文化进步的三大标志之一

有一位学者在他的著作中说，文化的进步有三大标志，这三大标志是什么呢？就是作家的发现、读者的发现和编辑的发现。作家的发现是以发挥作家的主导创造性为基础，将文化和创造带入完全自觉的时代。读者的发现使人们认识到，读者在文化接受，特别是文学接受中的主导作用，读者可以左右作家，可以引导作家，可以左右市场，可以引导市场。第三就是编辑的发现，是编辑在文化创造中的价值。因为任何的发明创造都必须以前人的材料为基础，都必须在前人的肩膀上向上前进。所以，保存和积累就是文化发展的前提，而保存和积累正是编辑的重要的任务之一。编辑的应用不仅仅在保存阶段，它还通过对某些成果的选择，出版的编选和出版后的推崇，体现自己的文化倾向。比如说人民文学出版社编一套丛书，选张三、选李四，还是选王五，为什么选他呢？这就体现了编辑的一种倾向、一种推崇。你为什么选这几家？你的选本为什么出这几本？你设计选题为什么这样设计呢？这就是通过对某些文化成果的选择，出版、编选和推崇，体现自己的文化倾向和价值取向。

向赵朴初先生请教《道德经百家书》的编辑组稿问题。

这个说法对还是不对？科学还是不科学？姑且不论，读过这本书以后，我感觉说法很新鲜，特别是把编辑提到了文化进步三大标志之一的位置，把作者、编辑、读者放在一个整体链条中去认识，这就比较客观地描述了编辑在一本图书诞生中的不可或缺的作用，比较客观地评价了编辑在文化进步中的地位和贡献。

但是编辑又与作者、与读者不同，他有特殊的作用。虽然书稿是作者写的，是作者天才的奉献，可是离开编辑这个环节，一本图书、一篇文章，就不可能出版好。

《钢铁是怎样炼成的》恐怕很多人都读过。1999 年，新中国国庆50 周年前夕，广西的《出版广角》曾组织了"感动共和国的五十本书"评选活动，要从新中国 50 年出版的图书中推选出 50 种来。《钢铁是怎样炼成的》所得选票居然占总票数的 93.31%，名列第一位（《感动共和国的五十本书》，江苏教育出版社，1999 年）。书中有这样一个情节，不知大家是否还记得。这个情节很好地说明了编辑的作用，说明了编辑与作者的不同。

保尔·柯察金得了一身病，很难在第一线坚持战斗了。朋友们都劝他好好休养、好好治病，他却坚决不退缩。他去找乌克兰中央书记处的领导要求工作。我把书上这一段复述如下：

　　两天之后，阿基姆告诉保尔说，某一中央刊物的编辑部里有个重要工作，但是必须看看他是否适合在文化战线工作。编辑委员会同保尔很客气地谈了一次话。与他谈话的副总编辑是一个女同志，她是个老地下党员，现在是乌克兰共产党中央监察委员会主席团的委员，她问了保尔几个问题：

　　"同志，您受过什么教育？"

　　"初等小学三年。"

　　"有没有进过党的政治学校？"

　　"没有！"

　　"呵，这也没有什么，没有进过党的政治学校的人也能培养成好的新闻工作者。阿基姆同志向我们介绍过您。我们可以给您一个不必到这里办公而在家里做的工作，并且尽力给您一些方便的条件。但是这一门工作需要广泛的知识，特别是文学和语言方面的知识。"

　　这话等于告诉保尔，他一定要失败了。半个钟头的谈话，证实了他知道得太少；而当他写完了一篇文章之后，那副总编辑用她的红铅笔画出来三十处以上修辞方面的毛病，还指出不少拼写错误的地方。她说：

　　"柯察金同志，您很有才气，如果再努力刻苦自修，您很有可能成为一个文学工作者。但是现在，您的文章不够通顺。从您这篇文章可以看出，您还没有掌握俄文。这没有什么奇怪的，因为您一向没有学习的时间。非常抱歉的是，我们不能任用您。可是我要再说一遍：您很有才气。您的文章用不着改变内容，只要在文字上好好地修改一下，就是很好的文章。但是我们需要的是能够修改别人文章的人。"

历史也证明了那位副总编辑说得对，小说中的保尔·柯察金虽然没能成为一名编辑，但却写出了一举成功的《暴风雨所诞生的》。

当然，小说中的保尔·柯察金，不是某一个保尔·柯察金，不是传记，是小说，但我们也都知道，现实生活中的"保尔·柯察金"写出《钢铁是怎样炼成的》，也是这样一个过程。奥斯特洛夫斯基以顽强的毅力，与疾病抗争，他持续不断地努力终于写完30万字的《钢铁是怎样炼成的》，是出版社和编辑帮助他几乎逐章逐段，逐字逐句修改、完善甚至誊清，杰作才成为杰作。

编辑工作既然这样重要，有这样一些特殊的要求，一个编辑就首先应该有时代的使命感，有社会的责任感。

三、对文化的"守卫"和对困境的"突围"

先谈谈时代的使命感。

中国有最为丰富、最为完整的古代文献，这让外国人十分羡慕。黑格尔就说过：中国有完备的国史。举几个例子：比较早的《汉书·艺文志》记载："汉兴，张良韩信序次兵法，凡百八十二家，删取要用，定著三十五家。"这是汉代对古代兵书整理的记载，而且是让韩信和张良这两位重臣来主持这个事，而且时在"汉兴"，汉朝刚刚建立，百废待兴之际，可见当时刘邦是非常重视文献的整理编纂的。唐朝建立刚刚五年，高祖李渊下令撰修《艺文类聚》。贞观年间，唐太宗又下令对"五经"旧注再作注解，最后孔颖达领衔完成了《五经正义》。唐玄宗李隆基亲自注释《孝经》。宋朝有《太平广记》、《太平御览》、《文苑英华》、《册府元龟》四大官修图书。明朝有《永乐大典》、《古今大全》。清朝有《古今图书集成》、《四库全书》、《四库全书总目》。《四库全书》收书3461种，有些收不进来的，又在《四库全书总目》中保留存目6793种，加起来10000多种。这些仅仅是重大工程，中小工程就不胜枚举了。

我国历代皇帝为什么这样重视文献的编辑整理？东汉时期就提出

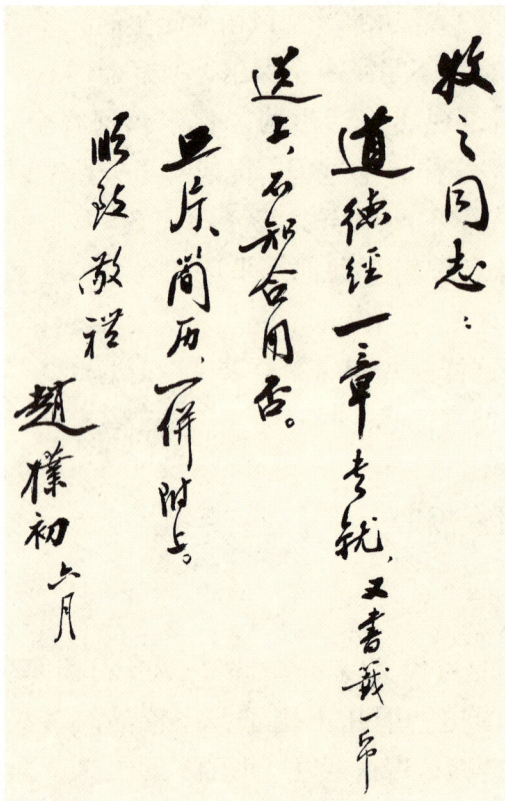

赵朴初先生信。信中所说，是指为《道德经百家书》写的《道德经》中的一章和此书的题签。

编辑整理文献目的在于立言、存史、资政、育人、传承。这五个词意义不凡。立言，留下话，也就是树立准则、标准。联想到古人说，一言可以兴邦，一言可以丧邦，可见立言之重要。存史，保留历史事实，这里面的重要性就更明显了。涉及历史怎么写，怎样记录和怎样评价。资政，把历史事件、人物记录下来，其经验和教训帮助治理政务。育人，很明白了，用编辑的文献培养人才。传承，把好的东西总结出来，传之后世。这涉及社会的发展，当然重要。从另一个角度说，把记载的人、事褒贬传下去，好的，光宗耀祖，万代美名扬；不好的，不就等于刻在历史的耻辱柱上了吗？有关的人能不重视吗？这五件事，是编辑的责任，是对编辑职能的定位，是不是十分重要？能不能真实地、客观地记录当代发生的大事，能不能准确地、科学地传承历史，需要编辑有时代的、历史的使命感。

从另一个角度说，一个国家的文化水平，大体可以从这个国家的出版、积累、沉淀的图书体现出来，而高水平的有价值的图书正是这个国家科技文化发展的综合体现。比如《水稻育种栽培学》，袁隆平先生没有那样伟大的实践，能写出这样伟大的著作吗？而《中国大百科全书》的问世，正说明中国科学技术的巨大进步，否则，那些词条只能去抄袭发达国家的科技成果。所以关键不在于出了多少种图书，而在于出版了多少能保存下来并传之久远的图书。使命感又要体现在高质量、高水平上。

再谈谈社会的责任感。

先从"小"的方面谈，关于文字、知识的把关。

保尔·柯察金是一个那么棒的钢铁般坚强的人，又很有才气，但不能做编辑，因为编辑是能够修改别人文章的人。大家尊敬地称编辑是书报刊文字的"啄木鸟"，他们可以找出书报刊的错误。而书报刊文字方面的错误又是经常发生的，就连一些影响巨大的报刊也不能幸免。《人民日报》副刊（2007 年 2 月 27 日）《春节的记忆》一文，写旧社会庆和嫂贫穷无依，又受到丈夫"无端"暴打，"回家抱起才九个月的女儿跳井自缢"。"自缢"是用绳子勒或吊毙命，跳井何须"上吊"的方式？可见"自缢"用错了。

《于丹〈庄子〉心得》"境界有大小"一文中说："禅宗有这样一句话，叫做'眼内有尘三界窄，心头无事一床宽'。……三界是什么呢？前生、此际、来世。"说错了，佛教中的"三界"是指欲界、色界、无色界。"三生"是指前生、此际、来世，也可以说成前生、今生、来生。成语"三生有幸"即指此。

前面的例子出自影响巨大的《人民日报》，后面的例子则出自声名显赫的于丹教授。我举这两个例子并不是说他们就不能出错，而是强调即使如他们这样的权威或名人也会出常识性的错误。那么，给这些文章把关，让啄木鸟去啄一啄，不就是十分必要、十分重要的工作吗？而这个工作正是编辑的责任。

再从大的方面说说。

新闻出版总署署长柳斌杰同志在中国编辑学会成立 15 周年庆祝会上讲道："现在我们的工作中还存在一些问题：创意产业没有创意，文化产业没有文化，内容产业没有内容，热热闹闹但没有东西，没有文化品位。这是一个大问题，这是我们编辑的责任。"（《中国编辑》2008 年第一期）有不少同志听了这话不服气。他们说，作者写不出好东西，怎能怪编辑？编辑难为"无米之炊"啊！似乎有道理，但深入思考就会认识到柳斌杰的讲话是有道理的。作家写什么，是他们的自由。如果他们写出的东西不公开发表，就很难影响社会。但在今天的社会，作家写的东西，是要经过出版社、杂志社、电视台或者网络等媒体送到社会上去的。这里边就有一个编辑的好恶和取舍问题。也就是说，编辑要代表国家和人民行使把关的责任，把好的东西送到读者手里，把有缺点的东西请作者修改，把不好的东西堵住。做这样的工作该是多么重要，这一点一个编辑时刻不能忘记。

所以编辑的责任是巨大的，编辑的任务是广泛的。正如出版前辈、原人民出版社的总编辑张惠卿先生所指出的："编辑担负着把意识形态领域内、也包括科技文化各方面的成果进行组织、汇集、整理、公布的责任。编辑工作者既是书稿的规划者，又是书稿的组织者；既是书稿的鉴定者，又是书稿的加工者。"这个概括很全面。

不久前，我看到《编辑之友》上的一篇文章，论述新一代编辑人的文化失守。我很感慨。文章对编辑群体的文化失守讲了三个方面的表现。一是，在观念上的变化。作者认为过去编辑从事这个职业初衷不在于它的经济实惠和体面，而是倾慕它的文化品位，因此许多编辑都是带着美好的理想走进编辑队伍中的，然而，在商业气息淹没一切的今天，编辑正在丧失文化创造者和传播者本应有的自豪感和文化品格，是目前图书编辑无奈而又热衷的选择。二是，一些出版社，由于缺乏竞争力，就采取与个体出版商合作的经营方式。在合作的过程中，编辑处于被支配的地位，"编辑几乎变成了出版商的打工仔，整日在出版商的指挥棒下运转"，甚至出现了通过了三审的稿件在付印时被更换、调包的现象。三是，为了在短时间之内获利，许多编辑盲目跟风。你有"黄冈题典"我就搞"黄冈秘籍"，你出"穷爸爸富爸爸"，我就来个"穷妈妈富妈妈"……于是大量同质化的书籍充斥市场，内容都是陈词新唱，手法就是"一大抄"（黄娴、程婷：《可怕的断裂》，载《编辑之友》，2008 年 5 期）。

这些问题都很具体，据我所知是存在的，而且不是一例两例。但是，我们还是要说，这毕竟还是支流，是少数，是大转变中的不规范。

出现这些问题，存在这些现象，它的原因，还得从我们所处的时代、所处的社会发展阶段去寻找。我们现在属于社会主义初级阶段。社会主义初级阶段，有它的特殊性，生产力是社会主义初级阶段的生产力，人们的觉悟是社会主义初级阶段的觉悟。不是中级阶段，也不是高级阶段，更不是理想阶段。邓小平同志说，初级阶段，也就是不发达的阶段，初级阶段的管理水平和管理质量，所以，在前进中必然会产生这样或那样的问题。毫无疑问，搞社会主义市场经济，有利于人们开阔眼界，活跃思想，开拓创新，加快发展。同时，也应该清醒地看到，市场活动中出现和存在的东西，并不都是积极的、健康的、合理的，也有错误的，甚至是丑恶的东西。所以，我们对社会主义市场经济要一分为二，要头脑清醒，惩恶扬善。

无数的事实说明，在社会主义初级阶段，在社会主义计划经济向社会主义市场经济转变的这样一个时期，新旧体制撞击，各项事业、各行各业工作非常艰难，甚至会有许多痛苦。我们平常接触到种种令人困惑的事情即属于此类。在这个阶段，社会主义的法律、道德都还在逐渐地建立和完善。邓小平同志说，在各方面形成一整套成熟、定型的制度，恐怕需要 30 年时间。我看这是一个根本性问题。我们说这些问题的出现有历史的必然性，指出它的不可避免，首先是为了使我们对问题有充分的思想准备，正视这些问题，并且看到它的复杂性。没有思想准备，不承认这一点，就要被动。第二，说它有历史必然性，并不认为它天然合理，任其存在，而是要在承认它的基础上，分析它，找到解决问题的办法，创造条件，向高级阶段发展。

《编辑之友》中的文章讲，编辑人碰到了这些问题，要努力作好

2000 年，北京国际图书博览会招待会。右起一排：刘杲、杨牧之、龚心瀚。

对文化的"守卫"，对困境的"突围"。这话讲得好。从这些话可以看出我们中国的编辑还是勇于正视困难，恒久地坚持操守，对未来充满信心的。

我深切地体会到，为时代传承优秀文化，为读者把关，这就是使命，就是责任。编辑就要有这样的使命感，这样的社会责任心，要认识到责任的重大和使命的光荣。同时，也要看到任务的艰巨和可能出现的种种问题，这都是做好出版事业所必需的。

编辑要有辨别的水平和坚持的勇气

（2008 年 3 月）

一个编辑政治上应该是成熟的，应该有足够的理论修养，有对大是大非的鉴别能力，有坚持原则、独立思考、追求真理的优秀品质。

一个编辑当然不是政治家，但他在政治上必须成熟。他明白祖国的前途和命运，明白自己的社会责任和使命。他以天下为己任，为祖国的富强作出自己最大的贡献。正因为此，他应该坚持原则，有辨别大是大非的能力，有探索真理、追求真理、独立思考的勇气；同时，还要能科学地把握时代发展的总体趋势。从这个意义上讲，一个称职的编辑应该既是学问家，又是思想家、政治家。

一、光有热情不行

这一点我有很深的体会，我从我周围师友的经历中也认识到了这一点。我 1961 年入大学，学制五年，应该在 1966 年 7 月毕业，走出校门。那时毕业论文弄完了，毕业分配方案也下达了。正在这时，1966 年 5 月 25 日，北大聂元梓等人贴出了一张大字报，这就是被毛主席誉为"第一张马列主义大字报"的那张天下皆知的大字报。北京大学成为"文化大革命"的第一个战场。"你们要关心国家大事，要把无产阶级文化大革命进行到底"，没有人再管毕业生分配的事。一直到1968年才开始毕业分配。按"文化大革命"制定的分配方案，国家分配我到中华书局做编辑。没过几个月，又去部队农场锻炼，接着去"五七"干校。直到1972年，因为伟大领袖毛主席重视二十四史，中华书局借此恢复部分业务，中华书局大部分同志借此一批一批地从"五七"干校返回工作岗位。这时，距离毕业已经过去7年。我具体说这个过程，就是要说明自己当时的心情。毕业时二十几岁，急切要工作的心情，好比一匹要奔赴疆场的战马。可是7年过去了，这是人一生最为美好的青春时光啊！思想活跃，身强力壮，充满理想，但是不能工作，就像战马被主人勒住缰绳，关在马厩，不能奔驰，其心情可想而知。

就是在这时，我们从"五七"干校返回京城。不久，形势大变。

林彪事件。

批林批孔。

"熟读唐人封建论，不从子厚返文王。"

中华书局党委提出编写"活页文选"。很快我们便从中央文件提到的文章、掌故中间，从中央领导讲话引用的法家著作中间选了10篇：《封建论》、《五蠹》、《天论》、《更法》、《问田》、《秦政记》、《秦献记》、《论秦始皇废分封立郡县》、《触詟说赵太后》、《问孔》，作出注释、今译和讲解。

编写出《活页文选》，心里所想的就是要帮不懂古文的工农兵读懂中央文件中提到的古文和掌故。出版以后，大受欢迎，很快畅销。

中央领导又提出与工农兵相结合评法批儒。我和工厂的几位工人师傅一起写出《读〈封建论〉》。虽然很多文字是从两报一刊（《人民日报》、《光明日报》、《红旗》杂志）上抄过来的，虽然主要的观点是"熟读唐人封建论，不从子厚返文王"，并尽力阐释这一主题，但受到当时高层领导的表扬仍然十分兴奋，觉得自己是紧跟中央部署，配合中央宣传计划，通俗简明地讲解古代文献，给工农兵做了一件好事。毕业 7 年，总算干了一件事，既是结合自己所学的古典文献专业知识，又是把这一高深文献普及给工农兵阅读，当时颇有初战告捷，努力再战的抱负。

没过几年，毛主席去世了，"四人帮"被粉碎。

很快就证明我们做错了。评法批儒，另有深意；批林批孔，大有文章。光有热情之所以不行，就是这种热情会被利用，甚至于热情越高，干劲越大，错误越严重。

二、"士"要看清看透"知己"

经典作家早就指出，知识分子不是一个阶级，它只是一个阶层。它附着在一个阶级之上，为统治阶级服务。而中国知识分子基本上受孔孟之道熏陶，满脑子"士为知己者死"的信条，只要得到尊重，给予施展抱负的空间，他甚至会以死相报。

著名的文字学家、《新华字典》的主编、北京大学副校长魏建功先生，"文化大革命"一起来，就被打成反动学术权威，被"批倒批臭"。魏先生每天在恐惧被揪斗中度日。林彪摔死不久，上面通知北大军宣队（革委会）找一位懂各种文体的专家，中央文革小组有重要任务交办。魏先生因为是大家公认的文字学家，便被派前往。原来是请文字学家帮忙辨认林彪笔记本上的字。晚上，江青专门去看望了魏先生。魏先生说："江青管我叫魏老，说我是专家，要周围工作人员向我学习。"魏先生说，江青很和气，还说，有什么困难尽管对她说。

魏先生说了自己的心理活动。他说，江青是毛主席的夫人，她做的事自然是经毛主席同意的。

魏先生十分激动地对系里年轻教师、他的学生说："'文化大革命'开始以后，我总以为自己没用了，已心如死灰。没想到还能受到这样重视，我真有枯木逢春之感啊！"

从那以后，魏先生情绪大好，做事热情高涨，积极投入"批林批孔"运动之中去，真是"士为知己者死"了。久经世故，坎坎坷坷如魏先生者，不也如此这般吗？这是一个多么典型的例子！这是一件多么值得我们深思的事啊！

所以，光有热情不行，要有理论修养。知识分子只有学习理论，掌握认识社会和分析社会的本事，才能增强自己的辨别是非的能力。这不是一句套话，这是有深刻教训的！我们在今天这个纷纭复杂的社会里，一定要树立辩证唯物主义和历史唯物主义观点，一定要努力把握辩证唯物主义和历史唯物主义的精神本质。这种观点，这种精髓，可以帮助我们看问题时懂得要看本质，而不是停留在只看表面现象甚至假象上面；可以帮助我们把握时代的特点和历史发展趋势，而不是就事论事随波逐流；可以使我们不上当，不受骗，不再产生如魏先生那样的悲哀。

三、还要有坚持原则的勇气

更深一步说，光有理论水平还不行。有理论水平，看出了问题，还得有坚持原则的勇气。说真话，不投机，不逢迎，不为一时利害所左右。

有一本很有名的书叫《欧阳海之歌》，"文化大革命"中我就读过它，而且很受感动。后来也听到一些关于这本书的轶事，但直到不久前，读了《中国新闻周刊》上介绍《欧阳海之歌》的文章，了解到这本书在不同的政治背景下如何不断地变化，编辑和作者又是如何根据形势变化不断地改来改去，让我颇多感慨。

作者金敬迈讲，最早他书中的指导员是个妒贤嫉能有品德问题的人。有关领导看后说，怎么能把党的领导写得这么不好呢？必须要改。于是作者按照领导的意见改成仅仅是一场"误会"。有关领导说，党是集体领导的，怎么书中只有毛主席语录？于是又加了两段刘少奇《修养》中的话。不久，刘少奇被打倒了，又急忙删去这两段话，为了强调憎恶，还写上"黑《修养》在窗台上被风吹刮到垃圾箱里"的情节。好可怜的作者！好可怜的编辑！当然，像《欧阳海之歌》这样一本书的命运，有十分特殊的原因，个人很难把握，这是大的时代造成的。但是，这确实又是通过编辑的手定的稿。

我们都知道齐国大臣崔杼篡权杀太史的故事。《左传》上记载襄公二十五年，齐国大臣崔杼杀死他的国君齐庄公。齐国的太史在竹简上如实记载道："崔杼弑其君。"什么叫弑？以下犯上，臣杀君叫弑，是大逆不道的意思。气焰正盛的崔杼见一个小小史官居然敢跟他叫板，大怒，杀死了太史。太史的弟弟接着还这样写，崔杼又杀了他。太史的第二个弟弟坚持这样写，崔杼只好作罢。有一个叫南史氏的听人说太史和他的两个弟弟为了如实书写历史都被杀死了，他就毅然拿着照样写好的竹简去见崔杼，走到半路，听说太史的第二个弟弟没有死，并且已经如实记载了这个事件，这才回去。

太史们为什么前仆后继不怕死，一定要如实记载？

那是因为他们敢于坚持原则。

那是因为他们能够从他们的伦理道德出发，正确地判断事物的本质。

那是因为他们明白作为一名太史的责任。

这里面有三点值得注意：一、能正确判断是非；二、明确自己的责任；三、敢于坚持原则。三者缺一不可。这种为了原则不怕死的精神，今天仍然值得我们借鉴。

联系到编辑工作，编辑有编辑的责任。作家可以随便写，有写作的自由。只要不公开发表，恐怕也没人干预。而编辑只要拿到作者的文稿，就应该为读者、为人民行使把关的责任。把关不谋私，不唯上，听起来似乎很简单，而做到这一点却是十分不容易的。

巴金先生的故事也很发人深省。

巴金先生在《随想录·遵命文学》一章中讲了一段自己的经历。1965 年 6 月，上级领导要求他写一篇批评电影《不夜城》的文章。一再推辞，不成。回到家，左思右想，还是不想写，又打电话推辞，不成。文章写好后，心里不安，又去《不夜城》的编剧柯灵家去说明："我写了批评《不夜城》的文章，但并未提编剧人的名字。"巴金说，当时我相当狼狈，讲不出道歉的话，可是心里却有歉意。文章发表了，《不夜城》被定为"大毒草"，巴金却对柯灵充满歉意，不愿意再看到自己写的那篇文章。

这种反反复复，这种狼狈歉疚，可见不坚持原则，违心地做事，让巴金多么痛苦！

巴金说，我是不敢向"长官意志"挑战的。我的文集虽然没有"遵命文学"一类的文字，可是我也写过照别人意思执笔的文章，例如《评〈不夜城〉》。他呼吁：决不能让这一类的事情再发生。

不让这一类的事情再发生，这是国家大势决定的。但对我们个人来说，就要学习理论，明辨是非；就要坚持原则，说真话；就要有责任心，不谋私，不唯上。

作为一个编辑做到这一点并不容易，但又必须做到。

鉴赏能力与审美情趣是编辑的基本素养

（2008 年 4 月）

一个编辑，对文化应该有准确的鉴赏能力，具有高雅的审美情趣，说到底要有高尚的文化品格。因为有很多美的东西需要编辑去发现，好像和氏璧，没有卞和，这举世无双的美玉就要被湮没。还有不少不好的东西需要编辑去把关，因为人类创造的文化，从来都是精华与糟粕并存，先进与落后混杂。作为一个编辑，他的职责就是要审读、鉴定、舍取，以正确的是非观，健康、高雅的审美情趣作为网，筛选出最美最好的东西奉献给读者。

蒋孔阳先生在《美学新论》中讲了一段话，我想我们可以从中领悟到一个编辑具有鉴赏能力和审美情趣的意义。他说：

美向着高处走，不断地将人的本质力量提高和升华，以至超出了一般的感受和理解，在对象中形成一种不可企及的伟大和神圣的境界，这时就产生了崇高。

我们编辑就应该通过我们编辑的图书，我们写的文章，"不断地将人的本质力量提高和升华"。编辑自己也会因此而感到职业的神圣与崇高。

一、要有一个崇高的标准

高尚的文化品格，要求编辑对你所编辑的图书要有一个崇高的标准。

目前，出版业已形成一个共识，就是要"树立精品意识，实施精品战略"。如果说，对很多重大举措还有不同的认识，还在争论之中，但对"实施精品战略"这一点已是全行业的共识。

这个口号最先明确提出是十四届六中全会文件《关于加强社会主义精神文明建设若干重要问题的决议》。文件在提出要"树立精品意识，实施精品战略"之后，进一步指出："要努力创作出一批思想性、艺术性统一，具有强烈吸引力、感染力，深受广大群众欢迎的优秀作品，带动社会主义文艺事业的全面繁荣。"

我们完全可以把这段话理解为对"精品"的解释。这段话有两层意思：一是在内容方面，优秀作品应该是思想性、艺术性统一，具有强烈的吸引力、感染力；二是这样的优秀作品能够带动社会主义文艺事业的繁荣。

从对中央文件的学习中，从我们纵观中外出版的历史中，从我们自己的出版实践中，我们是否可以这样认为：

精品是一个国家、一个民族时代精神的集中体现；

精品代表一个国家的文化水平、反映一个国家的文化发展的方向；

精品在整个精神产品的创作和生产过程中，具有重要的示范和带动作用；

精品的本质是创造，是创新与实践，精品应该是前所未有的；

精品意识，就是战略意识，体现一个出版工作者对事业的追求和奋斗。

大量的优秀图书、精品图书，必将使社会主义文化群星灿烂，精彩纷呈；而典范的精品应该是超越时空的。像司马迁的《史记》、曹雪芹的《红楼梦》、达·芬奇的《蒙娜丽莎》、斯特劳斯的《蓝色多瑙河》、唐诗、宋词、元曲，几百年前、甚至上千年前的艺术品，今天仍然打动人心，产生震撼，因为它们抓住了人类相通的东西——真善美。只有这样，才能超越时代。在那个时代过去之后，只要人类存在，它的艺术魅力就存在。这样一些作品，不但属于它的那个时代，还属于今天，属于未来。它们，成为人类文化史上的坐标。

我们追求精品，是不是应该从那些殷墟出土的古色斑斓的青铜器，激情浪漫的敦煌雕塑，龙蛇飞舞的晋唐书法，屈原、陶渊明、李白、杜甫、苏轼、辛弃疾的美妙诗篇，《红楼梦》、《西游记》、《三国演义》、《水浒传》灿烂辉煌的历史画卷，甚至《古文观止》、《唐诗三百首》、《三字经》、《百家姓》这些选编的通俗读物中得到启发？我们应该刻苦地锻炼自己，提高自己，使自己具有高超的眼光，具有抓住人类相通的东西的本领。有的编辑会说，那么高的标准怎么达得到呢？我想，如果没有这样一个标准，没有这样的志气，那可真是永远也达不到了！

二、牢记文化的传承和积累，牢记读者的欢欣与快乐

高尚的文化品格，要求编辑在选择、优化选题时，牢记文化的传承与积累，牢记读者的欢欣与快乐。

人民出版社的邓蜀生先生说："在国外，选题的成功与否，在很大程度上决定出版社的兴衰成败。选题，成了一门专门学问。英美出版社都有一些专门负责研究选题和组稿的编辑，在美国一般叫高级编辑，在英国叫专务编辑，他们不同于案头编辑或加工编辑。他们的工资、待遇都比文字加工编辑高许多。"

其实，又何止在国外，在中国"选题的成功与否"仍然"在很大程度上决定出版社的兴衰成败"，只不过他们的工资与案头编辑没

有多大区别而已。

（一）为了文化的传承与积累——处理好重大选题与一般选题的关系

所谓处理好重大选题与一般选题的关系，主要是指如何策划出重大选题来，在每年的选题计划中首先要考虑这一点。

重大选题是相对于一般选题来说的。重大选题一般是指具有巨大文化积累和传承价值的图书，或者产生重大影响的图书，这类书的编辑出版常常成为标志性的工程。

我们从商务印书馆与中华书局的历史竞争中，可以看出重大图书产生的作用。新中国成立之前，商务印书馆与中华书局几十年互相争斗，互不服气。20世纪初期，它们在出版众多图书的同时，都在埋头策划大书。商务印书馆在编《辞源》，中华书局在编《中华大字典》。《中华大字典》1914年编成，1915年出版，是当时我国收字最多的汉语字典。该书出版后，深得好评，一印再印，影响巨大。很快商务印书馆就出版了古汉语辞书《辞源》，也是一炮打响。后来，中华书局又出版了一部带有百科知识性质的综合性辞书《辞海》。这是一个回合，不分胜负。还有一个回合。先是商务印书馆出版了《四部丛刊》，选择明清刻本、抄本和手稿本加以影印，对保存旧本贡献颇大。中华书局紧跟着出了《四部备要》，另辟蹊径，多用经过清代学者整理校注过的底本，对整理研究古籍有重要的参考作用。双方的竞争有学习有借鉴，也有创新和发展，可以说是双赢。两家斗宝似地实施重大图书工程，原因就是因为这些大工程是标志性的，标志着出版者的文化品位和经济实力，会产生重大影响，可以烘托出版社的形象。正因为此，我们应该在这方面下大工夫、花大力气，努力开拓具有文化积累和传承价值的重大图书工程。

20世纪八九十年代，中国出版业完成了很多宏大工程，给人留下深刻印象。比如中国大百科全书、二十四史和《清史稿》新校点本、中国美术全集、汉译世界学术名著丛书、辞海修订本、辞源修订本、汉语大字典、汉语大辞典、现代汉语词典等等。这些宏大工程是一代人甚至几代人共同努力的结果，是他们对中国文化乃至世界文化的贡献。而目前，出版业在这方面是十分欠缺的。这些宏大工程我们什么时候想起来、什么时候用到，都会敬仰这些编辑前辈的贡献。我们要学习前辈的精神，努力开创出一批重大选题，出版一批具有巨大文化积累价值的图书。

我们在考虑选题的整体计划时，为了保证重大选题的实现率，对一般选题要从严把关。一定要尽量减少那些"不好不坏"的选题，努力避免重复出版、跟风出版。设计选题时要围绕出版社的风格特色往深处开掘，用一句简单的话说，对重大选题我们多考虑做加法，对一般选题多考虑做减法。

（二）为了读者的欢欣与快乐——处理好雅与俗的关系

我一向主张一家成熟的出版社主要应该出版两类书：一类是具有重大文化积累价值的图书，包括学术著作；一类是雅俗共赏的图书。不单是雅的，也不单是俗的，而是雅俗共赏的。第一类的书，我在前面刚刚谈过，不再多说，这里着重谈谈雅俗共赏的书。前两年非常有名的什么《上海宝贝》、《乌鸦》、《口红》、《木子美日记》等等，我指的雅俗共赏的书不是这类书；还有"零距离……"、《痛并快乐着》、《无知者无畏》等等，我指的也不是这类书。前一种，总是勇敢地突破大众通常认可的伦理道德标准，让那些审美和鉴赏能力缺失的人爱不释手；后一种常能满足人们崇拜名人、窥视名人隐私的心理。无知者无畏地写出的书，给人一时的"痛快"。这些书不是我所说的"雅俗共赏"类图书。我所说的雅俗共赏，是指文化水平低的人需要，也许他看着一时还有困难，但跳一跳，踮踮脚，也够得着，而水平正是在这跳一跳的努力中得到了提高；文化水平高的人也需要，因为他的知识面毕竟有限，也需要读其他专业的书加以补充。这样的书我可以举出一大批来。如20世纪50年代吕叔湘、朱德熙先生合著的《语法修辞讲话》，在《人民日报》连载，培养了一代人语法修辞能力。朱自清先生的《经典常谈》、王力先生的《诗词格律》、李学勤先生的《古文字学初阶》，多少人把它们奉为入门的教科书。艾思奇先生的《大众哲学》、朱光潜先生的《美学书简》，成为人们学习的向导。还有爱因斯坦的《物理学进化》、奥尔巴赫的《原子时代的遗传学》、哈勃的《星云王国》、霍金的《时间简史》等科普名著，将无数青少年引进了科学的殿堂。我也可以举出一批文艺作品，如赵树理的《小二黑结婚》、孙犁的《荷花淀》，以及脍炙人口的《孙悟空大闹天宫》、《宝葫芦的秘密》、《哈里·波特》、动画片《白雪公主》、《阿童木》等等，不胜枚举。一个出版单位能出版一两本这样水平的通俗读物，真可谓"功德无量"了！

有一些人认为，小册子拿不出手。这种认识忽视了一个大的事实，即我国的国情。我国有13亿多人口，其中中等和中等以下文化水平的人有8亿多。这8亿多人，正是我们最大数量的读者，如果我们不能提供适合他们的理解能力、接受能力、审美能力的作品，并且对他们的提高有帮助，出版工作为人民服务、为社会主义服务就是一句空话。

事实上这样雅俗共赏的书可真是需要编辑的功力。

（三）也要注意经济学范畴的价值——正确认识畅销书以及畅销书与常销书的关系

有人说，畅销书是出版界的"宠儿"。

有人说，在出版社转企、注重经济指标的情况下，畅销书引起了许多人的关注，人们不禁要问畅销书是否有模式可寻？如何才能策划出畅销书？

有人干脆说，你凭什么会吸引读者买你的书？这绝不仅仅是内容好坏的问题。

我要说，如果不考虑内容的好坏，我们还在这里辛辛苦苦搞出版干什么呢？诸如《上海宝贝》、《乌鸦》、《木子美日记》等等，靠这样的书赚钱，还要探索这类书的畅销模式，我们的出版业将会成为什么样子！这让我想起欧美的一些畅销书。1978 年英国记者德里克·汉弗莱曾用妻子自杀身亡的过程，写成《简的去路》，受到警察调查。后来，他又写了《最终出路：自杀手册》，虽然又一次受到警察干预，终因为所谓"出版自由"，一边打官司一边销售，卖了 47 万册，发了大财。我们能走这条路吗？

所以，我们所说的畅销书，必须是内容上健康，是优秀畅销书，档次要高，品位雅俗共赏，不是低俗的。这一点大概是没有人公开反对的吧？

对于畅销书，有三点要特别注意：一、畅销书是一个纯商业概念，就是卖得快，卖得多。但是我们中国的畅销书不能只有这一个标准，它必须是内容健康，广大读者喜闻乐见的读物。这种喜闻乐见不是对市场的讨好与乞求，更不是对低俗口味的迁就与附和。二、畅销的不一定都是好书，好书也不一定都畅销。不能只以畅销书多少评价一个编辑，评价一个出版社。三、"畅销"要变成"常销"，最后变成经典。比如说朱自清先生的《经典常谈》、周振甫先生的《诗词例话》、艾思奇先生的《大众哲学》都是通俗读物，到现在还在印，还在卖，还有人买，不就是变成常销、变成经典书了吗？这类书价值非常大，所以畅销要强调"优秀"二字，强调导向和带动性，强调由畅销变成"常销"，最后成为经典。没有"优秀"二字，畅销书就会昙花一现，甚至微不足道。

三、应该具备勇气，信任未经考验的作者

高尚的文化品格，要求编辑有超常的鉴赏能力和化平凡为神奇的本事。他应该具备勇气，信任一位未经考验的作者，为他们献上自己

的才智。

《文化苦旅》是余秋雨的成名作。他在《文化苦旅》之前写了不少书，像《戏剧理论史稿》、《艺术创造工程》等，但都没有《文化苦旅》影响大。但《文化苦旅》在上海东方出版中心接受出版前是遭遇了其他出版社退稿的。稿子送到东方出版中心，编辑王国伟立即发现了它的价值，决定接受出版。王国伟说："书中释放出来的生命信息和作者良好的文化感觉，一下子抓住了我的心。尤其是作者深入浅出，把沉重的历史和深邃的文化底蕴通过非常感性的文学语言输送出来。我如获至宝。心中已深谙此书的价值……"

王国伟还说："我强烈地感觉到，这是一本好书，这种感觉首先来自内心的对应。这种对应，我理解为生命对生命的诱惑。看似出版行为，其实是情感行为，而这一行为的基础，是各自素质的平行与交流。"

这些话讲得多么好，多么透辟：好东西会"一下子抓住了我的心"，这种感觉"来自内心的对应"，"其实是情感行为"，行为的基础是"各自素质的平行与交流"。情感是什么？是美的诱惑产生的追求。"各自素质的平行与交流"就是要与作者有着同等的（如果不是高出的）常识、素养，可以产生如"高山流水"般的交流与共鸣。

这就是一个好的编辑所具有的鉴赏能力和文化品格。

编辑还要化平凡为神奇。这就是要把自己的审美理性、审美情感、审美倾向渗透到自己所属意的书稿中去。

龙世辉，人民文学出版社的编辑。20 世纪 50 年代，他在一大堆来稿中发现了曲波寄来的《林海雪原》。龙世辉敏锐地感觉到作品题材很好，作者生活底子厚实。可是稿子问题很多，文学性不强，语言粗糙，严格讲还只是一堆素材。龙世辉舍不得这堆素材，又自觉一定能改好，便热情邀请作者来京，和他一起商量如何修改书稿。

曲波来后，龙世辉几乎从写作常识讲起，如何结构文章、如何剪裁取舍、如何遣词造句。曲波说，您是大编辑，我听您的。龙世辉还说，一部长篇小说全是打仗，没有跌宕起伏，很难吸引人，就建议增加"少剑波雪夜萌情心"等情节，建议增加白茹这个人物。这样，大大丰富了原作的内容。很多地方龙世辉甚至亲自动手，重新改写。小说出版后，作者一举成名。

这就是编辑将自己的审美理性、审美情感、审美倾向参与到作者作品中的典型例子。

后来龙世辉又编辑出版了杨沫的《青春之歌》、古华的《芙蓉镇》、马识途的《清江壮歌》等名著，它们都体现了龙世辉高尚的文化品格、超常的审美能力和无私奉献的精神。所以一部好的作品，不仅是作者的才华的结晶，还常常闪烁着编辑的智慧，是作者和编辑共同的劳动成果。

章仲锷，在《当代》工作时，帮助、扶持《老井》作者郑义的事迹很给人启发。因写《老井》而成名的郑义，先写的是中篇小说《远村》。小说描写的是一个村子里，两个男人和一个女人及一条狗的故事，讲的是严肃的社会问题，农村的贫困造成的悲哀。郑义当时还不为人知。章仲锷经人介绍，到郑义山西的家里去。只见他"家徒四壁，穷困不堪"。郑义把稿子交给他的时候说，已经被六家刊物退稿，没人敢发表。章仲锷看过之后，被小说反映的令人心酸的深刻社会问题所打动，决心推荐给主编。他担心主编也不同意发，又写了几千字的审读意见。主编认真看了原稿和章仲锷的审读意见，拍板刊登。为了不惹人特别注意，还特地排了小号字（可见其小心）。但，正是这篇被六家刊物退稿的《远村》，发表后获得了全国优秀中篇小说奖。

《远村》的成功，鼓舞了郑义，他又写了后来很有影响、被拍成电影的《老井》。章仲锷又在《当代》上安排发表。

这类故事还有很多，这类编辑也还有很多。这些编辑默默无闻地工作，他们在后台，不为人所知，而有时却要承担作者应该承担的责任。但是，我们可以说，没有这样的编辑就不会有这样优秀的作品诞

2006 年春节，拜访黄苗子、郁风二位先生。

生。编辑要有冒险精神，这部稿子能改好吗？能打响吗？能畅销吗？有时就像赌玉一样，一块其貌不扬的石头，花了大价钱买来，怎么就能断定里面有美玉？所以，编辑要有眼力，但更要有勇气，还要有肯于为无名作者献上自己智慧的精神。

有一位编辑说过，编辑的工作，"从提高素质开始，又以展示素质告终"，从事编辑工作的同志要兢兢业业啊，你的水平、趣味、情操、志向可完完全全体现在你编辑的作品中！

编辑的文化修养和提高的途径

（2008 年 4 月）

国外的谈出版学的书，很少讲编辑的文化修养，可能他们认为那是编辑们自己的事。或者他们认为，既然你已经从事了这个事业，自然已经具备了这份修养，我们何必"好为人师"呢？

我是当编辑出身，做过 20 年的编辑，又做过 20 余年的出版管理工作，根据我实践的体会，和编辑朋友谈谈我对编辑文化修养的认识。

一、你是一个什么样的编辑

编辑是一个审读判断别人作品的人。有的同志说，编辑的本质是价值判断和规范化。这话很直白，很实际，有道理。那么，怎样作"价值判断"？怎样去"规范化"？要有学问、有本事，要精通"规范化"业务。

在我们谈这个问题之前，我们先衡量一下自己到底是一个什么样的编辑，或者你到底想做一个什么样的编辑。如果你根本没把编辑工作当回事，还修养什么？在编辑队伍中是不是有这样五种情况：

1. 把编辑工作看做是崇高的事业，千方百计地、夜以继日地思虑如何为读者、为社会出一本好书；

2. 把编辑工作看做是谋生的手段，是一份工作，我得好好做，因为只有做好了，才可能升职加薪；做不好，会受批评，出了问题，会被扣工资；

3. 把编辑工作作为跳板，他们认为比"下"虽有余，比"上"却不足，我也不比谁差，干吗给他人做嫁衣？早晚得跳出去，或去独立搞研究，著书立说，或下海发财，做一儒商；

4. 是不是也有人认为，这份工作比上虽不足，比下却有余，好歹是一文化人，社会上受人尊敬，富不了也穷不着，水涨船高，出版社经营好了，我也跟着增加收入，我要保重身体，享受生活；

5. 当然也有一种人，担着编辑的名义，干着自己的著书立说的大业，不坐班时在家干，"返校日"时来社查对资料、了解信息，到处参加会议，广交自己用得着的朋友。

你是哪一种编辑呢？

二、培养"T"型人才

编辑要有本事。

没有本事，没有办法和作者深入交流，策划不出好选题、找不到好稿子；

没有本事，得不到作者尊敬，没有办法平等地开展工作；

没有本事，无法了解掌握学术动态，无法把握现有的学术水平；

没有本事，就没有辨别真伪的能力，何来正确的价值取向。

大家总说，鲁迅、茅盾、叶圣陶、郑振铎、胡愈之、夏衍、周振甫等大人物都作过编辑。但我总想，如果他们不是著作等身，学问无边，有大本事，谁会总拿他们做例子鼓励我们呢？

总之，要做一个好编辑，得有真本事。这"本事"二字，作为一个编辑本来范围很大，比如：对市场的了解、对读者要求的把握、经济核算、广告宣传、印制发行等等，但我这一章中谈的"本事"，主要是指编辑的知识修养、文化修养。

有的人说，编辑基本上有两种类型，一种是学者型的，是编辑也是学者，编辑学者为一体。一种是纯编辑型的，眼光好，对书稿能作出准确的判断；情况明，懂政策，了解学术动态，给书稿提出建设性意见，自己则不大写东西，消息多，四通八达。

不论是哪种类型，编辑都应该既博又专。

在《编辑工作二十讲》中，于干先生"关于期刊编辑的智能结构"中的一段话，讲得颇有道理。他说："鲁迅先生说过，'博学家的话多浅，专门家的话多悖。'要避免这两种缺点，自然要把这两者辩证地统一起来。最近有人提出要培养'T'型人才。'T'的上面一横代表知识的广博，下面一竖代表知识的专深，很形象，我看这种结构就较为理想。"他讲的是期刊编辑，图书编辑也是一样。

这个"T"型很说明问题。做一个编辑首先知识面要博一些。因为一个编辑部人员有限，不可能面面俱到，什么人才都配备，而投来的书稿又是五花八门，什么方面的内容都有，所以要博。但是又要对某一个学科、某一个专业有比较深入的了解，甚至成为某一个学科、某一个专业的有一定知名度的学者。如果我们出版社的编辑部这种"T"型的编辑多了，我们编辑部的学术地位就高了。

三、怎样培养自己成为"T"型人才

在谈这个问题之前，首先应该明确的是，你是一个编辑，不是作家、不是教授、不是研究员。这就是说，要从编辑工作的特点出发，把握编辑工作的规律，处理好编辑的学习与工作的关系。而且你还得属于真想把工作干好的那一种编辑。这一点是十分重要的，因为如果目的不明确，学习效果达不到，工作也会受影响。

1. 点点滴滴，平素有心多积累

作为一名编辑如果说他有什么得天独厚的地方，那就是他能比较方便地接触到书、报、刊。即便审读书稿，那也是在读未成书之前的书。我看很多同志之所以知识渊博，就是他读得多、记性好。对于我们记忆力一般的人，就要勤动笔、多记录。知识就是在这一天一天读书、报、刊的过程中一点一点积累起来的。这其中，有心与无心，日久天长就会有天壤之别。当我们看到别人丰富起来、甚至有所成就的时候，我们还会十分惊诧，他用什么时间学习的呢？

撰写《贩书偶记》的孙殿起，本是一个古旧书商。他十分有心，在收购古旧图书时，将经手的古籍图书各书书名、著者及版刻事项，详加记载，累积万余条，加以考订，编成《贩书偶记》20卷。不久，又将后来所积材料请雷梦水编成《贩书偶记续编》。因为两书主要收录清代以来在《四库全书》中未收录的单印本、稿本、抄本等，所以成为补充《四库全书总目》以及查找清代著作的重要参考书。

孙殿起的文化水平不见得比我们高，但他有心、持久，又结合自己的工作，成绩就出来了。

据史料记载，马克思写作《资本论》，收集研究各种图书资料1500多种，摘录的笔记有100多本，3万多页。列宁写作《帝国主义是资本主义的最高阶段》，曾参考583本书，摘录的笔记达20余本。毛泽东写作《实践论》、《矛盾论》收集了大量马克思、恩格斯、列宁的论述和我国先秦诸子著作的资料。托尔斯泰写《战争与和平》所用的资料，几乎可以建成一个小图书馆。

水滴石穿。伟人的重要特点之一就是勤奋与钻研。

2. 经常写作，眼高手也高

实际上每一位编辑都要写作，也都在写作。比如：审读报告、出版说明、书讯书评，都是写作。但是，从我个人的经历和我的观察看，编辑写作一般要注意两点：是自觉写还是被动写，不得不写；是认真写，写出新意，写出特色，还是公事公办，官样文章。

　　我想，我们一定要自觉地写，抓住每一次写作机会，锻炼自己，提高自己。要把文章写好，就要逼着自己搜集材料，提炼观点，就要要求自己讲究写作方法，注意遣词造句。这样一番努力之后，写作水平一定会得到提高。我在负责主持《文史知识》月刊工作时，经常有约好的稿子到时来不了的情况，一再给作者打电话催稿，催不来。再打，电话没人接了。求人不如求己。我只好现买现卖，夜以继日，一夜、一天写个四五千字。来不了的稿子多是重点栏目的文章，《文史知识》又是一个知识性、学术性兼有的刊物，刊物在等米下锅啊。压力大，很累很紧张，但这样几次下来，写作水平就会有较大的提高。

　　写作可以丰富自己的精神世界，可以逼着自己读书，使自己更充实，当然也就促使自己的工作更有效率。

　　我到新闻出版总署工作以后，工作特点与出版社完全不同了。出版管理，基本上是行政工作，动手写的主要是公文，诸如制定法规，起草管理条例，起草工作报告和工作计划等等。写这些东西当然也是写作，从某种角度上看，它有它的要求和难度。

　　但是，时间久了，我的心情也发生了变化。

　　我在我的一本书的"后记"中曾谈过这样一种体会："我从1987年起由中华书局调到新闻出版署来做出版管理工作。由一名编辑转为一名出版管理人员，虽然都是出版工作，但这个转变却并不容易，因为它是两种业务、两种思维方法，甚至写文章所用的文字、写法、风格也完全不同。在出版管理岗位上处理什么事情都要设法理出来龙去脉，找出前因后果，定出一、二、三、四，时间久了，好像自己的脑子是一格一格的，一条一条的，追求的是准确和严密。逻辑挺周密，形象却枯燥，慢慢地，好像连人的性格都变了……"我真担心照这样下去一个人会变得很单调，看起来对出版管理好像很专业、很懂行了，实际上由于关注点过于单一，涉猎面越来越窄，知识可能会越来越贫乏，其结果恐怕管理工作也做不好。正是在这种情形下，我决心写一点东西，就是再忙，也要坚持去做。

几年下来，我的写作就算没有多大成绩，但它最起码要求我学习，迫使我读书。这也是一种"带着问题学"，比泛泛地读书见效多了。这一点，我写意大利的几篇文章体会最深。上中学时，学习世界史，知道了意大利文艺复兴。上大学时，学习中国历史，研究中国文化，知道把中国历史放到世界历史中去比较研究，知道了佛罗伦萨和米开朗琪罗、拉斐尔、达·芬奇、《神曲》、《十日谈》……但自己真正写有关意大利的文章时却不敢动笔了，因为有关意大利的哪一个人物，哪一件事情我都说不准确，讲不充分。我记得那一年春节长假，除了除夕夜，七天假，我差不多就看了六天书。中国通史、世界通史、文艺复兴史和一大批人物传记。读完了这些书，当年那些巨人在佛罗伦萨创造奇迹的盛况仿佛就在眼前。几篇文章，加起来不过二万来字，但为写文章阅读的那些鸿篇巨制，摞起来却有一米厚。这些鸿篇巨制使我大开眼界，大长见识。最近写的几篇关于印度的文章，又促使我读了十几部有关印度的著作，眼前展现的瑰丽的印度文化让我很想再去印度访问。倒不是说书读多了，就一定会下笔如有神，但胸中有了一桶水，从中掬出一碗水来，那不是深厚浓郁多了吗？而且一个人胸中有了"百万雄兵"，走起路来都会稳当多了。

回头看看，我写了一些肤浅更谈不上艺术效果的文章，但都真实地记录了让我感动的事和人物，更为重要的是，写作、读书，使我丰富和充实，让我得到快乐。

3. 参加学术会议，广交四方朋友

不知从何时起，社会上流行的"人心思校，人心思所"发生了根本性变化。过去，出版社的编辑出席学术会议是看看谁有好书稿，给他们出好。如今，很多学术会议请出版社的编辑参加，是想让编辑们看看，我这本书是否可以接受出版，怎么改写更对出版社的胃口。我还记得，早20年请一位稍有名气的学者搞一个选本，他说什么都不干，态度明确地说，我只想搞学术著作。近几年不用说让他一个人搞选本，就是请几个人合搞他都怕被落下。

从某种意义上讲，现在的出版社作为文化学术活动的重要角色或许已经不可缺少，出版社的编辑真正成了学术活动的座上嘉宾。

即便是处于从前的地位，我们都应该积极参加学术文化活动，何况今天这种有利的形势。

参加学术活动至少有这样几个好处：

（1）认识人，并且可以通过会上的讨论发言，了解一个人的学术水平和业务兴趣。以此为线索，进一步了解他们过去有什么著作，有什么新的见解和著述打算，现在的工作、生活、健康状况怎样。认识人，就是认识作者。

（2）了解学术研究状况，做到心里有数。如果我们不掌握一个学科、一个专题研究的进展情况，就没有办法判断一部书稿、一篇论文的学术水平；甚至可能把老生常谈当做新闻，把早已解决的问题当成学术新进展，设计成选题。当然，解决这些问题，我们可以读书、读报，但参加学术会议是最深入、最便捷的办法之一。

（3）让别人认识你。你在会议上的表现，反映出来的文化品格，热情诚恳的性格，执著追求的精神，会让那些真正的学者记在心里，一旦有好的选题，好的书稿、文章，他们可能首先想到你的形象，首先想到和你联系。

4. 从作者身上学习他们的治学精神

我们做编辑的天天与书稿打交道，总是和作者交往，书稿和作者都是我们的老师。他们在书稿中所反映出来的学术根底、卓越的见解自不必说，他们在治学过程中那种追求真理、执著如一、实事求是的精神，那种志存高远、严肃认真的品德，更令人敬佩。能经常和这样的学者接触，这又是作为一个编辑得天独厚之处。

我举两个我经历过的例子。一个是程千帆先生批评周培源先生的事，一个是邓广铭先生回答读者批评的事。

我先讲程先生批评周先生的故事。程先生那时是南京大学著名教授，周先生是全国人大副委员长。

周培源先生给《文史知识》撰文，指出青年人自学成才要有文史知识。他以中国历史上著名的科学家、文学家为例，说明如

夏承焘先生与邓广铭先生。

果没有掌握我国的语文知识、基本写作技能，缺乏历史、地理等应有的常识，他就不能算做有相当文化素养的中国人。他还以世界著名的气象学家、物候学家竺可桢先生为例，说明自然科学工作者学习古代文学、历史知识的重要，非常有见地。程千帆先生却认为周先生文章所举王之涣的诗是一个有争议的公案，既然有争议就不能作为证据来阐述问题。他给周培源先生写了一封信，信的全文如下：

培源先生：

尊撰《自学成才要有文史知识》一文发表后，各报竞相转载，足见意见正确，影响巨大。正由于此，我想对您提一点意见，所谓"春秋责备贤者"。

您引用竺可桢先生"考证"王之涣诗，认为今本"黄河远上"当作"黄沙直上"，作为"把自然科学引入版本校勘学的领域"的证据。而根据您的复述，竺先生不过指出，玉门关一带实有"黄沙直上"之景而已，其他并无论证。连此诗的异文"后来不知在何时……便被改成……"都举不出版本学上的证据，这算什么"考证"呢？

其实，这重公案，从清初到七十年代末，不断有人讨论

（其中包括您多年的同事林庚教授）。您对人所共知的有关这一问题的许多文献置之不理，却单独举出竺先生的"考证"作为定论，这种态度和方法似乎都不能认为是谨严慎重的。用有争议的问题作为例证，也缺少说服力。

您是教育界和科学界久负盛名的领导人，不知能切实研究一下您自己文章中举出的例证，加以澄清否？

孔子曰："丘也幸，苟有过，人必知之。"

程千帆上 六月十七日（一九八二年）

读了这封信，我们都会佩服程千帆先生对知识、对做学问严肃认真的态度。特别是他认为周培源先生影响大，有问题更应加以澄清。这种不唯上，不唯权威的精神，很值得学习。

第二个故事是著名史学家、北京大学教授邓广铭先生给一位读者的复信。

邓广铭先生应《文史知识》编辑部之约写了《岳飞的〈满江红〉不是伪作》一文。这是一篇十分重要的文章。他不同意余嘉锡、夏承焘先生认为《满江红》不是岳飞所作的意见，侃侃而谈，自圆其说。文章发表以后，读者沈敬之来信指出"邓先生文章中的一句话不妥，使他不能无憾"。

邓先生读信之后，虚怀若谷，一方面诚恳接受沈的意见，认为"意见很好"，"确实有些措词不当"，另一方面仍然坚持自己的学术观点，并请沈先生看看他发表在《文史哲》上的《再论》。信的全文如下：

文史知识编辑同志：

来信和转寄的沈敬之同志信，均已拜读。沈信所指出的，我在文章中说岳飞"喜欢卖弄一下自己的文才，写写题记"，使他不能无憾。我觉得他的这个意见很好。我那句话，确实有些措词不当。在文章刊出后，我看到这一句时，当时即发生了这样的感觉，但已无法改正了，所以，后来在写《再论岳飞的〈满江红〉

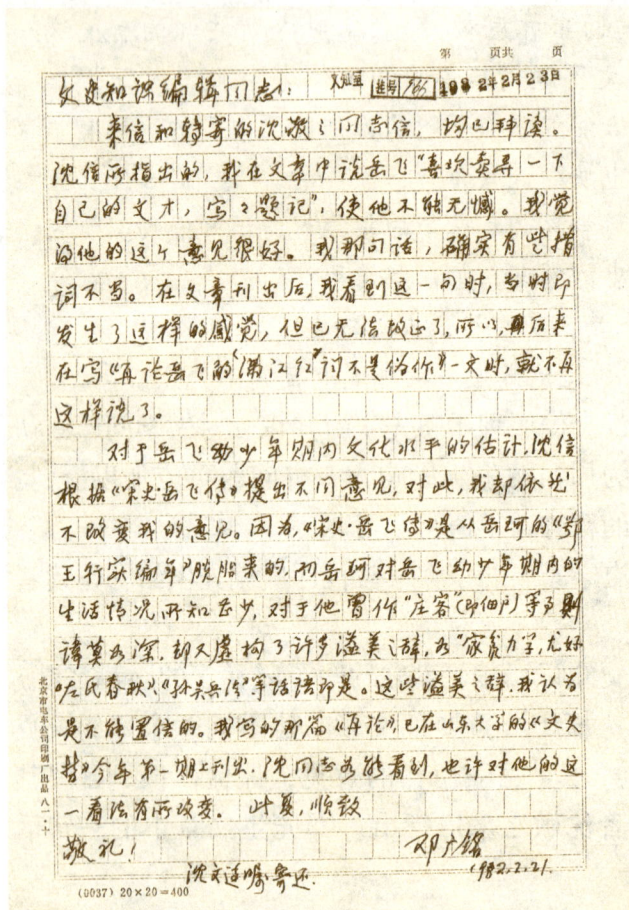

邓广铭先生答复读者意见的信。

词不是伪作》一文时，就不再这样说了。

对于岳飞幼少年期内文化水平的估计，沈信根据《宋史·岳飞传》提出不同意见，对此，我却依然不改变我的意见。因为，《宋史·岳飞传》是从岳珂的《鄂王行实编年》脱胎来的，而岳珂对岳飞幼少年期内的生活情况所知甚少，对于他曾作"庄客"（即佃户）等事则讳莫如深，却又虚构了许多溢美之辞，如"家贫力学，尤好《左氏春秋》、《孙吴兵法》"等话语即是。这些溢美之辞，我认为是不能置信的。我写的那篇《再论》，已在山东大学的《文史哲》今年第一期上刊出。沈同志如能看到，也许对他的这一看法有所改变。

　　此复，顺致

敬礼！

　　　　　　　　　　　邓广铭　1982.2.21

今天我们再读邓先生写于 26 年前的信，先生的音容笑貌宛在面前，先生谦虚谨慎但又执著钻研的态度令人敬佩。

四、在为他人做嫁衣的过程中，学会做衣服的本事

有的同志会说，我们整天为他人做嫁衣，又是质量又是效益，考核日严，哪里还有时间学习、读书、写作？我哪里是不想学习，但作不到啊！其实，我们不妨换个思路想想，为他人做嫁衣的过程是不是也在为自己做"嫁衣"？是不是在给别人做"嫁衣"的过程中也锻炼了自己，成长了自己，学精了做衣的手艺？人家作者还会说，你拿我的作品练手呢！其中的关键是"有心"与"无心"。有心就会事半功倍。

我谈谈我的体会。先谈谈审读《〈诗经〉译注》稿收获的三个产品。

粉碎"四人帮"后，中华书局业务渐渐恢复了。当时我在文学编辑室，领导交给我三部书稿，三部书稿全是《〈诗经〉译注》。领导没有明说，但我听出那话的意思是三部书稿质量都不行，恐怕都要做退稿处理。交给我是让我写几条退稿的理由。接了这个任务，我觉得不是好活，既然要退稿还要我浪费时间干什么？我想反正是退稿，也不用急，就把三部书稿放到一边。三部书稿部头很大，码在一起有两尺多高。过了几天，我猛然想到，何不利用审读《〈诗经〉译注》稿件的机会，攻读一下《诗经》呢？那时刚刚恢复业务，书稿不是很多，工作也不是很忙。我先把其中一部最有名的学者搞的译注翻了一遍。接着我大致清理了《诗经》学研究自先秦经汉、宋至清的主要流派、主要观点，读了《毛诗序》大序、小序、《毛诗郑笺》，读了几部代表性著作，如王质的《诗总闻》、朱熹的《诗集传》、清人陈奂的《毛诗传疏序》、方玉润的《诗经原始》，还有近人闻一多、高亨、余冠英、陈子展等先生的译作。然后找到《中国古典文学研究论文索引》，按索引提供的线索，找来当代的有关《诗经》的研究

论文阅读。经过这样一番学习，《诗经》研究的状况在我脑海中已有了大致轮廓。这时，再回过头来审读那三部书稿，我对三部书稿优劣就看得比较清楚了，而且在一篇一篇审读文稿时，我作了不少笔记，加深了对《诗经》的熟悉和了解。在不知不觉中，我对《诗经》开始产生了自己的见解。我起草了《〈诗经〉译注》的审读报告。因为我从宏观的阅读学习，到微观一篇一篇审读（也是学习），又从微观审读中跳出来，写出审读报告，这篇审读报告应该说是下了工夫的。这是第一件产品。

审读任务完成后，我又写了两篇有关《诗经》的文章，虽说文章质量脱离不了我的水平，但应该说是继完成"审读报告"之后的第二件产品。

第三个产品就是应约去北京大学讲授《诗经研究》专书课。一天，北京大学中文系阴法鲁教授找我去。他说，他因为有事，要出去一段时间，希望我能替他代课，接着他给中文系、历史系、图书馆学系讲授专书课《诗经研究》。我先是大吃一惊，我哪里有水平给北京大学三个系学生教授专书课？接着又受宠若惊，阴先生信任我，我不能退缩。我去讲难度很大。一来，我没开过这门课，必须一讲一讲从头备课写讲义；再说，每周讲一次，每次半天，三个多小时，那要准备很多材料啊！我是一个月刊杂志的主要负责人，设计选题、组织稿件、终审发稿等等，已经够忙了。但阴先生的信任不能辜负，去北京大学讲课的光荣对自己是个动力，我接受下来了。

北京大学距我家很远，当时，工资很少，打不起出租车，坐公共汽车，路途遥远，怕身不由己耽误上课。所以，每到讲课的那一天，我就骑自行车，早6点从位于社科院东的建内南牌坊的家出发，一路奔西，7点25分前到北大的教学楼门口，放好自行车，擦把汗，走入教室，7点半正式上课。

接下这个课后，我是白天忙刊物，晚上翻书备课写讲义，夜里一二点钟前没有睡过觉。有时课刚备完，天已亮了，洗把脸，吃点东西，骑上车向北京大学进发了。这课周期一年，我一连讲了三个学年。最后一个学年，北京大学开始派车接我了。但是，我已调到新闻出版署工作，政府机关的会议经常与课时冲突，更改时间次数多了，学生们会有意见，我的《诗经研究》课便结束了。不久前，现在复旦大学任教的葛兆光给我寄来他当年听我讲课的笔记，让我颇为感慨，也让我深深怀念培养我的阴法鲁先生。

我具体讲述这一过程，并不是说自己多能干，只是想和青年朋友说，工作与学习，是互相促进的，尤其是与工作有关的学习，更是提高自己的捷径，只是辛苦一点，累一点。但是人就是在受累过程中成长的。年轻时不受累，年纪大了再想受累也不可能了。

还有一件小事，也在这里说一说。我编过一本索引，是将《文学遗产》杂志和《光明日报》编发的"文学遗产"专栏所发文章收集齐全编辑而成的，为大家也是为自己使用方便。说心里话，我对于编索引不上心，但想到这项工作是古籍整理与出版工作的一个重要手段，要会编，至少应该体会一下其中的奥妙，我接受下来了。我不想用整块的时间，便每天早到一小时，从早7点编到8点上班铃响，晚走一个小时，从晚5点编到6点，两个多月下来，居然编完了。这样，我明白了编索引是怎么回事，明白了其中的技巧与应该注意的问题，掌握了古籍整理与出版的编辑应掌握的一个手段。

这件事完全是为了学习，每天早到一小时，晚走一小时，不但不会影响我的主业编刊物，还促进了我的学习，成全了一本小书，在为他人做"嫁衣"的时候，不知不觉地自己也做了一件。

这样结合工作学习、写作，打一枪换一个地方，很难系统钻研。但如果利用工作时间系统钻研、系统写作，也就不是编辑了。这是编辑的本分造成的，也是没有办法的。

政策修养是编辑的根本

（2008 年 5 月）

在书中或者文章里什么可以写，什么不能写，也就是党和国家的方针政策允许你做什么，不许你做什么的问题。有的编辑会说，我又不是社领导，政策问题有社领导把握就行了。这话不妥。说这话时，肯定还没有尝过因为忽视政策问题而吃的苦头。所以，这里我要谈一下编辑的政策修养问题。

应该说，政策问题是书稿政治性、政治导向的重要内容。一般来说，书稿的政治性大体包括三个方面：一是政治观点的正确性；二是书稿所体现出来的政治倾向性问题；三是必须符合党和国家的政策法令。所以，坚持出版物的政治性、政治导向，把握好党和国家政策、严格执行党和国家政策，是十分重要的内容。我们出版的图书，不能同党和政府的政策相抵触，不能同党和政府的政策有出入，做不到这一点，这本书即使印出来了，也不能发行；对于书稿中与党和国家的政策不符的问题，如果没有及时发现，发了出去，会给革命事业造成损失。所以，如何理解书稿内容所涉及的政策问题，怎样把这些政策问题处理好，取决于一个编辑的政策修养、政策水平。

一、从一份"评析报告"说起

1993 年底、1994 年初，我曾组织新闻出版署图书司对全国出版社 1994 年的图书选题进行审读。那是第一次对全国出版社的图书选题进行审读分析。我们设想通过对一年图书选题的总量、结构、内容的分析，达到调整图书结构、控制图书品种、提高图书质量的目的。当然，选题并不就是图书。但从图书选题计划的分析中，我们可以大致看出新的一年图书出版的总量、各类图书的结构比例，以及图书出版内容方面的主要趋势和应该注意的问题，及早提出注意的事项，妥善进行调整。这应该说是防患于未然的举措。（见外编《1994 年全国图书选题评析》）

分析报告写出来后，受到各方面的关注。有关的中央领导认为这份评析报告，对安排图书选题，保证图书质量很有参考价值，给予很高的评价。出乎我意料的是，几天后《人民日报》、《光明日报》和《新闻出版报》都先后全文刊载了这份评析报告。

今天再看看这项工作，固然对总量、结构的分析十分重要，但更为重要的是内容分析。对内容中涉及的很多政策问题，我们做了及时提醒，对提高图书质量确实很有意义。

为了说明问题，我把《1994 年全国图书选题评析》有关部分摘录如下：

……

（一）社科类图书选题的特点和存在的问题

特点一：宣传马列主义、毛泽东思想的选题占有十分突出的位置。

特点二：关于建设有中国特色的社会主义理论方面的选题，有很大的拓展，选题多而不乱，注重质量和效果。

特点三：经济类和法律类图书选题已成为社科类图书选题的

两个支柱。

特点四：有关集体主义、爱国主义和社会主义教育方面的选题大大增多和优化。

除了上述特点，1994 年社科类图书选题还有几个特别值得注意的问题。

问题一：特别应该注意以下 4 类选题：

①关于描写党和国家主要领导人生活和工作情况的图书选题。

1993 年有关这类图书出版的教训不少，也出了一些歪曲、丑化党和国家领导人形象的图书，应该吸取教训。这类书并不是不许出，而是有分工，还要履行报批手续，要经有关权威部门审定书稿内容。这既是对读者负责，也是为作者和出版社负责。

②有关民族宗教问题的选题。

这类图书涉及民族政策，很敏感，处理不当，容易引起不良后果，1989 年的《性风俗》，1993 年的《脑筋急转弯》，都引起很大的风波，今后对这类选题应该十分慎重。

要遵守《关于对涉及伊斯兰教的出版物加强管理的通知》的有关规定。

③有关在军事、外交方面可能泄露国家秘密的图书选题。有关方面很快会下发《关于加强军事题材出版物出版管理的规定》，请大家严格执行。

④有关"文革"的图书选题。

去年这方面图书出了一些问题，诸如《文革酷刑录》、《文革死亡档案》等书，效果不好，应该吸取教训。应该肯定的是，任何历史都是可以而且应该研究的，但"文革"这段历史，背景特殊，时间距离又近，许多当事人都还健在，写得不好容易导致翻旧账，引起矛盾，甚至会干扰以经济建设为中心。因此，从有利于动员和团结全国人民集中精力进行经济建设这样一个高度来说，我们应该根据中央有关团结一致向前看、历史问题宜粗不宜细的精神，高度负责地，十分慎重地对待有关"文革"图书的出版。当然确有研究价值的书稿，经过有关部门的审批，还是可以出的，但那种专以记录"奇闻轶事"为能事的东西，就不要出了。希望我们出版社的领导能对下面的编辑同志多做解释，晓以利害。

问题二：有关政治生活中容易导致不稳定问题的图书选题，如物价、工资、工厂停工停产等方面的图书要慎之又慎。时刻注意主观动机与客观效果的统一问题。另外，对政治生活的猜测，将道听途说的材料演义成一本书，此类做法都是很不严肃的，出版社的总编辑，应该特别注意审读把关。

问题三：宣扬封建迷信的图书选题。

读者对这类图书意见很大。对这类书我们有过明文规定，任何出版社也不能出版宣扬封建迷信的图书。但去年以来，这类书的出版又有新花样。主要有三个特点：

①这些书一般都打着研究"神秘文化"的招牌，声言是"探讨人类尚不能认识的问题"，似乎肩负着历史的重任。这些书多冠以"神秘文化研究"、"神秘文化书系"等名目，号称是"人相学"、"神秘文化探源"。

②这类书多半前有"前言"，后有"后记"。"前言"大讲批判封建文化，批判伪科学，劝读者一定区分精华糟粕，切勿上当；"后记"多半讲提供这些材料目的是供大家批判，编者水平有限，研究不够，希望大家运用马克思主义理论作武器，批判继承。正文中则不厌其烦地讲解占梦、看风水、算命、看相的方法，整个一个大兜售、大甩卖。

③这类书多半是买卖书号，或以协作出版为名行买卖书号之实。这类书大多印数多，质量差，定价高，发害民财。

问题四：重复、追逐热点选题的现象，仍比较严重。

热点一是股票、期货方面的书，1993 年已出了 200 多种，今年仍安排了不少。

热点二是大型古文今译，吃老祖宗的饭，几十个人半年、一年就编译出上百万、上千万字的东西，质量很难保证。

热点三是中小学生的教参、教辅图书，许多出版社超分工的都是这类图书，给中小学生及家长造成很大的负担。

热点四是生活类用书，这方面的书安排得太多，而且内容大多重复，造成浪费。

从上面我所摘录的《评析》"社科类图书选题的特点和存在的问题"中，我们可以看到，存在的问题很多涉及党和国家的政策。比如：关于描写党和国家主要领导人生活和工作情况的选题；涉及民族政策的选题；涉及宗教政策的选题；涉及保密方面的选题；涉及迷信和伪科学的选题；涉及"文化大革命"图书的选题；涉及军事秘密的选题；涉及外交秘密的选题；……

这些方面，都有严格的规定，哪些方面执行得不好，违背或不到位，都会造成严重后果。

二、政策就是行动准则

什么叫政策？《辞海》这样解释：

政策是国家、政党为实现一定历史时期的路线和任务而规定的行动准则。具有鲜明的阶级性。革命政党的政策是一切实际行动的出发点，并且表现为行动的过程与归宿。无产阶级政党在马克思主义基本原理指导下，从实际出发，制定和执行正确的政策，是革命和建设事业获得胜利的重要保证。政策需要在实践中检验其正确与否，并在实践中得到丰富和发展。

又是"行动准则"，又是鲜明的"阶级性"，又是"重要保证"，可见符合党和国家的方针政策，严格执行党和国家政策多么重要。

作为一名编辑，在审读书稿时一定要有高度的政治敏感性，有强烈的政策意识，一定要梳理出哪些问题属于政策问题，并认真学习有关的政策规定，对照执行。在政策把关上，我们应该坚持三点：

1. 对政策规定的必须严格执行，不能自行其是，不能讨价还价，因为这涉及革命和建设事业的成败兴衰。

比如，国家严格规定地图绘制、审核、出版的权力，多次发布有关地图送审的政策规定。国家测绘局的文件要求，绘有国界线的地图、跨省、自治区、直辖市行政区域的地图，台湾、香港、澳门地区的地图，历史地图、世界地图、时事宣传地图都须经国家测绘局审查批准后，方可出版。而且，必须由新闻出版署批准有地图出版资格的出版单位出版。

为什么这样严格，因为地图的出版涉及国家主权和领土完整。前些年，有的地图错绘了国界线，有的甚至漏绘了重要岛屿，这就给一些对我国有领土要求的国家一个借口。他们在与我国外交谈判时拿出我们出版的错误、漏绘的地图说事，使我们的谈判被动。近些年，随着资源开发和争夺，东南亚一些国家觊觎我国南海诸岛，使南海诸岛成为国际上十分敏感的地区。一张地图的出版就成为政策性十分强的大事了。正因为此，随着事态的发展与国际斗争的深入，这种规定越来越具体，如，涉及边境国际河流的地图，还须经水电部审查同意；教学地图，或者地理、历史教科书中的插图涉及国界，也须送国家测绘局审查；就是进口的外国有关中国的公开地图，也须由测绘局审核批准后，才能公开销售。

从这个例子我们可以看到，一张地图看起来不起眼，但会涉及国家民族利益，关系重大。作为一名编辑必须要有高度的政策观念，切不可认为就是一张小插图无关大局，切不可拿政策当儿戏。

2. 如发生疑问，要及时请示；在上级机关没有答复前，不能凭自己理解去做。

3. 政策的制定是有时间性的，一个时期有一个时期的路线方针政策，执行政策时要注意形势变化和情况变化。要坚持实事求是，一切从实际出发的精神。

三、提高政策修养的五个要点

如何提高政策修养呢？

1. 要重视，思想上要保持对读者、对国家高度的责任感，审稿时要注意书稿内容涉及的政策问题，及早发现，及时解决。

2. 要加强学习，全面把握党和国家政策，至少对在现实生活中经常碰到的政策问题要了然于胸。出版社要经常组织编辑对重要文件的学习、重要会议精神的传达。编辑特别要注意总结经验教训，把教训变成财富。出版社要经常组织编辑学习、分析典型案例。

3. 要注意形势的发展变化，这一点对于出书尤为重要。一部书稿，从审读到发稿、校对、印制，周期较长，半年一年是常事，大部头多卷本的出版周期甚至几年十几年。看稿子时没有问题，三五年过去了，形势变了，政策也会变，一定要注意，在发稿时把涉及政策的地方回头再认真看一看。重印书也不能签字发稿了事，一定要再进行审读，看看有没有违背现行政策的地方。

4. 审读时一定要全面、细致，不能一翻了事。一个出版社曾经安排了一套港台出版的武侠书，上中下三册，责任编辑心想，武侠书还会有什么政治问题。出版后，读者在第三册最后部分发现了严重政治问题，而且只有一二行字，显然是作者故意这样做的。因为问题太严重，只好马上停售，收缴。责任编辑十分沉痛地说："一、二册我都认真看了，第三册也翻了翻，以为就是一本武侠书，没有色情内容就不会有问题了……"事实并不像他想得那么简单。

5. 要注意及时请示。有许多问题，文件中并没有规定得那么具体；有些问题十分敏感，一时难以把握，我们应当注意及时向上级请示。切不可自以为是，不可嫌麻烦，不可以自己的是非标准作为判断标准。

编辑也应该懂点装帧艺术

（2008 年 6 月）

一、文字编辑要给美术编辑提出好的建议

作为一名读者，走到书店去，看一本书设计得那样好，开本大小可爱，图片精彩，版式轻松大方，说不明道不清地散发出一种淡淡的书香，这时候不管这书的内容与自己有关没关，我都会毫不犹豫地买下来，回家慢慢享受。

作为一名编辑，看到邻社出版了一本漂亮的书，我常会十分羡慕，有时会设法给责编打一个电话，谈谈我的激动，问问人家是怎么想的，怎么把一本书设计得这样可爱，让人赏心悦目，爱不释手。

我听过美术设计家邓中和的讲课，他说：一般读者挑书的顺序是：一看书皮（封面），二看书名，三看内容。他说得对。就连我作为一个搞了一辈子出版的人也会被书皮和开本、图片所吸引，可见，书皮和书名的设计，对吸引读者该是多么重要。书皮和书名设计得好，会吸引读者去翻看图书的内容，而书皮、书名设计得不好，就可能让一本好书与读者失之交臂。当然，我们不能徒有其表，更不能挂羊头卖狗肉。

什么叫设计得好？我认为一本成功的图书的装帧设计，最重要的是符合图书本身的内容身份。所以，最了解图书内容的文字编辑要提出好的建议。应该说，差不多每一本好看的书，都是文字编辑与美术编辑融洽合作的结果。

怎样能提出好的建议？这就要求文字编辑一定得懂点装帧设计，知道哪个环节有什么要求，知道这些环节怎样为书稿内容服务。文字编辑有针对性地用自己对书稿内容的深刻理解，协助美术编辑把这个"深刻理解"在图书装帧设计的形式上表达出来。

二、字体、版式、开本都是表达人的情感的

在解决怎样才能提出好的意见之前，作为一个编辑我们还是得先明确一点：装帧艺术的价值何在。明白了这一点，我们就会自觉地关心并深入地研究装帧艺术的规律，就会努力地配合书籍装帧艺术家把一本书做好。

装帧艺术家陈新先生说：书的开本设计、版面的编排设计和函套、封面以及装帧材料的设计选择，同样也可以像建筑艺术那样创造种种造型美、节律美和空间美，并通过一系列的设计，渲染一种情调、一种气氛、一种意境，以表现不同书籍的不同"性格"。说得多么好，没有装帧艺术家给一本书创造造型美、节律美、空间美，岂不浪费了文化资源！

美国的美学家苏珊·朗格说：艺术形式是表达人的情感的符号。艺术运用符号的方式把情感转化为能诉诸人的知觉的东西，艺术形式与人的情感生活具有的动态形式是同构的。这话说得更为直接明了。它申明了这样几个内容：艺术形式是表达人的情感的，艺术用符号（艺术形式）的方式让人能感知这份情感，艺术形式与人的情感生活是同构的。有鉴于此，我们必须把装帧设计这种艺术形式同人的情感，或者说作者所要表达的情感一致起来，烘托这份情感，突出这份

情感，甚或更抬高这份情感。这也可以说是不可替代的作用和装帧艺术家不可推卸的责任。让我们举例来说明。

先说字体。

这是构成一本书的最主要零件。打开书，第一眼就是排列整齐的汉字。什么书用什么字体，效果可大不一样。中国汉字起源于图画，惟妙惟肖地表现出实物的形象，后来又不断演化，加入了指示、会意、形声、假借等等，成为表意的文字。所以，虽然都是方块字，但笔画粗细、字体形状，却展示着不同的风格，流露出不同的情调。我们来看看四种主要的字体：

宋体：它起源于宋朝的刻拓，很适合木版印刷。宋体横笔细、竖笔粗，是一种工工整整的方型字体，透露出清晰、朴实的风格。

仿宋体：它是由宋体转化而成，横竖笔画粗细一样，一看就有一种眉清目秀之感。

楷体：盛行于清末，笔触婉转圆润，柔中带刚，很接近手写的字形。它散发出的那种优美敦厚的气息让人感到很容易接近。

黑体：十分醒目，屹立如山。感觉上比同号的字好像大一些，形象突出，给人重要甚或严重的感觉。

这是几种常用的字体，至于由此演变出来的长体、细线体、扁体等等，都各有其味。

有了这方面的知识和经验，在安排用字的时候，就要考虑与书稿内容相协调。比如一般学术著作，就以宋体为好，因为字体端庄、清晰、朴实；诗歌、散文等轻松的内容用仿宋体常能产生相得益彰的效果。反过来看，如果学术著作通篇用仿宋排，就觉得很不"学术"了。字体使用得好，不仅版面秩序好，还可以让呆板的版面活泼起来。尤其是计算机排版，一个指令下来，字体可以千变万化，就更要注意一种字体的外在美，灵活使用。

再说版式。

很多同志认为文字编辑还管版式吗，不是抢了美术编辑的活？我看不对。我们不是说让你去设计，而是让你就书稿的内容用什么样的"艺术符号"表达好，发表意见。

版式指什么？最主要的是指版心的设计，也就是一个单页版面上容纳文字的面积。扩大去说，也包括扉页、目录、图片、附录等等整本书的设计。

拿版心来说，用什么字体、用多大字号、每面多少行（行距），每行多少字（字距），标题所占位置，都体现了一本书的风格。从另一面来说，美术编辑在设计版式的时候，这些细节的安排也就取决于书稿内容的风格。那么，对书稿内容有全面了解的文字编辑，义不容辞地应该向美术编辑提出建议和设想。比如：一本学术著作，要设计得端庄大方，读者在阅读时时而会作些批注，天头地脚或切口处的白边就要大一些；而且学术著作常常以文字为主，很少有插图，读起来眼睛容易疲倦，再加上作者雄辩地、不厌其烦地讲述着各种道理，文字安排过于紧密，读者就会感到沉闷进而产生拒绝感，所以行距、字距都要设计合理。

文艺作品，内容轻松，风格要活泼，用的字体不宜过于严肃，插图（或照片）摆放大小要合适，布局要均衡，有的占满版，有的占半版，有的只是一幅小图放在文字中间，切不可喧宾夺主。有时设计者好心，又舍不得那些有趣的照片，一本以文字为主的书，却被美丽的图片所压倒，结果读者拿过书来，为图片所吸引，从头翻到尾，看完图片就把书放下了，书的"主角"——文字内容却被忽视了。这岂不是本末倒置！所以，责任编辑在进行版式设计前，一定要明确这本书是以文字为主的图文书还是以图片为主的图文书。

此外，还有一个成本核算问题。如果文字编辑事先不能很好地和美术编辑沟通，美术编辑只按着他的理想设计，全都完成了，再做全面核算，那时如果成本过高，就会通不过，岂不白白浪费时间和精力？所以，在对一本书总的设计风格要求确定后，文字编辑还要先把这本书的大体定价要求向美术编辑作出交代，这时美术编辑才可能根据美观又适用的原则进行具体设计。

再说一说版面的空白。

上文我所说的空白主要是指一面的空白，是指天头地脚左右两边空白的面积。今天的书籍一般天头较窄，地脚较宽。地脚宽是为了不显得重心下沉。切口处的白边宽，订口处的白边要窄一些，原因是一本书打开后，双、单页上两个订口处就合在一起了，如果每个单面上的订口处白边大，两个订口处合在一起就会显得距离过大，好像是毫无关系的两面，松散而不好看。中国古代的线装书，竖排，尽管一行接一行，很少空白，但它的天头却留得很宽，那是提供给读书人批注的。很多著名的评点本，如《脂砚斋评注红楼梦》等等，它们的批注都是写在天头上的。

对于整本书来说，适当的空白也是十分重要的，对于刊物更是如此。装帧艺术家们都指出，空白与印上文字的部分同等重要。还有的专家指出：版面是由铅字构成的，它的基调是灰色，只有明亮的白色，才能打破版面上灰色的沉寂……白色给人以开阔感，能使人的头脑和眼睛获得短暂的休息（赵克《书刊版式设计初探》）。所以，我们处理好空白，对于书刊版式的美观，对于读者阅读，关系很大。

碧空万里，一轮明月，之所以能引得万人仰首，生出无限情思，是因为碧空把明月烘托得格外的皎洁，明月又让碧空显得无限寥廓。

洁白的脸庞上一点黑痣，之所以能那么惹人注意，是因为洁白脸庞的衬托，黑痣又让脸庞显得更加洁白。

所以，对于空白要具体分析，适当的空白可以使版式好看，可以使读者阅读时感到轻松。有的刊物，让标题占了半面，看来好像浪费，实际给读者印象更加强烈。版面设计者正是利用了空白的威力。古代的线装书读起来十分吃力，有一个重要原因是它缺少空白。文章从第一个字开始，一贯到底，不分句，不分段，真是"一气呵成"，但这样一来，读者的眼睛就受不了了。

最后谈谈开本。

开本大小对于一本书呈现出来的品位十分重要。一本书用什么样的开本，必须考虑书的性质、文字的体裁、篇幅多少和这本书的功能。

这里，我举几位装帧艺术家的论述，让我们体会一下艺术家们的创造性思维与实践，体会一下设计好开本，对一本书形象的重要。

李勃洋在他的《试述图书责任编辑的装帧职责》中说：

1. 标准 32 开（也称"小 32 开"）

优势：小巧，古朴。适合用于普及型文化休闲读物，受众面广，受众文化层次跨度大。劣势：版面小，成书缺乏视觉冲击力，图书"老三样"之一，在读者心目中的形象较为传统、陈旧。

需要说明的是，要提升图书的档次和设计含量，绝非开本越大越好，对于一些图片不多、文字量也不大的图书来说，就不适合采用大开本，那样会使成书过薄。

2. 大 32 开

大 32 开在过去绝对是"老三样"的主打，但如今其尺寸说大不大、说小不小，已越来越难以满足读者的审美要求，难以吸引读者的眼球了，其地位颇显尴尬，将逐渐退出图书市场的主流。

3. 国际 32 开

优势：这种开本尺寸与国际接轨，版面比大 32 开疏朗一些，同时又比异型 16 开轻巧一些，可以替代大 32 开成为常规性读物、文学作品等图书种类的首选开本。劣势：在开本大型化的今天，国际 32 开在图书市场上很容易被湮没于异型 16 开之中，视觉吸引力稍差。

4. 异型大开本（以异型 16 开为例）

异型 16 开比较常见的为长异型 16 开和方异型 16 开两种。一般在下列几种情况时，选择异型 16 开最为恰如其分。

①有大量插图的图书可以考虑使用异型开本。如果图片需要依靠大尺寸来提高视觉效果，则异型大开本更是必需的选择，比如绘本、美术类图书。

②社科文化类中，感觉比较正式的图书，可以考虑使用异型开本，比如纯学术著作、文化经典著作等。

③与版式设计相连带，有大量注解的图书可以考虑使用异型开本。特别是有些图书中每条注解都不太长，可以设计在切口一侧随文排列，则尤其适合宽度大的开本。

李勃洋考虑得多么周到细致啊！他完全把一本图书当作自己的孩子一样打扮、一样塑造，他这样费尽心思，付出心血，真让人感动。

邓中和在《编辑要懂点装帧》中说：

用什么样的物化形态将书推给读者，这也是文编的责任。一本成功的图书设计，是符合书本身内容身份的。

开本是有情感的，是有文化内含的。

陈新在《装帧艺术散论》中说：

（给百花文艺社散文丛书设计时）我考虑到，一本游记和一组抒情散文不过六七万字，散文是文学中的"轻骑兵"，又以精巧、自由、抒情为特色，因此要为这套丛书设计一个袖珍型的开本。这就是百花社独家使用的 690×960 毫米的玲珑小巧的小 32 开本。正是由于这种开本的轻巧玲珑的形态与散文性质十分谐和，所以深得散文作家的喜爱。试想，如果将几万字的散文集，采用大 32 开，薄薄的像一本活页文选，其造型反而不像一本郑重的书。

文字编辑一定要根据书稿内容的风格，向美术编辑提出好的建议。

装帧设计还有许多内容，比如封面的设计，扉页、插图的安排，书名、目录、序言、后记的处理，都是很讲究的，推而广之还有用纸和印刷。我这篇文章并不是要讲装帧设计艺术，关于装帧艺术，装帧艺术家们已经写了很多精彩的论著，我只是举例说明编辑为什么要懂点儿装帧艺术。我想上述的例子已足够说明问题了。总之，装帧设计的各个环节都要围绕着书稿的内容烘托出一种气氛，传达出一种情感，形成一种格调，让读者还没有读书，就已经感受到扑面而来的书稿的文化气质——这些都要求文字编辑和美术编辑共同完成。文字编辑不懂点装帧设计知识，就不可能出好主意，配合美术编辑做好这一工作。

三、美是因人而异的

最后我还要讲一点装帧艺术的创新。概括起来，我认为就是两个字：独特。

有人说过：书籍设计艺术之所以长期处于一种边缘状态，原因虽然说是多方面的，但其中不可忽视的一点就是许多书籍设计者的设计模仿味太浓、抄袭风太盛、粗制滥造太多，而唯独缺少了属于自我的创造性。

这话大家是否都同意，可以讨论。我倒认为确实是说出了道理，切中时弊，那就是，书籍设计艺术当前的问题，首要一点是创新。

美是因人而异的，这就是创新的基础，创新的可能。美感的产生本来就是我们对一切美的形、色、声音、韵律的一种感受。这种有感而发的深深的感动，一方面在于事物的本身，一方面在于自我。同样一部书稿，不同的书籍设计者会得到不同的印象，产生不同的刺激，得到不同的体验，激发不同的灵感。高明的出版家、书籍设计家，就是要善于抓到这与别人不同的印象、刺激、体验和灵感，从而达到"独特"的地步。我们可以说装帧艺术家主要表现的是自己对一部书稿的感受。而只有如此，才能够"独特"。

有的同志也许会说，装帧艺术的表现，必定和特定的书籍内容相联系，不能让装帧设计无中生有、脱离特定的书籍。这话说得对。前面我所说"这种有感而发的深深的感动，一方面在于事物的自身"说的就是这个意思。我们是唯物论者，离开了"事物自身"还谈什么风格，谈什么创新？但我们的认识又不能停留于此。装帧艺术并不是被动的，并不完全受制于书籍内容，装帧艺术家的创造性劳动，常常使图书更加走入读者的视野，走入读者的心中。何况装帧艺术的特质决定了它常常是用间接的表现，一条线、一种颜色、一片空白，让你去体会、去把玩，让你在似有似无间去享受那股蕴含着的醉人的书香，达到了这样的效果，就不但会与图书的内容相得益彰，而且托起了图书的分量和价值。河北教育出版社出版的我的那本散文集《佛罗伦萨在哪里》，封面满版铺着一幅佛罗伦萨水城图，黑底色，书名、作者和出版社名用了一个烫银，很是特别，我常常说："这个封面设计托起了我的书，使我的书变得厚重、典雅。我很喜欢。"

　　我祝愿我们每本书的装帧设计都能让作者喜欢、满意。让文字编辑、美术编辑和作者共同努力，挖掘出书稿的真实情感，体现出连作者都没有完全意识到的风格和韵味。

今天的编辑要有经营意识

（2008 年 8 月）

编辑要有经营意识。这个道理今天已经很好懂了，或者说大家已有较为普遍的共识。但是作为一种素养，我认为还应该引起我们高度的重视。

一、我们过去怎么看

编辑的经营意识这个问题在过去不大讲，或者说不用讲，因为在我们这个"万般皆下品，唯有读书高"的文明古国，大家不屑于靠卖书赚钱。

后来是不能讲。因为那时"以阶级斗争为纲"，"出版工作为政治服务"，不能谈钱。谈钱很容易被说成"利润挂帅"，否定"政治第一"，甚至被说成是资本主义的出版方向。对于一个普通编辑，经营的事就更不用操那份心了。反正赔了钱国家补，赚了钱交国家。

后来，还有一个普遍的看法，编辑就是编书，编好书，赚钱的事情由搞经营的人去想。

其实，早在 1983 年，中共中央、国务院发布的《关于加强出版工作的决定》就明确指出："社会主义的出版工作，首先要注意出版物影响精神世界和指导实践活动的社会效果，同时要注意出版物作为商品出售而产生的经济效果。"在这份中央文件中，党中央第一次提出"把社会效益放在首位，同时注重经济效益"，肯定图书是"商品"，出版工作也是一种经营活动。

这个观点意义太重大了，确实是对新中国成立以来几十年形成的传统观念的突破。不过，那时我们没有认真体会，深入研究也不够。加之偶尔会出现一本有问题的书，影响不好，我们就更加强调社会效益，甚至把社会效益说成是"唯一准则"，不大从商品角度考虑"作为商品出售而产生的经济效果"了。

我为什么说是对"新中国成立以来"几十年形成的传统观念的突破？因为我们再往前推，自有现代意义上的出版业以来，也就是一百多年以前，不就早已是这样认识了吗？那时的商务印书馆、中华书局，还有后来的开明、生活·读书·新知三联书店就都是这么做的。后来是什么原因让我们又不那样认识，不那样做了呢？很值得总结。

关于经济效益和社会效益的关系问题，今天想想确实并不难处理。而且也并不是我们想的那样，好像资本主义国家的出版家就只知道赚钱，只看重经营，只有我们社会主义国家的出版家讲精神文明。让我们看看美国出版家 J. P. 德索尔是怎样讲的。他在《出版学概说》中说：

　　一个正直的出版者应该是这样的：既崇尚精神和艺术世界的价值，也注重经济学范畴的价值。这样一种素质不可能只是一般品质的结合体。事实上，这种素质是相当难得的。但这是图书出版取得成功的必需的先决条件。一个出版者如果不考虑所出图书的质量和书稿的价值，即使他偶尔也会成功，但最终会因精神饥荒而导致失败；同样，一个出版者如果不关心企业的赢利，那么他很快就会因经济破产而失去投身文化事业的机会。令人不解的是，在这个思想道德观念冲突异常激烈的时代，一些实际上可以成为互补因素的不同特性，都被认为是势不两立的了。

你看，这个美国人把"社会效益"与"经济效益"的关系讲得不比我们差吧？不考虑图书的质量和价值，即使偶尔也会成功，"最终会因精神饥荒而导致失败"；如不关心企业的赢利，就会因为经济破产而"失去投身文化事业的机会"！当然，他的质量观和价值观不见得都和我们一样，但他把这二者的关系讲得很辩证，很实在，很好理解，这种观点很值得我们玩味。

二、什么叫编辑的经营意识

我们必须明确，经营意识并不是要让编辑们去卖书，去搞销售，而是要求编辑在策划选题时、在编辑书稿时、在装帧设计时、在与读者或者媒体交流时，着眼于出版的全面，着眼于市场的风云变幻。正如《图书营销》的作者英国出版家艾利森·贝弗斯托克所说："在当今高速发展且竞争日益激烈的图书行业，市场营销不是孤立的，而是渗透于出版的全过程。"

在具体谈这个问题前，我先介绍《我是编辑高手》（〔英〕吉尔·戴维斯著）一书中的两个术语："预算"和"损益账"。

　　预算这名词在此用得有点反常呢，这提的不是你这位编辑要花上多少钱去出书，而是你出书该为公司赚多少钱。别的出版社也可能把这叫"营收计划"。依你们公司会计年度而定，编辑在年中某个时候都必须要交给编辑总监、总编辑、财务总监一份下一会计年度你希望一定要出版的书籍名单。书单上详注每一本书的印刷量，出书前一年国内外市场预计的销售量、定价，附属权的其他重要收入，可能的销售折扣平均数等等。

　　……直截了当地说，这预算就是你在下一年度的出书种类和营收的目标。编辑若是未能达成目标，经营阶层常常会不高兴。

不论你的公司把这预算流程叫什么名称，这都是编辑工作能力的一大评量标准。

损益账这一样会有别的名称，例如叫做"计划评估"，或是另一个有些惹人误会的名称——"成本估算"。这作业主要是为一本书预设一个预估的销售收入，然后减去制作成本和版税，得出一个数字叫做"毛利"。有些公司还要扣掉别的成本如发行及业务员佣金，才得出他们的毛利。不管是怎么算的，都要得出一个利润的百分比，这是高级经营阶层认定是公司的财务状况良好不可缺少的数字。不论你的公司制定的毛利数字是多少，你都该弄清楚。

这两个术语，能让我们悟出很多意思吧？可以看出欧美国家出版社经营计划对一个编辑的要求，可以体会经营计划给编辑的压力和烦恼，可以看出欧美国家出版社的发展之道，可以想象经营中的硬指标会产生什么样的后续作用。

这种压力所带来的结果真是不可想象。兰登书屋出版《尤利西斯》的故事就很说明问题。当年，兰登书屋老板贝瑟夫决定在美国出版《尤利西斯》。那时，《尤利西斯》在美国还是禁书。贝瑟夫考虑再三，想出一招。他决定让人私带此书回国，并嘱咐携带者在海关检查时故意暴露出来让海关没收，好借机告到法庭，掀起诉讼。随后，他让人收集了众多名家赞扬此书的书评，又以此书出版后的高额版税为诱饵，请来知名律师。由于贝瑟夫的精心策划，加上名家权威的巨大影响，法庭终于宣判《尤利西斯》解禁。这时，此书的官司已闹得沸沸扬扬，禁书《尤利西斯》已吊足人们的胃口，书一解禁，人人争读，兰登书屋大赚了一笔。

看看，欧美出版社在怎样挖空心思搞经营啊！但这个战术中有一点我们必须注意，贝瑟夫选的官司对象——《尤利西斯》是一本有巨大价值的好书。

三、培养经营意识的三个要点

我们的目标是出版读者喜欢的书，换句话说，就是可以销售出去的书。为此，首先要确定你这本书是给什么人看的，然后绞尽脑汁地考虑这部分人的阅读需要。越是从各方面满足这部分人的需要，这本书越是会销售得好。所以，接下来我们要考虑图书的版式、字体、页数、用纸，什么样的开本读者喜欢，定价多少合适，如何计算成本并尽可能节约成本，还要考虑是否需要开展促销活动、是否需要做广告等等。这一切都是成功营销应该认真考虑的。

而对于一个编辑，要求他的经营意识、经营素养，则主要在书稿本身，最重要的就是选题的策划。也可以这样说，要求编辑策划的选题能够经得起营销的考验。这其中有三个要点，值得我们特别关注：

1. 创新——创新的激情源自于伟大的抱负

没有创新就谈不上经营。没有创新出版业就停滞了。总有高招出现，才有高的效益。

"文化大革命"之后，我曾经读过王任重同志的一篇文章。文章讲，毛主席曾对他说过：不如马克思不是马克思主义，等于马克思不是马克思主义，只有超过马克思才是真正的马克思主义。王任重说这篇文章在"文化大革命"中曾受到严厉批判。批判他的人说，谁敢超过马克思？毛主席根本不会这样讲，王任重是造谣。王任重在文章里说，马克思主义就是讲发展、讲变化、要前进的，只有超过马克思才是真正的马克思主义。马克思并没有见过社会主义社会，如果不超过马克思就没有邓小平理论，也就没有改革、开放思想，所以要创新，不能墨守成规，创新才能发展。

其实，形势发生了变化，生产力发展了，经济基础变化了，生产关系、上层建筑必然要随着变化。我听一位小学老师讲过一个故事。他说，有一张毛主席检阅红卫兵的大幅照片。毛主席穿着绿军装，戴着红卫兵袖标，举着右手（实际是在向红卫兵致意）。老师问孩子们：你们认识这个人吗？孩子们说：不认识。老师告诉他们这是毛主席。老师又问：你们知道他在干什么吗？这回孩子们齐声大喊：打的（出租车）！很有意思吧？但其中却蕴含着深刻的道理。这就是生活内容发生了变化，孩子们认为举手就是打的。倒退回几十年，大家生活水平低，出租车很少，多数人也打不起"的"，孩子们就不会想到是打的。正如今天的孩子不知道小说《高玉宝》中长工们吃不饱饭为什么不吃肯德基，周扒皮叫长工干活为什么不用闹钟，却钻到鸡窝里学鸡叫一样。

生产力发展了，人们的观念变化了，搞出版，策划选题，经营图书，不跟着变，不去创新，还执著于传统观念，你编出的东西今天的读者已经不喜欢了。

创新要有人，要有富于创造性和掌握知识的人来实现。创新要有环境，有一个允许并鼓励争鸣的环境。所以，在我们的出版工作中，好的经营管理人才要善于发现和团结一批掌握专业知识又富于创造性的人才，而这些人才应该是来自五湖四海的，有讨论、有争论气质的。美国的《商业周刊》曾以"中国的创新障碍"为题这样说：中国人很强调群体性，通常会选择和自己所熟悉、信任的人一起工作、交流、共享信息。而即使是同在一个公司或大学，不同部门和分支的人之间也通常会产生排斥，更何况是团体之外的人了。……这些积习使得人们并不欣赏与自己不同类型的思想、行为的人群，这就大大影响了不同意见、思想之间的争论与促进。这话不无道理，应该引起我们的重视与思考。

创新的动力是什么？创新的激情源自于远大的抱负、成功的欲望、浓烈的兴趣和执著的追求。

编辑选题的创新也并不是那么狭隘的、神秘的、不可琢磨的，可以从多方面去考虑。下面几种情况，就很有创新意义。一、具有学科总结性的图书，也就是说具有文化积累价值的图书，像《诂训汇纂》、《西周铜器断代》、《中国科学史》等。二、具有新的编辑角度的图书。如《新华字典》，出版几十年，发行几亿册，又做了双语版，就是一个好的创新。人民文学出版社的《中学生课外文学名著必读》，抓住了中学生、名著、必读三个要点，把已出的二十几部名著重新组合，便由每年发行 2000 万元码洋跃升为一年发行 8000 万元码洋。三、填补空白的著作。这样的书出一本是一本，有价值。我的一位朋友，他的博士论文是一部 20 万字的关于澳门《蜜蜂华报》的研究。《蜜蜂华报》是 19 世纪的一份报纸，没出多久，影响也不算大，但导师执意要他研究这个题目，做这个论文。《蜜蜂华报》是葡萄牙文，这个博士特地到外语学院学了一年葡萄牙文，然后翻阅了全部的报纸，经过两年的努力，写出了论文，最后这个论文获得了吴玉章人文社科成果优秀奖。我问他们，这么一篇论文有什么价值？他们说，这是一个填补空白的研究。《蜜蜂华报》发行量小，又是葡萄牙文，一向没有人研究，但它可以是中国最早的报纸之一，在报刊史上地位很高。我就明白了，这就是填补空白。这个报纸在中国报刊史上有这样一个重要的地位，需要有人去做。这样的事情不是重复别人做的事情，是开拓性的，有价值的。四、引进的名著，重点在"名著"，不是引进一般的书。比如说《西氏内科学》，它所涉及的学科水平在国际医学领域处于领先地位，出了十几版。引进这样的"名著"就很有价值。

我举了这几方面的例子，是想说明创新并不是多么高不可攀的，一点一点积累，一步一步开拓，一定会产生伟大的作品。

今天，中国出版工作者承受着巨大压力，我们处于一个改革开放的伟大时代，我们面对国际上汹涌澎湃的文化创新发展的浪潮，却产生不出与光辉时代、与伟大民族相称的伟大作品、伟大作家，中国的出版工作者也有相当的责任。所以，有高尚职业精神的编辑，要蔑视重复抄袭，拒绝平庸低俗，不屑于人云亦云，要下决心去开拓新大陆、追求新境界、实现新梦想。

2. 品牌——品牌是消费者的心理认同

品牌是什么？品牌是一个企业（一个出版社）的命根子。品牌是一个企业（一个出版社）的无形资产。品牌是消费者对某类商品形成的一种观念存储和心理认同，是存储在读者、顾客脑子里的购买意向。读者认为"人民"的马克思主义著作，"人民文学"的文学作品，"商务"的字典辞书，"中华"的古籍整理，就是不同一般。买古籍你买"中华"的，买字典买"商务"的，买马列著作买"人民"的，这叫识货。什么叫识货？识货就是懂得品牌。2003 年世界经济论坛一致认为，21 世纪成功的因素是什么？不是金钱，不是机器，是人和品牌。

马克思在《资本论》一书中把品牌讲得十分生动。他说，他考虑论述品牌的出发点是什么呢？是他妻子燕妮的购物行为，说燕妮只在一家商店买衣服，尽管那一家商店的衣服比其他的店都贵。马克思说，通过对服装的剪裁、料子和颜色的比较分析他得出结论，他可以用便宜得多的价格在其他商店买到相同的商品，但是燕妮不到那便宜得多的商店去买，这就是产品品牌的影响作用。这种作用是超感觉的感性的东西，它表现出了品牌的强大力量。到"人民"买马克思著作，到"商务"去买词典、字典，到"中华"买古籍，到"人民文学"去买文学作品，就标志着你识货，这就是品牌的认同。

所以，我们必须去着力创造品牌。一个出版社、一个编辑，编出一本两本好书并不难，难的是不断地推出好书，进而形成出版社的风格，最终形成品牌。

品牌必须与时俱进，否则好的品牌也会褪色，甚至被取代。我想起中国的刀剪"王麻子"品牌。这个牌子不可谓不响，但是现在呢？我有亲身体验。有一次，我去买菜刀，就想起"王麻子"刀剪。这个品牌在我脑中印象很深，我记得"王麻子刀剪天下第一"的口号。找了半天，在东单许多小门脸中间，好不容易找到了王麻子刀剪铺。我很高兴地买了一把菜刀回去，家里人试了一下说，太沉，举不动。

我自己试试也觉得不行，就又买了一把日本的菜刀，这把刀又轻又快造型又精巧。这事让我颇生感慨。现在已经很少看到王麻子刀剪了，本来它是中华传统名牌，但今天已被别人取代，原因恐怕就是不能与时俱进，不断更新。

现在又出现了另一个倾向。一件事情正在策划之中，或者计划三年实现，甚至于计划三年后再做，先炒作，先宣传，先炒得沸沸扬扬，一问才知道，刚刚有个概念。这样一种风格，还不和"狼来了"一样吗，全是泡沫，有谁相信？好品牌也弄砸了。

任何事情都有一个发生、发展和消亡的过程，我们在经营理念中，一定要牢记品牌的创立、发展和不断更新的规律。

3. 服务——服务是经营的根本

有的朋友在文章里讲，出版业经营图书，根本上就是经营"服务"。这话说得太好了。一家出版社要想经营好，根本上就是要为读者服务好。读者想什么、需要什么，你就策划什么、出版什么，经营能不好吗？所以，出版者要不断地做好社会调查、读者调查，了解读者在想什么、需要什么。对于编辑来说，设计选题要把握住经济、社会、生活的变化和读书市场的需求，及时地把社会热点、关注点、学术研究的新进展交给读者。为读者需要服务、为社会热点服务，下及时雨，送雪中炭，出版社的经营问题也就解决了一大半。

党的十七大一开完，各出版社争着抢着出版"学习十七大辅导材料"，那是因为出版者知道，各单位、各阶层都要学习党的大会精神。近二十年来，很多出版社把出版高考辅导读物作为重点，那是因为出版者知道学生升学难，都想买一套参加过高考判卷的老师编写的辅导材料。某一名著改编为电视剧，即将上演，出版社争抢名著的出版权，那是因为出版者明白，电视剧一上演，如果轰动，人们觉得不过瘾，势必再去找原著来看。这些例子，都是出版者在经营过程中对读者心理把握的经验。

反过来也一样。社会上"戏说"成风，雍正、乾隆、纪晓岚被一些电视剧弄得花里胡哨，面目大变，中华书局了解到读者需要学习真实的历史，便主动设计了一些"正说"历史的通俗读物，一炮打响，大为畅销，风行影从，一时间业界出版了一大批"正说"的书。

《中国文库》所收图书本来是中国出版集团属下出版社几十年来出过的书。考虑到我国每年出版20多万种书，而"不好不坏，又多又快"的书占了很大数量，读者要买书，不知买什么书，书架要装满，又不知什么书有价值，中国出版集团经过多次研究，最后决定发起整合中国出版集团属下出版社的书，挑选至今仍有价值的书，重新印制。这些出版社（人民、文学、中华、商务、三联、百科、音乐、美术等）历史悠久，出书分量重，可以说新中国成立以来所出版的最重要的图书尽在其中，把这些书摆在书架上，很有分量。我们把挑选的标准定为"必读、必备、经典、工具"。"文库"叫什么名字好，大家争论不休。最后我建议把书名定为"中国文库"，一是可选之书有中国水平，二是入选图书包括全中国出版社出的符合标准的书。我们又诚意邀请全国各地出版社推荐符合标准的书，先后有二十余家出版社推荐的书入选文库。第一辑100种，编好后，征订了5000套，这是多大的一笔生意啊！现在已经出到第三辑，征订盛况仍然不减。

又比如，我在编《文史知识》月刊时策划题目有一个原则：读者知道一些，又搞不很清楚，这样的题目优先上。读者知道一些，他感兴趣，但又不很清楚，他会热心找来看。他看了文章后会想，噢，原来是这样啊！我们帮助读者弄明白了，解了他多年的疑问，他能不高兴吗？这样的选题多了，这本杂志他能不订阅、不购买吗？从心理学角度讲，完全陌生的东西与知道一些又说不清楚的东西，更吸引人的不是前者而是后者。如《文史知识》上曾刊出这样一些文章：徐福东渡的史实与传说、赤壁之战中曹操有多少兵马、为什么说中国有五千年的文明史、什么叫"四大皆空"、岳飞的《满江红》是不是伪作等等，我相信，看了这样的题目的人，都会找来杂志看一看。

这就是服务吧？认认真真想读者需要什么，千方百计为读者

2006 年 6 月应邀出席南非举办的非洲第一届国际书展。（左起）于洋、王凤、杨牧之、李峰、莫蕴慧、张纪臣。

提供。

　　这就是经营吧？读者喜欢能不扩大发行吗？买的人多了，销售、利润不就上去了吗？

　　其实，经营的高招有很多，这方面的论著也多得很，我谈的这几点是我感受最深的，供大家参考吧。

新的时代要求我们具有新的本事

（2008 年 8 月）

一、出版业需要什么样的人才

最近，看到《编辑学刊》（2008 年第 4 期）刊登的在浙江召开的关于"出版业需要怎样的人才"座谈会的一组文章，很有感触。

浙江联合出版集团副总裁骆丹说：

> 从出版社招聘时的笔试成绩来看，编辑出版专业的毕业生明显占优势，考试成绩好。可是等到录用时，各部门偏偏冷眼看待，同等条件下宁愿录用其他专业背景的人。尤其那些本科专业是编辑出版的毕业生，更被一些人视为"无专业背景"，被拒之门外。

这样做是有苦衷的。因为他们认为，编辑出版的知识可以在工作实践中学，所以首先就会考虑引进其他专业背景的人才。这是业内的普遍想法。

这些话讲得很清楚，光懂编辑出版的毕业生出版社不愿意要，出版社愿意要有一技之长、有其他专业能力的人。最好是又懂编辑出版，又有其他专业能力。那么，愿意要有哪些专业能力的人呢？

浙江大学出版社的袁亚春同志说：

第一类是复合型人才。比如，有工科、文科等多种学科背景的人才，或者既有经营管理能力又懂得某方面专业知识和技能的人才，或者既有扎实的文字功底又有较强的社会活动能力、选题策划能力的人才。

第二类是较好地掌握信息电子技术、数字技术的人才。传统出版单位的人员结构中，尤其缺这样的人才，来应对新的电子和数字技术的挑战，应对出版从产品形态到商业盈利模式的革命性变化。

第三类是高学历的专业知识人才。高学历的人才，一般学术视野相对开阔，能洞察学科发展的前沿，更重要的是，他们往往作为"学术圈"里的人，有相对丰富的学术人脉。过去编辑出身中文专业的多，现在，越来越多的出版单位迫切需要计算机专业编辑、财经专业编辑、法律专业编辑。

我引用他们的话是要说明，当今出版业最欢迎的人才之一，就是能掌握信息电子技术、数字技术的人才。这反过来说明，当今的出版业是多么缺少这方面人才。

二、无所不在的网络

目前，人们一致认为人类社会进入了网络时代，互联网的影响已深入到社会经济文化生活的方方面面。

这话还得从头说起。

早在 1988 年，美国施乐公司帕洛阿尔托研究中心（PARC）的马克·韦泽（Mark Weiser）博士就提出了 Ubiquitous Computing 的概念，即"普遍存在的，无所不在的计算"。意思是说电脑在我们没有意识到它存在的时候，已经融入了我们生活的方方面面。后来，日本学者据此衍生出 Ubiquitous Network，也就是"无所不在的网络"的概念，认为人们能随时随地通过适合的终端设备上网并享受服务。

后来，ubiquitous 的"U"，就成了一个新时代新科技的代号，意指"数字无所不在"。

各个国家都想走在前面。日本提出"U-japan"的国家战略，目的是将数字深化到全社会全民生活中去。韩国提出"U-korea"计划，大力开发数字家庭，并且设计"家庭网络控制标准"，以此达到按他们的标准规范网络。道理谁都懂，在当今社会，谁掌握了标准的制定权，谁就掌握了标准，掌握了发言权、主导权。

中国的学者对"U 化战略"作了更为具体的概括。中国人民大学新闻学院喻国明说："所谓'U'，是指构成'U 化战略'的五个U，即 unite（融合）、universal（普及）、user（用户）、unique（独特）、ubiquitous（无处不在）。"从这五个词中我们是不是可以更充分地领略到"U 化战略"的巨大意义？

那么，"无所不在的网络"在我们出版业是怎样表现的呢？

三、四大新模式

1. 网上书店

在"U 化战略"时代，较早引起我们关注的是网上书店。20 世纪 90 年代，网上书店已经在酝酿并兴起。1995 年美国亚马逊网上书店出世，引起世界关注。目前，中国的"当当网"总裁李国庆经过 8 年艰苦打拼，日臻完善，开始走上盈利的道路。

其实网上书店的概念很简单，就是在网络上浏览、购买图书，并通过网络实现结算。

1997 年，我率中国出版代表团访问澳大利亚出版集团，向他们请教网上书店的经验，主人讲得头头是道，十分精彩。不过，介绍的先生最后说了几句，让我觉得网上书店的经营还有一些关键的问题没有解决。他说："到目前为止网上结算问题仍然没有解决好。"顾客想，我刷了卡，你不送书怎么办？商家想，我寄出书，款还能回来吗？西方发达国家解决这个"瓶颈"问题也摸索了不少年。中国另辟蹊径。李国庆总裁对我说，中国社会劳动力便宜，从利用中国大量、廉价的劳动力方面去思考，不但解决了结算问题，还可以解决就业问题。我们采取网上订书，货到付款的方式（当然也可以通过银行、邮局汇款），京、沪、穗、深（圳）基本上是次日达或隔日达，其他地方4—7天可以送达，较好地解决了付款问题。

现在，人们还发明了一种叫做"支付宝"的办法。它类似于一个"中间人"，买书的人把书钱打到"中间人"那里，卖书的人一查，买书人已把款寄到"中间人"处，就寄出书去。这个办法，解决了双方诚信问题。

网上书店最大的优势是：

（1）品种多、信息量大。网上目录五六十万种，因为这些品种不受库房制约。传统书店备货20多万种，已是数目可观了。亚马逊网上书店有书110万种，几乎占了全世界英文书的70%。这么大量的书供读者挑选，对读者该有多么大的吸引力啊！

（2）书价便宜，七折是一般价格。原因是它的中间环节少，成本低，可以便宜得起。

（3）查找、搜寻方便，不必像到传统书店楼上楼下、上个架下个架找书那样辛苦。网上查索，一目了然，而且还能顺手找到与所需之书相关的图书，大大便利研究使用。如亚马逊网上书店辟有自动搜索程序："眼睛"。读者买到一本书，"眼睛"可以帮你搜索到相关的书。读者还可以告诉"眼睛"一个主题，它就会努力地帮助你搜寻到同类的书。

（4）重点书下面常常有几句评论，起到引导读者的作用。由于这些评论三言两语，都是购买此书的读者在网上的留言，相当有趣、可信。我举两个当当网上购书者评论的例子给大家鉴赏：

《沉思录》（中英双语典藏版）顾客评论共218条平均顾客评分：

4 星半心情指数：97 人，受益匪浅；65 人开心等。阅读场所：99 人，床上；87 人，书桌旁等。

评论：①如评者所言，此书不一定要买来一口气就看完，要细品，回味，再看。我想，总理（据说温家宝总理看过此书）看百遍也是伴随着不断思考的。

②尽量挑比较安静的地方阅读，保持思考。

③中文版有漏页，联系客服，说两天内调换，但一周也没有音讯。客服实在有问题啊。

④买这本书为了收藏，希望把这本好书留下来，等自己孩子长大了，也给他看看。

《追风筝的人》顾客评论 2439 条平均顾客评分：5 星心情指数：518 人，伤感；1205 人，感动；365 人，沉重等。阅读场所：1335 人，床上；548 人，书桌旁等。

评论：①读这本书，还好。眼泪尚未落下，只是在眼眶里噙着。

②生活剥夺了我们很多，也给予了我们很多，所以，看到动情处，闭上眼睛调整一下自己的情绪，再接着忍受这本书的折磨和洗礼。

③买这本书时是为自己打发无所事事的时间，可是读了却不忍掩卷。一口气读完，觉得自己心灵受到了一次洗礼。发现自己平淡生活竟然是许多生活在战争中的人们的天堂。

这些评论，情感真实，文字朴素，虽三言两语，也不比专家的长篇大论差啊！

（5）广告业务。由于顾客日渐增多，广告商开始利用网上书店。网上书店因此增加了收入，也就可能保证网上书店的经营。

（6）以图书为主，多元经营。不少网上书店设有礼品店，重点提供文化娱乐产品。

2. 网上图书馆

网上图书馆也可叫数字图书馆，同样是利用数字技术帮助读者进行网上阅读的办法。著名的超星数字图书馆网上已经挂了 170 万种书，已经是相当规模的图书馆了。如有了它的使用工具，小小的家庭就等于有了 170 万种藏书。而且，工作人员编制了索引，只要提出一句话，它就可以告诉你此语最早"出自"何报何刊何书，总共有多少处，真是方便极了。

这种举措，从商业角度说，是一种十分方便的吸引阅读的手段，使用者多了，自然广告商就来了。但是，大概没有一家数字图书馆会停留在只供阅读这一步，它一定会往前走，让它的内容供人使用，或下载或制成光盘。这时，又会产生著作权问题，让传统的出版社烦恼。

3. 电子网络出版

电子网络出版的出现改变了传统出版业。

第一，所谓"出版者"，不仅仅是服务于传媒的编辑出版专业人员，也包括了网站的制作人，包括那些用文字图像和声音与读者沟通的人员。

第二，出版者被统一定义为"内容提供者"，不论信息的最后载体是什么形式，出版者的主要社会文化功能是提供各种内容。

目前，研究者众说纷纭，但综合各家之说，概括起来，网络出版的优势主要是：

（1）快速出版传播

电子图书在网络出版的同时就实现了传统意义上的发行。一本新书只需要在计算机上编辑完毕并将其发布到网络，就能为不同国家、不同地点的读者在同一时间阅读，突破了时空的限制，扩大了读者群和读者的阅读范围。

（2）资源方面

网络出版无须纸张、油墨，是纯电子化的生产方式。网络出版物存储于网络服务器上，没有有形的载体，因此不可能产生有形的复制品，其传输只能通过通信网络进行。

（3）物流方面

网络出版无须运输、库存，无须物流费用。用户通过网络使用网络出版物时，同时完成对该出版作品的复制和发行。

（4）互动沟通

网络出版可以使出版者和读者通过网络进行有效的交流。一方面，读者可以通过网络向出版者提供自身的需求并及时得到回应；另一方面，出版者和作者及用户可以通过网络进行相互交流和沟通，达到创作、出版和反馈之间的完美结合。

（5）阅读方便

读者不但不必受限于时间和空间，可随时随地通过网络下载 e-book，更重要的是通过关键词的查询，可迅速找到所需内容，可进行目录和全文检索，使阅读更加方便与快捷（参见冯智勇：《网络出版与传统编辑角色转变》）。

4. 按需印刷

这又是数字技术的一种崭新成就。

这是一种按照需要，随时印刷小批量图书的一种技术，哪怕只需要一本书，它也可以在出版社支付能力合理和可能的情况下得以解决。有人形容，只消喝一杯咖啡的工夫就能拿到在按需印刷机上当场即出的图书。这对于渴望尽快看到自己作品的读者是多么痛快的事情啊！这项技术是美国图书批发商英格拉姆公司创办的新型印刷服务，它最突出的特点一是快，所以按需印刷曾被译为"即时印刷"、"闪电印刷"；二是可以不拘多少，即使只印一本，也可以及时满足。这样按需印刷就解决了出版者在一本书的发行过程中的许多烦恼。比如：

清样阶段：出版社不必再在出版前印刷一大批装订清样了。装订清样成本高，而质量因为毕竟不是成书也不如最终成书好。按需印刷可以按照最后成书的样子先做出少量预读本，随后再按需加印，解除了"装订清样书"质量和成本的烦恼。

初版书：一本书，出版社总是担心初版印多了或是少了。多了卖不出去，少了脱销甚或引起盗版。按需印刷允许少量印制，解决了出版社初版书印多印少的烦恼。

重印书：什么书重印，印多少，出版者面对作者和市场双重压力，常常进退两难、举棋不定。有了按需印刷，加上发行商网络对库存的监测，随时可以把监测情况报告给出版社，出版社就可以十分容易地作出对一本书是否重印和重印多少的决定。因为按需印刷，印上三五百本，出版社在经济核算上的考虑是会较为轻松的。

绝版书：社会上会有一些读者，特别是研究工作者、教学工作者，在书店里寻找他们特殊需要的书。但有这种需要的有时恐怕只是一二人，三五人。旧书店或者出版社就可以利用按需印刷，满足这些顾客的特殊需要，这岂不是急人之所急吗？（参见王红玉、肖琼：《电子网络出版编辑技术初探》）

据科研工作者报告，按需印刷的图书在今天价格仍然比较贵，但从按需印刷可以满足特殊需要的人性化服务，以及今天图书市场多品种小批量的现实来看，按需印刷不但十分可贵，而且必然有广阔的前途。

四、为什么崛起的是他，不是我？

上面，我扼要地介绍了互联网和数字技术在图书出版业的四个方面的使用。这些科研成果给我们带来了无比的激动和巨大的鼓舞，为我们面前展现了出版业灿烂的未来，带给我们无尽的思考。

美国著名的网上出版社"第一书社"的老板这样概括网上出版："……网上出版将成为 21 世纪的书业主流……在下一世纪，人们可以随时随地在网上买到书。出版商不需要纸和墨，不需要装订、运输、仓储，当然也不会有库存和退货。任何书都不会绝版，也不会过剩。总之，网上出版将把艰难的书业引入前途灿烂的明天。"

"第一书社"描绘了一幅灿烂的前景。但是也有人并不这样乐观。《长尾理论》的作者克里斯·安德森声称：渠道瓶颈和必经关卡都在消失中。他说，我也是 Pre-filter（前筛选器），我也很怕失去工作。Pre-filter 就是"守门者"，我们决定谁的书要出版、谁的作品要被推上市场。但是，现在大家可以直接出版，直接到市场上去，不再需要我们了。包括编辑、制作人、星探及沃尔玛的采购经理，这类"前筛选器"的角色都将逐渐式微。我们不再当守门人，那我们将扮演什么角色呢？

这又是一种观点。但是，编辑这一行业真的会"逐渐式微"吗？人们总是在不断追求、不断战胜"关卡"和"瓶颈"的过程中，为了发财、为了成名、为了乐趣、为了不断战胜不可能，或者如尼采所说"为了我们的虚荣心与自爱心"等等目的，取得进步，"悲观的、无所作为的、骄傲自满的观点"，都是不必要的。我们还是得从实际出发。

首先，我们必须要有危机感。

由于电子网络出版、网上书店等等新兴事物的出现，出版发行的形态、流通方式和结算方式都发生了革命性的变化。据统计，目前全国已有 400 多家出版社开展了网络出版业务，网上书店、电子商务蓬勃发展。

但在这种强劲势头下，走在前面，有规模、有质量的并不是传统的出版社，而是一些网络、软件和信息公司，比如清华同方、北大方正、超星数码、中文在线等等科技公司。超星数码图书馆经过七八年的努力，已对 170 万中文图书进行了数字化整合，在国内外享有很高的知名度。对此传统的出版社要么望洋兴叹，要么不以为然，要么心有余力不足。根源在哪里？我想，最主要的是没有或缺少这方面的人才。领导自己不懂或一知半解，对于电子网络出版对传统出版的巨大冲击，对电子网络出版的无穷潜力，缺乏必要的认识，也就看不到前途的危机。再加上担心影响自己运作自如、游刃有余的纸质图书的销售，螃蟹还是请别人先去吃吧。新闻出版总署有关司局的负责同志直言不讳地告诫出版社：当新兴的出版公司彻底甩开出版社，直接与作者签合同的时候，出版社就好像是一个网络出版的下岗工人，毫无主动权可言了。

今天，我们出版社的编辑、领导都应该有这种危机感。

第二，编辑的一个重要作用在于选择和集约整合，对海量的信息进行鉴别、认定和提炼。如今的时代是信息爆炸时代，如何利用现代科学技术有效地把握和甄别信息，如何在信息叠加、信息拥堵、信息蜂拥的状态，掌握选择信息的主动权，迅速准确地为读者选出质量上乘的出版物内容，将成为一个编辑的基础本领。再说，即使是那些颇受欢迎的网上作品，经过编辑筛选与没经过编辑筛选也是大不相同的。网上的东西常常是随心所欲、参差不齐的，经过编辑筛选加工后，就会变得考究和精致，就会成为真正的好作品。这就要求一个编辑要掌握现代技术手段，有网络知识，成为既懂出版业务，又能运用IT技术的复合型人才。

第三，我们要客观地、实事求是地分析传统出版业面临高新科技的新形势。一方面，我们要面对挑战，面对汹涌而至的数字化浪潮，学习新业务，了解新发展，利用新成果；另一方面，我们也要看到数字化的发展仍然受到它自身固有问题的制约与困惑。以阅读条件为例，使用电子网络出版这一模式就必须拥有电脑等电子阅读设备，并且有直接或间接访问互联网的能力和条件，就这一点，在有中国特色社会主义的中国，在相当长时期内，具备这一条件的读者仍然是少数。这一方面要求我们更好地发展传统出版业，为读者多出版好书；另一方面，给了我们时间和机会，努力学习新科技、完善发展新科技。

我十分欣赏台湾出版家周浩正先生的话："在'U—出版'中，网络是新工具，新工具创造新契机，新的契机塑造新的脉络结构。编辑人要学习的是如何驯化、控御网络，从中脱颖而出，并告诉大家：

2002 年 5 月，陪同石宗源署长参观北京国际图书博览会人民出版社展台。

编辑不死，编辑仍在，他们不会消失，只是有了新的视野和新的工作方法。"

是的，我们要看看别人，想想自己，扪心自问："为什么崛起的是他，不是我?"

编辑要有国际视野

（2008 年 4 月）

当今世界，经济全球化已是我们每天面对的事实；互联网技术的发展，使我们居住的环境成为地球的一个村落。而且，我们已经加入了世贸组织（WTO），享受了权利，承担了责任。在这种大的背景下面，我们不能就出版谈出版，不能就出书谈出书了。我们应该从更大的范围——全世界的范围，更高的角度——文化产业的角度，去看出版业的经营和发展问题。所以，编辑要有国际视野。

一、世界文化产业发展的情况

1. 美国乘机兴起，迅速强大

乘什么"机"？乘欧洲国家刚刚从二次世界大战废墟中站起来，顾不上发展文化之机；乘欧洲一些国家观念陈旧，满脑子欧洲人传统的绅士文化，还拿不出新的品牌产业之机。

"文化产业"一词的产生，就很说明问题。"文化产业"这一概念今天听起来顺顺当当，甚至很时髦，但当初却是欧洲人作为对美国文化的嘲讽提出来的。20 世纪 40 年代，欧洲刚刚摆脱二次世界大战的摧残，百废待兴，而美国以好莱坞、流行音乐、百老汇为代表的大众文化迅速发展，并乘机打入欧洲市场，欧洲的知识界、文化界很看不惯。

　　法兰克福学派讽刺美国的大众文化是工业流水线生产出来的"产品"，说好听一点叫做"文化产品"，不是真正有创意的文化作品。他们认为那些东西是美国社会精神危机的产物，只是为了赚钱而打造出来的。但美国并不把这种批评、嘲讽当回事，反而更加快速发展。美国的经济学界用理论阐释这种文化发展现象，提出"知识产业"的概念，得到社会认同。接着，金融资本、产业资本也积极投入文化产业，美国的文化产业如虎添翼。这种全社会的支持，使美国的"文化产业"在国民经济和对外贸易中的比重越来越大。1996年，以电影、音乐、图书、期刊、电脑软件为主的美国文化产品，成为美国最大的出口产品，超过了包括汽车、航空、农业等在内的传统产业。到了20世纪末，美国的文化产业出现并购热潮，一个个大文化产业巨头诞生了。它们资金雄厚，来势凶猛，很会经营，凭借着经济全球化、信息网络化、传播集团跨国化的浪潮，迅速杀向世界，占领国际市场。

　　这种壮观的发展态势和巨大的发展潜力鼓励着美国的文化产业加速发展并走向世界。以电影为例。美国电影产量只占全球总量6%左右，却占了全球总放映时间50%以上，占据英国市场的90%，占据意大利市场的95%，就连千方百计抵挡美国文化进入的法国市场，美国的电影份额也占到了60%。第三世界许多国家的电视中，70%左右的节目来自美国，几乎成了美国电视节目转播站。从这些数字来看，是不是可以说，美国的文化产品在国际市场上已形成了一定的垄断地位？

　　美国的布热津斯基十分自豪地说：如果说罗马献给世界的是法律，大不列颠献给世界的是议会和民主政体，法兰西献给世界的是共和制，那么，美利坚献给世界的就是高新科技和大众文化。

在瑞士小城卢塞恩参加国际标准书号中心会议，与部分与会代表合影。

2. 欧洲与美国的争斗

欧洲，尤其是法国、德国对美国文化产品在全世界几乎无孔不入的扩张深恶痛绝。他们明白，这种扩张、入侵，不仅是商业利润的掠夺，而且是文化的扩张，是价值观的入侵。他们以保护民族文化为理由，反对文化产品等同于一般商品，不同意文化产品像一般商品那样自由进入。

1993 年，在关贸总协定乌拉圭回合谈判中，美国要求欧洲开放文化产品市场，法国提出"文化例外"的原则，不同意美国允许各国文化产品自由流通的要求。

2001 年，法国改变提法，由"文化例外"改为"文化多样性"。这是由当时法国的总统希拉克在联合国教科文组织大会上正式提出的。法国认为"文化例外"不严谨，因为文化的性质虽然有价值观的一面，但也有商业的一面。他们认为，总结"9·11"事件的教训，缺乏文化方面的理解和沟通是造成西方与世界冲突的一个原因，所以要加强各国间的对话和文化交流。为了强调文化产品的特殊性，法国要求把文化产品问题的讨论由世贸组织转到联合国教科文组织。

随后，联合国教科文组织通过了《文化多样性宣言》。这是以法国为首的反对美国自由流通观点的胜利。但是，法国仍然不满意，他们认为"宣言"的形式没有约束力，远远不够。经过坚持不懈的努力，2005 年 10 月联合国教科文组织第 22 次会议通过了《文化多样性公约》。"公约"比"宣言"进了一大步。"公约"规定要保护和发扬各国传统文化，在 191 个参加审议的成员中，151 个成员赞成。美国反对，但世界上许多国家都担心美国的电影和音乐冲击自己的民族传统文化，不同意美国的意见。日本的《每日新闻》在"公约"通过的当晚即以"世界文化不再由美国主导"为题发表文章。争斗的实质很清楚，一是保护自己国家的传统文化，二是保护文化产品市场不被美国肆意进入。

3. 各国在争分夺秒地发展

面对这种局面，世界上很多发达国家都在日夜兼程、争分夺秒地发展自己的文化产业。他们一是在理论方面开展研究，寻求理论的支撑；一是给政策、出资金。他们明白，不能又要马儿跑又要马儿不吃草。由于思路对头，又懂行，按照规律办事，所以时间虽短很多国家的文化产业却搞得有声有色。

比如日本，1995 年政府提出"新文化立国"的振兴文化发展的策略，把发展文化产业作为一项国策；接着又设计出"产、官、学"三者相结合的发展道路，政府提供政策支持，学术研究机构提供理论研究、市场分析和预测，产业积极改革，通过与政府、科研机构合作谋求发展。由于准备充分，政策到位，规划全面，文化产业发展迅速。日本基本上从两方面入手。一是大力发展新型高科技产业，用电脑技术大力发展动画片，一时成果不断，如阿童木、灌篮高手、机器猫等产品风靡全球。一是用高新科技改造传统产业。比如索尼公司，它的传统产品已逐渐衰微，严重亏损，就下大力气在传统的电子产品中增加文化内容，大力发展电脑娱乐、电子音乐、影视公司，把企业变成一个综合性的文化产业，很快老企业得到了新生。

再如韩国，走"文化商业主义"之路，从20世纪末开始采取了一系列措施。1997年，政府设立"文化产业基金"，提供低廉贷款；1998年，金融危机，精简机构，但政府仍然扩展文化部门的规划；1999年，国会通过"文化产业促进法"；2001年，成立"文化产业振兴院"。不到10年，至少在亚洲，让人感到"韩流滚滚"，被公认为文化出口的新兴国家。《爱情是什么》、《大长今》等电视剧在中国大受欢迎；为家用电脑设计开发的数字化"天堂"游戏畅销亚洲，与微软、索尼在世界游戏市场形成三足鼎立的局面。韩国的经验是先研究理论战略，再提供政策支持，整体考虑，科学布局，而不是想起一出是一出的那种急功近利的实用主义，所以发展快速。

上面，我只是十分简略地把20世纪以来世界文化产业的发展作一概述。这些情况对我们发展"文化产业"有什么启示？显然，我们必须要有国际眼光，必须从世界大局去考虑我们的战略和发展。美欧国家虽然走在前面，占有了相当大的优势，但是国际文化产品市场仍然处于开发、竞争、圈地阶段，机会还是很多的，我们要跟上这一大趋势，尽快争取主动。这不仅仅是决定方针大政的领导的事，作为一名具体编辑人员，对世界风云变幻应该有清楚的了解，应该作出自己的贡献。

二、我们也在急着赶

我先讲两个具体的情况：

一个是我国的文化产业政策时间表。

2000年10月，党的十届五中全会第一次提出完善文化产业政策，推动文化产业发展的要求；

2001年3月，文化产业发展正式纳入国家"十五"发展纲要；

2002年11月，党的十六大明确提出积极发展文化事业和文化产业，完善文化产业政策，保持文化产业发展，增强我国文化产业的整体实力和竞争力；

2003 年 7 月，中央要求抓紧制定文化体制改革的总体方案，深化文化体制改革；

2005 年 12 月，中央《关于深化文化体制改革的若干意见》出台。

几乎每年都有一个以中央名义提出的重要政策，可以看出国家对文化产业发展的高度重视，可以感到国家发展文化产业的快速节奏。

中央《关于深化文化体制改革的若干意见》（2005 年 12 月 23 日中发 14 号文）中对此作了非常明确的概括。文件说："当今世界，文化与经济、政治相互交融，在综合国力竞争中的地位和作用越来越突出。在全面建设小康社会实现中华民族伟大复兴的历史进程中，繁荣和发展社会主义先进文化具有全局性和战略性的地位和作用。"又说："在机遇和挑战并存的历史条件下，不断提高建设社会主义先进文化的能力，是摆在我们面前的重大战略课题。"这两段话，从国际讲到国内，高屋建瓴，语重心长，深刻地指出了我们为什么要加紧发展文化产业。

三、国外出版同行的思考

我们再具体观察一下发达国家出版业发展的步伐。

中国加入世贸组织，给一些发达国家的出版商带来希望，他们千方百计地筹划进入中国市场。以欧洲最大的媒体集团贝塔斯曼（本为世界第三，仅次于时代—华纳集团、沃尔特·迪斯尼集团，但维斯康姆收购了哥伦比亚广播公司后，排名降为第四）为例。1995 年，贝塔斯曼以读书俱乐部形式进入中国零售市场。2005 年又与辽宁出版集团合作，成立了图书发行公司，开始进入发行领域。他们的战略目标是雄心勃勃的，1999 年上海《财富》论坛期间，贝塔斯曼的总裁米德霍夫在接受《中国图书商报》记者采访时，曾坦率地讲了贝塔斯曼下一步在中国发展的计划。米德霍夫说：

> 我们有一系列的考虑：第一，与中方密切合作，巩固和发展书友会；第二，如果条件允许，我们准备让俱乐部上网；第三，两年以内将开办印刷厂；第四，如果政府允许的话，我们准备开办工厂生产 CD-ROM，并与中国伙伴一起出版一流的杂志；第五，如果政策允许，我们愿意与中国出版社合作，将贝塔斯曼在全球的出版经验带到中国来，时间可能是 2—5 年内；第六，培养人才，贝塔斯曼大学为当地人才的培养作出了贡献。我在美国从 20 位读 MBA 的中国留学生中挑选了 15 名，他们将接受贝塔斯曼的培训。

很清楚，他们的计划是全面的：书友会，上网，办印刷厂，生产 CD-ROM，出版杂志，2—5 年内办出版，按照贝塔斯曼的经验培训中国人才……当然，从市场经济角度去看，他们的想法无可厚非。企业就是追求利润最大化，企业就要按企业规则办事。只要不犯法怎样做对企业发展有利就可以怎样做，这一点我们应该有充分的思想准备。因为我们也转企了，而且已加入世贸组织（WTO），并完成了过渡期。

我们仿佛听到了他们大踏步走向中国市场的脚步声。培生集团、兰登书屋、斯普林格等国际著名出版商都在设计着自己的好梦。他们不会只满足于发行中国的出版物，必然要争取把他们的出版物送进中国市场；君不见，美国为了市场的开放，和法国打得难解难分。他们不会只满足于进入产品市场，必然要争取进入资本市场。

但中国市场有中国市场的规律和特点，也并不是有一番雄心壮志就能做成中国出版业做不成的事。贝塔斯曼在中国市场的退出，是他们实践和思考的结果。他们的经验应该帮助我们作出深刻的思考。

我们再具体看看国外出版商是怎样发展的。

1. 关于出版社的布局

日本有出版社 4602 家，但 10 人以下的有 2000 多家。全国年出书约6万种，年出书60种以上的出版社只有226家。可见，日本的出版社有大的，如讲谈社、小学馆、角川书店等等，也有中等的、小型的，小到只有夫妻2人，每年只出版三五种书。这是日本的情况，日本的出版业正是在这种格局下，成为世界三大出版强国（美国、德国、日本）之一的，我们为什么动不动就是一刀切呢？

日本的出版社80%在东京，经销公司84%在东京，而书店却只有30%在东京。这说明了，出版社、大的经销公司集中于政治、经济、文化中心，因为这些地方有人才，有资源，有实力，而书店却是遍布各地，让偏远地区和发达地区一样享受优秀的读物。而我们，三十个省市，省省一样，就连偏远地区也都和大的省会城市一样：人民、文艺、科技、少儿，各类出版社都要有一家，好比没有金矿却要建一个黄金加工厂。现在每一个省又都要建一个出版集团、发行集团，有些地区没有出版资源，只好把中小学生作为资源，规定中小学校一律不得买外省的书，即便外省的书质优价廉。外省的出版社要来销售，只能交换码洋，可以想见结果是什么样。这也难怪他们，如果连这点资源也保不住，在这种体制下就只好关门了。

2. 超级书店的兴旺

超级书店首先出现在美国。这是因为传统书店采取连锁经营方式后，连锁经营追求分店数量越多越好，结果导致经营成本大大增加；而且一个个连锁店虽然覆盖面不小，但店的规模都不大，图书品种有限，效益并不理想。而超级书店不仅供读者购书，还因为资源雄厚，地理环境优越，成为读者聚会休闲、交流思想的文化场所，所以发展很快。在美国，76%的成人到超级书店购书；在英国，超级书店的二十几家连锁店控制了全国70%的零售市场；在法国，最大的超级书店福耐克书店几乎覆盖了全国的城市；在加拿大，查普特书店仿效美国超级书店做法，增加超级书店，减少小型书店，已成为加拿大图书零售市场巨无霸。

毋庸置疑，超级书店的发展大大促进了图书的销售，推动了出版的繁荣。但出版业的有识之士已经看到了这种经营方式带来的问题：超级书店控制了市场，它根据市场销售情况决定进货、退货，因为它独此一家，出版社只能依靠它，这就控制、至少影响到出版社的出版选题和出版计划，时间一长，出版就会完全受市场左右，出版的文化品质必然受到威胁。而且随着众多独立书店的关闭，一两个或几个超级书店渐渐垄断了市场，竞争不存在了。在市场经济中，离开了竞争，发展也就停滞了。

这些情况，对我们中国方兴未艾的大图书城的建立有什么启示？我们正在羡慕超级书店、大图书城带来的好处，各地比着上超级书店，但我们是不是也该看看美国超级书店的弊端，总结一下他们的经验与教训，是不是能把美国的两步（建设与调整）变成一步，在兴建初期，就尽力设法避免它可能出现的问题？

3. 美国如何打造畅销书

美国出版商打造畅销书的做法，真是煞费苦心。《飘》、《廊桥遗梦》等书的出版，引起无数读者的兴趣，他们带着书，前往书中描述的地方游览、考察，发思古之幽情，这又反过来进一步推动了小说的销售。这是出版商当初没有料到的效应。后来，出版商、作家总结了此类畅销书的成功经验，抓住典型材料，从写作开始就设计好地点，让作者将故事情节与实地名物暗暗相合。比如兰登书屋出版的《善恶园中的午夜》一书，作者约翰·勃伦特用了10年时间全面调查乔治亚州萨瓦那镇1981年发生的一起杀人案，写作时，巧妙地将故事情节与当地风光、社会风俗甚至当地人物融于一体，形成一本引人入胜的案情小说。书出版后，出版商大力宣传故事的发生地以及当地的风土人情，吸引了一批批游客到萨瓦那镇旅游。作者亲自当导游，当地居民热情配合，镇里收入大增，镇长乐开了花。此书出版两年，共印56次，卖出100万册，还被译成6种外文，连到乔治亚州来的很多外国游客也慕名去寻访萨瓦那镇。

欧美国家，畅销书尤以性、心灵和死亡为题材的书为最。如

《性的乐趣》、《女性至上》、《心理转移疗法医师的经历》、《我们如何死去》、《无法回避的冬日》等，光从书名就可见其内容。一本名为《拥抱阳光》的书，销路非常好。作者自称在手术中几经生死，看见了上帝、天国和天使们。这本书连续60周上榜，销数超过100万册。后来她又有新著《苏醒的心灵》，书还未写出，定金就预付了500万美元。书畅销了，作者也畅销了。

这些事例很让我们思考。试问，这样策划出来的书，承载了什么"文化使命"？其实，他们原本就没有想什么"使命"、"文化"，他们想的就是市场及市场能给他们带来多少利润。这对一个企业、一个出版商来说无可厚非，不必大惊小怪，但是以建设社会主义精神文明为己任的我们不能追慕欧美，以为搞出几本这样的畅销书就达到了出版的根本目的，就沾沾自喜、自鸣得意！

我们的社会五彩缤纷，需要可以娱乐、可以消遣、可以游戏甚至可以猎奇的读物，但千万不要说这类畅销书就是我们学习的榜样，甚或是可以对精神文明建设起巨大作用的话。如果想不通，我建议去看看古今中外千百年来积淀下来的图书，即使看看书目，那些书名也可以让我们感受到文化的博大和厚重，也会让我们明白什么作品叫文化。

4. 如何看待国外出版商进入的威胁

角川书店是日本著名的出版社之一。早在20世纪70年代，当时的角川书店社长角川春树就因为提出"角川商法"而享誉书界。他们将自己的书《人证》拍成电影，打出出版史上十分著名的广告："读了再看呢还是看了再读"，借助电影开展宣传，形成一时热点，进而再推销其书，让文字、影像、声音三位一体，使出版物的内容价值最大化。这就是"角川商法"，这个经验当时曾风靡日本。

今天的角川书店仍然经营有方。我们且看现任角川书店社长角川历彦的战略。

记者问：角川历彦先生，您有没有自己的国际战略？

角川答：我们的国际战略有两种方式，一是当国外公司进入日本市场时，我们与之合作。比如，我们与贝塔斯曼在日本的电子商务业务合作，贝塔斯曼拥有角川3%的股份。另外，我们也主动向国际市场进军。

当记者问道，加入WTO以后，国外出版企业进入会对国内出版社造成威胁吗？

角川说：虽然有国外大型传媒集团进入日本，比如贝塔斯曼和阿歇特，但它们都没有成为日本出版业的主角。其中的原因除了文化、语言方面的障碍以外，政府也有限制，比如，政策规定：国外的出版业拥有日本出版企业的股票不能超过25%。出版社获得竞争优势的关键是要有一支优秀的编辑队伍，其次才是资金的问题。如果资金是最重要的获胜因素，那么，日本其他行业的那些大财团也可以进入出版业了。

角川历彦先生的回答是很有见识的吧？角川先生的从容稳健值得我们学习。我们对国外的出版商既不要迷信也不必害怕。先进的经营经验拿过来为我所用；影响本国资本危险的做法，用法律、政策来制约。在中国的土地上，讲中国的故事，给中国人看，外国人怎么可能竞争得过中国人？

5. 关于上市融资

应该说上市是资本运作的主要手段。上市可以募集资金，扩大企业规模，促进企业发展。在有关中央领导的大力呼吁下，一时间，上市成为大家最为关注的活动，甚至成为标志性的活动。最先是上海新华传媒借壳上市，成为中国出版业第一家上市公司。接下来辽宁出版传媒和辽宁电视台广告传播中心完成发行并登陆A股市场。四川新华文轩在香港上市。最新的一家是安徽出版集团借科大创新股份有限公司之壳，以时代出版传媒之名上市。这些公司的上市融资活动，引起市场的极大关注。据有关领导在2007年10月接受媒体采访时讲，在未来一年还会有十几家改制后的出版单位在资本市场上市。将给中国出版发行业带来巨大的冲击，预示着中国出版发行业即将到来的深刻变革。

我赞成出版发行公司积极开展资本运作，赞成有条件的出版发行公司选择上市作为资本运作的手段，以壮大企业资本实力，促进出版主业的发展，并努力向与出版相关相近的产业拓展和延伸。

从欧美国家大型新闻出版集团的发展历程来看，上市融资是加速发展、增强市场影响力的重要举措。但是我们还应牢记，中国不是欧美，中国有中国的国情。中国的《公司法》、《证券法》规定，上市公司募集的资金只能用于招股说明书中列明的用途，变更资金投向必须按照法定程序进行。同时，出版传媒行业具有强烈的意识形态属性。中国的出版发行单位必须根据《出版管理条例》开展业务，出版单位的重大变化，如扩大业务范围，甚至书号（也可以说是产品生产的数量）都要经过审查批准。这些因素，必定约束上市公司的市场活动。

从中国出版业上市公司的发展情况看，我认为有这样几点值得注意。

1. 募集来的资金干什么用。上市公司要集中力量打造核心竞争力。从目前的情况看，报刊媒体的收入主要靠广告业务，发行企业的收入靠发行教材与教辅，图书出版社，有教材的靠教材，没有教材的则千方百计地开发一般图书。这些简单的业务对一个上市公司恐怕是远远不够的；而且，上述业务仍然限于传统经营内容和手段，所需资金出版社不用上市募集似也可以承受。特别是图书出版社，如果仅限于一般图书的开发，恐怕也不需要多大的资金。上市公司的重点在于打造以核心竞争力为主的综合性经营模式，如果做不到这一点，就可能让募来资金的巨大激动变成如何花费资金的无限烦恼。

2. 处理好投资相关产业与不相关产业的关系。根据《证券法》规定，上市公司募集来的资金主要应用于主营业务。目前新闻出版上市公司以广告、发行、印刷为主，发行受中小学教材招标制和免费义务教育影响，营业额在下降；印刷厂有几十万家，省市县乡，星罗棋布，竞争激烈，经营局面颇堪忧虑。辽宁出版集团将编辑业务与经营业务一起上市，开了新闻出版业业务整体上市的政策先例，是一重大突破。现在看来，已有的几家上市公司，资金投向主要是内容制作、渠道建设、科技开发三大范围。

这样是否就能把上市公司办好？恐怕要结合中国的国情，借鉴欧美经验，还要向不相关产业投资。如欧美大型新闻出版公司，没有一家仅仅限于新闻出版业，大多涵盖了广播、电视、报纸、期刊、资讯服务、互联网等业务，都是跨媒体、多功能的大型公司。否则，仅仅限于现在出版单位的这点业务，要十几个亿、几十个亿怎么支配呢？没有好的选题，要钱有什么用？而且一本一般性规模的图书，包括较大规模图书，一百万字甚或几百万字，又需要多少资金呢？

3. 上市是企业发展的手段，不是目的。上市只是为了按市场规律办事，是无数企业家探讨出来的符合市场竞争规则和制度的一种发展办法，是做大做强的一种手段。同时，挂牌上市还可以提升公司的市场形象。但它不是目的，这个道理不必多讲。国际上不少有影响的大公司并没有上市。所以，切不可以不顾自身条件，赶时髦，追时尚，更不能人造业绩，弄虚作假。那样的话，三五年后，弄得稀里哗啦，到那时候你去找市场算账吧，谁让你不按市场规律办事呢！前人栽树，后人乘凉；前人欠债，后人饥荒。

世界潮流不可改变，世贸组织（WTO）不过是一种工具，我们应该学会主动地利用这一工具。一个领导不能闭目塞听，了解、把握世界格局。一个编辑也要视野开阔，应该了解、借鉴国外的经验教训，在机遇和挑战面前，主动地选择、巧妙地利用，因势利导，为我服务。

编辑应该注意的十件小事

（2008 年 10 月）

这篇文章，我要讲点"小事"。这些事，可能大家都知道，但我还是情不自禁地要写出来，因为从正面讲这些"小事"是一个编辑应该注意的；从反面讲，是否把这些"小事"做好，同样反映了一个编辑的素养。

一、不用的书稿快退

稿件经过审校，大约有三种情况：一是可用，稿件可用，就可以进行下一道工序——编辑加工了。二是大体可用，需要作者再加修改。作者修改后的稿子也有两种可能，一是改后合用，一是改后仍然不合用，还是不得不作退稿处理。三是审读后，质量不合格，无法采用，只好退稿。

这里我要说的是不用的书稿要快退。尽快退稿是对作者的尊重。尽早退回，作者可以另作他谋。另外，尽快退稿，以免耽误在自己手里，作者节外生枝。这一点并非多虑，也不是不信任作者。因为你影响了人家的工作，当然得有个交代。

退稿时要十分慎重。如果是内容方面的问题，在决定退稿前就要多方论证，最好请社外专家帮助审读。在和作者交涉时，向他提供社外专家审读的意见。如果形成尖锐的对立，就要把事前的约稿合同拿出来讨论，告诉作者，依据著作权法出版社有权退回不合要求的稿件。

二、新书出来后，要第一个送给作者

责任编辑一定要牢记，作者盼着他的新书，就像母亲盼着自己的孩子出生。所以，责任编辑收到出版部从工厂取来的样书，一定在第一时间送给作者，并且附上信件，告诉他，其余的赠送样书，会在大批样书到后马上送到。这一小小细节，是会让作者十分感动的，因为他会认为你跟他一样重视这本书的出版，会认为你很理解他、关心他。我自己就有这样的感受，责任编辑打电话来说样书出来了，什么时候送去好？我会立即说现在能来吗？如不方便我自己去取。

在书决定出版后，书稿出版的运作情况是作者很挂念的事。诸如，校对完没有，版式开本怎样，用什么样的纸印，是否开印了，哪天可以见书等等。其实，一个责任编辑每天就是为作者的这本书忙着这些事，为什么不能顺便打一个电话、发一封短信，告诉作者这些情况呢？这样举手之劳的事，却会让作者十分感谢。可能也就是因为你惦记着作者的这些"小事"，作者会觉得你特别周到，可信赖，他不但会积极配合你的工作，还会把今后的书稿让你先挑选，而且会到处讲你的美德。

在书出版后，要记住及时地向作者反馈外界的评论意见，说的好话要反馈，说的不好听的话也要反馈。最好能和作者一起探讨这不太好听的批评话语有没有道理，我们什么地方考虑不周，以后如何弥补。这样做，作者能不信任你吗？这样，责任编辑和作者就成为朋友了。从这个相互交往中，我们会得到很大收获，对青年编辑尤其如此。

三、编辑也要参与校对

由于现代科技的发展，作者送来的常常是电子书稿。电子书稿不需要重新拣字排版，而编辑也在电子打印稿上加工，排版人员根据编辑的加工，修改电子稿，然后按照要求转换版式，再打印出来，就是校样。这份校样，除了编辑改动处，与作者交来的电子书稿几乎完全一致。

这样一来，原稿的错误（包括作者写作错误、录入错误），如果责任编辑没有发现，就隐藏于校样中了，让校对去发现就很难了。因为校对的首要责任毕竟主要是"校异同"（尽管目前出版社要求校对要"校是非"），他们主要能核校的是责编的修改处，是否漏改或改错，而对于隐藏其中的差错，校对出来最好，校不出也不能说校对没有尽职尽责。

作者原稿与校样外观一样，除了核校你修改之处，校对就会认为其他文字都是你认可的，不会有问题了。这种校对"客体"的变化，就要求责任编辑在看作者送来的电子书稿时，一定更加小心谨慎地进行审校把关，要参与校对。

还有一点要特别注意：由于电脑指令失误，软片会出现版式变动，甚至文字、行款错乱。而这一失误又常常在不经意间出现。所以，为避免这种失误，清样一定要做到一处不改才能出片。如需"改正出片"，校对或责任编辑不能批了四个字就放手不管了，一定要再校对软片，通读软片或软片样，要检查软片四角文字有无变动，变动得对不对。

四、要切实做到图书成批装订前的样书检查

这一环节，是指印刷厂在图书印刷完毕、没有成批装订之前，先

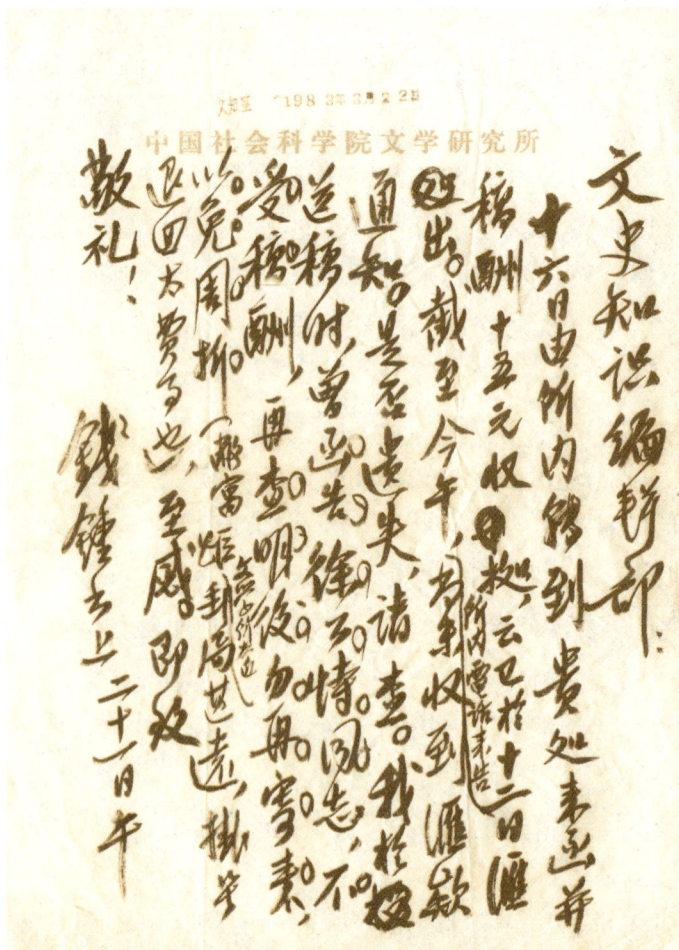

钱锺书先生给《文史知识》的信。时在 1983 年 3 月 21 日。

装出几本样书送出版社审查。出版社的责任编辑、责任校对、主管社领导，从总体上检查完毕，签署意见认可后，印刷厂方可成批装订。而且《图书质量保障体系》十分明确规定："印刷厂在未接到出版社的通知前，不得擅自将待装订的印成品装订出厂。"

这一环节十分重要，因为它是一本书上市前的最后一关了，是最后一次纠错的机会。一本书的质量关系到读者的使用，关系到出版社的声誉和形象，怎么能不慎之又慎呢？很多出版社放弃了这一环节，有很多编辑甚至于社领导不知道还有这样一个环节。有时，责任编辑拿到样书时，新华书店已经开始销售了。我曾经经历过这样一件事。一天，我做责任编辑的一本书的作者打来电话，问我什么时候可领稿费。我觉得这位作者太着急了，书还没正式出版啊！但我还是耐心地解释：书还没装出来，等我见到样书后立即办稿费事。没料到，作者不高兴了，他说：我一周前就在书店买到我的书了。

这是出版部与编辑部严重脱节造成的，后果是十分严重的。外面已开始销售，作者也已买到，责任编辑还不知道，还谈什么装订前的样书检查！

出现这一问题的原因无非有如下几种情况：一是出版社忽视这一环节，不理解它的重要性，有意无意地放弃了这一环节；二是出版社和印刷厂都在抢时间、赶周期，从形式上也送成批装订前样书，实际上送样书同时，批量装订已经同时进行了，甚至送出样书时大体已装订完毕。

有鉴于此，在1997年我和新闻出版署图书司一起制定《图书质量保障体系》时，特别加了一条（第三节，第十五条），对此作出明确规定。

其实，出版方面的每一项规定，都是出版业同行的经验和教训的总结，都有很具体的背景和丰富的内涵，一定要不折不扣地按规定去做。

五、要和发行部门多沟通

发行工作在今天越来越重要。曾记得几年前出版业有龙头龙尾之争。"文化大革命"之后，百废待兴，没有书读，只要有一本好看的书，几万本、十几万本，迅即售光。后来，书的品种到了10万种、十几万种、二十几万种，整体上呈现出"不好不坏，又多又快"的状态，书卖不动了。10万种时印行60多亿册，20万种时仍然是60多亿册，发行成了"瓶颈"。于是发行的同志说：发行是龙头。出版的同志又说：没有好书，你发什么？出版是龙头。

究竟谁是龙头呢？我看，"龙头""龙尾"也是互相转换的，哪个环节制约了出版，或者说成了"瓶颈"，那个环节就是龙头了。

从这个意义上说，今天，发行工作成了龙头。君不见，现在普遍采取寄销的办法。书卖不出去，不给出版社书款。你急着要款，书店可能第二天就把书给你退回去。有的书店，即使书销出去了，这书款也得半年、一年后给你。他拿出版社的书款盖大楼去了。现在是销售方的市场。

在这种环境下，编辑一定要与发行部门多做沟通，让他们知道你编的那本书的特点、优势，适合什么人阅读。一定注意让发行部门的同志对这本书产生热情和信心。我们得记住，你与这本书一起厮磨了半年、一年，甚至更长的时间，你与这本书很有感情，别人可没有。发行部门的同志不明白你那本书的优势何在，他会想我为什么一定要在你那本书上投入更大的力量呢？这就是关键所在。我们就是要下工夫让发行人员认同，在这本书上很值得投入更大的力量。

六、责任编辑不要忘记写书评

一本书经过千辛万苦编辑完成，出版了。但这并不是编辑工作的终结。责任编辑应趁热打铁写一篇书评。

责任编辑从组稿、审稿到编辑加工、校对等等环节，不知看过多少遍书稿，应该说除作者之外责任编辑对书稿最熟悉了。对书稿质量，优点、不足，有哪些创见和突破，可以说了如指掌。作为责任编辑，应该把这些看法写出来，介绍给广大读者，帮助和指导他们阅读。而且，撰写书评，对自己来说，既是练笔，又是一次总结和提高，何乐而不为？

其实，审稿也是读书。在审稿中要审校原稿中的资料，就要去查阅很多书，在读这些书的过程中要记住做读书笔记，书编完后，我们自己肯定会得到提高。结合审读意见，结合读的有关参考书，一篇有学术水平的书评不就轻松完成了吗？

七、要把自己放到恰当的位置

出版社中编辑只是一个环节，不用说出版社的领导，只说业务部门、编、印、发、科、供……哪个环节不重要？编的好，印刷质量不好，行吗？编的好，发行跟不上去，行吗？一切都准备好了，所要求的纸张到不了货，是等着还是改用其他的纸？改用其他的纸，印制质量恐怕就会受影响，不改，印刷厂肯让你等吗？

过去，在出版社里，人们一般对编辑都有一种敬畏，觉得他们有学问，出版社就靠他们编出好书，养活大家。在这种氛围中，不少编辑也认为自己高人一等，其他部门都得围着他转。编辑是一两人一间办公室，有时还可以回家看稿子，其他部门多半是集体办公，闹闹哄哄，大家都认为理所当然。

现在则不同了，出版更向市场靠拢，行销已越来越重要。好书还得卖得出去，很多出版社，发行人员已多于编辑人员。另外，人们也越来越重视制作，注意降低制作成本。因为制作的成本在出版社的经营核算方面占有很大比重。

不论怎么说，在市场经济条件下，在出版社转变成企业的背景中，出版社内部的构成，机构设置，人员比例，最重要的是人们的观念，都发生了很大变化，编辑不能再怀恋往日的骄傲，要把自己放在恰当的位置上，否则，你就很难得到其他环节的支持，很难吸引别人为你编那本好书全力去配合。

八、编辑要常逛书店

我逛书店次数很少，总觉得自己是干这一行的，样书室的样书已是数以万计，加上工作的关系，全国每年的图书选题几乎都在我眼中过一遍。但几次逛书店的经验下来，我觉得编辑应该常常到书店去看看。作为一个编辑，到了书店店堂真是受鼓舞、受激励，甚至受到刺激，真的觉得自己很了不起。看着这么多人在选购图书，而这些图书的出版有自己的一份力量，这时，什么"为人作嫁衣"，什么"默默无闻"，什么收入有限，一切都不在话下了！

记得有一次我要写一篇有关舞蹈的文章，于是去了西单图书城。那真是一个城啊，书架前一排排人，摩肩接踵；交款处，长长的队伍中每人抱着一摞书；到了有关书架前，几十种关于舞蹈的书，各具特色，让人大喜过望。我情不自禁地从一楼看到二楼，又看到三楼，说浩如烟海，毫不为过。

编辑逛书店可以受到激励，可以受到鼓舞，可以得到启发，可以增长学识，可以知道什么书太多，什么书还少，还可以发现你编的书的发行情况，好处真是太多了！每隔一定时间，作为一个出版人，一个编辑，都应该到书店走一走，看一看。

九、不要迷信名人

名人，多半是指做出突出业绩、受到人们推崇、影响很大的人物。当然也有做坏事出名的，那不是此文的意思了。编辑，千万不能迷信名人。第一，名人也有因疏忽而出错误的时候；第二，名人也是"术业有专攻"，不见得门门精通，什么都懂。而编辑是为广大读者"把关"的人，一定不能迷信名人，不要以为名人就不出错误，就没有疏忽的时候。

比如，于丹《〈庄子〉心得》一书，够有名的了，已经印行多次，发行达 200 万册，但仍然有错误。正文第一个大标题"庄子何其人"就有语法错误。"何其"是程度副词，表示"多么"的意思，不可以直接用在名词前。可以说"庄子其人"，"庄子何人"，"庄子何许人"，但"庄子何其人"就不通了。

《文汇读书周报》是出版业一张很有影响的报纸。我很喜欢这张报纸，也很荣幸地在这张报纸上多次发表过文章。但它有一个小栏目叫"东零西爪"（见 2008 年 3 月 7 日该报第 8 版），就是"东鳞西爪"之误。错误出在这样一张有文化的报纸上，又是在报纸那样醒目的地方，实在是很遗憾的事。

　　纪连海《点评乾隆名臣》一书，讲到《四库全书》，一部书中年代前后矛盾，实在太粗糙了。如第 115 页："《四库全书》……其编纂始于 1772 年，1881 年第一部《四库全书》抄录完成。1884 年《四库全书》编纂工作完成，共计抄录了七部。"第 167 页："《四库全书》……从 1773 年起，至 1782 年初步完成，共经历了十年。"前者说《四库全书》从开始到完成前后经历了一百多年。后者说，共经历了十年。何是何非？只要我们查一下工具书，就一清二楚了。《辞海》说："清乾隆三十八年（1773 年）开馆纂修，经十年完成。"《中国历史大辞典》说："自乾隆三十八年（1773 年）开设四库馆起，至五十二年缮写完毕，历时十五年。"显然，书中 115 页的三个年代都是错误的。

　　我们看毛泽东正式发表的诗词手稿，也有错字。比如"洒向人间都是怨，一枕黄粱再现"，"粱"写成了"梁"。"把酒酧滔滔，心潮逐浪高"，把"酹"写成了"酧"。还有《沁园春·雪》在《诗刊》发表时，词中也有笔误。词中"原驰腊象"一句，周振甫先生认为应作"蜡象"。"蜡"，色白而凝重，用以形容雪原，好像白色的象群在原野上驰骋。周先生向《诗刊》主编臧克家征求意见，臧克家先生认为有道理，同意将"腊象"改为"蜡象"。

　　不要迷信名人，就是不能因为某位作者是名人、大名人就放弃对书稿的审核和把关。也正因为作者——不论是什么人，有名无名，都可能有疏漏、有错误，所以才需要我们编辑的工作。

十、学会勤用工具书

　　编辑可能接触各方面的稿件，天文地理、文史哲经，IT 业务、股票房产，但任何编辑都不可能记住所有的知识，而稿件中又会碰到各种各样的问题，唯一便捷的办法是查找工具书。过去老编辑传授我们的经验是"口勤"、"手勤"，其中核心是多请教、多翻书。文稿中语言文字、干支纪年、统计数字，须一一核实。即使是专家，也常常凭记忆写下数字，就不一定百分之百准确了。作为责任编辑，要手勤，勤于翻检，勤于核对。

由此，每个编辑案头都应有一批工具书。现择其要者，开列如下：

1.《新华字典》。不要因为小学生也用，便不好意思用它。它经过十次大的修订，收字讲究，阐释科学，约11100字左右，一般常用汉字都有了。目前它已发行4亿册，堪称世界工具书发行之最。而且它体积小，在杂乱无章的办公桌上占不了多大地方。价格低廉，用坏一本可以毫不犹豫地再购一本。

2.《现代汉语词典》。此词典对现代汉语的解释准确。它收词56000多条，包括字、词、词组、熟语、成语、流行语等等。它从1958年开始编写，经过几十年的不断打磨，从送审稿—试印本—试用本—修订本，不断修改，目前已出了5版，发行达3000万册，学术界对它的质量评价很高。

3.《图书出版管理手册》。此书1991年编辑第一版，至今已修订4次，不断删除过时的文件资料，增加最新的文件和信息。它能帮助我们随时查找文件规定，帮助我们解决出版的政策法规问题。

此外，还应备有中国地图集、世界地图集、中国通史、世界通史、唐诗三百首、宋词三百首，以及宗教方面的词典工具书等等，随时碰到问题，随时可以翻检，不必东找西找浪费时间。

书架上应该备有什么书？在我看来最重要的是能构成工具书的书。我这里"工具书"的概念，不是一般的字典词典，而是可以查考的书。如《史记》、《汉书》、《后汉书》、《三国志》，三国以前的史实、人物从中多能找到线索。还有中外文学名著，某文引用其中文字，也需去这些书中查核，这就有了工具性质，就很有用了。

当然，今天已是网络时代，鼠标一点，手到擒来，十分方便。但一定要清楚，网络上的百科条目，只能作为参考，作为线索，千万不可以作为根据。一些重要的内容，似是而非的地方，根据网络上给我们提供的线索，一定要再找来原作核对，脚踏实地，以免以讹传讹。网络条目的差错可不在少数啊！

1986 年 8 月，施蛰存先生给杨牧之的信。

"雅"、"俗"与"雅俗共赏"

（1988 年 1 月）

"雅"与"俗"是一对矛盾，也是确定读者对象的大问题。大家总说要"雅俗共赏"，但怎样能做到雅俗共赏呢？"雅"是什么？"俗"又是什么？怎样处理好"雅"与"俗"之间的关系？这些问题都很值得探讨。

要让两个层次的读者都有用

《文史知识》创刊之前，社会上已经有不少有关文史的刊物了。我们要把《文史知识》办成什么样子？过"雅"，则深，阳春白雪固然高洁，然而"国中属而和者不过数十人"，不符合我们向广大读者宣传、介绍中华民族五千年灿烂文化的宗旨。过"俗"，发行面可能会大，经济效益会好，但不利于读者的提高。经过反复考虑，再三实践，我们决定把《文史知识》办成这样一种杂志：它介绍的是基本知识，但又是有学术水平、反映最新研究成果的基本知识。这些知识，中等文化水平的读者，经过努力，可以看懂。这中等文化水平的读者好比达到了"升堂"的水平，而《文史知识》可以帮助他"入室"。但正如由"升堂"而"入室"必须"经过努力"一样，中等文化水平的读者要读懂《文史知识》也要经过努力。经过努力看懂的文章，与一看就懂的文章是不一样的。事实证明，轻易到手的东西人们是不很珍惜的，经过艰苦奋斗得来的东西才感到宝贵。

对中等文化水平读者合适的东西，文化水平高的读者为什么也能喜欢，也能接受呢？道理也很简单。中国古代文献浩如烟海，为世界所羡慕。黑格尔在《历史哲学》一书中说："中国人有最完备的国史。"我国古代文献，据称多则 20 万种，少则也有 10 余万种。然而，被人羡慕不见得都让人愉快。"吾生也有涯，知也无涯"，这样多的文献，一个人终其一生也很难读完，即便是专门家，恐怕也没有精力全部涉猎。中国传统的治学方法有很大局限性，这就是"皓首穷经"。这样一来，除掉他研究的那一门，那一经，其他门类恐怕已经没有多少时间再去"穷究"了。由于这两个原因，使文化水平高的读者欢迎《文史知识》不但是可能的，也是我们应该努力的。

这样的选题可以雅俗共赏

经过这样分析，我们心里有了一个尺寸、一个标准。但怎样具体落实呢？说得具体一点，也就是什么样的选题具备上述的条件呢？还是让我们结合具体的例子来谈吧。

《文史知识》在"文学史百题"栏内曾经发过《诗歌史上的双子星座——李白与杜甫》一文。李白与杜甫是两个伟大的诗人，对于具有大学水平的读者，这个命题所包含的内容：①诗歌史的一般情况；②李白与杜甫的各自地位、各自特点；③他们之间的关系；④为什么说是双子星座，等等，可以说都会了解，不成为问题。而对于中等偏上文化水平的读者，这些内容又恰是他们所要求知道的。也就是说，雅俗共赏两方面，"俗"的方面做到了。但怎样满足"雅"的方面的需要呢？安排这个选题时，我们考虑到更深一层的背景。这些背景所包括的内容，文化水平高的人需要知道，中等文化水平的读者也应该知道。这是什么"背景"呢？熟悉文坛掌故的同志都知道，《诗歌史上的双子星座》是 1962 年郭老（沫若）在纪念杜甫诞生 1250 周年大会上的开幕词的题目。那时候，郭老热情洋溢地赞美李白、杜甫，把他们比喻为"诗歌史上并列着发出不灭的光辉的双子星座"。但是，10 年之后，他出版了《李白与杜甫》一书，一改旧见，抑杜扬李，把杜甫说得一无是处。郭沫若同志是研究社会科学的权威，他的观点很有影响。那么，他抑杜扬李对不对？这个问题很现实，文化水平高的读者需要探讨，对于一般读者，它又属于新的问题，也应当知道。所以，《诗歌史上的双子星座——李白与杜甫》这一题目本身就寓有深意。熟悉情况的同志看到这个题目，就想看看"它"和郭老所谈有什么异同。文章作者不负众望，他从"不同的创作道路"、"不同的创作方法"、"不同的艺术风格"等方面论述了这样一个论点：李、杜在中国诗歌发展史上各自做出的独特贡献是无法抹杀的，主观地采取简单的扬此抑彼的态度，无法改变他们在诗歌史上的双子星座的地位。应该说，这篇文章，既反映了百家争鸣的新动态，又反映了学术研究方面的新进步。它是兼顾了文化水平较高读者和中等偏上读者的需要的。这是对一个具体实例的解剖。

　　我们再从一个栏目一年的全部选题来解剖。如"文史信箱"栏，看起来这似乎是一个"通俗"的栏目，是解答一些具体问题的，怎样做到雅俗共赏呢？这里，我先把"文史信箱"1986 年所发的全部题目抄录于下，然后我们再做分析。这些题目是：

　　　　中国古代皇帝有哪几种称谓

　　　　"扬州八怪"究竟指哪几位画家

　　　　古代外国人怎样称呼中国

　　　　"木牛流马"是什么样的运输工具

　　　　《三国演义》中丰富生动的情节都是虚构的吗

　　　　为什么说中国有五千年的文明史

为什么说黄河流域是中华民族的摇篮

清代皇帝怎样避暑

古诗为什么会出现异文

怎样认识佛教徒的人生观和道德观

"八仙"的来历

"清宫四大奇案"是怎么回事

一般来说，这些问题都很具体，很重要，知识性强，也很有趣味。制定"文史信箱"的选题，我们掌握一个原则，那就是所要介绍的问题大家都知道一些，但又说不详细，说不具体，说不清楚。"大家都知道一些"，说明这个问题的普及性和通俗性；"但又说不清楚"，说明它有一定难度和深度。"大家都知道一些"，才能引起读者的注意，他才会想，这个问题是个问题，刊登它有必要；"但又说不清楚"，才能吸引他读下去，看看究竟是怎么回事，弄弄清楚。试想想，读者的心理是不是这样呢？如果我们自己见到自己知道一些而又说不清楚的题目，想不想看个究竟呢？这就是我对读者心理的基本分析。

我觉得上述 12 个题目就具有这个特点，这个特点，可以说就是"雅""俗"两方面都感兴趣，都关心。而我们约请的作者，又都是对这个问题有研究的同志，是专门家，他们写的文章深入浅出，醇厚耐读，效果当然很好。

从两个统计数字，可以看出我们对于"雅俗共赏"的做法是成功的。

1984 年，《文史知识》曾经做了一次读者调查，从几万份"读者意见表"中，我们选取 1000 份作了一个统计，其中 20—30 岁的读者占 59%，31 岁及以上的读者占 35%（有 6% 的读者没有注明年龄）。而在这样一个年龄构成的读者群中，认为刊物深浅合适的占 66%，认为深了的占 28%，认为浅了的占 6%。

关于读者的反映，我想起了几件很有意思的事情。

当代著名的大诗人臧克家先生，每次我到他家里去，他都和我大谈他如何喜欢《文史知识》。他说，他是《文史知识》的第一读者。他有 50 多种杂志，唯独《文史知识》，他是每期必看，格外钟爱。我问他："您学问渊博，造诣深厚，《文史知识》对您有什么用呢？"臧老说："任何人都有许多不够的方面。《文史知识》正是为我们提供了补充的方便。"最初他和我谈这些话时，我总认为臧老是在鼓励我们。但当我读到他的来信，不由得怦然心动。他信中说：

> 《文史知识》创刊以来，总不离手。每晚卧床上，灯下研读，习以为常，红圈蓝线，乱杂字行间，自得其乐。作品坚实，编者竭力，五年之间，成绩斐然。声誉日隆，读者日众，欣然口占四句，以抒益我之情。
>
> 结识良朋历五年，殷勤夜夜伴孤眠。
>
> 文章读到会心处，顿觉灯花亦灿然。

当我有机会看到臧老读过的《文史知识》，看到那"乱杂字行间"的"红圈蓝线"时，我更加激动。我始则十分钦敬，80 老翁尚如此好学，继而为我们能给臧老、能为广大读者做一点工作而感到快乐。

程千帆先生，是当今研究古典文学的著名专家，他常对弟子们说：他只订两种杂志，其中之一便是《文史知识》。

宋振庭同志，多年做党的宣传工作，写了许多漂亮文章，且书画俱佳，多次举办个人书画展览会。他在给《文汇报》写的文章《发人深思的三个数字——谈谈〈文史知识〉月刊》中说："中国文化、中国文史知识，十年动乱，地层紊乱，断手再植，断臂再植，血管骨骼都断了，现在很需要将两个时代、两个历史连接起来，把血管疏通，骨骼接通。现在老一辈已大多离开我们，次一辈也进入垂老之年，对此我深为感慨。'江山代有才人出，各领风骚数百年。'老的死了，小的还会出来，可是这个地层断裂，上下两代不通，文化中断，对此我们的忧虑不是无因的。《文史知识》这样的刊物可以使上下两代，血管疏通；可以使大小专家们留点遗产，给将来的中国文化打下更好的基础。"

这些老同志、老前辈的话语，既是对我们工作的鼓励，对我们工作的肯定，同时，也是对我们今后工作的希望。

最忌讳的是摇摆不定

《文史知识》创刊以来在雅与俗的关系问题上下了很大工夫。所谓"雅"就是文化水平高的人可以看，但它又有一个限制，那就是中等文化水平的同志，"经过努力"可以看懂。离开了后一个条件，那就是过"雅"，那就是"和者益寡"。所谓"俗"，就是中等文化水平的同志需要，而对文化水平高的同志"也有用"。这就是《文史知识》的读者对象。

六年来，《文史知识》严格遵循这样一个水平，它的发行量虽不算很大，但在同类的刊物中也可以说"首屈一指"了。1981 年创刊时只发行 3 万多册，1982 年达到 7 万册，1983 年翻一番，达到 14 万册，1984 年一跃而为 21 万册。1985 年、1986 年因为纸张、印装费用上涨，两年中不得不两次涨价，但订户仍能保持在 17 万—20 万之间。

刊物要有自己明确的读者对象，最忌讳的就是摇摆不定。一会儿"中等偏上"，一会儿又感到面窄了，改为"中等偏下"；一会儿看看不行，再改回"中等偏上"。改来改去，把读者全改走了。中等偏上的读者看到刊物浅了，他不订了；编者一看订户下降，又往回改，新订户看看深了，他退订了，而老订户不知道你又改回来了，他也不订，岂非两面不得好？所以，一本刊物千万不能随便改变读者对象，而要把精力用在研究怎样满足你的读者对象的要求和爱好上。

相比较而言，单纯"雅"是好办的，单纯"俗"也是好办的，

1985 年，《文史知识》创刊五周年，在北京国际俱乐部举行茶话会。参加茶话会的文史专家有：白寿彝、王力、陈翰笙、廖沫沙、陈翰伯、余冠英、季羡林。

唯独"雅俗共赏"不好办。这个道理很好理解，因为一个栏目、一篇文章要使两个层次的读者满意，不是比单纯让一个层次的读者满意难办多了吗？但是难办并非不能办，通过研究、实践，总能办成。

办刊物就是要请"专门家"撰文

（1988 年 2 月）

我们在编刊物的过程中，常听到人家批评：你们刊物的作者专家太多。这个批评说出了一个现象：《文史知识》的作者队伍中专门家多。可是尽量请专门家撰文，正是我们刊物的主张。我们是这样想的：专门家对所论述的问题有专门研究，他们所写文章一般都有较高的质量，能给读者准确的知识，这不是很好吗？

也许有人会说，你这是专家路线，照你这样去做，怎样培养青年作者呢？让我来详细谈谈我们的"专家路线"。

什么叫专门家

在一般人心目中，专家一定是教授、研究员，一定是一大把年纪了。不错，这些人是专家，但与我们的专家定义还不尽相同。《文史知识》从创刊之日起就抱定了一条原则，我们的作者不论是名人、非名人，都要对他所撰述的那个问题有研究，是他所撰述的那个问题的专门家。这个"专家"，不见得是教授、研究员，也可能是名不见经传的"小人物"。

　　拿具体的事例来说吧。"文史工具书介绍"一栏，从创刊第 1 期到总第 10 期所发的 10 篇文章的题目和作者是这样的：

　　　　诗文典故的渊薮《佩文韵府》和《骈字类编》（陈宏天）

　　　　《康熙字典》与《中华大字典》（刘叶秋）

　　　　《辞源》与《辞海》（赵克勤）

　　　　张相及其《诗词典语辞汇释》（卢润祥）

　　　　《说文解字》及其在文献阅读中的应用（陆宗达）

　　　　古籍目录及其功用（高路明）

　　　　打开历史文献的一把钥匙《书目答问》及《补正》（骈宇骞）

　　　　考史必备的工具书《二十史朔闰表》（刘乃和）

　　　　顾福禹和《读史方舆纪要》（杨济安）

　　　　《艺文类聚》和《初学记》（许逸民）

　　这 10 篇文章并不是按我的论点需要挑选出来的，而是从创刊第 1 期到总第 10 期按顺序从目录上一篇不漏地抄来的。刘叶秋、陆宗达、刘乃和、杨济安 4 位先生是大家公认的专家学者；另外的 6 位，陈宏天、赵克勤、卢润祥、许逸民当时还只有 40 岁上下，职称也还是讲师或编辑，而高、骈二位还只有 30 岁，尽管如此，他们仍然是他们所写的那个题目的专家。陈宏天，当时是北京大学讲师，他主讲"文史工具书"课，著有《文史工具书使用法》一书，《佩文韵府》、《骈字类编》是必讲的两部重要工具书。高路明是北京大学青年教师，当时她已主讲了两次"目录版本学"课。骈宇骞、许逸民均为中华书局编辑，当时骈为《书目答问补正》的责任编辑，许为《初学记》的责任编辑，且编有《初学记索引》。赵克勤则为商务印书馆汉语编辑室主任。卢润祥是上海辞书出版社编辑，对元曲颇有研究，著有《元人小令选》一书。

　　大家看了我的介绍后，能说他们（这些"无名作者"）不是他们所撰述的那个题目的"专门家"吗？即便是大家公认的专家学者，刘、陆、刘、杨4位先生,我们也不是"慕其名也",而是看重他们的实学。他们确是对所撰文章的内容深有研究。刘叶秋先生是《辞源》(修订本)二位主编之一,谈工具书如数家珍。陆宗达先生一生

臧克家先生在《文史知识》五周年座谈会上,朗诵他祝贺《文史知识》五周年的诗作。右为廖沫沙先生。

致力于《说文解字》的研究,杨济安先生是研究历史地理的专家,《读史方舆纪要》正是他反复研读过的历史地理书。刘乃和先生,一生做陈垣老的助手,对文史工具书可谓了如指掌。

这样的作者写出的文章当然有水平,让编辑放心,也会赢得读者的信任。做买卖要讲究"货真价实",编刊物也要"货真价实"。

专门家为什么会给你写文章

请专门家写稿,困难大,因为专门家谁都去请,他要应酬的刊物多,在众多的刊物中他能给你写,要费点力气。但这里恐怕也有辩证法。

开头,你的刊物影响还不大,请专家写稿,费劲,他给你写稿是支持你;到后来,你的刊物办好了,质量高,订户多,影响大,他也就愿意给你的刊物写稿了。南京大学卞孝萱先生曾对人说:"我同一时期,曾经在几个刊物上发表了文章,只有《文史知识》上登的那

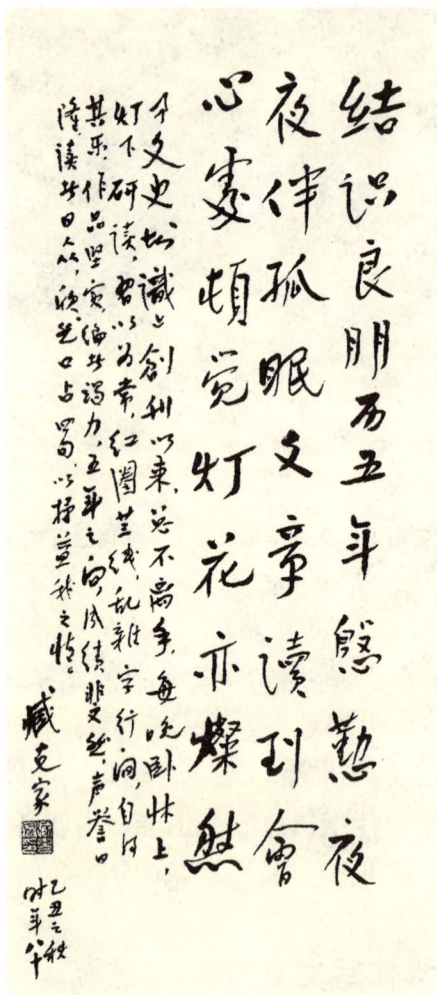

臧克家先生为《文史知识》五周年题诗。

一篇，朋友们见面都说读过了，其他几篇无人提起。今后有文章还是要在《文史知识》上发。"还有一些作者，感到在这样一种刊物上发表文章，能与那么多有本事的专门家为伍，很带劲。从某种意义上讲，是你"支持"他了。

从"他支持你"，到"你支持他"，这个转化不容易，要付出巨大的劳动。其中甘苦，局外人很难知道。

记得《文史知识》创刊之初，社会上又关心起岳飞《满江红》的真伪问题来。为了满足读者的需要，我们便请了一位当年曾经参与这一讨论的北京大学著名教授撰文，说好春节后交稿。春节刚过，我和编辑部的另一位编辑骑着自行车，从中华书局奔向北京大学。敲门入座，那位教授颇为愕然，大概是工作太忙，一时忘了与我们约定的时间。我们忙说，如没写好，过几天也行。我们见先生确实忙，便提议：他讲，我们录音，由我们整理好后，再交他修改定稿。当他听说我们是骑自行车来的，颇为动容，连声说："后天一定谈，后天一定谈。"隔一天，我们又骑车而去，刚下过雪，路很滑，但想到这次这篇稿子跑不了了，心里颇为高兴。录音、整理、誊清、修改、定稿，为了这篇文章，不知费了多少心思，终于发稿了。

这篇文章因为能及时参加讨论，又是这次讨论中"肯定说"的代表
人物所写，赢得了读者的好评。

这件事给我很大启发，许多学有专长的先生，他们是不轻易动
笔的，只要能说服他们撰文，常能得到理想效果。比如杨伯峻等先
生的《经书浅谈》、李学勤先生的《古文字学十二讲》、吴世昌先
生的《花间词简论》、任继愈先生的《佛教与儒教》、周一良先生
的《怎样研究魏晋南北朝史》、贾兰坡先生的《北京人化石发现
记》、朱家溍先生的《电影〈火烧圆明园〉、〈垂帘听政〉答客问》、
傅璇琮先生的《关于唐代文学研究的一些想法》，都是再三相约才
写的。这些文章都得到读者的欢迎，成为《文史知识》的光荣。组
稿，组来好稿，一是靠对选题高度的敏感，一是靠对好文章出众的
鉴赏力，但最关紧要的是对事业的热诚，对工作、对理想的执著
追求。

此外，为了得到专门家写的质量高的稿子，我们在组织上还采
取了一些措施。编辑部外有两个组织，一个是编委会，一个是特约
通讯员网。编委会成员的主要条件与很多刊物都是一样的，但我们
还有一个特殊的要求，那就是联系面广，能为刊物组织到高质量的
稿子。编委会成员都在北京，层次也比较高。他们主要组织北京的
研究机构、高等院校和有关单位的专门家、学者撰文，也利用他们
的影响，组织全国各地有学术水平的知名人物的稿件。特约通讯员
分布在各地高校和研究单位，他们最了解当地的研究、写作情况，
最了解当地读者对刊物的意见和反映，又因为他们就在当地，组了
稿，可以代表编辑部随时催稿。而且，谁的文章在北京的刊物上发
表了，在当地就会产生影响。如果这个作者再购买十本八本送给朋
友，就等于给刊物做了广告。实践证明，特约通讯员网是行之有效
的。我们在甘肃兰州大学聘请了一位特约通讯员，不到两年，他把
西北几省研究文史的副教授以上的同志差不多都组写了稿子。如果
各地的特约通讯员都能这样做，全国各地的好稿子岂不"尽入

我彀中"？

为"我"服务

我们这样做是不是专家路线？我认为不是。我们这是为"我"所用，也就是为刊物所用。我们是组织作者，组织专门家，围绕着我们刊物的选题计划写文章，而不是让作者，即便是专门家，牵着鼻子走。从以下三点可以看出我们所言非虚：

1. 每编一期，我们早早就计划好这一期的中心，设计重点文章的题目，然后按我们的计划去组稿，希望作者写什么、怎样写。

2. 有许多时候，作者寄给我们一篇稿子，题目好，写得也好，但我们并不是拿来就上，要看看这一期的整体布局，中心是什么，如果不符合这一期的整体布局，不论是谁写的，是什么样的名家，也要放一放，等着符合的再发。

3. 编辑在组稿的时候，一定记住让作者充分明了如下几点：刊物的宗旨与读者对象；文章内容要能唤起读者的需要感，最好是那些大家都知道一些，但又说不清楚的问题；引用的材料要准确、翔实；题目要拟好，吸引读者；字数要适当，尽量写得短些。

不断讲的目的就是让作者按我们刊物的需要写稿，而不是迁就作者。一个好的编辑，是应该有这种以"我"为中心的思想的。事事迁就，削足适履，刊物的风格、特色就没有了，最后不但得不到作者的欢迎，反倒要被作者"抛弃"。

实践使我们认识到这样一个道理，"无名作者"不一定不是专门家。"专门家"要靠编辑自己去发现、去鉴定。弄明白谁是专门家，再去组稿，才能组到高质量的稿子。普通的编辑，多停留在找稿阶段，只求把栏目、版面填满就完事；勤快点的编辑，会设法去拉稿子，以丰富内容；只有那些真正负责、有事业心而又有丰富的想象力和创造力的编辑,才能按照自己的计划去组稿。一个编辑能否成功,

2008 年 4 月，清华大学成立中国古典文献研究中心。顾问和研究人员合影。右三起：徐苹方、田余庆、傅璇琮、冯其庸、顾秉林、李学勤、杨牧之、詹福瑞。

很大程度上决定于他是否能发现专门家，并尽力组织专门家"为我服务"。《文史知识》编辑部的同志就是尽力朝着这个目标努力的。

刊物要处理好"系统"与"零散"的关系

（1988 年 3 月）

刊物主编安排一期内容，何主何从，如何搭配，是要费些脑筋的。还是以《文史知识》为例。

有的同志说：既然叫《文史知识》，就要系统介绍中华民族的文学历史知识，不能零散。有的同志说：杂志、杂志，自然要丰富多彩、朱紫杂陈。一本刊物，怎样算有系统？什么样子叫零散？怎样把系统与零散这对矛盾处理好？这是主编不能不经常思考的问题。

均衡搭配

"杂志"这个词来自阿拉伯文 Makhazin，原意是指"仓库"、"军用品供应库"。1731 年英国人爱德华·卡伏出版了一种期刊，名字叫《绅士知识供应库》。可见，"杂志"诞生之初就是与"仓库"之意联系在一起的，是以知识的仓库名义出现的。既然如此，杂志就要像"仓库"那样丰富多彩、琳琅满目，满足各种人的需要。

《文史知识》共辟有 20 多个栏目，这些栏目可以分成三个档次：高档的有"治学之道"、"文学史百题"、"历史百题"、"怎样读"、

"文史研究动态"等，这些栏目多为大块文章，每篇可以有五六千字，特殊情况可以再多一点，甚至可以分上下篇，两期刊完。这是给那些水平较高、努力自学的读者预备的。第二档是"诗文欣赏"、"书画欣赏"、"文史工具书介绍"、"文史书目答问"、"文体史话"、"文学人物画廊"、"古代科技漫话"等，这些栏目中的文章内容具体、实在，没有虚浮的东西，是给那些想要增长文史知识的一般读者预备的（当然也包括第一档次里的读者）。这些同志虽然不一定系统自修，但他们阅读杂志，目的是随时吸取知识。第三个档次是"文化史知识"、"文史古迹"、"成语典故"、"文史信息"、"补白"、"语言知识"等，这个档次的文章生动有趣，短小精悍，长的两三千字，短的千把字、几百字，三五分钟便可以读完，适于各类读者阅读。

三个档次分开来各有读者对象，合起来又是一个整体——文史知识。三个档次，各有作用，第一档的文章写得要有分量，有最新学术水平，代表了刊物这一期的学术价值和学术地位；第二档是刊物的主体，刊物靠这些栏目介绍大量的文史知识；第三档是趣味性之所在，它是要增加刊物活泼、轻松气氛的，靠这些文章吸引读者去阅读。三个档次虽有侧重、有"分工"，但都要求写得准确、生动、有用。毫无疑问，不同体裁的文章，效果毕竟不同，所以，又要求它们写出各自的特点。

所谓三个档次问题，实际上是解决各种层次的文章如何搭配的问题。在处理三个档次的文章搭配时，杂志的编者首要的问题是要注意文章搭配均衡。杂志是一个"仓库"，各种各样的人来"仓库"取东西，"仓库管理人"就要把各种东西备齐，保证人们的需要。五彩缤纷的内容便通过"均衡"这个原则得到保证。

中心·重点·系统

注意了不同层次读者的需要，注意了搭配的均衡，这还只是第一步，而且是比较容易做到的一步。作为一期刊物，不能有啥上啥，它还必须有一个中心，有一个重点，围绕这个中心、这个重点，要有一个系统。这一步比均衡搭配要难得多。

一期刊物的中心是由编辑会议确定的。确定中心时要考虑到时代感，考虑到读者对象，这些问题在前两个题目中已经具体谈过了。那么，这个中心是怎样体现出来的呢？这个中心要通过重点文章，以及与之有关的搭配文章体现出来。也就是以这一组文章为中心，形成这一期的系统。

以1982年第8期《文史知识》为例。这一期领头的文章是戴逸同志的《继承和发扬爱国主义传统》一文，这就是本期的中心。围绕这个中心，在"文学史百题"栏目中安排了《马革裹尸当自誓，男儿到死心如铁——略论辛弃疾词的爱国主义精神》一文；"历史百题"栏中安排了《甲午风云与中国的觉醒》一文；"文史书目答问"栏介绍了与万里长城、大运河并列为中国三大工程的清修《四库全书》，以及收有"人生自古谁无死，留取丹心照汗青"诗句的文天祥的《指南录》和《指南后录》二书；"文化史知识"栏中，介绍了《"节"是什么》，并讲了为什么苏武只身来到北海，给养断绝，靠挖野鼠洞中的草籽充饥，但他仍"杖汉节牧羊，卧起操持"不离左右；"中国名著在国外"栏安排了《〈赵氏孤儿〉与18世纪欧洲的戏剧文学》（不少刊物习惯于介绍莎士比亚、巴尔扎克等外国大文豪在中国的巨大影响，此栏却着重介绍中国名著在国外的巨大影响）；"文史古迹"栏，发表了《黄帝·黄陵·毛泽东朱德同志祭黄帝文》，表示黄帝子孙一定继承发扬宝贵的民族精神，为实现四化努力奋斗的决心；甚至连小栏目"成语典故"也配上了"数典忘祖"这一成语的解释。从上面的例子我们可以看出，文章题目虽然不同，角度各异，但却从不同的侧面指向一个中心。这种呼应或明或暗，但仔细观察便会发现，由于这些栏目的交互配合，刊物内容给人以立体感。

其次，从栏目方面说，一个栏目又自成系统，时间长了，文章积累多了，也成为某一方面的系统知识。如"文学史百题"栏，若将6年来"文学史百题"栏发表的文章集中起来，就是一本系统而详尽的有关文学史的书籍。

现在，《文史知识》编辑部已将许多栏目中的文章汇编成书，受到读者欢迎。如《与青年朋友谈治学》，由"治学之道"栏汇编而成；《古代礼制风俗漫谈》，由"文化史知识"栏汇编而成；《经书浅谈》由"经书浅谈"栏汇编而成；《古文字学初阶》，由"古文字学十二讲"汇编而成；《诗文鉴赏方法二十讲》，由"诗文欣赏"栏中怎样欣赏部分汇编而成。《文史知识》编辑部计划在3年内出版40种汇编的书。如果事先没有一个长远打算，没有系统安排，这些书是没法顺利编出来的。

第三个办法就是编辑"专号"。为了使知识更加集中和系统，《文史知识》从1982年开始，就有计划地编辑专号，每年两期。所谓专号，不仅仅是文章质量更高，作者队伍更强大，还主要表现为选题更为系统，内容更为集中，文章与文章之间更注意内在的配合与联系，使人一卷在手，即可大致了解该专题研究的基本面貌。

最初，《文史知识》以"朝代专号"打出了"专号"的招牌。"朝代专号"是以每一个相对独立的历史时期为单位，将该时期的政治、经济、文化等各个方面，尽可能地作全面介绍，使读者对古代文化有一种立体感。

我们已经办了"先秦专号"、"魏晋南北朝专号"、"宋代专号"、"元代专号"、"明代专号"、"清代专号"、"近代专号"。

当朝代专号初具规模之后，《文史知识》又开始编辑"专题专号"。这种专号就是以某一专题为内容，对该专题的历史和具体内容进行全面的介绍，以便读者对中国历史文化既有纵向的了解，又有横向的了解，从而体现历史文化的悠久性、多样性。如1986年办了"佛教与中国文化专号"，1987年第1期办了"传统文化讨论专号"，根据广大读者的强烈要求，在编发"佛教与中国文化专号"之后，

又编发了"道教与传统文化专号"。这之后《文史知识》又开办了第
3 个系列，即"地方专号"系列。

专号是《文史知识》的一大特点，要说的话很多，我将在"办
专号的价值"一题中，集中谈"专号"，在此不再多说。

变

注意了"均衡搭配"，做到了中心突出，任务并没有完成，更重
要的还在后面，这就是要不断考虑怎样"变"。说得理论化一点，变
就是不断创新。

道理很简单，冬笋鸡丝好吃，但顿顿是冬笋鸡丝，我们也不爱吃
了。再说，一件新鲜的款式一经推出，很快就会惹人注意，就会有人
效仿，这时，新鲜的东西就变成了大路货，渐渐地不再新鲜了。而要
保持个性，保持独自的风格，就必须不断变化，不断创新。

创新谈何容易，开始不要期望太高。希望一下子拿出一个全面革
新的方案，是很难做到的。但一个好的编辑，对自己必须有一个要
求，那就是每一期都要有一点新花样，有一点改革。花样小，没关
系，改革小，没关系。点点滴滴改革，就会由量的积累演变为质的
飞跃。

《文史知识》正是这样走过来的。《文史知识》出版一两年后，
我们就发现一些"独家经营"的栏目成了大路货，有的刊物甚至完
全照搬过去。

这逼着我们不得不另想"高招"。

经过反复推敲和不断的酝酿，我们在原有基础上，又开设了许多
新栏目，如"中国古代官制讲座"、"科举史话"、"金石丛话"、"古
代科举漫话"、"文学人物画廊"、"文学流派"、"文史信息"、"怎样
学习古文"等。"治学之道"成了大路货，我们就在原来的基础上组
织了"历史学家怎样研究历史"专栏，要求为此栏撰文的历史学家

重点介绍某段历史，某个学科或某一问题的研究现状，争论的焦点以及今后研究的重点，将一般性的治学经验之谈化为具体的传心传法。"诗文欣赏"成了热门，我们就又设置了"怎样欣赏古典诗词"一栏，比如什么叫"清空"，什么叫"意境"，什么叫"雄奇"等，将如何欣赏的理论、方法介绍给大家，进一步提高读者鉴赏能力。"青年园地"多家开设，我们就一个学校一个学校组织专题讨论，每次请一个学校笔谈一个专题，很受学校和学生的欢迎，这样做的结果，把知识的视野向深度和广度不断地开拓了。

经过几年的实践，读者来信称《文史知识》是带有"文史知识辞典性质"的刊物，长期订阅等于得到一部"文史知识辞典"；又说，《文史知识》反映了最新研究成果，值得信赖。应该说，这是对处理"系统与零散"这一对矛盾所做的努力的肯定与赞成。

稿件整理的几点体会

（1988 年 4 月）

原来的计划并没有想写这个题目，因为这个问题属于编辑的基本功，而我这一组文章所谈的内容，是在解决了基本功之后如何再提高一步。但近年来改变"工种"，做出版管理工作，我了解了一些过去局限在一个出版社无法了解的情况，很多书刊的编辑"堂"尚未升，谈何入"室"？所以还是得谈一谈稿件的整理。

四类作者

一般来说，加工整理稿件，分成两个阶段。第一阶段是审核来稿，第二阶段才是加工整理。道理很简单，只有在确定来稿可用的前提下，我们才能进行加工和整理，否则做了仔细加工之后，却发现稿子不能用，岂不徒劳无功吗？

来稿有四种形式，一是自由来稿。这一类的稿件收到的最多。我在办《文史知识》的时候，有时编辑部一天能收到十多件，按这个数字计算，一个月就是几百件，但这种稿子来的多，退的也多。投寄这类稿件的作者常慨叹："不认识人哪！"其实并非如此，这种自由来稿对刊物的风格、要求，了解不够，对刊物的出版计划、选题安排一无所知，所以一次投稿，很难适合编辑的口味，遭到退稿也是常理之中的事。但这类来稿并非完全没有合格的，细心的编辑披沙拣金，有时也能发现闪光的珠贝。

第二类属于约稿，甚或求来的稿。我们办刊物的人常说要有一支强大的作者队伍，否则就不是"人办刊物"，而是"刊物办人"了。天下有一大批能人，有的懂天文地理，有的懂文史哲经，有的懂数学生物，有的懂军事宇航，这些人中间有很多人擅长文字，观点独特，常能写出漂亮的文章来。但天下又有一大批期刊杂志，就拿我们国家来说，截至1988年，有杂志6000多种，这一大批能人选择的余地很大。常听到一些编辑讲，我用他的稿子就算看得起他，他还有什么好挑拣的？事实并不是这样。有真知灼见的文章还怕没有人用吗？而且，刊物有一支强大的作者队伍，它的真正意义还远不是随时可以找得到会写文章的人的问题。我编了七八年刊物，结交了许多作者朋友，我可以这样说，我请他们写文章，他们没有不帮忙的；而且，我还可以这样说，随时需要什么样的文章，哪怕只剩下三五天就要发稿，我只要给他们打个电话，这些朋友准会帮助我们夜以继日赶写出来。要做到这一点并非易事。冰冻三尺，非一日之寒。我尊重他们，他们也尊重我。我帮助他们，他们也帮助我。我们编辑部有份作者卡片，上面写明该作者的基本情况：年龄、住地、电话、擅长的专业、发表过的论著。我自己也有一个作者通讯录，这个通讯录不断扩大。我们有什么活动，我就请他们来参加，出版社有什么内部资料、宣传品，我就给他们寄去。不知不觉，我们成了朋友。有这么些作者朋友为我们"保驾"，我们的刊物不愁没有有分量的文章。

第三类是征稿。有的时候，某一类、某一专栏的稿件太少，编辑没有挑选的余地，便可以采用公开征集的方法。征稿可以写出具体的题目，也可以写出要求某一类的文章。征稿的好处是，编辑部把所需要的题目公开，可以扩大稿源，同类稿件一下子寄来许多篇，编辑可以有更多的挑选的机会，更容易保证刊物的质量；而且刊登征稿启示，本身也是对刊物的宣传，会收到意想不到的好处。

第四类是译稿。国外报刊常常有精彩而又适用于我们自己刊物的文章，选用这些文章，不仅省事，而且会给读者一个印象，让他感到你的刊物信息量大，覆盖面广，常可提高刊物的声誉。这中间最重要的是要注意时刻掌握第一手材料。现在有一个通病，国外一篇好文章，常常被各种刊物转载来转载去，而且，大文章化成小文章，小文章又缩编成"文摘"稿。这样一来，不但吸引不了读者，还让人感到东施效颦，惹人讨厌。编辑在物色译者的时候，一定要把握住两点：一是译者的外文水准。我们选择的译者，一定不能是那种捧着一本外文字典，字字查来，句句硬译，生拼乱凑，好歹成文的人，而是有扎实的中外文表达能力的翻译家；二是要有丰富、渊博的知识，至少对所译的内容有较全面、深入的了解。

一个原则

上面我们介绍了四类作者、四类来稿，但有一个原则必须记住，即不论对哪类作者，哪类来稿，我们在审核稿件是否采用时，都要遵循一个原则，这个原则即是刊物的宗旨，刊物的方向。

中国的史学家有很优良的传统，这就是忠于历史，坚持真理。春秋时，齐国太史不畏强暴成为千古美谈。齐国大臣崔杼杀害了国君，太史就在竹简上记下：崔杼弑其君。崔杼大怒，将太史杀死。太史的一个弟弟拿起竹简，照样写下，崔杼弑其君，也被杀死。太史的第二个弟弟挺身而出，崔杼又把他杀死。第三个弟弟毫不畏惧，捧着竹简，照样记下这段历史，崔杼无可奈何只好由他写去。

孔子编《春秋》，被史家传为美谈。当时读这部书的人会有"一字之褒，荣于华衮，一字之贬，严于斧钺"的感觉，后世誉之曰：孔子编《春秋》，天下乱臣贼子惧。其根本原因就是孔子做编辑工作

"笔则笔，削则削"，遵循一定的"贬损之义"。用今天的话来说，也就是坚持原则，遵循着一定的编辑方针。孔子置个人安危得失于不顾，将权贵喜怒放在一边，这就是敢于坚持原则。办刊物，当编辑的人没有这样的原则性，是办不好刊物的。

当然，我们办一个普及性刊物，一个知识性刊物，甚或一本学术性刊物，不是修史，不是修党史、国史，没有"一字之褒"、"一字之贬"那样严重的问题，但审核来稿，坚持办刊方针，坚持办刊原则，这却是一致的，应该遵循的。作为一个编辑，尤其是一位主编，要不徇私、不徇情，不能因为一篇私稿，影响杂志的水平和风格。如果碍于情面，把不够格的稿子塞进来，或者为了报答某某，随便编发一篇稿子，都不是在干事业，而是在谋私利。而且还有一个上行下效的问题，做主编的塞不够格的私稿，做编辑的也如法炮制，大家都这样搞，一期杂志不用塞多了，有个两三篇，这一期的水平就会大打折扣。

好文章的标准

一篇好的文章有什么标准呢？我们在取舍一篇稿子时，大概有这样几条原则：

①选题。一篇文章的内容，最好是读者知道一些，但又说不清楚的东西。知道一些，对内容不陌生；说不清楚，就诱使他看看别人是怎么说的。根据心理学家研究，完全陌生的东西与知道一些又说不清楚的东西，更吸引人的不是前者，而是后者。知道一些，又说不清楚，这种选题对读者来说是最佳选题，甚至比完全不知道的知识对他更有吸引力。如：《文史知识》上发表过的《赤壁之战中曹操究竟有多少兵马》、《徐福东渡的史实与传说》、《为什么说黄河流域是中华民族的摇篮》、《为什么说中国有五千年的文明史》、《怎样认识佛教徒的人生观与道德观》等，都是这一类选题。说不知道吧，他还知

道一些；说知道吧，他未必说得清楚。正因为如此，很多读者都欢迎这类选题。

　　②是否构成新闻。根据文章的内容、作者，或当时社会上读者注意的中心等情况，看看要用的稿子有没有构成新闻的可能。什么叫构成新闻呢？那就是此稿一出，或因为内容，或因为作者，读者议论纷纭，各报纷纷转载，如有这样的文章，一定要优先刊用。比如，电影《火烧圆明园》、《垂帘听政》上演不久，明清史专家朱家溍先生对我谈，他对电影《火烧圆明园》中许多地方的处理有意见，认为不符合历史真实。我听后，立即请他写出来，交稿后立即发排。为什么？因为朱先生是电影《火烧圆明园》的历史顾问，当时《火》片与《垂》片是社会议论中心之一，读者关心它，电影的顾问亲自撰文，除了他的学问家的身份，人家还会想："顾问"为什么在电影拍摄过程中不"顾问"，而要在电影放映之后再发议论、挑它的毛病呢？不但大陆报纸会转载，因为此片导演李翰祥是香港著名导演，香港报纸也会登的。此文刊出后，果然几报转载，给刊物带来很好的影响。

　　③一个选题，无论是大题目，还是小题目，都应该是严肃的问题，不是哗众取宠、卖弄渊博的东西。要时时想到我们的刊物是一个格调高尚的刊物，不能让读者笑话，不能失去身份。

　　④文字要深入浅出，不端架子，不故弄玄虚，要循循善诱，引人入胜。对于我们这样的普及性刊物，我最不喜欢的题目是：《论×××》、《×××论》。

　　⑤注意稿件的均衡搭配。除非专业性非常强的刊物，读者的相同性大于他们的不同性，否则，任何一个刊物在编辑一期的文章时，都要注意照顾到不同的文化程度，不同的年龄，不同的职业，文章的内容、角度、层次，都要注意到均衡搭配，尽量注意更多的读者阅读的兴趣。看起来这个原则属于稿子定下来后搭配的问题，但选稿时就要注意缺什么稿子，怎样搭配组合好，然后决定弃取与否。所以注意均衡搭配，既是搭配中的问题，又是编辑决定稿件弃取的问题。

⑥最后一点（但它也很重要），那就是要认真审核文稿有没有违法违纪之处，不要不小心被人告上一状。如文稿是否符合党和国家的政策，有无色情、淫秽内容或成分，有无涉及他人名誉、恶意攻击他人的言语，有无抄袭之处，如果牵涉到边界，包括界河、界山，就更要小心。有关出版的法令、条例，作为一个编辑都应该熟悉。好比一个司机，不懂交通规则，出门就有被吊销驾照的危险。

编辑加工的主要内容

编辑加工要做些什么呢？我想主要有如下 10 个方面：

①核对时间、地点以及引用的资料、数字，特别要检核书中引文是否准确。

②检查有没有泄密之处。

③检查有没有违反法律、条令的文字。

④文章的主旨是否论述清楚，删去多余的话，补充说得不足的地方。

⑤改正错别字。

⑥改正用得不合适的标点符号。

⑦简化字、缩写、度量衡写法是否符合规定。

⑧图片、图表是否得当。

⑨分段是否合理，小标题的效果如何。

⑩润饰文字。

如果要列，可能还能写出一些，但这 10 项是比较重要的。这里我重点谈谈其中的三个问题：

文章的主旨是否论述清楚

编辑加工是审稿工作的继续，但它又不同于审稿工作，有的编辑理论家说："一部出版物，首先要求内容上有丰富的知识信息，比较高的质量，同时也要求它具有完美的形式。审稿阶段的工作，着重在解决前一个问题，编辑加工，则是为了着重解决后一个问题。"这话有道理。但是细想想，在实际的编辑工作中，两道工序常常很难区分。在本篇中，我曾讲过，加工整理稿件，一般分成两个阶段。先审核，决定弃取；然后对录用的稿子仔细加工。这是就它实际的工作步骤而言，是把"动作"分解成为"慢镜头"，如果把这些步骤连续起来，两个步骤是紧密相连的。所以，加工稿件，第一步是要看看文章的主旨是否表达清楚完满了。作者在写作时兴之所至，挥洒自如，就像谈话一样，高兴处不免多说几句，有的地方又因为情绪所致，没有表达充分。这就要求编辑认真加工，谈多了的地方，删减一些，没有谈足的地方补充一两句。一般来说，人们都这样认为，杂志上的文字，如有不妥当的地方，有不通顺，甚至错漏，责任不在撰稿人，而在编辑。所以修改、加工稿件，是编辑的权力，同时也是编辑的责任。但有一点必须强调，编辑加工稿件，必须尊重作者的著作权，编辑只能删繁就简，不经作者许可，不能改变作者的观点，不能改变作者的原意。这是一个原则。

改正错别字

最近读到一本书，错误之严重，可谓惊人，如果在"文化大革命"中，起码要被撤职。举例如下：

235 页毛泽东错成毛择东

273 页叶剑英错成虽剑英

688 页毛泽东错成毛泽车

852 页周恩来错成周因来

此外，把林彪错成"标彪"、"林虎"，把战役错成"战股"，把"政治局"错成"政当局"等等，一部书粗粗统计一下有六七百处错误。

　　一般人认为，写出那样了不起的作品的作家，怎么会写错别字呢？其实，这也毫不足怪，出现错别字，什么人都很难免，这就要求编辑细心改正，达到正确无误。

　　书刊出现错字，有各种原因。第一是作者笔误，原稿上就错了，但编辑加工稿件时没有发现，这类错误叫做内容上的错误。排字工人的责任只是照原稿排字，所以内容上的错误便照样出现在校样上。另一个原因是排字工人把原稿上的字误植、漏掉，校样出来时，错误也在其上，这类错误叫技术性错误。由于汉字太多，排字工作繁重艰难，这类错误也是很难避免的。内容上的错误有时是编辑造成的，编辑改正了不少作者的失误，但由于笔误，由于考虑不周，甚至由于过分自信，又出现了一些新错误。上述几种情况造成的错误需要编辑、校对以及印刷厂排字工人密切配合，共同把关，消灭错误。其实，只要工夫深，错误完全可以消灭。据我所知，《毛泽东选集》四卷本，前后校对 12 次，由于编辑、校对的共同努力，至今没发现一个错字，这真是难能可贵。

核对（人名、地名、年代、引文）不可少

　　近年来，我们常常碰到这样一些作者，他的文章一字不能改。有的作者，编辑改了他文章几个字、几句话便要破口大骂，好像编辑什么也不懂，只有他是百分之百的学问家。其实，大学问家照样也有疏忽失误之时，而真正的学问家总是闻过则喜的。试举一例：

　　宋有洪迈《万首唐人绝句》、清有王士禛的《万首唐人绝句选》等。——见中华书局《唐人绝句选》前言。

　　宋代洪迈编《唐人万首绝句》，清代王士禛则为《唐人万首绝句选》。——见陕西人民出版社《唐代文学研究年鉴》。

　　中华书局是海内外知名的、专门出版古籍的出版社，《唐代文学

研究年鉴》的主编是中国当代著名的唐代文学研究专家，可是他们引用的两个书名，各不相同，不管谁是谁非，正确的总是只能有一个。这说明什么？说明文稿中的错误是难以避免的，说明了编辑加工时核对资料的重要。

再举一例，是文物出版社老编辑家姚涌彬先生告诉我的。他说有一本研究中国古代报纸源流的专著，有不少令人惊讶的错误。我找来一看，果然如此。该书某页，讲到一段西汉故事，说是引用了"古籍中有关燕王旦为了谋反而策划铲除景帝的亲信大臣霍光的记载"。略通中国历史的人都会知道霍光是昭帝时候的大臣，把他安到景帝名下，是向上推移了两代。书中还郑重交代："景帝是继武帝而即位的。"这更是大错特错，西汉初年，世系是文、景、武、昭、宣，景帝继承武帝岂不成了"子死父继"？

作者错误在先，编辑失查于后，让人笑话事小，谬种流传误人子弟事大，这又说明了编辑加工的重要。

好多作者凭记忆写文章，人名、地名、书名、引文、数字、年代信笔写来，记错之处便不可避免，编辑有责任加以核对。核对是编辑加工中十分重要的一环。

标题·目录·要目

（1988 年 5 月）

一本杂志的内容，在杂志本身有三处"点睛"之处：一是封面上的"要目"，一是正文前面的"目录"，一是一篇文章的"标题"。读者常常会看了要目、目录和标题而决定是否看下去，是否掏钱购买，所以，处理好这三个要素十分重要。

标题——"一见钟情"与"表里如一"

在我们刊物上所有"零件"（如标题、正文、插图等）之中出现次数最多的是标题。正文前面一次，目录上一次，有的在要目上又出现一次，总共有三次。此外，我们还要在报纸上做广告，这就出现四次了。

标题好比招牌，文章里讲的是什么，先在标题上交代出来，读者看了标题，决定看不看这篇文章，可见标题多么重要。也许有人会说，文章在那里摆着，标题要反映文章，对此题感兴趣的人自然会看，不感兴趣的人自然不看，有什么话好说呢？

事实远非如此。举个例子来说，我们上街买东西，常常并不是直奔目标，女同志尤其如此。我们在商店除去注意要买的东西的橱窗，还注意其他的橱窗，东瞧瞧，西看看，常常买到许多当初并没有计划要买的东西。还有一些人，是"逛"商店，并没有一定的目标，逛逛、玩玩、看看，什么东西中意，随时可买。这些现象说明，人的注意力是可以争取的。

如果说目录好比橱窗，标题就好比陈列在橱窗里供人挑选的商品。陈列得当，展品精美，常常会引起那些本来并不想购买此物的顾客的兴趣。这样看来，对于一个办刊物的人，如何拟好标题，的确是不可等闲视之的问题。

对于标题，我们的前人就十分重视。清代大艺术家郑板桥曾专门论过标题的重要。他说："作诗非难，命题为难。题高则诗高，题矮则诗矮，不可不慎也。少陵诗高绝千古，自不必言，即其命题，已早据百尺楼上矣。通体不能悉举，且就一二言之：《哀江头》、《哀王孙》，伤亡国也；《新婚别》、《无家别》、《垂老别》、前后《出塞》诸篇，悲戍役也；《兵车行》、《丽人行》，乱之始也；《达行在所》三首，庆中兴也；《北征》、《洗兵马》，喜复国望太平也。只一开卷，阅其题次，一种忧国忧民忽悲忽喜之情，以及宗庙丘墟，关山劳戍之苦，宛然在目。其题如此，其诗有不痛心入骨者乎！"当然，郑板桥此论所言"题目"，主要是指题旨即主题，但他所云"只一开卷，阅其题次，一种忧国忧民忽悲忽喜之情，以及宗庙丘墟，关山劳戍之苦，宛然在目"，讲出了标题的重要。郑板桥还说："近世诗家题目，非赏花即宴集，非喜晤即赠行，满纸人名，某轩某园，某亭某斋，某楼某岩，某村某墅……其题如此，其诗可知；其诗如此，其人品又可知。"（以上郑板桥语据《郑板桥集》）这里谈的就更深入一层了，标题如何，不仅关系到诗的内容，而且关系到一个人的人品了。那时，还没有人办杂志，写文章也不是为了登在杂志上，所以他们还不必考虑读者订阅的事情，但今天则不同了。对于作者，他要考虑的是题目怎样拟得准确、鲜明、简洁，对于刊物的编辑就还要考虑读者的心理、读者的反应。

有关标题的逸事是很多的。

30 年代有篇轰动一时的通讯报道《中国的西北角》，一看题目就吸引了很多读者。抗日战争初期，蒋介石跑到峨嵋山，躲了起来，而在中国的西北角，在延安，宝塔山的灯光给中国人民带来了希望。所以，《中国的西北角》让人们想到战斗在中国大西北的共产党人，那些中国的脊梁。60 年代，《红岩》问世了，教育、感动了千百万中国青年。此书的原名《禁锢的世界》，虽然也扣题，"禁锢的世界"就是监狱，但"红岩"则更有号召力。红岩村是中共代表所在地，狱中党员的心向着红岩村。红岩，表达了一个革命者的情操和意志，象征着希望和胜利。《红岩》这一书名色彩鲜明，很富感染力。

还有一个例子。中华书局曾经发了一部书稿，名叫《张集馨日记》，征订数甚少，不能开印。后来，责任编辑改了一下书名，叫《道咸宦海见闻录》，重新征订。书还是那一本，订数居然达到几万，不久又得以重印。

那么，什么样的标题好呢？

我们先分析一下读者的心理。一般的读者每天很忙，他们能挤出时间来读杂志，已属不易。他们在读杂志时心理状态是什么样子呢？我看最主要的无外两类，一是求知，二是好奇。求知，从标题上发现他感兴趣或者十分需要的知识，要看；好奇，一切最新的、最怪的、最神秘的、最难解的事，他都想知道。我们针对读者这样一种心理状态去拟标题，常常会收到意想不到的效果。

有人说好标题要让读者"一见钟情"，这是很有道理的。《文史知识》曾刊登过一篇写武则天的文章，这篇文章写得好，倒不是它有什么特殊的见解和精辟的言论，主要是它选取的角度好，写的生动有文采，吸引人，而最诱人的还是它的标题——每段的标题和总的标题。我们看看它的段落标题：①武媚娘——从才人到皇后；②"瓜熟子离离"——从皇后到皇帝；③"请君入瓮"——武则天政略之一；④"宰相之错"——武则天政略之二；⑤女皇的困境——从皇帝再到皇后；⑥褒贬的准绳——武则天的千秋功罪。文章的总标题是《从武媚娘到圣神皇帝》。有关武则天的文章太多了，尤其是江青别有用心地大捧武则天，读者对谈论武则天的文章已到了讨厌的地步。但读者爱读这篇文章，国内居然有两本杂志全文转载了这篇文章，文章的标题好恐怕是重要的原因。其实也没有什么高深的道理，只是这篇文章的段落标题和总标题适应了读者求知和好奇的心理。

还有一例，是《辞源》修订本主编之一刘叶秋先生告诉我的。他应约写了一篇题为《怎样查找诗词名句》的文章。题目平稳，并无毛病，但编辑刊出时将原题改成《名句如海，源头何在》，刘先生看后赞叹道："仍用八字，但活跃而有文采，真如点石成金！"

好的标题不仅仅要让读者"一见钟情"，还需要"表里如一"。中国古代有一位名家学派的代表人物公孙龙，他说过一句有名的话："夫名，实谓也。"意思是说，所谓名，即名词、概念，是对实，即客观事物的真实性和本质的反映。他又说："古之明王，审其名实，慎其所谓。"就是说，古代的圣君明王，总是先考察事物的名实关系，然后慎重地给以恰当的称谓。可见古代的圣君明王也是把"实"看做是根本的。这又让我们想起有的商品广告，言过其实，夸夸其谈，顾客上一次当，下次再也不会受骗了。所以，好的标题一定要"表里如一"，绝不能靠一个花哨标题掩盖贫乏的内容。正如一个人，收拾得衣冠楚楚，西装革履，颇为中看，但一张口粗话连篇，不堪入耳，只能增人讥笑。名实相符，最为上乘，如两相比较，实是根本，当无疑义。中国古诗中经常塑造这样的形象："缟衣綦巾，聊乐我员"，"静女其姝，俟我于城隅"，都是因为女孩子的美好心灵，惹得小伙子日夜思念。我们拟标题时，千万牢记这条原则。

目录——"应接不暇"与"自相映发"

标题是根本，目录就是把许多标题编在一起。但是否有了好的标题，目录就一定能编得好呢？不一定。这其间自有奥妙。

我常想，我们编刊物的，好比是在那里建造公园。为了游人，我们要把天下美景集于一园。而目录，就好比一份导游图。这份导游图，要把我们苦心孤诣设计出来的"园中美景"介绍给"游人"。

怎样设计目录呢？有许多人认为编目录是一般编辑的事，有的人甚至认为编目录可以由搞版式设计的同志去做。这些想法都是不妥当的，说明刊物主编对目录重视不够。我在编辑工作中体会到，设计目录应该由主编亲自来做。一大批经过编辑加工好的文稿摆在主编面前，什么文章该上，什么文章暂时不上，在一定程度上也是由目录的需要决定的。

每当编写目录时，我都会想到《世说新语》中记载的王献之的那段话。他说："从山阴道上行，山川自相映发，使人应接不暇。"这其中有两点值得注意，一是"使人应接不暇"，一是"山川自相映发"。

读者拿起一期刊物，翻到目录，一定要让他感到好文章比比皆是，真是应接不暇。然后，当他细细琢磨的时候，又要感到每组文章之间的紧密的内在联系，文章与文章之间是"相映发"的。

为了说明问题，我把《文史知识》1986 年第 10 期"佛教专号"的目录摘录于下：

专文：佛教与中国文化的关系

佛教与儒教

治学之道：我和佛教研究

文学史百题：诗与禅

历史百题：佛教在中国的流传与发展

略论中国佛教的特质

佛教知识：何谓四大皆空

佛与佛教徒

中国僧侣与劳动生产

孟兰盆会是怎么回事

佛教节日知多少

神圣的花木

佛教花木漫谈

佛教艺术：中国古代佛教寺院的音乐活动

漫谈塔的来源及演变

佛教源流：佛教在印度的产生及其特点

中国佛教的宗派

藏传佛教密宗

日本佛教的略述

人物春秋：三次舍身寺院的梁武帝

慧远及其因果报应说

六祖慧能与禅宗

文史信箱：怎样认识佛教徒的人生观与道德观

　　读者看了这份目录，一致认为几乎每篇都是可读的文章、有用的文章。很快，存书全部售完，连《文史知识》只有两个订户的西藏也来函购70本。说来话长，这二十几篇文章，我们是经过仔细设计安排的。第一组即前3篇，讲佛教对中国文化的巨大影响，正因为如此，我们才要研究它。读者会问怎样研究好呢？我们请季羡林先生现身说法，回答了这个问题。这组文章实际上是讲研究佛教的意义，也就是办"佛教专号"的意义。既然办这样一个专号有意义，那么佛教基本情况怎样呢？第二组文章（第4、5、6篇）我们就是回答这个问题的。读到这里，读者肯定会有一些具体的问题需要解答，我们安排了第三组"佛教知识"6篇文章。第四组回过头来讲"佛教的源流"。"源"在印度，讲佛教怎样在印度产生的；"流"，讲佛教怎样传到中国、日本、东南亚。第五组介绍"佛教人物"。这一切介绍完后，读者必然会提出，佛教徒要"出家"，讲究"持戒"、"苦行"，是什么原因？他们主张做"善事"，如植树、修桥、布施，应该怎样评价？我们安排了《怎样认识佛教徒的人生观与道德观》一文。到此，作为一个整体，佛教的基本东西（当然只是几个点），可以说全作了介绍。

经过这样一番设计、施工，"应接不暇"和"自相映发"是否可以说基本做到了呢？

要目——"红的樱桃"、"绿的梅子"

有的刊物没有要目，这自有它的道理。可能封面是一个很好的美术画面，不舍得再加上其他的东西；可能在一期二三十篇文章中很难选出五六篇来，弄不好怕顾此失彼。但是，我在编辑工作中体会到要目是重要的。打个比方，目录好比一个拼盘，而要目好比点缀在拼盘上面的红的樱桃、绿的梅子。光是一盘肉，实惠倒实惠，但缺少诱人的魅力，红红绿绿，一加点缀，给人的观感便大不一样了。

要目能起什么作用呢？或者说，我们要让要目起什么作用呢？

第一，要告诉读者哪篇文章有价值。这个"价值"有两点含义：一点是学术上确有新见，也就是具备探索性；一点是此文写得好，虽然不见得有多少创见，但角度好，写得有才气。

第二，文章有吸引力，知识性、趣味性兼备，读者一看便想读。

第三，显示本期的重点，让读者看清本期是以什么问题为中心编辑的。

这里我们举《文史知识》1987 年"山东专号"的要目为例：

祝"山东专号"成功（谷牧）

泰山崇拜与封禅大典

源远流长的蓬莱仙话

孔子的阳刚之美

灿烂的齐鲁饮食文化

文学作品里的山东好汉

见到这样几个题目，谁不想看看这些文章究竟谈的是什么呢？千万要记住，要目是放在杂志的封面那十分重要的位置上的。好的要目，只要有一个题目吸引人，就可能诱使读者翻开杂志看看内文。这也就是"红的樱桃"、"绿的梅子"的作用。

谈到这里，我们可以总结一下了。标题、目录、要目，三者各有各的用处，但三者又以各自的特点为塑造刊物的整体形象而卖力。"要目"像是乡野大路旁酒店的酒幌，招引过往的客人；"目录"是导游图，又像百宝图，室中珍宝竞相展示，供人挑选；"标题"是目录、要目的根本，一定要做得吸引人，能抓住读者那稍纵即逝的目光。

杂志办"专号"的价值

（1988 年 6 月）

白化文先生看到我的写作提纲，特地写信叮嘱我：《文史知识》以专号著称，不可不写一篇"专号论"。白先生的话提醒了我，记得"佛教与中国文化专号"出刊后，读者来信络绎不绝，西藏《文史知识》的订户只有两人，这一期却要购 70 本，青海来信要购 120 本，最后，出版部留的书全部售完，编辑部诸位同人的样书，也被朋友索光。"朝代专号"每出一期，都会收到不少来信，赞扬者有之，建议者有之，提供稿件者有之，索书者更甚。作为一个编辑，得到这种"回报"，心里是十分欣慰的。读者为什么如此欢迎专号呢？这一章我们谈谈专号。

由点及面与由面及点

办专号并不是新鲜事。一个刊物，或于创刊多少周年纪念之时，或者对某一个专题集中讨论，邀集一批作者，组织一批稿件，出一个专号，并没有什么特别之处。但如果照这样办专号，就没有什么大意思了。我常想，在相同的职业上有许多人作出了重大贡献，也有许多人终其一生也没有成功，原因在什么地方呢？细看成功者的奥秘，使一个人成功或失败的主要不是职业，不是专业，主要在于个人。职业只有在个人尽其所能时才会为他提供机会。

所以，既要办专号，就要办得与众不同，但要符合自己刊物的特点。你是《文史知识》，突然来个"UFO"天外来客专号，或者办一个《性的报复》增刊，都不是正道。

《文史知识》最先办的是"朝代专号"。刊物已经办了一年半，总数出到第 12 期，路子熟了，照此下去，轻车熟路，省时省心，腾出手来干点自己的事不好吗？再说，我们每期向读者介绍一些文史知识，春雨霏霏，润物无声，是为读者着想啊。但有很多读者着急，这个问题与那个问题有什么关系？一个朝代、一个时期究竟有些什么主要问题，能不能大体勾勒几笔？一封封来信，促使我们去探索、去解决。

和一些读者聊过之后，我茅塞顿开。《文史知识》的读者都是一些急于求知的人，其中很多是自学进修的青年同志。他们希望对某个范围的问题先有一个鸟瞰式的了解，也就是说在认识一个点的时候，先知道一下整个面大体是什么样子。大体知道面上的情况之后，再去深入研究那个点。由点及面，由面及点，这是符合人的认识过程的。

这时，我们决定搞"朝代专号"。

朝代专号所要解决的问题，就是知识的相对集中和系统。怎样能做到这一点呢？为了说清这个问题，我把《文史知识》第一个朝代专号"魏晋南北朝专号"的目录摘要如下：

专文：三国两晋南北朝在历史长河中的地位

治学之道：怎样研究魏晋南北朝史　谈谈魏晋南北朝文学

文学史百题：略谈汉魏六朝小说

历史百题：八王之乱始末

怎样读：怎样读《文心雕龙》　谈谈记述南北朝史事的"八书""二史"

文史书目答问:《华阳国志》　《文选》

诗文欣赏试：析曹操的《短歌行》　谈左思的《咏史诗》读丘迟的《与陈伯之书》

文化史知识：麈尾与魏晋名士清谈　从《兰亭序》谈"曲水流觞"

人物春秋：羯族政治家石勒　拒不"卖论取官"的学者范缜

名画欣赏：竹林七贤与《竹林七贤图》

学习魏晋南北朝文学、历史参考书目

我们细看这份要目，《三国两晋南北朝在历史长河中的地位》一文，是把这段历史放在整个中国历史长河中去研究，以便读者了解这段历史在整个中国历史上的地位。两篇治学之道，系统勾勒了魏晋南北朝历史和这一段的文学，这三篇是总的介绍，是面。有了这三篇之后，再来谈这段历史中的大事和著名的人物，就是点。八王之乱、英雄阿瞒、魏晋名士、麈尾清谈、无神论者范缜、羯族政治家石勒、竹林七贤，以及使洛阳纸贵的《三都赋》作者，写出"暮春三月，江南草长，杂花生树，群莺乱飞"名篇的丘迟，名震古今的《文心雕龙》，我国最早的诗文总集《文选》，还有《伽蓝记》、《华阳国志》……真是丰富多彩，琳琅满目。当然，12万字，三十几篇文章，不可能把魏晋南北朝全部介绍出来，但"粗线条"和"大框架"恐怕是勾勒出来了。最后我们附了一个参考书目："学习魏晋南北朝文学、历史参考书目"。因为"专号"中所介绍的情况仅仅是粗线条勾勒，对于学习魏晋南北朝历史当然是不够的，读者要想深入钻研，可以按照这个书目参考其他典籍。

随后，我们又陆续编辑了"先秦专号"、"唐代专号"、"宋代专号"、"元代专号"、"明代专号"、"清代专号"、"近代专号"等7个专号。

著名古典文学专家吴世昌先生在世时看到"先秦专号"，十分高兴，特地撰写《读〈文史知识〉"先秦专号"》一文，发表在《人民日报》上。他说：

> 《文史知识》每年两期专号，每个专号一个朝代，五年以来，从不中辍。这样的按部就班，从容不迫，是需要一点气魄的。"先秦专号"无论是在深度上还是在广度上都是有所开拓。整个专号细针密线，此呼彼应，品味此中之味，实可谓先得广大读者之心。

> "先秦专号"的特色，是多层次、多角度地反映先秦文明。既有宏观的概述，亦有微观的探讨。……纵横交错，将先秦文明作了多方面的描绘。

《中国报刊报》以《还是独辟蹊径好》为题，赞扬《文史知识》"朝代专号"是"独辟蹊径"，质量高，读者欢迎。中国先秦史学会为了表彰《文史知识》对先秦史研究的贡献，特地制作了一面锦旗，鼓励它"为先秦史研究作出贡献"。

"朝代专号"粗具规模之后，《文史知识》又开始编辑"专题专号"。这种专号就是以某一专题为主要内容，对该专题的历史和今天具体研究情况进行全面的介绍，以帮助读者对中国文化既有纵向的了解，又有横向的了解，从而体现中国历史文化的悠久性和多样性。《文史知识》先后编辑的专题专号有："佛教与中国文化专号"、"传统文化讨论专号"、"道教与传统文化专号"等。

地方专号成功的启发

1986年，我去东北组稿，在吉林大学中文系和师生座谈。一位同学说："《文史知识》能不能以地区为单位介绍一个一个地区的历史呢？"听到这个意见，我茅塞顿开。这真是一个好主意。我们有了朝代专号，再配上地方专号，朝代专号是从历史上讲起，一代一代介绍下来，出齐了，将是一部生动的通史；地方专号，以地域为中心，出齐了，不就是一部中华民族的生动"地图"吗？

冷静下来，再一细想，编地方专号可比编朝代专号困难大多了。朝代专号是历史，是"死"的东西，只要把知识介绍准确、生动，重点突出，就行了。而地方专号，要编得好，就要了解一个地区的历史、文化，要掌握一个地区的风土人情、名胜古迹，特别重要的一点是，不但要介绍这一地区"死"的东西，还要介绍这一地区"活"的东西。那么，"活"的东西是怎样一个状况？这些"活"的东西与"死"的东西之间的内在联系是什么？要弄清楚这些问题，就要实地去考察，就需要得到当地有关部门、作者的支持，这一切，对于一个只有七八个人的小编辑部谈何容易！

怎么办？我想起美国的《读者文摘》杂志。我并不认为《读者文摘》能做到的事，别人就做不到。但《读者文摘》创办者的精神的确令人钦佩。华莱士创办《读者文摘》时，遭到许多出版商的拒绝，但他并不气馁，到处搜罗可能订阅刊物的名单，用邮递方式征求订户，并说如果不满意，可以退款。结果，他得到1500个订户。《读者文摘》办起来了。70多年来，《读者文摘》的口号始终是"重视读者的需要"，它终于成为每月以15种文字，印行39种版本，全球销售3000万份的大杂志。

要干事业，就会有各种各样的困难。而要把事业干成功，就必须战胜这些困难，付出超出常人的精力来。

开始我们想办江西专号，因为刊物的一个朋友在江西，他十分热情地支持这一计划。我们正在积极地酝酿的时候，江西省委的一位负责同志来北京开会。这真是天赐良机。我们专程到此位领导下榻的宾馆去拜访。在会客室等了近一个小时，负责同志的秘书从楼上下来说，领导同志很忙，不能见面。秘书的话使我们发热的头脑顿时清醒了。从三楼下到一楼见一面的时间都没有，的确是太忙了，如果去江西，不是更要打扰这位领导的工作吗？我们转向山东。山东是齐鲁之邦，圣人的故乡，编地方专号内容是十分丰富的。山东省委对这一工作十分重视，他们认为办山东专号是支持他们改革开放，是宣传山东的一种好形式，多方鼓励我们。省委宣传部派专门干部和我们商量编专号的安排，组织省内专家、学者论证选题，派旅游局干部陪我们采访，安排吃、住、行，宣传部长亲自会见编辑部同志，省长亲自写文章，省委书记亲自为专号题词。

山东专号顺利出版了。山东省委买了 1 万册，发给省内有关宣传、旅游的同志阅读。现在地方专号很受欢迎，好多省要求我们给他们编一期专号，但刊物不能连续出地方专号，只好请他们排队，等着安排。

地方专号的成功，把我们的编辑业务大大推进了一步。朝代专号是时间系列，地方专号以地域为中心，可以说是空间系列，两大系列经纬交织，再以专题专号点缀其中，三大系列交互推进，可以逐步编织出一幅中国文化的灿烂图景来。从对青少年进行爱国主义教育方面来说，地方专号也有现实意义。以地域为中心，将各地区文化的古往今来介绍给读者，使广大读者不仅了解我国的过去和现在，而且了解我国地域广大，每个地区都有丰富多彩的文化。正是这一个地区、一个地区的丰富多彩的文化，构成了伟大古老的中华民族文化。这些内容既是乡土教育的好教材，又是爱国主义教育十分具体、生动的好材料。山东省委如此重视，投入那么大力量，恐怕眼光就在这里吧？两个积极性碰在一起，地方专号成功了。

办好专号的三个要点

专号的作者

专号，不论是"朝代专号"、"地方专号"还是"专题专号"，选择作者十分重要。"朝代专号"我们强调"三名三高"，那就是选择某一朝代、某一时期著名而重大的事件、人物为题，请在这一选题的研究方面有高深造诣的名人来写，写出高质量的名文来。

"专题专号"选择有高深造诣、影响大的作者来写更为重要。因为只有这些先生写出来的文章，读者才会信服，专号才能打得响。比如"佛教与中国文化专号"的《佛教与中国文化的关系》一文，请中国佛教协会会长赵朴初先生撰文。《佛教与儒教》一文请社会科学院宗教所所长任继愈先生撰文。"治学之道"请季羡林先生来谈。季先生研究佛教50年，著作甚丰，所谈治学之道，当然令人信服。阴法鲁先生（撰写《中国古代佛教寺院的音乐活动》）是研究古代音乐的专家，罗哲文先生（撰写《漫谈塔的来源及演变》）是古建筑专家，周振甫先生（撰写《谈谈以禅喻诗》）是古典文学专家，袁行霈、方立天、杨曾文、白化文、杜继文、许抗生都是颇有建树的著名学者，连"佛教知识"这些小文都是请的佛学会的大师们撰写的，所以，写得地道、准确，娓娓动听，引人入胜。

这一期专号办得相当成功，反响强烈。专号刊出后，《文汇报》、《文汇读书周报》、《广州日报》相继发表评论文章，认为"佛教与中国文化专号"是一次"大胆的开拓"。应当肯定地说，这一期专号成功的原因是多方面的，但选择作者合适是至为重要的。

"地方专号"在请对某一地区历史、文化有专门研究的名家学者撰文的同时，要注意挑选当地的作者，特别是当地有影响的作者，一定要请他们为专号写文章。这一方面是因为他们生活在其中，对当地的历史、事件、人物了解得具体，写起来有感情；另一方面，也是因为他们是一地的英才，在那里有他们的学生、朋友，有他们的老师、亲属，刊物发表了他们的文章，影响会很大。

专号的选题

所谓选题，对专号来说包括两个内容，一是办什么专号，二是专号中一个个具体的题目。

办什么专号？任何一个编辑都希望自己编的书籍、出的刊物引起读者的注意，引起轰动，但真正能引起轰动的好书是很少很少的，其中的经验教训大家都很清楚，无非是平庸和重复这两个问题。平庸，即没有什么出奇之处，有它也可，没有它也不会感到缺少什么。做一个这样的人很让人难过，编出这样的刊物也是一种浪费。重复，或跟在人家后面再编出一种，或重复自己的劳动，又增加一个，同样是浪费。

要抓住一个好的选题，重要的条件是信息灵通，了解"需"的方面，了解读者的意向。了解需求是一个关键因素，能满足需求的东西才算有价值。汉字"美"，是由"羊"与"火"两部分组成，大概我们的祖先认为用火烤的羊肉是美好的。为什么呢？因为好吃。吃是人类最基本的生活需要，能满足人类基本需要的东西才是美的。推而广之，对于编辑来说，能满足读者的需要才是美的。

我们编"佛教与中国文化专号"，是因为我们看到灵隐寺烧香求佛的人十分多，不但有老者，而且有青年学生，甚至国家干部；是因为看到普陀寺道场之兴隆；是因为大学里选修宗教课的人越来越多。一个文化出版工作者的责任告诉我们，我们应该正确地引导他们，我们应该向他们介绍准确的佛教知识，我们应该告诉人们神秘的宗教的内幕。为此，我们安排了《怎样认识佛教徒的人生观与道德观》、《佛教在中国的流传与发展》、《何谓"四大皆空"》、《中国僧侣与劳动生产》、《中国佛教的宗派》等文章。

《文史知识》创刊五周年了，五年的道路不平坦，要纪念一下。怎么编这个专号？也就是说怎样确定选题？研究再三，我们从广大读者来信中反映最多的一个问题做文章。这个问题就是：80 年代怎样治学。有不少青年学生来信谈道，现代科学技术深刻地改变着人类的社会生活，如何跟上时代的步伐，是我们面临的现实课题。有的读者说："今天，仅仅用过去的手段，一本书一本书慢慢地啃，把老一辈学者已经走过的路重复走一遍，然后再开始研究新问题，恐怕我们这一代人永远赶不上学术发展的速度，也永远超不过老一代学者。"

"80 年代我们怎样治学？"这是青年学生普遍关心的问题，于是，我们确定《文史知识》五周年纪念专号的中心是开展"80 年代我们怎样治学"的讨论。请青年人敬佩的李泽厚、金开诚、林甘泉等先生结合自己的实践谈 80 年代怎样治学。此外，我们还组织专文回顾和展望了中国历史和古典文学研究的收获和未来发展的趋向，介绍了三论研究法、比较研究法、符号学等国内外新的研究方法。

上述两个专号都很成功。总结起来一个很重要的原因是，准确及时地了解了读者需要，按着读者的需要安排了选题。

专号的广告

这是讲的宣传问题。"桃李不言，下自成蹊"，是说做人的美德。对于 个刊物，对于一个处于一年有 6000 余种刊物出版的大国中的刊物，不宣传是肯定不行的。一位著名的出版家曾经说过："做生意的唯一目的，就是服务人群；而广告的唯一目的，就在于对人们解释这项服务。"专号是卖力气编的，做了大量调查研究和组稿工作，对于有"三名三高"之实的专号，不宣传，不让更广泛的读者了解，是一种浪费。所以，一定要舍得花钱给这一期做广告，一定要舍得花力气组织人评论这一期内容，努力争取把这些评论文章在全国有影响的大报上发表。

关于刊物的广告，是一个十分重要而又专门的学问，不是三言两语说得清楚的，需要专文论述，这里暂且从略。

杂志是主编身影的伸长

（1988 年 8 月）

一本杂志，最重要的是主编。这里我集中谈一谈刊物的主编。

万鸟主编及其他

在我们谈论之前，我先讲一则轶事。很久以前，有一本杂志，名叫《万象》，创办人聘请了一位主编，希望能把杂志办得生动、活泼，包罗万象，让广大读者都喜欢。这位主编喜欢养鸟，鸟类是他最关心的、最感兴趣的东西。他认为大家对美丽的鸟儿一定也感兴趣，或者也应该像他一样感兴趣，所以，鸟类随着该主编入主编辑部而进入刊物——封面是珍禽异鸟，文章是鸟的奇闻趣事，不上半年，《万象》杂志便鸟言鸟语、啁啾一片了。结果呢？杂志由"万象"变成"万鸟"，读者渐渐离去。

我由这则轶事想到了美国《时代周刊》创刊 40 周年时的一件事。当时的美国总统肯尼迪致《时代周刊》的主编亨利·鲁斯的电报中说："伟大的杂志都是它主编身影的伸长。……《时代周刊》在近半个世纪罗列人类经验的努力中，曾经供给它的读者以报道和消遣，但也曾令他们错愕，甚至动怒。我像大多数美国人一样，并非常能同意《时代周刊》的意见，但我差不多总是读它。"

《时代周刊》办得究竟如何，我们不去评论，对于肯尼迪的意见是否正确我们也姑且不论，但这段话中涉及杂志的两点意思颇值得玩味：一是"杂志都是它主编身影的伸长"；一是"并非常能同意《时代周刊》的意见，但我差不多总是读它"。

"杂志都是它主编身影的伸长"，看起来似乎给"万鸟主编"找来了理论根据，实际上恰恰相反。一本杂志的主编，在很大程度上决定着刊物的方向、风格，所以，要求一个主编要有高尚的情趣，敏锐的眼光，严谨的自我修养。刊物不是给几个人看的，而要给全社会人阅读，刊物的主编担负着庄严的社会使命，所以他个人的偏爱、偏见，绝不应代替刊物的宗旨。

第二点要做到就更为不易。一个读者，不完全同意一本杂志的观点，却"总是读它"，这本杂志的观点一定有它的道理，它的言论定能发人思考。这与主编大有关系。杂志的主编要有头脑、有眼光、有胆量、有魄力，否则人云亦云、追求时尚，谁还尊重你，谁还明明不完全同意你的观点，却还要"总是读它"呢？众所周知，一本严肃的杂志，让读者得到"报道"、"消遣"，固属应当，然而让读者"错愕"、"动怒"也是成功。

除去"万鸟主编"，还有几种主编也大有人在，这里我再勾勒几笔。

好心主编：这种主编最为热心，他的朋友送来一篇文章，他设法安排；他的学生送来一篇文章，他也不愿拒绝。而这种私下捅来的稿子多半不大够发表水平，好心主编也知质量不行，但他也不愿意让求他的人失望。于是，这一期夹进去一篇，那一期塞进去两篇，久而之，刊物的质量能够不打折扣吗？"好心主编"千万当不得，为了刊物，只好得罪一二位朋友了。

拿来主编：从何处拿来？从堆放每日来稿的稿架上。这种拿来主

1983 年，《文史知识》编辑部与中央电视台联合举办"迎春佳联比赛"评委。
前排左起：周谊谟、王力、廖沫沙、俞明岳、周振甫、刘叶秋
后排左起：张富华、李娟、戴临风、程毅中、吴小如、白化文、杨牧之

编平日都是很忙的，忙外交，忙应酬，忙开学术会议，忙自己著书立说……所以总是腾不出工夫考虑刊物的选题计划。发稿日期到了，急忙从堆放每日来稿的架子上挑拣。办刊物的同志都知道，自由来稿因为作者不了解刊物的宗旨、要求和计划，鲜有合格之作，但"拿来主编"火烧眉毛，"山中无老虎，猴子称大王"，拼拼凑凑，一期发出。一年不必多，有这样三次，刊物就危险了。读者的嗅觉非常灵敏，你是凑合的还是下了工夫编的，总是瞒不过他们。凑合了事，谁还买你的账？

婆婆主编：这种主编非常负责，每一个选题都得由他亲自定。编辑外出组稿，必须事事请示，否则组来的稿子就可能被枪毙。因为主编看不顺眼，会说："谁让你自作主张组稿呢？"凡是"婆婆主编"执政的地方，编辑多半不愿意出去组稿，因为好不容易组来一篇稿

子，说不定还得自己想尽办法厚着脸皮给人家退回去。我知道一本刊物，就是"婆婆主编"执政，而且不止一个婆婆：编辑室主任、主编、分工主管的总编辑。让三个婆婆都满意真如过五关斩六将，第一个婆婆说可以，第二个婆婆说不行，得退；第二个婆婆说可以，第三个婆婆说不行，还是不行。这样搞上几次，谁还愿意再去惹这麻烦呢？时间一长，人人不去组稿，刊物的日子可想而知了。在这种地方当编辑，每月给我 500 元我也不干。

由凡尔纳的名言想到的

"一个人能产生想象，另一些人就能将这种想象变为现实。"这是法国科学幻想小说家、著名的《格兰特船长的儿女》、《海底两万里》的作者凡尔纳的名言。我借用这句话，是想谈谈想象力对于杂志主编的重要。

杂志的主编应该具备哪些条件呢？谁都可以开出几条十几条来，那些条件都十分重要，但从我自己的感受来说，一个好的主编在许多必备的条件之外，有两条绝对不可缺少。其一便是丰富的想象力。

有一位作家，在谈到创造力时说："天才比凡才优秀的因素不在判断力、记忆力的差距，而是在于创造力的想象。"（乔治·哈里森《头脑运动》）这话说得很有道理。

有人把人的智能归纳为如下四个方面：

①吸收能力：即观察和运用注意力的能力；

②记忆能力：即记忆和回忆的能力；

③推理能力：即分析和判断的能力；

④创造能力：即想象、预见和提出见解的能力。

这四种能力，前三种已为电脑所具备，人们可以借助电脑实现这些能力，但想象、预见和提出见解的创造能力还没有任何一种机器可以替代。

想象力是什么？说白了，想象力就是出点子的能力，就是不断有新点子拿出来。不断有新点子，刊物才会月月有新意，年年有变化；新点子不断成功，才会使编辑部的同志们受到鼓舞，得到激励，并进而一道去想新点子。

点子怎样会想出来呢？有人说，那是机遇。这话似乎有一定道理，日常生活中这一类的例子也是很多的。一位猎人在山上黑色岩石旁燃起一堆篝火，他吃惊地看到黑色岩石也燃烧起来，并冒出了火焰。猎人意外地发现了一个露天煤矿。但是，有无数创造、发现却不然。陈景润的哥德巴赫猜想，是因为床下面几麻袋演算草纸。白居易的佳作迭出，是因为他"二十年来，昼课赋，夜课书，间又课诗，不遑寝息矣"。好的点子来源于努力的探索和实践，而机遇只是努力的副产品。

作为一个主编，他要对日常生活，对学术界动向，做深入、细致的观察和研究。要研究读者层的人格、爱好、一致性、转移性、流动趋势……从中产生令读者欣喜、赞叹的好点子。

一次，我们去长春吉林大学调查。座谈会中，学生们提出《文史知识》"青年园地"栏可以组织青年学生进行讨论，可以刊登一个系，或者一个学习小组辩论某个问题的一组文章，可以请老师主持。我们立即捕捉住这个好主意，进行研究。学生思想活跃，容易开展对某一学术问题的论辩；而把不同观点的文章刊登出来，又有利于促进学生生动、活泼地学习，激发学生的积极性；请老师主持，并请老师写出评价文字，也有利于老师的教学活动，老师的积极性调动起来了，可以保证讨论文章的质量。而且，我想：登一个学校的一组文章，对于那个学校肯定会造成较大的影响，学校里会有更多的人知道我们的刊物吧？从那以后，我们一连刊登了四组讨论文章：关于薛宝钗形象的讨论（北大中文系学生），元代历史地位笔谈（内蒙古大学历史系学生），关于《长恨歌》主题思想的讨论（吉林大学中文系学生），如何理解孔子所说的"思无邪"（复旦大学中文系学生），这个做法很受欢迎。我们去内蒙古大学组稿，系领导非常重视，安排教师负责，组织学生讨论，还对学生说："大家努力去写，写好了可以作为毕业论文。"

这个点子来源于生活，高于生活。这与我们发现、捕捉、决断密不可分。

还有，我们办的"佛教专号"，那是很得好评、很成功的一期。开始，我们并没有想到这个点子。有的同志要办"民俗学专号"，但考虑到"民俗学"一词不易为广大读者接受，就犹豫了。正巧这时，《光明日报》报道了一位宗教研究工作者的事迹，报道了东南沿海一带寺庙香火繁盛的情况，讲到大学生也去烧香拜佛。我们捕捉到这些信息，感到这里也有一个"流行趋势"问题，有一个读者关心（即"一致性"）问题，便决定编"佛教专号"。当时，编辑部有的同志担心作者不好物色，也担心我们自己佛教知识有限，稿件难以加工。但经过几次讨论，大家认为，这些都是次要的，一个好的点子，不能抓住，那是最大的可惜。于是，大家一起动手，请专家，求学者，找和尚，寻居士，一期有声有色、丰富多彩的"佛教专号"出版了。

在调动我们自己的想象力的同时，还要善于发现并学习你的竞争者的好点子和好招数。但一定要注意，不要直接针对他们的优点去模仿、去竞争，而要想出别的"突破点"来一争短长。

《文史知识》创刊七年来，日积月累保留下来二十几个好的栏目，前后呼应，已成体系。后来发现有些刊物也设计了大同小异的栏目，你有"怎样读"，它也有"怎样读"；你有"治学之道"，它也有"治学之道"；你有"文史信息"，它也来个"文史信息"；你有"百题"，它也有"百题"；等等。当然，作为中国文史，东西就是那么多，谁都可以介绍，但编辑的方法、点子，却应该推陈出新，否则读者就会感到你的刊物缺少新鲜感，甚至会使读者还没有看文章只看栏目就产生了厌恶感，这对于我们编辑太不上算了。

因为工作忙，没有那么多时间读各种杂志，但对于各种杂志的目录我总要浏览一遍，目的是用最少的时间获取信息，从中受启发。"文化史知识"专栏是《文史知识》最受欢迎的栏目之一，但这一栏目的设置却是受兄弟杂志的启发而来。一个杂志偶尔登一点文化史方面的文章，诸如古人座次尊卑，古人的抢婚习俗，古代的穿衣吃饭，我们自己爱看，周围的同志也爱看。于是我们变零敲碎打为系统介绍，特别开辟了一个专栏，每期登三四篇这方面的文章，后来居然成了《文史知识》的代表性栏目。有不少读者说，为了看这几篇文章，我也要订《文史知识》。

主编和编辑们

一个好的主编要具有把自己的编刊思想变成大家的编刊思想的能力，要具有把大家的智慧集中起来化成自己的智慧的本事。

办刊物不是主编一个人的事，制定选题，组织稿件，编辑加工，都要靠大家去做，只有大家的思想一致了，制定选题，组织稿件，谁去办都不会走样，都是一个调，一个要求。主编怎样才能把自己的编刊思想变成大家一致的认识呢？我感到最有效的办法是不论做什么事，如设计选题、安排栏目、组织重点文章，都要一起讨论，一起商量。主编要不厌其烦地讲解为什么这样安排，要让大家充分地发表意见，然后吸收大家意见中的精彩部分，充实、修改原来的方案，拿出去，大家执行。这是事前。而事后，当刊物出版后，要及时组织总结，加以评讲：哪篇文章好，哪个栏目好，哪篇不够，有什么问题……目的呢？还是宣讲编刊思想和怎样实现编刊思想。有时，有的同志会感到此事与自己无关，不想参加讨论。这时，还是要坚持大家都来总结，即便与自己"无关"，听听别人是怎么干的，为什么干得好，为什么不好，也是一个统一思想、统一认识的过程。久而久之，讲多了，听多了，就会形成一个概念。知道刊物的要求，知道好坏的标准，不论谁去做，也不会走样了。

其次，主编要善于汇集众人的智慧。主编切不要总说："这事我知道"，"这个我想到了"。你什么都知道，别人就不愿再和你讲他的建议了。主编千万不要贪人之功。部下有了好思想、好主意，一定多加鼓励，帮助他完善，如果有条件，还应该给予奖励。我们编辑部有个年轻同志，当时他只有二十几岁，还是个见习编辑。他想到一个好点子：我们的"诗文欣赏"文章中经常讲到"意境"、"情景交融"、"雄浑"、"沉郁"等等，是否专门组织一批文章，给读者讲讲什么叫"意境"，什么叫"情景交融"。我立即感到这是个好主意，马上和他一起完善他的想法，丰富他想的选题，并当机立断在"诗文欣赏"栏目中增加了"怎样欣赏古典诗词"一项。从那以后陆续发表了一系列的文章，如：《动静交错意趣生》、《何为隽永》、《诗的含蓄美》、《画意与诗情》、《说"清空"》、《诗的色彩美》、《诗歌的气象》、《什么样的诗算有"意境"》等二十几篇文章。一方面有具体欣赏的文章，一方面有理论方面的漫谈，受到读者欢迎。后来，在这些文章的基础上，我们还编了一本书，名叫《诗文鉴赏二十讲》。

这样的例子是很多的。在实践中，我深深感到，鼓励有助于人们提出设想，而互相支持是最能使人们产生设想的好气氛。创造性的主要部分在于不断地、反复地探索、试验，而成功和乐趣正在其中。说到底，这里边一个关键，就是刊物的主编要虚怀若谷，要有一切为了刊物、为了事业的精神和气魄。

要有什么样的编委会

（1988 年 9 月）

顾问、先生、朋友

　　主编并不万能，要编好一本杂志，他需要人来帮助，需要顾问、需要先生、需要朋友。这兼有顾问、先生、朋友三项职能的组织就是编委会。什么叫顾问？遇到困难去请教他，他总能热情相助。什么叫先生？先生不仅能"传道、授业、解惑"，更重要的是每时每刻注视着学生的事业，及时地提醒你该做什么、该注意什么，以及应该怎样做。什么叫朋友？朋友最重要的内涵就是可以为支持你的事业两肋插刀，能谅解，朋友间可以不拘行迹，无拘无束。

　　我们《文史知识》的编委会在一定程度上是这样一个组织，那些编委是我们的顾问、先生和朋友。《文史知识》所以能受到读者欢迎，我们的编委会有大功。

当今编委会种种

　　在介绍我们的编委会之前，我想先谈谈当今杂志界编委会之形形色色。同行们闲聊起来，颇多感慨，大家概括起来，有如下几种各具特色的编委会。

壮胆编委会：这种编委会的特点是罗列天下最著名的大人物，上自文坛宿儒、巨将，下到新星、新秀，洋洋洒洒，不足一排人，也有两个班。这么多名人，编辑自己胆壮，也使读者胆壮，敢买这本杂志。给自己壮胆，当然也就包含了吓唬别人的味道。但是，这种阵势现在读者见惯了，知道其中的奥妙，也就不"怕"了。一次，与一文坛老将聊天，他说："他们把我的名字也列到编委中去，其实是我儿子在书摊上买到这本杂志给我看，我才知道的。"

人官编委会：这种编委会与壮胆编委会不同之点，在于这种编委会的编委多为现任官员，政府部长、副部长有之，人大常委或政协常委有之，某委员会主任、副主任有之。这些官员很忙，不可能给一个刊物的选题、文章出多少具体的主意。但让这些同志任编委的目的并不在于此。俗话说"养兵千日，用在一时"，需要解决什么问题了，如纸张啦、印刷啦、发行啦、资金啦等等，需要解决这些问题，找到你，你还能不帮忙吗？你是编委啊！还有更深一层的作用，万一某一篇文章出点毛病，这些大人物的战略价值便可发挥出来了，他们说一句话常常可以化险为夷。所以，组成这种编委会意义重大，但"等闲辈主编"是做不到的。

聚餐编委会：当这种编委是一件轻松的事。平常你出个名字，让刊物列到编委名单中去，一年吃两次饭吧，找个大饭店，上半年一次，由主编汇报半年成绩；年底又一次，由主编谈谈明年的打算。饭钱何处来？每月的编委费不发，集中起来使用。编委们半年见一次面，要谈的话是很多的。杯盘狼藉之后，握手道别之时，对主人提供这样一次聚会的机会充满了感激之情。

还有一种编委会，就是实干编委会。可以毫不吹牛地说，我们《文史知识》的编委会就是个实干编委会。下面我摆摆情况，请读者评判。

编委会需要什么样的人

1980 年底，我们开始筹办《文史知识》。那时十一届三中全会刚刚开过，报纸杂志还远远不是雨后春笋。当时，介绍中华民族五千年文化成为迫切需要。办这样一个刊物，就需要找这方面的人才，这是我们当时物色编委的一个主要原则。

现在我们编委会的同志都是名人了。金开诚同志是北京大学教授、政协常委，田居俭同志是《历史研究》主编、编审，白化文同志是北京大学图书馆系教授，张习孔同志是北京教育学院的教授，徐公持同志是《文学遗产》主编、研究员，臧嵘同志是人民教育出版社副编审，瞿林东同志是北京师范大学史学所副教授。但 1981 年远不是这样。那时，金开诚同志是北京大学中文系教师，田居俭同志还是一般编辑，白化文同志当时尚在北大附中任教，徐公持同志是社科院文学所的助理研究员，臧嵘同志是一般编辑，年龄也都还在 40 岁上下。

我们当时的想法是很实用的。这些同志都是我们的朋友，有的还是我们的老师。大家谈起来热情很高，愿意办好这样一个杂志，愿意为宣传中华民族灿烂的古代文化贡献力量。用一句现成的话来说，叫做志同道合。这恐怕是最主要的，因为我们从他们那里得到了支持、理解和鼓励。他们肯为这个刊物花时间，动脑筋，做工作。

其次，他们有水平，有相当深的中国历史、中国文学的造诣和功底，有相当高的理论水平和写作水平。

第三，他们在教学科研的第一线，本身就是科研工作者。同时，他们周围有一伙人，有他们的老师，有一大群的学生，做编辑工作的还联系了大批的读者和作者。他们可以帮助我们组到稿子，可以为我们提供学术研究和作者写作的信息。

我们的刊物是给青年学生、从事文化工作的同志阅读的，这些编委来自科研、学校、出版社和杂志社，这就使我们的工作得以左右逢源。要稿子，在学校、科研部门工作的同志可以顺手拈来；要动态，要选题，出版社、杂志社工作的同志了如指掌；要研究刊物的方针大政，倾向趋势，这些编委多有宏观高论。他们给刊物带来了朝气，带来了脚踏实地努力奋斗的风格。我们和这些编委共事七八年了，他们主要在以下几方面起了作用：

①为刊物提供思想宣传、文化动态和信息，介绍学术研究状况；

②为刊物方向、倾向等重大问题作决策咨询；

③帮助刊物对重要义章、重要作者进行组稿；

④帮助编辑对重点的、专业性强的文章审稿；

⑤评点每一期刊物，反映读者意见。

领导权在谁手里

编委们都是知名人物，在各个方面都有高深造诣，有几位本身就是全国知名大刊的主编，那么，编委会的领导权在谁手里呢？对这个问题，应该毫不含糊地说，在主编手里。但，这个主编不是挂名的，不是在众多大人物之上推出的最大人物，而是真正主持编辑部日常业务的。还要讲明白的是，我这里所说的领导权，不在于开会谁召集，谁主持，谁安排，关键是对重大问题谁拍板，最后的决心谁来下。甚至还可以这样说，谁来决定召开编委会以及编委会应该集中讨论什么问题。

编委们都有自己的一摊工作，平时为自己那一摊工作殚精竭虑，他们固然为刊物操心，但他们不可能系统地考虑刊物问题。他们对刊物的具体情况也很难全面了解，甚至于有这种可能，编委们在编委会上提出一个建议，听起来很好，但根本不适合刊物的情况。所以说，拍板权要掌握在刊物的专职主编手里。

主编要起到领导作用，要想集思广益，一定要准备好每一次编委会。讨论什么问题要考虑好，对所讨论的问题有什么基本意见，也要准备好。可以这样说：在开编委会之前，对会上要研究的问题已基本成竹在胸了，要编委们做的，主要是修正、充实、完善。当然，不排除准备好的主意被编委们推翻，尽管如此，仍要把方案准备好。我们也有没主意请编委来出主意的时候，但那是迫不得已的办法。

尊重编委，不仅在口头上，而是诚心诚意地向他们请教，征求他们的意见。与此同时，我们一定要注意编委们的"特权意识"。编委们各有各的工作，但他们一旦担任编委，自然而然会产生一种主人意识，认为自己有权力知道刊物的发展动向和当前的编辑方针。对有关刊物的各种信息都十分关切。我们一定要注意尊重编委的这种特权意识，把他们当做"自家人"，刊物有什么动态，取得什么新进展，一定首先让他们知道，在心理上满足他们的"特权意识"。这样，他们就会和刊物、和编辑们祸福与共，就会积极出谋划策了。

对编委们的劳动应该给予一定的报酬。他们当然不计较给不给、给多少报酬，但给一些报酬，一来表示我们的一点心意，对他们为刊物奔忙表示感谢；另一方面他们拿了报酬，尽管少，也会增加一种责任感。

经过编辑部同志和编委们共同努力，刊物越办越红火，大家的劲头也越来越足。每次开编委会，编委们都很踊跃。他们说，吃饭不过是个由头，大家一起聊聊，谈谈刊物的得失，交流一下信息，真产生了一种感情，刊物跟自己办的一样。金开诚、白化文二位同志住在北大蔚秀园，而开会地点常在东四魏家胡同，他们总是6点多从北大出发，乘公共汽车赶来，真让人感动。

但是，随着时间的推移，我们的编委渐渐成为"名人"。他们担负越来越多的工作，问题便随之产生。我们为他们的成就而由衷地高兴，但是，成了"名人"，如何"领导"？也就是说如何发挥编委的作用？编委们成了"名人"，对刊物有好处，因为可以在更大的范围内扩大刊物的影响，得到更多的信息，但再让他们发挥原来定义上的编委作用，很困难。我们的办法也随之改变：1. 我们改变过去请他们来开会的办法，主动、经常地派人上门去请教，有时去征询意见，有时送去请他们审读的稿件，有时请他们约什么人写稿子，也就是上门"布置任务"。2. 在寄送每一期刊物的时候，我们在其中夹上打印好的征求意见信，列出问题，编委们不必费心写一封完整的信，只要逐项回答填写就可以了。这些问题是：①你读完本期后总体感觉如何？②你认为哪篇文章好，哪篇不够好，为什么？③你认为版式设计、插图安排怎样？④你最近有什么写作计划，打算给本刊写什么稿子，推荐什么稿子？⑤你认为当前写什么题目好？谁写合适？这样一个表格有两个作用：一是简便好填，可以省去编委写信的麻烦；第二，这也算一个督促，寄去了这份表格，希望编委按时填好寄回来。

谁做事谁负责，谁负责谁"出名"

"壮胆编委会"、"大官编委会"、"聚餐编委会"都是我们所不取的。我们的主张是：谁做事谁负责，谁负责谁"出名"。"出名"正是为了负责，出名和负责正是为了把事情干好。设想一下，那些"壮胆编委会"、"大官编委会"的委员们，他们会负责吗？人家根本没有做事，凭什么要人家负责？真正出了事情，责任还得找到真正干事的人头上。这能让人家服气吗？"名"你去出，责却要我来负，这种"分工"是不合理的，不能调动干事人的积极性。

我们的编辑部分两个组，一个组编三期，然后轮换。组长具体组织选题的落实、稿件的加工，事前还要提出三期的选题草案，实际上在做每期的主编工作。两个组的组长都很年轻，能不能做编委？根据谁干事谁负责、谁出名的原则，我们力主让他们做编委。此事实现还很不易。中华书局毕竟是一个老牌出版社，讲的是德高望重资历深；《文史知识》虽然是个小刊物，但它在学术界的知名度不见得比学术性的大刊物小，一个二十几岁的小编辑能当编委吗？这种话嘴上是没

访问国际著名科学家、蜚声中外的力学家钱伟长。

有人说的，但实行起来却处处感觉到这种观念的存在。经过努力，中华书局领导支持了我们的意见，两位年轻的组长进了编委会。此举影响很大，一来调动了组长的积极性，他们的聪明才智进一步得到发挥，二来也鼓励了其他青年同志，只要努力干，人才是不会被埋没的。

还有一点要谈的，编委会也要"吐故纳新"，不断调整。经过一个时期后，有的编委工作实在太忙，没有精力为刊物操心了，他们为不能尽力而感到有压力，这样的编委可以调一下。有的编委个人的事情太多，有许多写作任务，又渐渐远离刊物的读者群，他们已经不能发挥编委的作用，甚至一个季度或半年开一次会也来不了，这样的编委也可以调一下。这样的调整，一来可以卸掉他们身上的包袱，二来可以补入有精力、有时间、热情高的同志。"吐故纳新"，增加新鲜血液，只会有利于整个机体的年轻化。

编辑部的活力与凝聚力

（1988 年 10 月）

办刊物除了主编的素养、努力之外，必须有一个好的编辑部集体。没有一个向上的、充满活力的编辑部集体，编辑部集体没有很强的凝聚力，任凭你主编先生有满腹经纶，也无法施展。

怎样管理编辑部这个群体，使群体成员向上、充满活力呢？

让大家愿意在你那里工作

让大家愿意在你那里工作，这是最起码的一点，是前提。一般来说，我们每个人做工作，都想有所作为，都想在工作中得到发展。有的人勤勤恳恳、埋头苦干，希望在工作中不断进步；有的人好学不倦，刻苦钻研，希望成为他那一行的里手；有的人希望领导看到他的工作、他的成绩，受到重用……这些都是可以理解的，无可厚非的。简单地说，只有允许个人的发展，重视个人的发展，而且，在你那个群体中，个人真的得到了发展，人家才愿意在你那里工作。从这一点出发，一个编辑部应该明确提出：提倡在集体事业发展的前提下，个人也得到发展。这里有一点要注意，我们主张个人得到发展，但强调要有个前提，必须首先是集体，是集体事业的发展。集体的事业发展了，个人也得到了发展，这种人有出息。我讨厌为了个人不顾集体事业的行为，我讨厌把集体事业当做个人发展的工具。

主张让个人得到发展，不能只是停留在口头上，应该有行动，切实采取措施，让群体的成员感受到，这一点至关重要。

忙里偷闲挤时间

在一个编辑部里，编辑最需要的是什么呢？时间。一般来说，从事教学、科研和编辑工作的同志，他们的水平不相上下。无非是因为机遇不同，有人去学校，当了教师；有人分到研究机关，专业科研；有人则做了编辑。三项职业，各有艰难，但相比起来，编辑时间最紧。他们八小时内"为他人做嫁衣"，利用业余时间著书立说，颇为不易，所以有"人心思校"、"人心思所"之说。

有人会说，你搞好编辑工作就行了，何必还自己加码"著书立说"呢？说这种话的人叫不了解中国国情。做一个编辑，光为他人编好书稿，是很难被社会承认的。君不见，编辑在评高级职称时，赫然在目的一条就是问你有什么论著。这就足以调动编辑同志挑灯夜战了。而且，读者心目中的伟大编辑：茅盾、叶圣陶、冯雪峰、周振甫等等，哪位不是因为著书立说知名社会？鲁迅也编过刊物，我们也把鲁迅算上，如果他们不是著作等身，谁会知道他们？今后的人，也许不再这样要求编辑，那是今后的事。今天，我们还得说今天的话。这是从消极方面说。从积极方面讲，有许多编辑确有真才实学，应该给他们时间，让他们把自己的心得体会写出来，以服务社会。

有一点自己的时间，这恐怕是一个编辑的最大愿望了。

要让大家安心干，就要设法解决这个问题。

但谈何容易！做书稿编辑不易，做刊物编辑更不易。编书稿，早三天，晚五天，没有多大关系。编刊物就不行了。一本月刊，周期只有两个来月，一环扣一环，每个程序只有两三天时间，怎么能拖？到了规定时间，稿子发不到工厂，影响工厂的时间表，人家就不给你按时出刊。三次五次拖期，你的刊物信誉不就完了吗？所以，有时人家放假了，编刊物的人要加班。特别是出版社办的刊物，有时校样正赶上年三十，或者"十一"前夕要退厂，眼看着编书稿的编辑进出商场，忙着采购，刊物编辑还得塌下心来，一个字一个字地看校样。在这种环境下面，坚持工作，保质保量，实在得有点精神。

现在许多编辑部的工作，几乎都是分兵把守，分栏目负责，到发稿时每人凑齐自己栏目的字数、篇目，只要这一期的稿子没发走，随时都可能要某一个栏目的编辑再拿出稿子来。虽说自己的稿子一交就可以安排其他工作，但毕竟安不下心来，也无法集中精力。

针对这种情况，我们把现在这一个大组分成两个组，一个组连续编三期。在这三个月中，不当班的那个组，除看校样、设计选题、组织稿件外，可以自己安排时间读书、写作。根据我们的实践，不当班这三个月，大概可以有一个半月时间归自己用。一年两次，大概就有三个月的时间归自己用。三个月，很可观了。

这是把活集中起来干的方法。忙，在三个月里集中忙；忙过之后，可以用自己省出的时间读书、写作。这一决策，行之有效，深受欢迎。

我们又根据办公室人多，互相干扰，效率不高的情况，采取轮流坐班制。每周来四次，两组交叉着来，其他两天可以在家看稿，一周之内，又可以省出一点时间来。

这样做对编辑们大有好处，但给编辑部的领导却增加了困难。道理很简单，部下在眼前，指挥起来方便，调动起来及时，但为了大家的利益，实际上也就是为了使大家安心工作，领导应该适应变化了的情况。

该出名就得让人家出名

　　该提拔就得提拔，该出名就得让人家出名。分成两个编辑组以后，两个组的负责人都是参加工作只有三年的大学生，很年轻，但他们不甘落后，各显神通。两个组变着法子，一个比一个选题设计得好，一个比一个编得好。显然，两个组的负责人是编刊的主力，但他们太年轻，刊物的编委会成员没有他们。"应该请他们进编委会"，这个提议遇到了很大阻力。中华书局是个老牌出版社，当了20年编辑仍然评不上高级职称的大有人在。《文史知识》虽然是个知识性的小刊物，但它在学术界的知名度不见得比学术性的大刊物小。现在的编委多为知名教授、研究员，让两个毕业只有三年的青年人做编委，很多人不赞成。

　　"刊物就是他们编的，能编出好刊物的人为什么不能是刊物的编委？"这实在无法解释。经过多次努力，这个提议终于得以实现。

　　两个年轻人成了编委，当然给他们带来了荣誉，但对于他们重要的恐怕还不在于编委这个头衔，重要的在于任命他们做编委，也就是肯定了他们的工作，使他们在心理上得到了平衡。

　　两个年轻人跻身于名家行列，责任心更强了，做得更好了，这个结果，对于整个编辑部还有更为现实的作用。我们总是绞尽脑汁，千方百计地保持群体的士气，然而要保持稳定高涨的群体士气，没有比群体成员直接见到"士气"带来的结果更有作用的了。

　　总结一下我们的体会，可以看到，给每个人创造一个好环境，让他们愿意在你这里工作，看起来似乎是给大家解决点困难，实际并不是这么简单。根据他们的需要，理解他们，体谅他们，设法帮助他们，使他们感到被尊重，受关怀，他们劲头更足了。这实质是从内因方面调动他们的积极性。我们现在的管理工作，多半强调的是工作纪律、岗位责任、指标考核、规章制度等等，这些无疑是十分重要的，但还不免过分强调了外因，认为力量来源于外部的管理。在谈辩证法时，大家都知道外因是变化的条件，内因才是变化的根据，在使用这一原理时，怎么能忘了呢？

确信自己能赢

有了可以发展的环境，并不等于就能发展了。要培养每个成员的"挑战精神"，无论干什么，都确信自己能赢，千方百计地去追求最佳方案的实现。

有些事情是颇令人深思的。在体育史上，人们曾认为四分钟跑完一英里是超过人类的体能的。结果，运动员受到这一观点的影响，相当长时期没能突破这一成绩。美国运动员罗格·本尼斯特不相信这一点，他奋力冲击，终于跑出了第一个四分钟一英里。受这一胜利的鼓舞，全世界的运动员开始跑四分钟一英里。澳大利亚运动员约翰·兰狄在本尼斯特的突破后仅仅六周，也跑出了四分钟一英里。到目前为止，全世界已有 400 位以上的运动员跑出了四分钟一英里。四分钟的纪录突破了，其实，人的体能并没有发生多大变化。这说明了障碍是在人的心理上，而不是由于人的体能的限制。

关键在于追求。"取法乎上，仅得其中，取法乎中，仅得其下"，中国古代的追求哲学是很宝贵的。

我们在组稿时，总是强调"名人写名文"，找到对这个题目最有研究的人写，不论他在天南地北，不论他职位高低，一定要找到，否则总不甘心。写《清朝的绿营》，找罗尔纲；写近代史，找金冲及；谈《诗经》，找余冠英；介绍古文字，找李学勤；讲魏晋南北朝史，请周一良；谈神话，请袁珂；写佛教知识，请赵朴初；讲隋唐文学，找林庚、傅璇琮；说词，找夏承焘、吴世昌；讲民俗学，请钟敬文；讲古代音乐，首推阴法鲁先生。就算读者提出的一个很小的问题，我们也要请专门家来回答。一位读者来信问："二十四史是不是二十四个朝代的历史?"我们请来研究二十四史的专家、二十四史新点校本的主持者赵守俨先生回答。请这些大专家给你这个小刊物写文章,谈何容易。但"只要追求,就有成功的可能",成了大家的信条,这一切到底都实现了。

有的同志问,如果你们都这样组稿,怎么受得了?我们的编辑说,如果不这样做,怎么能组到最好的稿子?怎么能提高刊物的声誉?

人有追求,也就是有愿望。愿望宛如强力的磁石,使人热衷,使计划得以推行,使道路畅通,使你最后达到目标。愿望,理想,实际上是联结群体中每一个人到达目标的感情上的纽带。《文史知识》是个小编辑部。四个刚毕业一二年的大学生,两个毕业三四年的大学生,两个40岁出头的中年知识分子,平均只有30岁。干,确实不容易,大家都没有经验。但干就有两种可能,干不成或干成;不干,就只有一种可能。《文史知识》三周年时,我们要利用这个机会,宣传一下刊物,请了在京的五六十位专家学者、各界读者来评论刊物,会开得很成功。过去,这类的会开完也就完了,为了追求最佳效果,我们在会后把有代表性的发言整理出来,分别寄送报社,结果一两个月内,有三篇评论《文史知识》的文章在报纸上发表:黎澍《普及文史知识与建设精神文明——推荐〈文史知识〉杂志》,发表在《人民日报》上;唐弢《学习历史,建设社会主义精神文明——推荐〈文史知识〉杂志》,发表在《光明日报》上;宋振庭《发人深思的三个数字——谈谈〈文史知识〉月刊》,发表在《文汇报》上,一时间,掀起了一个宣传高潮。我想,这样一些大人物推荐这样一本小刊物,在中国期刊史上恐怕是前所未有吧?

五周年纪念时,还是这8个人,居然请来300余人开了一个大型讨论会——"80年代我们怎样治学"。茅以升、李一氓、黎澍、邓广铭、刘杲、金克木、廖沫沙、启功等等领导、学者都来参加了;周谷城、许德珩、周培源、臧克家、钟敬文、阴法鲁、周振甫、余冠英、吴世昌、金开诚、李泽厚诸位先生送来贺诗贺词，中央电视台专门派人拍摄了专题节目《五载辛勤花满枝——庆贺〈文史知识〉五周年》，可谓"盛况空前"。当然，这是很操心、很累人的活动。8个人，同时组织纪念会、座谈会、拍电视，还要照样按时发稿、校对。但干下来了，干得很好。我们这个小集体也在繁忙中、在前进中、在一次次的胜利中，凝聚成一个亲密的集体。

"和为贵"不应成为信条

一篇文章要有个性，否则就没有必要写；一个人要有个性，否则人云亦云，活着还有多大意思？一个编辑部也要有个性，有风格，而这个个性、风格正是由编辑部成员诸多个性、矛盾统一在一个群体中形成的。和五音而为美乐，和五味而为佳肴，五音、五味正是诸多矛盾，"和"是矛盾统一。现在我们维系集体总是强调"和为贵"，实质上把"和"看成唯一的信条，五音、五味都不允许存在。所以"和为贵"，常常要求个人妥协，结果不免要扼杀个性，扼杀个人特点。

一个群体中间要提倡讨论，提倡各抒己见，提倡争论。现在我们一个出版社、一个杂志社的组织机构，多为编辑部—编辑室—编辑组。它的最大特点是一元化的行使权限，下级服从上级。这在其他部门也许行之有效，在编辑部门则有许多弊病，久而久之形成了上级怎么说我就怎么办，上级没有说我也不必干，甚至不敢干的局面。人的智慧和才华被这种服从体制渐渐减弱，以至扼杀。退一步说，一个主编他有多大本事呢？他政治上强，他学识渊博，他认识问题全面，但他也是一个人，不可能有那么多生动、活泼、可贵的点子，尤其是随着年龄的增长，他的活动面渐少，他的思考方向更趋集中，思维不可能如年轻时一般活跃，没有集体的辅翼很难保持刊物的清新和活泼。

据美国著名经营家、心理学家 D. 马戈莱加研究，他认为产生这种体制的根源在于对人的本性的认识，这种理论大约有三个特点：

（1）大致上，人生来都是讨厌工作的，都希望尽可能不做工作；

（2）大致上，由于人讨厌工作的天性，如果不用强制、统治、命令和处罚手段，他们就不会为企业的目标主动努力；

（3）大致上，人喜欢被命令，因为他们希望回避责任，最愿意保平安。

从这种研究的结果可见，这种上下服从的组织形式，是以对组织成员的不信任，按中国的哲学来说也就是人性恶为前提形成的。而维持这种形式，就只有靠权力、靠职务。发展下来，对群体成员的评价就看其是否"高效率、忠实地执行规定和安排"了。这样一来，当然用不着讨论、研究和争论了，就只有强调"和为贵"。

事实上，在竞争激烈的现代社会，很多人已经看到旧的工作方式，等待层层下达指令的方式已经明显地落后于形势了。在出版社、杂志社里，已经出现各种承包形式：承包一项任务，承包几项指标等等，实行优化组合，实际上是使集体更为机动，更为灵活，更加发挥群体成员的主动性。当然，这种承包形式利弊互见，得失皆有，毁誉不一，但要求试验、要求探索，说明人们要冲破旧体制的强烈愿望，说明一种新的组织结构形式已经不远了。

引起讨论，进而争论，是解决矛盾的一个重要措施。因为在论辩中才能发现最好的方法，才能集思广益。在讨论问题时，对部下要注意如下五点：

（1）领导要虚怀若谷，让部下说话。部下说什么，你都明白，你都懂，甚至总习惯地说："是这样，我早就说过嘛！"这个话外之音就是："你想的问题，我早就想过了。"部下感到领导总那么"高明"，他当然就不愿意再费力气去想，去建议了。

（2）对有合理因素的建议，要赞赏，并帮助部下分析其利弊，帮助其完善。年轻部下的建议不完满，有漏洞，在所难免。对他们煞费苦心考虑出来的主意，不要轻易否定、指责。有的领导者对部下的建议，总要挑出几条毛病来，真是再傻没有了。

（3）一定要注意扬他人之美，切不可贪人之功为己有。部下的好建议要表扬，否则，什么都是你的功劳，谁还愿意再动脑筋想办法呢？刊物的主编要想开些，要有大胸怀、大气魄。刊物办好了，不就是你主编的最大的功劳吗？如果大功、小功全都记在你的功劳簿上，那么，对不起，你自己去干吧。

（4）有些领导爱独揽信息，因为只有掌握信息才能作出判断，采取行动。爱独揽信息的人，常常是缺乏才气、缺少方法的人。他靠着独占的信息，弥补自己贫乏的组织能力和规划能力。其实，信息交给部下，部下利用这些信息能设计出三个五个方案来，比自己独占着不是强多了吗？

（5）要给部下压任务，向部下挑战，要不断提出目标、提出任务，要求部下追求完美，蔑视眼前的利益。毫无疑问，在向部下压任务时，在一件工作刚做完又布置了另一件工作时，部下会感到紧张，有时不免小有牢骚，但这没有关系。当工作完成，当看到自己的努力结出来的美好果实，特别是紧张了几年之后，自己成为一个能干、有才气、富于上进的人才时，其快乐是可想而知的，到那时，他会感激给他压任务、要他追求完美的领导的。

编辑部里的年轻人

（2010 年 7 月）

转瞬间《文史知识》创刊 30 周年了。想当年《文史知识》的青年朋友在创业中学习，在工作中结成战斗情谊，紧张而快乐。今天，回想 30 年的历程，这些当年的奋斗身姿一一呈现在我的眼前，让我兴奋和快乐。"相知未变初衷"，我用我的回忆，表达我对共同奋斗的年轻朋友的敬意。

"管家"华小林

《文史知识》的"管家"是华小林。《文史知识》没有什么钱，也没有"小金库"，有点钱也就是这期一个"补白"五元，那期一个图片三元，因为是编辑部人自己做的，就留下来充公了，日积月累，有那么几百元钱。但这几百元钱因为是"日积月累"，又少，谁也不当回事，但华小林却能记录、保存得清清楚楚，一分不差。难得。

我第一次见她是在她分来总编室工作的那天早晨。人事处的同志陪着她来到办公室，介绍过后便走了。当时总编室负责人是俞明岳。俞老先生原本是公私合营前中华书局股东之一，有点中华书局的股份，"文化大革命"中没收不算数了，但后来落实政策，政府又发还了，说是有二三十万元。在上世纪70年代，二三十万可是一笔大钱，比今天二三百万威力还大。这俞老先生为人极好，《文史知识》创刊号，他出资买了1000册，送人。那时还没有"赞助"一说，我常想，就凭俞先生这一壮举，《文史知识》要记他一辈子，感谢他一辈子。

我刚到总编室时，坐在老先生对面。老先生对我说："从今以后，打水、扫地、擦桌子归你。"那当然，老先生那时也有60多岁了，这些事当然该我干。

话说回来，人事处同志一走，俞老先生便对华小林说："从今以后，打水、扫地、擦桌子归你了。"我愕然，想笑，难道我出师了？因为只有一间办公室，华小林的办公桌就打横在我和俞老先生的办公桌旁了。

华小林穿一件半长的粗呢外套，清秀，话不多，那时也就20出头。一早来了就打水、扫地。有时我来得早，就把水打了、地扫了。没听她谢过，眼神却瞧着我笑笑。

后来，办《文史知识》，我就把她拉过来，让她负责所有编务的事。

她最主要的一项工作是负责刊物的装帧设计，后来《文史知识》在设计上的庄重、大方、书卷气的风格，就是从那时候奠定的。

她没有学过美术，也没学过装帧设计，但她能借重懂行的专家，比如曹辛之、张慈中、范贻光、王增寅、杨华如等，她都请来出谋划策、帮她设计，渐渐地她也很在行了。

我曾写过一篇谈刊物版式设计的文章，题目叫《版面建筑师的威力》，文中说："我常想，一个版面设计者好比是一个建筑设计师。他面对一片'空白'，要把手边的'建筑材料'（文章、标题和图片等）安排妥当，就如同建筑设计师要在一片荒芜的土地上建筑起高楼大厦一样。"这段感想就是从华小林的实践得到的启发。

　　她是学历史的，把自己的所学努力应用在版面设计上。有一篇《投壶趣谈》的文章，介绍古代的投壶活动。她遍翻资料，找来河南南阳市卧龙岗汉画馆的投壶石刻画作为配图。画面上一只壶，壶两面各有一人正在抱矢投掷，两人之旁，一大汉席地而坐，醉态毕露，一望而知他是投壶场上的败将，多次被罚酒，已不能自持。这幅汉代石刻画配得多么好。看了这幅画，对汉代投壶游戏就很容易理解了。

　　华小林对刊物版面的细微处很是用心。《文史知识》上有一些装饰图案，很是古色古香，很适合刊物风格，最见特色的是版头、尾花。杂志一般都分栏目，栏头有时要加一个图案，叫做版头。文章结尾，剩下一二百字空白，点缀一个小图，称为尾花。版头、尾花都是很细微的地方，华小林在这方面很动脑筋，版头常用篆刻图章，每期变化不同；尾花常用动物肖形印，生动有趣。一图之微，常得读者好评。

　　编辑部里比她年龄小的、比她年龄大的，都管她叫"小林兄"，透着亲切和对她的尊敬。她父母都已去世，姐姐在美国搞研究，做着联合国的项目，妹妹在美国读书、工作。问她，你一个人，为什么不去美国和姐姐、妹妹在一起呢？她笑笑说，我还是守着家吧，一只鹰（姐姐叫小鹰），一只燕（妹妹叫小燕），最后都还是要回到林（小林）中来的，这是命运的安排。

　　后来，她升任《文史知识》编辑部副主任。再后来，中华书局成立了一个方志办公室，需要一位踏实、肯干、有经验、懂历史的人负责，她便离开《文史知识》编辑部，到那里去做编辑室主任了。

风华正茂的余喆

　　余喆是《文史知识》元老之一。他来《文史知识》工作，颇有些偶然。

　　《文史知识》创刊之初，需要一个专职校对。中华书局有校对科，兵强马壮，能校中国古书，能校二十四史。但《文史知识》是月刊，给校对留的时间很短，按一般书稿流程来不及，非专设校对不可。我们就请书局出版部推荐一位能干的校对。一天，我在中午休息时到楼上校对科，想先见见他们推荐的那位校对。敲门而入，室内几位正在打扑克牌，没人理我。他们有的脚蹬在桌子上，有的激动地甩着牌，旁若无人。只有一位个头不算高的小青年过来和我说话，很有礼貌地问我，找谁。问答有致，彬彬有礼，告诉我我要找的人没在。他的作派与旁边几位大战扑克的人形成鲜明对照，我十分中意，心里就有了倾向，回去和有关同志商量，把他调到了《文史知识》编辑部，他就是余喆。上面推荐的人没来，认都不认识的余喆来了，这不是偶然吗？但他的素养让我喜欢，这又是必然。缘份让我们一起工作了十来年，共同经历了《文史知识》创业之初筚路蓝缕的艰难岁月，结下了常人难以理解的友情。

　　"青春的岁月是人生最怀念的岁月"，这是余喆在他的一篇随笔《风华正茂的歌声》中的一句话，这句话颇勾动我的心弦。

　　余喆来《文史知识》后，就什么都干起来了。既是秘书，负责稿件收发，信函往复，又管校对，又负责跑厂，他就是半个编辑部。

　　办刊物，尤其是月刊，按时出刊是头等大事。那时的印刷厂奇货可居，不像现在是买方市场，全国高、中、低档各色印厂一二十万家，此处不给印自有给印处。那时可不行，印厂看不上你，你就惨了。余喆逐渐摸清规律，他看出来要想让人家服务好，首先要给印厂"服务"好。这"服务"不是请烟送酒，而是工作的配合。印厂那时主要还是铅排，工作量大，工人工作很辛苦，所以要求也多。稿件一定齐清定，不可换来换去；版式一定合理、明白，不可倒来倒去；插图一定事先制好版，不可拼版了，插图版还没制好。余喆很快就弄明白了其中的要害，三个环节做得干干净净，利利索索，深得工厂师傅好评。因为活做得好，《文史知识》稿件一到，立马排版，从没有因为编务拖过期。后来，我们和新华厂排版车间的师傅成了朋友。一次，余喆张罗着请排版车间师傅聚一聚。我、黄克和余喆，差不多就是全编辑部了，一起在西单曲园请排版车间调度严征祥师傅吃饭，那就是朋友之情了。

余喆十分用功。当时《文史知识》编辑部只有4个人，每个人都得文武全才，余喆十分注意在工作中学习。他为给"怎样欣赏古典诗词"栏目组稿，去拜访美学大师宗白华先生。事前他先找来宗先生的著作认真阅读，做足了美学功课。见到宗先生，便向他请教"中国诗的艺术意境"的特点，请他讲"中国山水画与山水诗的关系"。老人在家很寂寞，见到有中华书局的编辑来访，来访者所问在行，又是他一肚子心得的中国美学问题，便侃侃而谈，上下古今，妙语如珠。余喆还背诵了宗白华先生的得意之作《流云》："诗从何处寻？在细雨下，点碎落花声；在微风里，飘来流水音！在蓝天末，摇摇欲坠的孤星……"老人更为激动，欣然应约，很快就给《文史知识》寄来稿件。

又有一次，他陪我去古典文学专家蒋和森先生家里拜访。蒋先生很有学问，年轻时写就《红楼梦论稿》，坊间传诵，名满天下。由于蒋先生是夜里工作，上午休息，我们便在11点多如约而往。蒋先生用功甚勤，在研究唐代文学之后，完成了《中国文学史》的编撰，又开始小说创作。我们访问的时候，他正在写作长篇历史小说《风萧萧》、《黄梅雨》。看到蒋先生十分瘦削，比实际年龄苍老许多，余喆十分感慨，感到作学问之不易，又从中悟出，做学问就得像蒋和森先生这样上下求索，不怕憔悴。后来，他四处求寻蒋先生的著作，提高自己。

经过这样的努力，余喆很快也可以做编辑工作了。

早期，《文史知识》编辑部只有四五个人。余喆年轻，脑子活，看我和黄克忙于组稿、编稿，便在经营上动脑筋。一次，我们得知周振甫先生在甘家口物资部礼堂讲授古典文学，余喆便约上黄克、胡友鸣三个人，一人一辆自行车，每人车后驮一包《文史知识》，顶着夏日正午的太阳，去现场售书。没用 20 分钟，所带之刊物全部售光。他说得好，这售书不是卖几十本刊物的问题，而是扩大宣传的手段。那时走出去营销在中华书局还是新生事物，很惹人关注。回程时，见路旁一小饭馆正在卸啤酒，三个人跑进去，一人一升，痛快淋漓，边喝边筹划着下一个活动。至今回忆那段往事，余喆还不忘当日的豪情。

日月如梭，20 多年过去了，那真是不能忘怀的岁月，不可复制的生活啊！余喆说：转瞬间离开《文史知识》17 年了，每当长夜灯下，对着披霜的双鬓悠悠地回想，仿佛自己又骑着自行车，车后架上夹着刚刚编成的新的一期《文史知识》稿件，在景山故宫两旁的淡淡的槐树花香中，驰向工厂……

今天的余喆虽然不复当年的清秀，不复当年的华发，但生活的磨炼、工作的拓展，却使他更加成熟和稳重。

第三任掌门人胡友鸣

说到友鸣，他也算《文史知识》的一个"元老"了。他在《文史知识》只有四个人时就来到了编辑部，那时他还是北大中文系毕业前来实习的学生。

给我印象很深的是一件小事。刊物创刊不久，为扩大影响我们便带着《文史知识》及中华书局出的一些书去北大三角地销售。正值北大吃午饭的时候，很多学生端着饭碗，一边吃，一边翻着刊物。有一个学生问："饭票要不要啊！"我想，我们要你们的饭票有什么用啊！开玩笑吧？这时一个声音说："行，你买吧，可以用饭票。"回头一看，正是北大实习生胡友鸣。我很高兴，心想，这小伙子倒很热心。从远了说，这真是为读者着想，学生吃饭，没有带着钱；从近处说，他对刊物真有一份热情，想办法推销。

后来，他就留了下来，这一留就是大半生。从毕业前的实习开始到今天，最终成为《文史知识》第三任"执行主编"，算起来他已在《文史知识》干了二十八九年。他说，《文史知识》创刊后的第二期校样他看过。那还真如他自己所说："《文史知识》多大，我在《文史知识》年头就有多大。"

抛开一切成绩不谈，单从对《文史知识》的坚守，我也愿意为友鸣写上一大笔。这种坚守，不是指岗位的坚守，不是指头衔的坚守，而是对《文史知识》风格、精神的坚守。这在他"掌门"的 13 年中体现尤为突出。

《文史知识》的组稿原则：名人写名文。写这个题目的一定是研究这个题目的"名人"，也就是专家。这个专家写出来的文章，够不上"名文"，一定退改。既不要给刊物丢人，也不要给他自己丢人。落实这个原则，大概就是《文史知识》受欢迎的一个原因吧？后来我们都走了，友鸣仍然坚守着这一原则。

有一次，刊物决定介绍《山海经》。谁能写？友鸣说：当然是四川的袁珂先生，他是中国著名的神话研究专家。于是友鸣便给袁珂先生发了一封组稿信。很快，袁先生便寄来他打算写的文章的提纲，还有一篇已经发过的文章。那意思是说，如果你们急，发过的你们可以再发一次。胡友鸣不肯通融，他说，别家刊物已用过，我们《文史知识》不能跟着用。可是，如果等着袁先生写就不知哪年哪月了，换其他人再写，没有袁珂先生写的有影响。于是，友鸣亲自动手。他找来了一批袁先生发过的文章，参照袁先生的提纲，用袁先生既有的观点，尽力体现袁先生的语言风格，很快就又写了一篇，然后寄给袁先生过目。袁先生很是感动。后来，袁珂先生到北京开会，专门到中华书局《文史知识》编辑部答谢，说，没见过这样的刊物，没见过这样的编辑。

这种事例太多了。比如，要找人写王安石变法，友鸣坚持要请宋史专家邓广铭先生，邓先生太忙，就请另一位宋史专家漆侠先生，要写魏晋文学，请徐公持先生；要谈文字训诂，请许嘉璐先生；介绍南阳文化，就跑到南阳市与当地政府合作；要了解近代按照先进理念规划建设城市的典范南通，了解清末状元张謇，就去南通市办"南通专号"，等等，都是在《文史知识》的传统风格上发扬光大，恪守着"大专家写小文章"的做法。

友鸣不断想办法跟上时代的脚步，满足读者对信息的渴望。南京大学文学院教授、《文史知识》老朋友卞孝萱先生在纪念《文史知识》创刊30周年的文章中说：《文史知识》不故步自封，在固定的篇幅中，不断拓展内容，"信息与资料"专栏就是一扇窗口，一道风景线。诸如"研究动态"、"论文摘要"、"图书推荐"、"出版通讯"、"学术会议的报道"等等，五光十色，引人瞩目。（《文史知识》2008.10）这一个个栏目，就是一个个窗口，读者用起来很方便，友鸣和他的编辑同事则不知要耗费多少心血去设计啊！

穿白衬衫蓝裙子的张荷

《文史知识》还有两位女士，一位是马欣来，一位是张荷。马欣来是北大中文系84年毕业生，张荷是北大历史系84年毕业生。她们一起分配到中华书局，一起到《文史知识》工作。一个是年底生，一个是转年年中生，差了半岁。

第一个来报到的是张荷。那天是7月28日，至今我都能记住这个日子。因为这里面有一个小故事。本来她们9月1日报到上班就可以，她却早了一个多月。我说："还没到日子啊！念了那么多年书，很辛苦啊，今后可没有寒暑假了。"她说："我就是想今天报到，今天开始上班。"我听出来话里还有内容，便问她为什么？她不好意思地说："今天是我的生日。"我顿时喜欢这孩子了，她要把她的生日这一天，作为人生的又一个"开始"，可见她多么看重她走入社会的这一份工作。我真诚地相信，这一有意义的开始，会给她带来一个美好的未来。

　　有的同事告诉我，张荷来报到时，穿着一身中学生校服一样的衣服，上身白衬衫，下身蓝裙子，人又长得精致小巧，咕噜噜的眼睛，透着机灵。

　　这是 20 多年前的事了。今天的张荷依然那样年轻，依然那样机灵，那"好"的开始，还真有了好的结果。

　　前些天，三联书店出版了龙应台的《目送》，很畅销，居然发了 50 多万册。打开版权页看，责任编辑是张荷。还有一本瑞典人林西莉（即塞西莉亚·林德奎斯特）写的《古琴》。一个外国人研究中国文化，居然研究到中国特有的古琴上来，而且此书在中国读者中颇受好评，第一次就印了 1 万册，刚过了几个月，又重印了。一问，原来责任编辑也是张荷。这位瑞典作者研究中国文化多年，还在北京大学读过书，在北京古琴研究会学过古琴，虽然不能用中文写作，但说汉语没有问题。她 1989 年在三联书店出版过《汉字王国》，很受欢迎。《古琴》完成，她特地请中国人译成中文，很有信心地再一次将自己心爱的书稿交中国的三联书店出版。稿子落在张荷手上，她认真通读书稿，仔细校对史料，改正了作者对中国文化理解的许多错误。作者看到张荷几乎把她的稿子改花了，顿时哭了。"我怎么会有那么多错误！"她不信。

　　作者说：我轻轻地拨动古琴一根弦，它发出一种使整个房间都颤动的声音。那音色清澈亮丽，但奇怪的是它竟还有深邃低沉之感，仿佛这乐器是铜做的而不是木制的。在以后的很多年里，正是这音色让我着迷。

　　许多优秀的琴师不是高僧就是哲人，弹奏古琴之于他们乃是自我实现的一种方式，正如参禅，是解脱自我、求索智慧的一种途径。而对于满怀疲惫的官宦、贬谪流放的官员，或者贫寒的诗人来说，弹琴又能帮助他们逃避冷酷的现实，回归平静祥和……

　　我是这样热爱，又有如此深刻的认识，我的理解还会不对吗？

　　还有学者的尊严。那是她对中国古琴产生深深的热爱，写出的一部心爱的著作啊。

作者又去社会科学院请专家帮她看稿子。社科院的专家十分认真地复核了张荷的改正之处，对张荷说："你改得都对，真下了工夫。"随后，专家又给作者写信，告诉她："请你放心，编辑帮你修改得很好。"

这时作者的心态平和了，她把改正稿与原稿一一比对之后，对张荷感谢万分。她明白了，她碰上了一位好编辑，是张荷的编辑加工，大大提高了《古琴》一书的质量。

问张荷，何以如此用心？她说，这是《文史知识》打下的基础。

张荷的父亲是北京师范大学历史系的教授，母亲在历史博物馆工作。她从北京大学历史系毕业后，来到中华书局，心里想着进古代史编辑室，看历史书稿，成为历史学科某一领域的研究者，然后写文章、写书，走中华书局编辑崇尚的"学者型编辑"的道路。可是中华书局领导分配她到了《文史知识》编辑部，她仍然高高兴兴地报到。

"我感激《文史知识》对我的培养，这个培养是全面的。我如果到了历史编辑室，一二年也不必想选题的事，因为一部书稿几百万字，可以忙活一二年。我不必一字一句去审校原稿，古人的原著还能改吗？但《文史知识》，是月刊，一期30多篇文章，总逼着我去想选题；一篇文章三五千字，读者一目了然，编辑必须一字字审读加工。就是这份编辑工作，把我培养成一个职业编辑。"

中学时便著文质疑红学家的马欣来

马欣来报到时，我问她为什么要到《文史知识》工作？她说了她的想法，很真诚。可是当我了解了她的情况：北京大学中文系84级高材生，学习成绩优秀，人又长得亭亭玉立，家庭条件又好，我就嘀咕起来了。心里想，这人条件这么好，《文史知识》这个小刊物恐怕留不住她。镀镀金，有个经历，不是出国就是考研究生走了，与其如此，不如不来。

我说："《文史知识》条件不好，人少，工作条件差，你看这办公室又挤又乱，不如到其他编辑室。"她说，喜欢这份工作，一定会好好干，不怕条件差。我说，你再考虑考虑，免得走弯路，浪费了时间。

记得谈了不止一次，具体说的什么记不清了，总之都是劝她别在这儿干，理由是这里条件不好。

最后，我见她主意不改，言谈诚恳，明事达礼，就诚心诚意地说："要说《文史知识》条件不好，也是事实，但那只是一个方面，《文史知识》也有好的地方。比如，这里特别锻炼人。中华书局其他编辑室，一部书稿，从组稿到见书，总得二三年时间。而《文史知识》从组稿到出刊，一个周期也就两个多月。两个多月就能见到自己的劳动成果，知道你的策划是否受读者欢迎，能够及时总结、及时调整，那种锻炼不是一部校点书稿可以相比的……"

后来，时间长了，我明白了马欣来到《文史知识》工作的真正原因。

早在1980年，马欣来还是北京景山学校高中二年级学生的时候，就写出《〈秦可卿晚死考〉质疑》一文，与当时小有名气、任《红楼梦学刊》编委的戴不凡商榷，红学界啧啧称奇。这篇文章很得红学家冯其庸的欣赏。冯先生和她的老师说，马欣来不用考大学，直接做他的研究生吧。马欣来没有同意，坚持参加高考。大学毕业时，一些大报大刊、研究单位、大学都有名额，可她执意要到中华书局来。她说，单位名气大小，条件好坏，都不是主要的，重要的是工作有意义，有干事的环境。后来，事实果然验证了她的话，她在《文史知识》一干十来年，此是后话。

没过一年，马欣来就成了《文史知识》的骨干。

她最大的长处就是能组稿。不论什么大专家，她一出马，稿子便组来了。有人会说，一个编辑会组稿，就好像说一个会计会写数字一样。这话可就说得轻巧了。稿子可并不是在等着你，也并不是谁都组得来的。而且，对于一本刊物，能组到重点人物的重点稿件，那几乎是刊物得以办好的保障。

著名学者李泽厚很忙，各种刊物都请他写稿，《文史知识》需要请李先生与青年学生谈谈"八十年代怎样治学"，决定要陈仲奇去组稿。陈仲奇不敢贸然前往，便托人帮忙。李先生摊出一大堆活儿，婉拒了。李泽厚是著名美学专家，青年导师。由李泽厚来谈 80 年代怎样治学，一定很有吸引力，于是又派马欣来再去组稿。也不知道马欣来都说了什么，李泽厚欣然同意，没过多久，便交来《新春话知识——致青年朋友们》一篇大文。陈仲奇佩服得五体投地。著名学者、北京大学教授金开诚先生曾说："《文史知识》的马欣来真了不得。她请你写稿，你没办法不写。"

今天想想，能组稿主要不是靠能说会道，而是靠懂专业，靠能和专家学者对话，交流。专家学者认为你懂行，说到点子上了，信任你，就愿意给你写稿。当年，马欣来写了《〈秦可卿晚死考〉质疑》，深得"懂行"的冯其庸先生赞赏。后来，马欣来研究王维的诗，写出《试论王维的佛教思想》，指出"王维是盛唐诗人中受佛学影响的代表人物"，他的确对佛教禅宗感兴趣，但王维的信佛有他特殊的原因，"佛教只是他理想破灭后的虔诚，他在无可奈何中把这废墟看做人生不可逃脱的归宿"。（《陕西师大学报》，1985 年第 2 期）这个观点，在学术界总结 20 世纪佛禅研究的"述评"中给予充分的肯定。她整理辑校的《关汉卿集》（山西人民出版社出版，1996 年），在《关汉卿研究百年评点与未来展望》一文中，同吴国钦、李汉秋等专家的考订研究成果一起，被称为此时期关汉卿考订研究的重要成果。她和胡友鸣合作编著的《台湾文化》一书，成为台湾文化大学教授江天健先生讲授台湾社会文化史，向学生提供的十余种参考书的第一种。

这些成绩说明了，当编辑，即便是周期短变化又快的月刊编辑，也是可以而且应该认真学习、深入研究、有自己的研究成果的。研究、著述使一个编辑的学识不断提高；不断提高的学识，促使编辑的素养更加成熟。一个学者型的编辑一定会得到作者的尊敬，而且会为读者编出高水平的读物来。

后来，由于工作的需要马欣来先是调到古籍规划领导小组办公室工作，接下来又到现代出版社、中国书籍出版社任总编辑。她在每一个岗位上都是兢兢业业，严格律己，得到领导和同事的信赖和赞扬。

快人黄松

编辑部里还有很多精彩的故事，有趣的人。比如黄松，他也是1984 年大学毕业，不过他是武汉大学毕业生。他本来在中华书局总编室工作，但他不想在"上面"，而想到具体业务部门工作，就来到《文史知识》编辑部。他干活快，利索，交给他工作，总是一心一意很快做完。这特点在他后来任全国古籍整理出版规划领导小组办公室主任时，发挥得更加充分。一件工作交给他，他一抓到底，到最后，不是领导催他，而是他在督促领导尽快落实。

他脑子快，聪明。1985 年，他陪我去山东出差。山东的朋友请我们吃饭时，我见到一盘扇贝又白又大，心想，这是扇贝吗？我们吃的多半小而黄，便问，这是什么菜？他立马说："杨先生，您没看清吧，这不就是您家常吃的鲜贝吗？"我听后哈哈大笑。这小子，脑子真快，真会说。他是怕我露怯，是担心别人笑我没见识。可是话又说回来，即便我见多识广，那时月工资不到 100 元，怎么可能"常吃"又白又大的鲜贝呢！

黄松的大发展是在他负责古籍办公室的时候。几年下来，全国古籍出版社没有不熟悉他的，他和古籍出版社没有不友好的。为什么？他能为他们排忧解难，干事又风风火火。他协调古籍规划项目，请专家办培训班，组织古籍社编辑研讨业务问题，探讨古籍整理与市场的关系等等，都是古籍出版社急于解决的问题。我想就是那句老话吧，想人家所想，急人家所急啊！

刘良富爬上了"鬼见愁"

还有"四川佬"刘良富。他是编辑部中年纪最大的，但在这年轻的集体中，大家都把他当做年轻人。他身体不好，弱不禁风，头总晕，所以常用风油精。我们一闻到风油精味，就知道良富来了。一次，编辑部去远游，登香山"鬼见愁"，良富下大决心，兴致勃勃地跟着去了。刚从山下往上爬，他就呼哧呼哧喘，不行了。大家一边鼓励他，一边前拉后推，终于把他带上去了。他站在山上，极目远看，十分愉快，说："这是我这辈子登的最高的山了。多亏大家保驾啊！"大家哈哈大笑，因为香山"鬼见愁"海拔只有五六百米高。

良富看稿子极为认真，见到拿不准的一定去查书，所以大家对他看过的稿子都很放心。

最近，听说他眼睛不好，视力很弱了。《文史知识》的几位"老人"都很挂念他，说有机会去四川时一定去看看他。

第二组组长陈仲奇

陈仲奇是复旦大学中文系毕业的，任第二组的组长，胡友鸣是第一组的组长。当初我设计分一、二两组，每组编三期，轮流，目的是让大家在月刊工作月复一月、年复一年的快速周转中有个喘息的时间，利用轮休的三个月，策划一下选题，读读书，以利再战。当然，分成两个组，客观上就形成了竞争的局面，各组都想干出特色来。今天回忆起来，这两个组竞争完全是靠选题，靠自己组的稿子，靠自己设计的一期内容，而不是别的什么。所以，这种竞争是快乐的，是互相促进共同提高的。

记得陈仲奇为了介绍民俗学知识，跑到民俗学大专家钟敬文先生家组稿。那时钟先生年事已高，眼睛不好，写字也困难，亲自写文章已经不行，但先生头脑仍然清晰，思路仍然敏捷，写作欲望仍然强烈。陈仲奇为了拿到好稿子，把他们那三期编好，便一次次到钟先生家里去采访，由钟先生口述，仲奇记录，然后重加整理，形成文章。用这种办法，仲奇帮钟先生完成了两篇大作。钟先生的这两篇文章，深受读者欢迎，给刊物增加了分量。仲奇的苦心没有白费。

编辑部里和我共事过的还有几位，比如老大哥黄克，他出身戏剧世家，是南开大学华粹琛先生的高足，文章写得生动、幽默、妙趣横生。那时，我很羡慕他的举重若轻的文才，佩服他的大家手笔。他虽然在《文史知识》只干了一年，但那是垦荒辟土的第一年，他是开拓、奠基者之一，贡献大矣。还有后来的尹龙元、冯宝志、孔素枫、张文强，每个人都有很多故事，真是纸短情长，这几位只好留待以后再写了。

……

往事历历在目。谁怎样说话，谁怎样笑，谁上班来晚了会怎样说，谁组来一篇好稿子表情什么样，谁喜欢什么小玩意儿，谁跟谁好，谁喝了酒爱吹牛，谁玩棋爱悔棋……一切一切尽在眼前。这真是一个快乐的集体，一个向上追求的集体。在纪念《文史知识》30周年的座谈会上，张荷说："那个时候在《文史知识》的工作状态和工作乐趣是后来无法复制的。"这话说出了大家对这个集体的怀恋、珍惜和感激之情。

什么是生活？有人曾经说过，生活就是梦想和兴趣的演出。这话说得真好。我们为了明天的梦想，曾放弃了无数的诱惑；我们为了自己的兴趣，曾奋不顾身、夜以继日地工作——我十分相信，这是当年《文史知识》的朋友们今天仍然坚持的信念。

"大江东去，浪淘尽，千古风流人物，故垒西边，人道是三国周郎赤壁……"

"旧时王谢堂前燕，飞入寻常百姓家。"

世事沧桑，有多少曾经辉煌、曾经显赫的东西在岁月的脚下已经化作尘土，消散得无影无踪，一切都在变化着。

但是，《文史知识》的朋友，他们创业中洋溢出的那种精神，作人的品质，对生活的热情，对实现梦想的全身心投入，却永远存在，它将随着岁月的流逝而更让人感到温暖和怀恋。

后　记

　　这部书稿已经编完并即将出版，还有一些话一定得说一说。这些话原本应在"前言"里说，更能忠实而郑重地反映出我的心意。但我不想破坏前面那篇前言——"按语"的完整性，只好说在"后记"里了。收入这本书中的一篇篇文章，犹如我一年年的行事记录，今天重读它们，让我回忆往事，生出无限感慨。这时候，关心、提携和影响我的人一一浮上心头。

　　我从出版社走到政府管理机关，由每天忙于编辑具体的一部书稿、一期杂志，改变为及时了解全局，从全局高度认识和处理问题，得感谢当时出版署的三位领导：宋木文同志、刘杲同志和卢玉忆同志。我在中华书局是做编辑工作的，对政府机关的工作规律和上下左右的关系，很陌生，一切都得从头学起。我渐渐理解和把握住出版管理工作的一些基本规律，得益于他们的领导，得益于他们对我的耳濡目染、潜移默化。后来的于友先和石宗源署长，他们原本是负责一方的大员，阅历丰富，经多识广，各有风格，都给我很深的影响。这是我离开新闻出版署的岗位，又经过十多年后，我从出版管理工作的第一线退下来，长久存在心里而要表达的一份心情。

　　那一年，中华书局的老领导都因为年龄已到，要退休了，新闻出版署（当时还叫国家出版局）由副署长卢玉忆同志带队，到中华书局调查研究、考察干部。后来，我被考察组推荐到署里工作。所以，我对卢玉忆同志总怀有一种知遇之感。她的诚恳、朴实、讲原则，让我信赖。其实，在这之前，我并不认识她，顶多是开大会时见到她坐在主席台上。

回忆我刚到署（总署）里工作的时候，有些事给我印象很深。今天看看这些事都不一定是最为重要的，甚至是小事。但回想往事的时候，正是这些小事先浮现出来。

1988 年，那是我到新闻出版署工作的第二年。署里主持起草关于出版改革的文件。大概因为我是图书司司长，宋木文署长把我叫到他的办公室。他坐在沙发上，把文件（初稿）摊开在茶几上，我坐在他旁边。我和他都看着文件。他一行一行地往下读，一句话、一个字地抠。他思维敏捷，讲政治、讲政策，因此很考究用词。一句话这样说好还是那样说好，常常问得我哑口无言。因为他提出的问题，我根本没有想到。我怕再被署长问住，便尽量找问题、尽量多想。所以，压得我很累。今天回忆起来，起草文件从政治高度、政策高度，认真地去抠，反复地推敲，是木文署长给我上的第一堂课。

还有一件事，让我至今对木文同志肃然起敬。那是 1987 年 5 月下旬，木文同志率团出访新加坡，我是代表团成员之一。途中，代表团应邀过港，访问香港的新闻出版单位。那正是国际国内大环境十分复杂的年代。新闻出版署刚刚成立，外界议论颇多，不时有记者跟踪我们代表团访谈。大概木文同志觉得与其这样，不如坐下来认真谈一次，便与北京有关方面沟通后，主动召开并主持了记者会。木文同志的谈话，澄清了事实，宣传了中央的精神，效果很好。香港的几家大报、电台、电视台，都对记者会做了较为客观的报道。香港的记者是有名的能干，香港的政治派系是有名的复杂，木文同志敢讲话，敢担当，有气魄，给我很深刻的印象。当时我就坐在他的旁边，十分专注地听着记者的提问，十分专注地听着木文同志的回答。木文同志谈得左右逢源，潇洒自如，我内心却很是紧张。

1987 年，我从中华书局调到署里工作，从一个编辑变成政府管理人员，而且"官位"不低，忝为"司长"。但我却真的对政府机关上下左右的关系懵懂无知。刘杲同志是我的顶头上司，大概看我"编辑气"十足，便教给我如何梳理工作任务，制定工作计划，分配使用干部。我暗暗地把一切同事、领导当做老师，看他们怎样思考问题，怎样处理事情。刘杲同志并不指手画脚，但时不时地点拨，既指导了我的工作，又给我留了面子。好老师。

刘杲同志博学多才，思辨能力很强。一次在山东烟台召开古籍整理出版工作会议，我准备了很久，认真地写了讲话稿，我还是学古籍整理的，中华书局出身，但讲得很一般。刘杲同志一边听会议发言，一边思考问题，最后做总结时，凭着一份提纲，侃侃而谈，两个小时，十个问题，中肯而深刻。只让我感到做他的部下很是幸运。

木文署长退到二线，就是于友先同志接着做署长。上任无几，便筹备全国新闻出版局长会议。党组同志反复研究会议的中心议题应该是什么，突出什么主题，也就是当前的主要倾向是什么，主要解决什么问题，议论来议论去，总觉得说得还不够透。会一直开到局长会议开幕的头天晚上。根据各司局调研和大家讨论中总结的问题，友先同志概括出"从规模速度向质量效益转变的阶段性转移"的思想。今天回头看看，提得对，符合实际，抓住了当时的主要矛盾。这是第一次鲜明地、有意识地作为全国的新闻出版工作的指导思想明确提出来的。

我在总署工作期间，最后一位署长是石宗源同志。他 2000 年 9 月从吉林省委副书记任上调到新闻出版署任署长。2001 年 3 月，新闻出版署（副部）升格为总署（正部）。紧接着于 2001 年下半年酝酿组建中国出版集团。变化是剧烈的。新闻出版署升格为总署，说明任务加重了。组建中国出版集团，要把新闻出版总署直接管理的全国甚至世界有名的大出版社如中华、商务、三联、文学、百科、音乐、美术及新华书店、荣宝斋、中图公司，当时还包括人民出版社，二十多个局级单位全都划出去，对于一个刚上任的总署一把手，那也是个"考验"啊！据说后来总署召开直属单位会议，直属单位只剩7个了，而且7个都是较小的单位，特别是管干部的部门更明显，一下子没有几个单位好管了。今天想想，那时总署及各职能部门的思想问题肯定是不少。但宗源署长态度明确，坚决拥护中央的决定。成立中国出版集团的报告送到他手里，他一分钟也不耽误，立即签发送交中央有关领导部门。因为正巧组织上决定由我去主持中国出版集团的工作，宗源署长的态度、情绪，我感受很直接，很具体，真是体现了一位党的高级干部的政治意识和大局意识。后来，他还亲自参加中国出版集团的工作会议，多次指点我应该注意什么问题，给我们工作以很大支持，让我感到很温暖。

写到这里，还有一件事我不能不说一说。宗源同志较早地使用网络做工作。他开通了QQ专线，下班后，他打开QQ，看看署里同志哪位在线上，就主动和哪位聊两句。有时，点出一杯茶、一杯咖啡的图案，意思是工作一天了，休息休息，喝杯茶、喝杯咖啡吧。聊上几句后，再点出一辆自行车或公交车的图案，意思是说时间不早了，快乘车回家吧。他聊天的对象不仅仅是司局级干部，也有普通职工。虽然只是简单的几句对话，但让大家感到署长的亲切和关心。署长和大家的关系拉近了。所以，后来总署各司局干部大轮岗，变化很大，但波动却很小，进展很顺利。我想，这与宗源同志平日善于和群众沟通，注意关心和鼓励干部，有很大关系。

今天回忆这些往事，我感到十分愉快，当然支持和影响我的不止是几位署领导，还包括署里在一起工作的同志。特别应该感谢那时的图书司和发行司的朋友和同事，在写作本书很多文章时，他们的观点给我很多启发，他们经常为我搜集提供材料。可惜，情长纸短，不能一一述说了。大家在紧张的工作中相互切磋，互相探讨，有时不免急躁，有时不知某位想到哪里去了，在会上说出很让人诧异的话，但一阵寂静之后也就过去了。我正是在这些切磋、探讨、急躁、诧异和"寂静"中，逐渐认识了工作，认识了人和社会，于是有了当时的"思考"和今天的"再思考"。

有这样的思考与再思考的机会，还要感谢人民出版社的黄书元同志和辛广伟同志，是他们一再鼓励我、督促我，使我有信心终于编成这部书稿。王萍主任作为本书的责任编辑，办事干练，学识渊博，帮助我审阅，指出我书稿中多处疏漏；美编徐晖，虽然无幸谋面，但听任我一个外行指手画脚，把设计的封面改来改去……这些同行的精神都让我受到鼓励和鞭策。谢谢他们。

另外，还要说明一下，书中很多篇章曾经在报刊上发表过，那时这些文章都是独立存在的，现在摆在一起，有的篇章之间就难免有重复之处。我在汇编成书时，虽然尽可能地做了些调整或删重的工作，但仍然难免有无法去除的重复的文字，只好请读者诸君宽谅了。

杨牧之

2012 年 10 月

责任编辑:王　萍

封面设计:徐　晖

图书在版编目(CIP)数据

关于出版的思考与再思考/杨牧之 著. −北京:人民出版社,2012.10

ISBN 978 − 7 − 01 − 011158 − 2

Ⅰ.①关…　Ⅱ.①杨…　Ⅲ.①出版工作−中国−文集　Ⅳ.①G239.2−53

中国版本图书馆 CIP 数据核字(2012)第 199749 号

关于出版的思考与再思考
GUANYU CHUBAN DE SIKAO YU ZAI SIKAO

杨牧之　著

人民出版社 出版发行

(100706　北京市东城区隆福寺街 99 号)

北京中科印刷有限公司印刷　新华书店经销

2012 年 10 月第 1 版　2012 年 10 月北京第 1 次印刷

开本:710 毫米×1000 毫米 1/16　印张:38.75

字数:540 千字

ISBN 978 − 7 − 01 − 011158 − 2　定价:79.00 元

邮购地址 100706　北京市东城区隆福寺街 99 号

人民东方图书销售中心　电话 (010)65250042　65289539